Die Putin-Interviews

1. Auflage September 2018
2. Auflage März 2022
3. Auflage August 2024 als Sonderausgabe

Titel der amerikanischen Originalausgabe:
The Putin Interviews

Übersetzung: Peter Hiess
Lektorat: Renate Öttinger
Satz und Layout: Martina Kimmerle
Umschlaggestaltung: Laura Hönes

ISBN: 978-3-98992-037-8

MIX
Papier | Fördert gute Waldnutzung
FSC® C014496
FSC www.fsc.org

Gerne senden wir Ihnen unser Verlagsverzeichnis
Kopp Verlag
Bertha-Benz-Straße 10
D-72108 Rottenburg
E-Mail: info@kopp-verlag.de
Tel.: (0 74 72) 98 06-10
Fax: (0 74 72) 98 06-11

Unser Buchprogramm finden Sie auch im Internet unter:
www.kopp-verlag.de

Oliver Stone interviewt
Wladimir Putin

Die Putin-Interviews

Die vollständigen Abschriften

KOPP VERLAG

Inhalt

»Wenn
Wladimir Putin
wirklich der große Feind
der USA ist, dann sollten
wir zumindest versuchen,
ihn zu verstehen.«

Oliver Stone

Auf den folgenden Seiten finden Sie die Abschrift einer Reihe von Interviews, die Oliver Stone mit Wladimir Putin führte. Die Gespräche fanden im Rahmen von vier Russland-Reisen an insgesamt 9 Tagen zwischen dem 2. Juli 2015 und dem 10. Februar 2017 statt. Bei der Übersetzung von Putins Worten aus dem Russischen haben wir uns erlaubt, grammatikalische Irrtümer, unklare Formulierungen und diverse Widersprüche zu korrigieren. Da sich die Interviews über 2 Jahre erstreckten, haben wir auch einige Wiederholungen gekürzt. In jedem Fall aber haben wir darauf geachtet, dass Intention und Sinn des Gesagten im vorliegenden Transkript richtig wiedergegeben werden.

Vorwort

Vor 30 Jahren war ich als Korrespondent für die *Los Angeles Times* tätig. Damals führte mich ein Auftrag ins Allerheiligste des Politbüros, in das geheimnisvolle und allmächtige Zentrum der Sowjetunion. Staatsoberhaupt Michail Gorbatschow leitete zu dieser Zeit gerade sein ehrgeiziges politisches Projekt für mehr Offenheit und Veränderung in die Wege. Seine Perestroika, die Umgestaltung der sowjetischen Regierung, würde später unweigerlich – wenn auch unbeabsichtigt – das Ende des brutalen kommunistischen Experiments herbeiführen. Danach folgte eine schöne neue Welt aus unterschiedlichen Ethnien, Kulturen und Religionen, die sich über ein Sechstel der Landfläche unseres Planeten erstreckt.

Ich interviewte an diesem Tag Alexander Jakowlew, das liberalste Mitglied des Politbüros und enger Vertrauter Gorbatschows. Ein anderes Mal klopfte ich im selben Flur auch an die Tür von Jegor Ligatschow, der als zweiter Mann nach Michail Gorbatschow und stärkster Gegner der Perestroika galt. Boris Jelzin, dessen Rolle zu dieser Zeit noch eher unklar war, begegnete ich leider nicht – er wurde 4 Jahre später, nach dem Zusammenbruch der Sowjetunion, der erste russische Präsident. Es war Jelzin, der den ehemaligen KGB-Oberstleutnant Wladimir Putin als Angehörigen des Reformflügels in seine Regierung holte. Als Jelzin am 31. Dezember 1999 sein Amt niederlegte, übernahm Putin die Amtsgeschäfte des Präsidenten. Ein paar Monate danach gewann Putin dann mit einem klaren Sieg über den Kandidaten der Kommunistischen Partei die Präsidentschaftswahlen des Landes.

Der Regisseur Oliver Stone führte für den US-Fernsehsender Showtime mehrere Interviews mit dem russischen Staatschef. Diese historisch bedeutenden und immens wichtigen Gespräche wurden zur Grundlage einer vierteiligen Doku-Fernsehserie und sind im vorliegenden Buch vollständig abgedruckt. Putin sagt darin unter anderem, dass er nach dem Ende der Sowjetunion glaubte, der Kalte Krieg und mit ihm die Bedrohung in Gestalt eines bewaffneten Konflikts seien nun endlich vorbei. Doch es kam völlig anders.

Putin verwarf zwar den Kommunismus als Staatsreligion und griff stattdessen die Traditionen der russisch-orthodoxen Kirche wieder auf, ist aber bis heute leidenschaftlicher Nationalist. Er ist fest entschlossen, Russland den Respekt zu verschaffen, den es seiner Ansicht nach verdient. Für ihn bedeutet das eine Rücksichtnahme auf die historischen Anliegen des russischen Volkes bezüglich seiner Landesgrenzen und der Behandlung russischsprachiger Menschen, die nach dem Kollaps der Sowjetunion plötzlich Bürger eines anderen Landes wie beispielsweise der Ukraine waren.

Bei seinen Gesprächen mit Stone hält Putin seinem Amtsvorgänger Gorbatschow zugute, dass er einerseits die Notwendigkeit eines tief greifenden Wandels im scheiternden sowjetischen System richtig erkannt habe. Andererseits sei der Perestroika-Lenker äußerst naiv gewesen, was die gewaltigen Hindernisse für diesen Wandel im eigenen Land und vor allem in den Vereinigten Staaten anging. Er sei überzeugt gewesen, dass die Vernunft siegen werde, da doch die Hauptgegner im Kalten Krieg – die beide die Fähigkeit besaßen, alles Leben auf der Erde auszulöschen – nichts als den Frieden wollten.

Die zentrale Fragestellung in den Stone-Putin-Interviews befasst sich damit, wie es zum derzeitigen politischen Spannungsverhältnis kommen konnte. Damit sind diese Gespräche ein Schlüsseltext zum Verständnis unserer gefährlichen Zeit. Die zwischen dem 2. Juli 2015 und dem 10. Februar 2017 geführten Interviews entstanden in einem Zeitraum, als sich die Beziehungen zwischen den zwei größten Militärmächten der Welt erheblich verschlechterten. Heute herrschen zwischen Russland und den USA so viel Misstrauen und Feindseligkeit, wie wir sie seit dem Ende des Kalten Kriegs vor einem Vierteljahrhundert nicht mehr gesehen haben. Stone merkt in den Gesprächen auch einige Male pointiert an, dass Macht oft die Eigenschaft hat, die Herrscher eines Landes im Namen eines fehlgeleiteten Patriotismus zu korrumpieren. Und dies, so Stone, sei ein Problem, das jeden Staat und definitiv auch Russland betreffen könne.

Das Gespräch wurde respektvoll geführt und gab Putin die Möglichkeit, »seine Version der Geschichte darzustellen«, wie Stone gegen Ende sagte. Das hindert den Regisseur und Journalisten Stone jedoch nicht daran, diese Version immer wieder aktiv infrage zu stellen. Seine Bemerkungen drehen sich vor allem um die anhaltende Diskussion über Russlands Rolle in der Weltpolitik, angefangen von der Unterstützung des syrischen Assad-Regimes bis hin zur Anschuldigung, die US-Präsidentschaftswahlen des Jahres 2016 beeinflusst zu haben.

Stone weiß aus eigener Erfahrung viel über aussichtslose Kriege und die Lügen, die darüber erzählt werden. Er war 2 Jahre im Kampfeinsatz in Vietnam und verarbeitete die dort gemachten Erfahrungen in seinem mit vier Oscars ausgezeichneten Film *Platoon* und den beiden anderen Werken seiner bravourösen Vietnam-Trilogie, *Geboren am 4. Juli* und *Zwischen Himmel und Hölle.* Auch in seiner 2012 vom Sender Showtime ausgestrahlten, zehnteiligen revisionistischen Geschichtsaufarbeitung *Oliver Stone – Die Geschichte Amerikas* und dem Begleitbuch dazu geht er ausführlich auf das Thema Krieg ein. Zudem stellt er darin die offizielle amerikanische Darstellung des Kalten Kriegs infrage, die gerade vor dem Hintergrund des vorliegenden Werks eine grundlegende Rolle spielt.

Aber auch Putin ist mit dem Thema Krieg mehr als vertraut. Schließlich kam er im Trümmerhaufen der Sowjetunion an die Macht, die nach den Schrecken des Zweiten Weltkriegs, der deutschen Invasion und 50 Millionen Toten nichts Besseres zu tun hatte, als in Afghanistan einzumarschieren. Dieser sinnlose Konflikt war es im Endeffekt auch, der das Ende des kommunistischen Regimes einläutete. Heute lenkt Wladimir Putin einen Staat, der zwar nach wie vor eine riesige militärische Macht darstellt, aber weit weniger erfolgreich ist, was seine friedlichen wirtschaftlichen Errungenschaften angeht.

Gemeinsam ist Putin und Stone die Überzeugung, dass militaristische Selbstüberschätzung fatale Folgen haben kann. Auch jenen Ideologien in ihren jeweiligen Gesellschaften, die heute ebenso wie früher imperialistisch gesinnt sind, stehen sie durchaus misstrauisch gegenüber. Dennoch unterhalten sich hier nicht zwei Gleichgesinnte. Stone ist auf den folgenden Seiten vielmehr der kritische Künstler, der sich auf Widersprüche und merkwürdiges Gedankengut stürzt. Putin wiederum stellt von vornherein ausdrücklich klar, dass er sich bei aller Zurückhaltung seiner Rolle als Oberbefehlshaber der zweitstärksten Militärmacht der Welt stets bewusst ist und dass alle seine Aussagen Folgen haben können, die weit über spannendes Fernsehen hinausgehen. Dennoch hegen die beiden Männer einen vorsichtigen Respekt füreinander und gewähren dem Leser interessante Einblicke in den Verstand der Mächtigen – seien es nun Politiker oder Künstler.

Für Oliver Stone ist das Filmemachen eine perfekte Möglichkeit, seiner Verachtung für die Dogmen der außenpolitischen Führung seines Landes Ausdruck zu verleihen. Putin steht vor einer wesentlich schwierigeren Aufgabe: Er ist der politische Führer eines Landes, das immer noch mitten im grundlegenden Wandel von der sowjetkommunistischen zu einer neuen russischen Nationalidentität steht. Ihr muss es gelingen, die Brücke zwischen »1000 Jahren« russischer Geschichte, von den Zaren bis zu den mächtigen Oligarchen – der russischen Version der Günstlingskapitalisten – zu schlagen.

Putin tritt hier als Prophet eines verwundeten russischen Nationalismus auf, der zwar durchaus eine erhebliche Bedrohung darstellen könnte, aber so gar nichts mit der kommunistischen Ideologie zu tun hat, die seinem Aufstieg zur Macht voranging und die ihm sichtlich zuwider ist. Dieses Spannungsverhältnis spielt – wie wir sehen werden – eine zentrale Rolle in Putins Denken, aber auch in der Frage, wo Russland in der heutigen, stark veränderten Welt steht. Das Interview beginnt zu einer Zeit, als kaum jemand damit rechnete, dass ein populistischer, rechter Kandidat bei den amerikanischen Vorwahlen sämtliche Gegner aus dem republikanischen Establishment schlagen, die demokratische Kandidatin problemlos überholen und US-Präsident werden würde. Am Ende der Abschrift, nicht einmal einen Monat nach Donald Trumps Amtseinführung, beenden Oliver Stone und Wladimir Putin ihr Gespräch auf zugleich aufschlussreiche wie deprimierende Art und Weise.

In der letzten Interviewsitzung versucht Stone seinen Gesprächspartner nachdrücklich zu Aussagen zu bewegen, die für den intellektuell angriffslustigen Dokumentarfilmer ein paar offene Fragen beantworten sollen. Dazu gehören auch umstrittene Aspekte der 18 Jahre, die Putin nun schon das flächenmäßig größte Land der Erde regiert. Ist Putin süchtig nach Macht? Sieht er sich selbst als jemanden, der eine unerlässliche Rolle in der russischen Geschichte spielt? Hat die großteils unangefochtene Macht, die er ausübt, seine Sicht der Dinge ins Unrealistische verändert? Obwohl diese Themen in den vorliegenden Interviews nicht das erste Mal zur Sprache kommen, geht Putin gegen Schluss nicht mehr so bereitwillig auf Stones Nachbohren ein. Vielmehr hat sich eine gewisse Verdrossenheit eingestellt, die – wie Wladimir Putin klarstellt – weniger darauf zurückzuführen ist, dass er seine Ideen nicht für ein westliches Publikum geeignet hielte, sondern vielmehr darauf, dass sie ohnehin nicht gehört werden.

Putin hat es mittlerweile bereits mit seinem vierten US-Präsidenten zu tun, und ironischerweise ist Trump ausgerechnet der Präsident, dem er zur Wahl verholfen haben soll (was er allerdings leugnet). Der russische Staatschef wirkt im Gespräch so, als hätten ihn seine erfolglosen Versuche, endlich zur amerikanischen Führung durchzudringen, ein wenig zermürbt. Er behauptet, dass die Politiker oder vielmehr die hinter ihnen stehende Bürokratie Russland einfach nicht als Partner ansehen wollen – ein Wort, das er selbst häufig in Bezug auf die Vereinigten Staaten benutzt, wenn auch nicht ohne eine Spur Sarkasmus. Stattdessen behandle man sein Land in den USA stets nur als bequemen Sündenbock für das eigene Versagen.

Am Ende des dritten Interviews stellt Putin Stone die Frage, ob er nie geschlagen worden sei. »Oh doch, oft«, versichert ihm Stone darauf. Und Putin antwortet ihm, wobei er sich auf die geplante Ausstrahlung der Dokumentation bezieht: »Dann wird das für Sie ja nichts Neues sein – weil Sie für das, was Sie vorhaben, garantiert einiges einstecken werden müssen.«

Diese Vorhersage ist schmerzlich, aber angesichts des derzeitigen Klimas der weitverbreiteten öffentlichen Verurteilung für den bisher unbewiesenen Vorwurf, Russland habe sich in die US-Wahlen eingemischt, durchaus korrekt. Und Stone sagt darauf: »Ich weiß, aber das ist es wert … schon wegen des Versuchs, der Welt etwas mehr Frieden und Bewusstheit zu bringen.«

Robert Scheer

Erstes Interview

Erste Reise

6

Erster Tag
2. Juli 2015

Putins Vorgeschichte

OS: *Ich glaube, die meisten Menschen im Westen wissen nicht viel über Sie, abgesehen von dem, was in den Nachrichten gebracht wird. Wir würden gern etwas über Ihren Hintergrund erfahren und verstehen, woher Sie kommen. Ich weiß, dass Sie im Oktober 1952 geboren wurden, nach dem Krieg, und dass Ihre Mutter Fabrikarbeiterin war und Ihr Vater im Krieg gekämpft hat. Aber was er nach dem Krieg gemacht hat, weiß ich nicht. Bekannt ist auch, dass Sie als Heranwachsender mit anderen Familien in einer Gemeinschaftswohnung lebten.*

WP: Meine Mutter hat nicht in einer Fabrik gearbeitet. Sie war zwar Arbeiterin, aber in verschiedenen Berufen tätig. Ich war ein Einzelkind, meine Eltern hatten vor mir zwei Kinder verloren – eines im Krieg, während der Leningrader Blockade[1]. Da sie mich nicht in ein Waisenhaus stecken wollten, arbeitete meine Mutter als Hausmeisterin.

OS: *Weil sie Sie nicht weggeben wollte?*

WP: Richtig. Und mein Vater arbeitete in einem Werk – einer Fabrik.

OS: *Was machte er dort genau?*

WP: Er war Ingenieur. Er hatte einen Hochschulabschluss, eine Berufsausbildung und arbeitete in einer Fabrik.

OS: *War es eine feste Arbeit oder eine Reihe von Gelegenheitsjobs? War er fest angestellt?*

WP: Ja, er war fest angestellt, würde ich meinen. Er war schon sehr lange berufstätig. Auch nach seiner Pensionierung arbeitete er noch weiter, bis er etwa 70 war.

OS: *Aber er ist im Krieg verwundet worden, oder?*

WP: Das stimmt, ja. Bei Kriegsbeginn diente er in einer Spezialeinheit. Das waren kleine Partisanengruppen, die Einsätze hinter den feindlichen Linien durchführten. Zwanzig Mann gehörten seiner Gruppe an, und nur vier kehrten aus dem Einsatz zurück.

Er hat mir davon erzählt. Später, als ich dann Präsident war, bekam ich Zugriff auf die Archive und konnte so seine Kriegsgeschichten bestätigen. Sehr seltsam, wie sich alles fügt … Später kämpfte er als Rotarmist in einem der gefährlichsten Leningrader Frontgebiete. Das war der »Newski pjatatschok« – der Brückenkopf. Bei den Kampfhandlungen am Newa-Ufer war es der sowjetischen Armee gelungen, einen kleinen Brückenkopf von 2 mal 4 Kilometern Größe zu halten.

OS: *Ihr älterer Bruder starb wenige Tage – glaube ich – oder wenige Monate nach Ihrer Geburt …*

WP: Nein, er verstarb während der Leningrader Blockade. Er war keine 3 Jahre alt. Damals wollte man Kinder retten, indem man sie ihren Familien abnahm und anderswo versorgte, damit sie überleben konnten. Doch mein Bruder wurde krank und starb. Man informierte meine Eltern nicht einmal darüber, wo er begraben lag. Durch einen seltsamen Zufall gelang es ein paar interessierten Personen vor Kurzem, etwas darüber in den Archiven zu finden. Sie arbeiteten mit dem Nachnamen des Kindes, dem Namen seines Vaters und der Adresse, von der man das Kind abgeholt hatte. So konnten sie einige Dokumente über den Tod meines Bruders, sein Grab und das Waisenhaus entdecken, in das man ihn gebracht hatte. Vergangenes Jahr habe ich seine Grabstätte in Sankt Petersburg zum ersten Mal besucht.

OS: *Ihr Vater und Ihre Mutter müssen es trotz der vielen Todesopfer im Zweiten Weltkrieg geschafft haben, nicht an diesen Tragödien zu zerbrechen. Der dritte Sohn stellte wahrscheinlich eine neue Hoffnung für sie dar.*

WP: Sie sind nicht daran zerbrochen, das ist wahr. Aber der Krieg war 1945 zu Ende, und ich kam erst 1952 zur Welt. Das war eine sehr schwierige Zeit für einfache Menschen, die an die Sowjetunion glaubten. Und sie entschieden sich trotzdem dafür, noch ein Kind in die Welt zu setzen.

OS: *Wie man hört, hatten Sie ein kleines Problem mit Jugendkriminalität. Sie sollen ein ziemlich wildes Kind gewesen sein, bis sie dann mit 12 Jahren anfingen, Judo-Unterricht zu nehmen.*

WP: Auch das ist richtig. Meine Eltern bemühten sich zwar um meine Erziehung, so gut sie konnten, aber trotzdem … Ich war viel im Freien, dauernd im Hof und auf den Straßen unterwegs. Und ich war mit Sicherheit nicht immer so diszipliniert, wie manche mich gern gesehen hätten. Erst die Tatsache, dass ich systematisch Sport auszuüben begann und Judo lernte, veränderte mein Leben entschieden zum Besseren.

OS: *Man hat mir auch gesagt, dass Ihr Großvater väterlicherseits für Lenin und Stalin gekocht hat.*

WP: Ebenfalls eine Tatsache … die Welt ist halt klein. Vor der Russischen Revolution im Jahr 1917 war er in einem Restaurant in Petrograd tätig, also in Leningrad. Er war Küchenchef, ein Koch. Ich weiß nicht, wie es dazu kam, dass er für jemanden von Lenins Format kochte. Später arbeitete er tatsächlich auf dem Land und kochte auch für Stalin, der dort wohnte. Er war ein sehr einfacher Mann, ein Koch eben.

OS: ***Hat er Ihnen Geschichten über diese Zeit erzählt?***

WP: Nein. Er hat mir nie etwas erzählt. Aber um ehrlich zu sein: Ich verbrachte einen Teil meiner Kindheit in der Oblast Moskau. Wir wohnten in Sankt Petersburg, das damals noch Leningrad hieß. Im Sommer besuchten wir aber immer für ein paar Wochen meinen Großvater, der längst im Ruhestand war, aber immer noch an seinem ehemaligen Arbeitsplatz wohnte, in einer staatlichen Datscha. Und mein Vater erzählte mir, wie er früher seinen Vater besuchte und dieser ihm Stalin von Weitem gezeigt hat. Mehr weiß ich auch nicht.

OS: ***Da haben wir ja etwas gemeinsam! Mein Großvater mütterlicherseits war im Ersten Weltkrieg ein französischer Soldat. Er arbeitete auch als Koch, allerdings in den Schützengräben. Und er erzählte mir viele Geschichten über den Ersten Weltkrieg und wie hart die Zeit damals war.***

WP: Ja, meine Mutter erzählte mir auch weiter, was ihr Vater über den Ersten Weltkrieg berichtet hat. Er hat ebenfalls in diesem Krieg gekämpft und dabei unter anderem menschlich sehr interessante Dinge erlebt. Mein Großvater war in den Schützengräben und erzählte nach dem Krieg eine Geschichte. Er sah, dass ein österreichischer Soldat – das war an der Südfront, glaube ich – mit der Waffe auf ihn zielte. Aber mein Großvater war schneller und schoss zuerst. Der Österreicher war getroffen und stürzte zu Boden. Mein Großvater sah, dass er noch am Leben war. Es war kein Mensch außer ihm in der Nähe, und der Österreicher verblutete. Er war dem Tod geweiht. Mein Großvater kroch zu ihm hinüber, nahm seine Feldapotheke heraus und verband die Wunden des Feindes. Eine seltsame Geschichte. Seinen Verwandten erzählte er nur: »Ich hätte nicht zuerst geschossen, wenn ich nicht gesehen hätte, dass er schon auf mich zielte.« Aus welchem

Land man auch stammt – wir sind alle gleich, wir sind alle menschliche Wesen. Diese Leute sind auch ganz normale Menschen, Arbeiter wie wir.

OS: *Der Erste Weltkrieg war für Frankreich wohl genauso grausam und blutig wie für Russland. In diesem Krieg wurden 50 Prozent aller jungen Männer zwischen 17 und 35 Jahren getötet oder verletzt.*[2]

WP: Das ist wahr.

OS: *Sie schlossen die Oberschule ab und begannen dann sofort, Jura zu studieren. Das funktioniert im russischen Bildungssystem so, nehme ich an.*

WP: Genau. Ich machte Abitur am Gymnasium in Leningrad und belegte dann gleich Jura an der Universität Leningrad.

OS: *Und Sie hatten Ihren Uni-Abschluss bereits 1975 in der Tasche? Ganz schön schnell! Dann waren Sie Anwalt und lernten Ihre erste Frau kennen … ich meine, Ihre letzte Frau … also Ihre einzige Frau.*

WP: Das kam erst später. Genauer gesagt, 7 Jahre später.

OS: *Und ebenfalls im Jahr 1975 traten Sie in den KGB ein, auch in Leningrad.*

WP: Ja. In Wirklichkeit war es so, dass es in sowjetischen Hochschuleinrichtungen eine Zuteilung von Arbeitsplätzen gab. Wenn man fertig studiert hatte, wurde von einem erwartet, dass man sich beim zugewiesenen Arbeitgeber meldete.

OS: *Aha – Sie hatten also gar keine Wahl?*

WP: Ich werde es Ihnen genauer erklären. Ich war durch die Arbeitsplatzzuteilung verpflichtet, dorthin zu gehen, und wurde auch auf Anhieb aufgenommen. Aber ich wollte auch zum KGB. Ich hatte eigentlich nur Jura studiert, weil ich später einmal für den KGB arbeiten wollte. Als ich noch ein Schüler war, bin ich sogar einmal ganz alleine zum KGB-Büro in Leningrad gegangen und habe mich erkundigt, was ich tun müsse, um für den Dienst arbeiten zu können. Der dortige Mitarbeiter hat mir gesagt, ich bräuchte dazu ein Hochschulstudium und eine juristische Ausbildung. Deswegen habe ich mich dann für das Jurastudium entschieden.

OS: *Ich verstehe.*

WP: Aber natürlich erinnerte sich nach Abschluss meines Studiums beim KGB kein Mensch mehr an mich, weil ich zwischendurch keinerlei Kontakt mehr dorthin gehabt hatte. Als uns die Arbeitsplätze zugeteilt wurden, rechnete ich wirklich nicht damit, dass der KGB mich entdeckte und mir eine Beschäftigung anbot.

OS: *Und Sie schwärmten für die sowjetischen Filme über den KGB und die Geheimdienstarbeit.*

WP: Genau das.

OS: *Filme mit Tichonow und Georgi … so hießen die Schauspieler, glaube ich.*

WP: Es gab viele Bücher und Filme mit solchen Geschichten. Für die schwärmte ich wirklich, das haben Sie treffend formuliert.

OS: *Von 1985 bis 1990 waren Sie in Dresden stationiert, aber die ersten 10 Jahre zum Großteil in Leningrad – ist das richtig?*

WP: Ja, genau. In Leningrad und auch in Moskau, in speziellen Ausbildungsstätten.

OS: *Und Sie schlugen sich gut und machten schnell Karriere.*

WP: Im Großen und Ganzen, ja.

OS: *Aber Ostdeutschland muss zwischen 1985 und 1990 ziemlich trostlos gewesen sein …*

WP: Trostlos nicht unbedingt. In dieser Zeit spielten sich in der Sowjetunion Ereignisse ab, die mit der Perestroika zu tun hatten.[3] Ich glaube, darauf müssen wir nicht näher eingehen. Es gab alle möglichen Probleme im Zusammenhang mit der Perestroika – aber zugleich eine besondere Stimmung, den Geist der Neuerung. Und als ich nach Ostdeutschland, also in die Deutsche Demokratische Republik kam, war von dieser Neuerung nichts zu spüren.

OS: *Genau das habe ich gemeint.*

WP: Man hatte den Eindruck, dass das System dort in den 1950er-Jahren stecken geblieben war.

OS: *Kommen wir zurück zu Gorbatschow, mit dem Sie ja persönlich nicht viel zu tun hatten. Es gab ein deutliches Reformstreben, aber Sie waren nicht in Moskau und bekamen das daher nicht direkt mit. Das muss eine seltsame Zeit für Sie gewesen sein. Sind Sie nach Moskau zurückgegangen? Haben Sie die Perestroika selbst erlebt?*

WP: Gorbatschow und seine Gefolgschaft begriffen durchaus, dass das Land dringend Veränderungen nötig hatte. Heute kann ich aber mit großer Sicherheit sagen, dass sie nicht begriffen haben, welche Veränderungen anstanden und wie man sie hätte durchsetzen sollen.

OS: *Okay.*

WP: Und darum haben sie viele Dinge getan, die dem Land großen Schaden zugefügt haben, auch wenn sie gut gemeint waren und der Wandel wirklich notwendig war.

OS: *Ich habe Gorbatschow einige Male getroffen, als er in den USA war, aber auch hier in Russland. Er hat etwas mit Ihnen gemeinsam, weil auch er im kommunistischen System hochgekommen ist. Er hat sehr bescheiden angefangen, als Landwirtschaftsexperte. Er sah sich die verfügbaren Unterlagen an, arbeitete sehr konzentriert und scheint recht früh erkannt zu haben, wie er in seinen Memoiren schreibt, dass die Wirtschaft wegen diverser Probleme nicht funktionieren konnte. Das System funktionierte nicht.*

WP: Wir alle haben etwas gemeinsam, weil wir Menschen sind.

OS: *Ja, aber worauf ich hinaus will: Er war ebenfalls ein Arbeiter. Er war sehr genau und stellte konkrete Fragen, zum Beispiel: Wie lässt sich das System reparieren?*

WP: Ich war kein Arbeiter. Aber ich glaube, dass eben diese Genauigkeit und Konkretheit einem Großteil der früheren sowjetischen Führung – einschließlich Gorbatschow – fehlten. Sie wussten nicht, was sie wollten oder was für die notwendigen Reformen erforderlich war.

OS: *Okay. Aber im August 1991 kam es zu einem Staatsstreich der Kommunisten*[4]*, und Sie traten am zweiten Tag dieses Staatsstreichs von Ihrem Posten zurück.*

WP: Es war ein Putschversuch. Und ich trat tatsächlich zurück, am zweiten oder dritten Tag, das weiß ich nicht mehr genau. Als ich aus Deutschland zurückgekehrt war, arbeitete ich eine Zeit lang an der Universität. Ich war aber nach wie vor KGB-Offizier im Außengeheimdienst. Danach bot mir Anatoli Sobtschak, der frühere Bürgermeister von Sankt Petersburg, eine Stelle an.[5] Das Gespräch war ziemlich seltsam, weil Sobtschak während des Studiums einer meiner Professoren war und mich jetzt in sein Kabinett einlud.

OS: *Das war nach dem Putsch. Aber warum sind Sie währenddessen zurückgetreten? Es ging doch um Ihre Karriere.*

WP: Ich werde Ihnen alles genau erzählen. Als Sobtschak mir den Posten anbot, antwortete ich ihm, dass ich sehr an einer Zusammenarbeit mit ihm interessiert sei. Aber ich hielt die Idee trotzdem für undurchführbar und auch nicht für richtig. Schließlich war ich nach wie vor ein Offizier des KGB-Außengeheimdiensts. Und Sobtschak war ein prominenter Anführer der demokratischen Bewegung – ein Politiker der neuen Welle. Ich sagte ihm sehr direkt, dass es schädlich für seinen Ruf wäre, wenn jemand erführe, dass ich als ehemaliger KGB-Offizier an seiner Seite arbeite. In Russland gab es ja damals heftige politische Unruhen. Umso mehr überraschte mich Sobtschaks Reaktion, weil er einfach sagte: »Das ist mir egal.« Ich war also für sehr kurze Zeit als sein Berater tätig. Und dann, als der Putschversuch kam, befand ich mich plötzlich in einer sehr zwiespältigen Lage.

OS: *Im August '91?*

WP: Ja, bei diesem gewalttätigen Staatsstreich. Da konnte ich einfach nicht mehr KGB-Offizier und gleichzeitig enger Berater des demokratisch gewählten Bürgermeisters von Sankt Petersburg sein. Deswegen bin ich von meinem Posten zurückgetreten. Sobtschak rief den Leiter des KGB für die gesamte UdSSR an und ersuchte ihn, mich gehen zu lassen. Ein paar Tage später kam die Zustimmung für den offiziellen Beschluss zu meinem Austritt aus dem KGB.

OS: *Glaubten Sie zu dieser Zeit noch an den Kommunismus und das sowjetische System?*

WP: Mit Sicherheit nicht. Aber am Anfang glaubte ich schon daran. Ich hielt die Idee für gut und wollte sie umsetzen.

OS: *Und wann hat sich das geändert?*

WP: Bedauerlicherweise ändern sich meine Ansichten nicht dann, wenn ich mit neuen Ideen konfrontiert werde, sondern nur, wenn ich mich neuen Umständen gegenübersehe. Es wurde immer deutlicher, dass das System nicht effizient und in einer Sackgasse angelangt war. Es gab kein Wirtschaftswachstum mehr. Das politische System stagnierte, war erstarrt und nicht mehr zur Weiterentwicklung fähig. Wenn eine politische Kraft, eine einzige Partei, in einem Land ein Monopol hat, ist das schädlich und gefährlich.

OS: *Aber das sind Gorbatschows Ideen. Waren Sie also doch von Gorbatschow beeinflusst?*

WP: Das sind keineswegs Gorbatschows Ideen, sondern vielmehr Ideen des französischen utopischen Sozialismus[6], mit denen Gorbatschow nicht das Geringste zu tun hatte. Ich wiederhole – sein Verdienst ist es, dass er die Notwendigkeit von Veränderungen erkannt hat. Er versuchte, das System zu verändern. Oder vielmehr nicht zu verändern, sondern es zu sanieren und zu revidieren. Das Problem dabei war, dass dieses System aber von Grund auf ineffizient war. Und wie kann man ein System radikal verändern und dabei den Staat aufrechterhalten? Das wusste damals niemand, auch Gorbatschow nicht. Deshalb führten er und seine Leute das Land auch an den Rand des Zusammenbruchs.[7]

OS: *Ja, das muss eine traumatische Erfahrung gewesen sein. Die Sowjetunion brach zusammen, und Jelzin gründete die Russische Föderation. Ich war Anfang 1992 in Sankt Petersburg und lernte dort Sobtschak kennen. Vielleicht haben wir uns auch damals schon kennengelernt, wenn Sie zu dieser Zeit sein Assistent waren.*

WP: Daran kann ich mich nicht erinnern. Aber ich kann Ihnen sagen, dass Sobtschak ein absolut loyaler und ehrlicher Mensch war. Vom ideologischen Standpunkt her war er ein Demokrat, doch er wandte sich kategorisch gegen die Auflösung der Sowjetunion.

OS: *Er war gegen die Auflösung, das stimmt. Und es war eine wilde, aufregende Zeit. Man hatte das Gefühl, dass hier etwas Neues entstand, von dem niemand wusste, wohin es sich entwickeln würde. Es gab Gangster, es gab … die Menschen waren anders, trugen neue Kleider. Als ich 1983* *während der Breschnew-Ära die Sowjetunion besuchte, fand ich sie äußerst deprimierend. Mein nächster Besuch 7 oder 8 Jahre später war unglaublich für mich. Sobtschak lud uns in ein Luxusrestaurant ein, wo wir einen wunderbaren Abend verbrachten.*

WP: Aber zur selben Zeit, als die schicken Restaurants aufmachten, wurde das russische Sozialversicherungssystem komplett zerstört. Ganze Wirtschaftszweige hörten zu funktionieren auf. Die öffentliche Gesundheitsversorgung lag in Trümmern. Die russischen Streitkräfte waren in einem bedauernswerten Zustand, und Millionen Menschen lebten unterhalb der Armutsgrenze. Das darf man auch nicht vergessen.

OS: *Ja, das war die andere Seite. Sie übersiedelten dann 1996 nach Moskau und waren dort für 13 Monate Direktor des Inlandsgeheimdienstes.*

WP: Nein, nicht sofort. Ich zog nach Moskau und sollte anfangs eigentlich für die Regierung Jelzin arbeiten. Also war ich erst für rechtliche Angelegenheiten zuständig und wurde danach in die Verwaltung übernommen. Ich war Vizechef der Präsidialverwaltung und beaufsichtigte die Regierung sowie die Regionalverwaltungen. Erst danach wurde ich zum Direktor des Inlandsgeheimdiensts FSB (Federalnaja Sluschba Besopasnosti) ernannt.

OS: *In dieser Rolle mussten Sie dann ja direkt gesehen haben, welches Chaos im Staat herrschte. Es war wahrscheinlich ein einziger Albtraum.*

WP: Ja, das war es. Ich höre oft, dass Kritik an mir geäußert wird. Gewisse Leute behaupten, ich würde den Zusammenbruch der Sowjetunion bedauern. Dazu muss man sagen, dass sich nach Auflösung der Sowjetunion 25 Millionen Russen im Handumdrehen im Ausland befanden, in einem anderen Land.

Das ist eine der größten Katastrophen des 20. Jahrhunderts. Es geht um Menschen, die in einem Land lebten, die dort Verwandte, eine Arbeit,

Wohnungen und gleiche Rechte hatten. Und plötzlich fanden sie sich im Ausland wieder. Dort gab es von Anfang an bestimmte Anzeichen für das, was bevorstand – und dann kam es zu ausgewachsenen Bürgerkriegen. Das alles habe ich persönlich gesehen, vor allem in meiner Rolle als Direktor des FSB.

OS: *1999 machten Sie dann einen weiteren Karrieresprung – zum Ministerpräsidenten. Jelzin legte am 31. Dezember 1999 sein Amt nieder. Wenn man sich Pressekonferenzen und andere Filmaufnahmen von ihm ansieht, ist ganz offensichtlich, dass er alkoholkrank war. Das muss sich auf sein Gehirn ausgewirkt haben. So wie er sich bewegte und in die Kamera starrte, wirkte er katatonisch.*

WP: Ich glaube nicht, dass ich das Recht habe, Urteile abzugeben – weder über Gorbatschow noch über Jelzin. Ich habe schon gesagt, dass Gorbatschow nicht wusste, was zu tun ist, was die Zielsetzungen waren und wie man sie erreichen konnte. Trotzdem unternahm er als Erster einen Schritt, um dem Land seine Freiheit zu schenken, und das war ein historischer Durchbruch. Dies ist eine ganz offensichtliche Tatsache – und für Jelzin gilt dasselbe. Er hatte seine Probleme, so wie jeder von uns, aber er hatte auch seine guten Seiten. Eine davon war, dass er sich niemals vor der Verantwortung drücken wollte; er hat nie versucht, sich seiner persönlichen Verantwortung zu entziehen. Er wusste, wie man Verantwortung übernimmt, auch wenn er mit Sicherheit seine Dämonen hatte. Aber es stimmt, was Sie gesagt haben. Das ist kein Geheimnis, sondern die Realität.

OS: *Nur aus Neugier, weil ich die Geschichte kenne, wie Chruschtschow mit Stalin trinken musste … haben Sie abends auch manchmal mit Herrn Jelzin einen getrunken?*

WP: Nein, nie. Ich stand ihm nicht so nahe, wie man vielleicht annehmen könnte. Ich war nie einer der engsten Berater von Gorbatschow oder Jelzin. Es kam absolut überraschend für mich, als er mich zum Direktor des FSB ernannte. Das ist die eine Sache. Die andere ist, dass ich nie Alkohol missbraucht habe. Ich habe Jelzin immer nur im beruflichen Umfeld getroffen. Und ich habe ihn bei der Arbeit nie betrunken erlebt.

OS: *Verkatert vielleicht?*

WP: Das habe ich nie überprüft. Ich habe nicht einmal versucht, eine Alkoholfahne an ihm zu riechen. Das ist mein Ernst. Ich war nie mit ihm jagen, wir verbrachten nie privat Zeit miteinander. Wir kamen nur in seinem Büro zusammen, das war alles. Ich habe nie auch nur ein Glas Wodka mit ihm getrunken.

OS: *Wahnsinn. Die Ministerpräsidenten kamen und gingen … und plötzlich waren Sie Ministerpräsident. Nicht schlecht.*

WP: Ja, das war schon eine seltsame Geschichte. Wie Sie richtig sagten, bin ich 1996 aus Leningrad nach Moskau gekommen. Und im Großen und Ganzen hatte ich in Moskau keine starke Unterstützung, keine Kontakte. Trotzdem war ich keine 4 Jahre später, am 1. Januar 2000, amtierender Präsident. Eine unglaubliche Geschichte.

OS: *Ja, wirklich.*

WP: Trotzdem muss ich darauf bestehen, dass ich keine besondere Beziehung zu Jelzin oder jemandem aus seinem Team hatte.

OS: *Vielleicht wurde gerade ein anderer Ministerpräsident gefeuert, und Jelzin sagte: »Okay, dann übernimmst du diesen Job.«*

WP: Ich weiß es nicht. Wahrscheinlich versuchte er jemand Geeigneten zu finden, weil er schon beschlossen hatte, sein Amt niederzulegen. Tatsächlich waren mehrere Ministerpräsidenten ernannt worden und dann wieder zurückgetreten. Ich weiß nicht, warum er sich ausgerechnet für mich entschieden hat. Es hat vor mir sehr begabte Ministerpräsidenten gegeben – einer von ihnen ist vor Kurzem verstorben. Als Jelzin mir den Posten zum ersten Mal anbot, habe ich abgelehnt.

OS: *Sie haben abgelehnt? Warum?*

WP: Ja. Es war im benachbarten Büro. Er hatte mich zu sich gebeten und mir gesagt, dass er mich zum Ministerpräsidenten ernennen wollte. Danach sollte ich mich für das Amt des Präsidenten bewerben. Ich antwortete, dass das eine sehr große Verantwortung sei und ich dafür mein ganzes Leben ändern müsse. Und ich war mir nicht sicher, ob ich das auch wirklich wollte. Er sagte nur: »Darüber sprechen wir noch.«

OS: *In welcher Hinsicht mussten Sie dafür Ihr Leben ändern? Sie waren doch schon längere Zeit Regierungsbeamter.*

WP: Das ist trotzdem etwas ganz anderes. Als Beamter, sogar als hoher Beamter, kann man ein beinahe normales Leben führen. Man kann Freunde treffen, ins Kino oder ins Theater gehen, ganz offen mit Freunden sprechen. Und man muss nicht die Verantwortung für das Schicksal von Millionen Menschen und alles, was in einem Land passiert, übernehmen. Und es war damals eine sehr große Herausforderung, die Verantwortung für Russland zu übernehmen. Dazu kommt, dass Boris Jelzin meine Kandidatur für das Amt des Ministerpräsidenten im August 1999 vorschlug und das Parlament zustimmte. Im selben Monat – August – begann der Zweite Tschetschenien-Krieg[8] und stellte das Land auf eine harte Probe. Offen gesagt wusste ich damals nicht, welche Pläne Präsident Jelzin für mich hatte. Aber ich stand eben vor dieser Situation und musste die Verantwortung dafür übernehmen. Und ich wusste nicht, wie lange ich auf diesem Posten durchhalten würde. Schließlich hätte Präsident Jelzin auch jeden Augenblick zu mir sagen können: »Sie sind entlassen.« Es gab nur eines, woran ich damals denken konnte: Wo soll ich meine Kinder verstecken?

OS: *Wirklich? Und was würden Sie in einer solchen Situation tun?*

WP: Was glauben Sie? Die Situation war äußerst angespannt – stellen Sie sich vor, man hätte mich entlassen. Ich hatte keine Leibwächter, also was hätte ich tun sollen? Wie hätte ich für die Sicherheit meiner Familie sorgen sollen? Zu diesem Zeitpunkt beschloss ich: Wenn dies mein Schicksal ist, dann muss ich es bis zum Ende durchziehen. Ich wusste damals noch nicht, dass ich bald Präsident sein würde. Dafür gab es keine Garantie.

OS: *Darf ich fragen, ob Sie je bei Treffen mit Jelzin und irgendwelchen Oligarchen dabei waren?*

WP: Ja, sicher war ich das.

OS: *Also haben Sie gesehen, wie er mit diesen Leuten umgegangen ist?*

WP: Natürlich. Es war alles sehr amtlich und pragmatisch. Jelzin hat sie nicht als Oligarchen getroffen, sondern als Vertreter großer Unternehmen – als Menschen, von deren Tätigkeit das Schicksal von Millionen Menschen abhing und die sehr viele Arbeitskräfte beschäftigten.

OS: *Hatten Sie das Gefühl, dass die Oligarchen mit Jelzin tun konnten, was sie wollten?*

WP: Ja, aber das hat er selbst nicht begriffen. Boris Jelzin war ein höchst distanzierter Mensch. Wenn ihm in Hinblick auf dieses oligarchische Regierungssystem etwas vorzuwerfen ist, dann nur seine Vertrauensseligkeit. Ansonsten hatte er keinerlei Beziehungen zu Oligarchen, und er verschaffte sich durch sie auch keine persönlichen Vorteile.

OS: *Hatten Sie mit Leuten wie Beresowski auch persönlich zu tun?*[9]

WP: Ja, sicher. Ich kannte Beresowski schon, bevor ich nach Moskau ging.

OS: *In welchem Verhältnis standen Sie zu ihm? Waren Sie befreundet?*

WP: Nein, wir hatten keine freundschaftlichen Beziehungen zueinander. Ich habe ihn kennengelernt, weil ich damals in Sankt Petersburg tätig war und wir aus Moskau aufgefordert wurden, jemanden vom US-Senat – wenn ich mich richtig erinnere – zu empfangen. Der Senator kam mit einer Maschine aus Tiflis und wollte sich mit Sobtschak treffen. Da ich Beauftragter der Stadt für auswärtige Beziehungen war, sollte ich das Treffen organisieren. Ich erstattete Sobtschak Bericht, und er stimmte zu. Also trafen wir uns offiziell mit diesem Senator, der in Begleitung Beresowskis aus Tiflis angereist war. So lernten wir uns kennen. Ich weiß noch, dass Beresowski während der Zusammenkunft eingeschlafen ist.

OS: *Beresowski war ein intelligenter Mensch. Wahrscheinlich hat er Sie abgeschätzt, genauer betrachtet und sich überlegt, wie er mit Ihnen umgehen soll oder Geschäfte machen könnte. Menschenkenntnis kann ja in beide Richtungen funktionieren.*

WP: Das glaube ich nicht. Ich war ja damals nur Sobtschaks Assistent. Wenn Beresowski über etwas nachdachte, dann höchstens darüber, wie er seine Beziehung zu Sobtschak pflegen könnte – aber sicher nicht über mich.

OS: *Na gut, wir schreiben mittlerweile das Jahr 2000. Es ist eine düstere Zeit. Sie sind jetzt Präsident und haben die Wahl mit 53 Prozent der Stimmen gewonnen. Niemand rechnet ernsthaft damit, dass Sie lange in dieser Position durchhalten werden. Sie regieren ein Land, das gerade viel durchmacht. Der Tschetschenien-Krieg tobt, und es sieht nicht gut aus für Russland. Alles wird privatisiert, die Oligarchen werden immer mächtiger. Aber Sie stellen sich gegen diese Dinge. Ich habe mir Dokumentationen angesehen, die Ihren Kampf genau zeigen. Das muss ein wirklich hartes Ringen für Sie gewesen sein – eine der schwärzesten Zeiten Ihres Lebens.*

WP: Ja, das … stimmt genau. Doch diese schwierige Zeit begann nicht im Jahr 2000, sondern viel früher. Meiner Ansicht nach ging es schon Anfang der 1990er-Jahre los, kurz nach dem Zusammenbruch der Sowjetunion, und lief bis 2000 so. 1998 erlebte das Land eine Krise, eine sehr schwere Wirtschaftskrise. 1999 begann der Zweite Tschetschenien-Krieg, ich wurde Ministerpräsident, und das Land steckte in einer sehr schwierigen Lage. So sah es damals aus.

OS: *Sind Sie deshalb um 4 Uhr früh schweißgebadet erwacht? Konnten Sie überhaupt schlafen? Wie haben Sie sich gefühlt, wenn Sie nachts wach lagen?*

WP: Ich bin nie um 4 Uhr früh aufgewacht. Ich ging um Mitternacht schlafen und wachte um sieben oder so auf. Ich schlief immer 6 bis 7 Stunden.

OS: *Sehr diszipliniert. Und keine Albträume?*

WP: Nein.

OS: *Wirklich? Stammt diese Disziplin aus Ihrer Militärzeit, aus der Zeit beim KGB?*

WP: Ich glaube, ich habe sie dem Sport und auch dem Militärdienst zu verdanken.

OS: *Sie sind sehr diszipliniert.*

WP: Wenn man das nicht ist, erschwert es die Arbeit ungemein. Ohne Disziplin hat man keine Kraft, sich um aktuelle Problemstellungen zu kümmern, geschweige denn um strategische Fragen. Man muss sich immer fit halten.

OS: *Ja, aber haben Sie in dieser Zeit Ihre Kinder überhaupt gesehen? Und Ihre Frau?*

WP: Ja, sicher. Aber immer nur für kurze Zeit.

OS: *Regelmäßig? Haben Sie gemeinsam mit ihnen gegessen? Und sie jeden Abend gesehen?*

WP: Ich kam sehr spät nach Hause und ging sehr früh zur Arbeit. Natürlich habe ich sie gesehen, aber eben nur sehr kurz.

OS: *Und wann sind Ihre Eltern gestorben? Auch in dieser Zeit?*

WP: Meine Mutter starb 1998, mein Vater 1999.

OS: *Das muss sehr schwierig für Sie gewesen sein – zusätzlich zu all den anderen Problemen.*

WP: Meine Eltern waren die letzten 2 Jahre ihres Lebens in einem Krankenhaus. Ich flog jeden Freitag von Moskau nach Sankt Petersburg, um sie dort zu besuchen. Jede Woche.

OS: *Übers Wochenende, und Sonntagabend wieder zurück? Oder wie?*

WP: Nein, nur für einen Tag. Ich besuchte sie und flog dann wieder zurück nach Moskau.

OS: *Waren Ihre Eltern stolz auf Sie?*

WP: Ja.

OS: *Ihre Mutter und Ihr Vater konnten es gar nicht glauben, stimmt's?*

WP: Das war wirklich der Fall. Mein Vater ist, 2 Monate bevor ich Ministerpräsident wurde, gestorben. Aber trotzdem hat er jedes Mal, wenn ich zu Besuch kam, zu den Schwestern gesagt: »Schaut, da kommt mein Präsident.«

OS: *Das ist nett. Sehr nett. Es wird allgemein anerkannt, dass Sie in Ihrer ersten Amtszeit sehr viel Gutes getan haben. Sie setzten der Privatisierung* *ein Ende. Sie bauten Industrie- und Wirtschaftszweige aus – Elektronik, Maschinenbau, Petrochemie, Landwirtschaft und viele andere. Sie waren ein echter Sohn Russlands, darauf sollten Sie stolz sein. Sie sorgten für ein Anwachsen des Bruttoinlandsprodukts, erhöhten die Einkommen, reformierten das Militär und beendeten den Tschetschenien-Krieg.*[10]

WP: Ganz so stimmt das nicht. Ich habe der Privatisierung kein Ende gesetzt, ich wollte sie nur gerechter und ausgewogener gestalten. Ich setzte mich mit allen zur Verfügung stehenden Mitteln dafür ein, dass Staatseigentum nicht gratis verschleudert wird. Wir bereiteten einigen Machenschaften – manipulativen Machenschaften, die zum Machtzuwachs der Oligarchen führten – ein Ende. Es waren diese Machenschaften, durch die gewisse Leute im Handumdrehen zu Milliardären werden konnten. Und das sage ich mit allem gebotenen Respekt für Wassily Leontief, den Amerikaner russischer Herkunft, der den Wirtschaftsnobelpreis erhalten hat. Als er noch am Leben war, habe ich ihn kennengelernt, seine Vorlesungen besucht und ihn sprechen gehört. Er sagte, dass Eigentum uneingeschränkt für einen Rubel verkauft werden darf. Dabei ging es ihm aber darum, dass dieses Eigentum in die Hände jener Leute gelangt, die es verdient haben – so dachte er darüber. Unter unseren Umständen, also den damaligen russischen Verhältnissen, führte diese Umverteilung des Eigentums aber nur dazu, dass sich eine bestimmte Kategorie von Leuten auf gesetzlich zulässige Art bereichern konnte. Und das bedeutete auch, dass die Regierung die Kontrolle über strategisch wichtige Industriezweige verlor oder diese Industriezweige einfach zerstört wurden. Mein Ziel war es also nicht, die Privatisierung zu beenden, sondern sie systematischer und fairer zu machen.

OS: *Ich habe Filmaufnahmen aus den Jahren 2003 und 2004 von Ihnen und den Oligarchen gesehen. Muss eine ganz schön interessante Sitzung gewesen sein … Sie hatten aber auch heftige Zusammenstöße mit Beresowski und Leuten wie Chodorkowski.*

WP: Keine Zusammenstöße. Ich sagte ihnen nur, dass sie alle äquidistant zur Regierung sein müssten – dieser Ausdruck war damals in Mode. Und ich sagte ihnen, dass sie ihren Besitz nur im Rahmen des geltenden Rechts zu erwerben bräuchten, dann würden wir auch nicht versuchen, ihnen diesen Besitz wegzunehmen. Aber Gesetze ändern sich, und auch sie müssten sich an die neuen Gesetze halten. Ich brachte zum Ausdruck, dass jeder Versuch, rückwirkend etwas am Ergebnis der Privatisierung zu ändern, der Wirtschaft des Landes mehr Schaden zufügen würde als die Privatisierung selbst. Aus diesem Grund würden wir auch damit weitermachen, wenn auch auf einer faireren Grundlage. Und wir würden alles in unserer Macht Stehende tun, diese Besitztümer und Eigentumsrechte zu sichern. Aber die Oligarchen mussten begreifen, dass vor dem Gesetz alle gleich sind. Punkt. Dem hat seinerzeit auch niemand widersprochen.

OS: *Sie haben die Armutsrate um zwei Drittel gesenkt?*

WP: Das ist richtig.

OS: *Respekt für alte Menschen. Erhöhung der Renten und Pensionen.*

WP: Um ein Vielfaches.

OS: *Im Jahr 2000 betrug das Durchschnittseinkommen 2700 Rubel. 2012 waren es bereits 29 000 Rubel.*

WP: Auch das ist richtig.

OS: *2004 waren Sie äußerst beliebt und wurden mit 70 Prozent der Stimmen wiedergewählt.*[11]

WP: Es waren sogar etwas mehr.

OS: Und 2008 wurden Sie – weil nur zwei aufeinanderfolgende Amtszeiten als Präsident erlaubt sind – wieder Ministerpräsident, sozusagen der heimliche Herrscher. 2012 kandidieren Sie dann wieder für das Präsidentenamt und gewinnen die Wahl. Diesmal mit 63 Prozent der Wählerstimmen, glaube ich.

WP: Ja, das ist richtig.

OS: *Drei Amtszeiten als Präsident also. Manche Leute würden sagen, dass Sie mit einer vierten Amtszeit sogar Franklin Delano Roosevelt in den Schatten stellen könnten ...*

WP: Er war viermal Präsident?[12]

OS: *Ja. Er konnte seine vierte Amtszeit zwar nicht mehr beenden, aber er war zweifellos ungeheuer beliebt. Und Sie werden ganz offensichtlich für vieles kritisiert. Man kritisiert Sie unter anderem dafür, dass Sie hart gegen die Presse vorgehen – aber darüber möchte ich heute Abend nicht mit Ihnen sprechen, sondern später einmal. Mir wird erst jetzt klar, dass Sie seit fast 15 Jahren Präsident sind. Das ist unglaublich.*

WP: Nein, die ersten zwei Amtszeiten waren 2 mal 4, also 8 Jahre. Und jetzt wieder seit 2012 - das sind 10 Jahre.

OS: *Na gut. Aber Sie haben auch als Ministerpräsident schwer gearbeitet.*

WP: Ja, ich habe schwer und im Großen und Ganzen auch recht erfolgreich gearbeitet. Aber in diesem Zeitraum war jemand anders russischer Präsident, auch wenn man das im Ausland etwas anders sieht. Ich kann Ihnen versichern, dass Präsident Medwedew alle seine Aufgaben völlig unabhängig durchführte. Die russische Verfassung sieht hier eine Aufgabenteilung vor. Ich mischte mich nie in seinen Verantwortungsbereich ein.[13] Es gab bestimmte Themen, bei denen er es für notwendig erachtete, mich zurate zu ziehen, aber das kam sehr selten vor. Ansonsten erledigte er alles nach seinem eigenen Ermessen. Dazu kann ich Ihnen eine kuriose Geschichte erzählen: Bei der Amtseinführung von Präsident Medwedew[14] kamen wir – eine Handvoll Leute, die Medwedew nahestanden – hier zusammen, und einer der russischen Würdenträger hatte ein paar freundliche Worte für mich übrig. »Wir wissen alle, was los ist – dass Sie nach wie vor unser Präsident sind«, sagte er. Woraufhin ich mich an die Anwesenden wandte und entgegnete: »Danke für die schmeichelhaften Worte, aber bitte senden Sie keine falschen Signale an die Gesellschaft. Nur einer kann Präsident unseres Landes sein – die Person, die vom Volk gewählt wurde.«

OS: *Schön und gut. Wie ich höre, haben Sie auch fünf Attentatsversuche überlebt. Nicht so viele wie Castro, den ich ebenfalls interviewt habe und bei dem es wahrscheinlich eher fünfzig waren, aber seriösen Meldungen zufolge waren es fünf.*[15]

WP: Ja, auch ich habe mit Castro darüber geredet, und er fragte mich: »Wissen Sie eigentlich, wieso ich noch am Leben bin?« Ich sagte: »Nein, warum?« »Weil ich mich immer persönlich um meine Sicherheit gekümmert habe.« Im Gegensatz zu Castro mache ich meine Arbeit und lasse die Sicherheitskräfte die ihre tun – und die tun sie bislang ziemlich erfolgreich. Ich war in meiner Funktion recht erfolgreich und sie in ihrer.

OS: *Sie haben sich also nicht an das Castro-Modell gehalten?*

WP: Dafür sehe ich keine Notwendigkeit.

OS: *Also vertrauen Sie Ihren Sicherheitsleuten und finden, dass sie gut arbeiten.*

WP: Ja.

OS: *Aber Sie wissen, dass die beliebteste Attentatsmethode – auch, als die USA Castro zu beseitigen versuchten – jene ist, einen Killer in die Sicherheitsmannschaft des Opfers einzuschleusen.*

WP: Ja, das weiß ich. Aber wissen Sie, was man in Russland sagt? »Wer dafür bestimmt ist, gehängt zu werden, der wird nicht ertrinken.«

OS: *Wie sieht Ihre Bestimmung aus? Wissen Sie das auch?*

WP: Das weiß nur Gott. Nur Gott kennt unser Schicksal – Ihres und meines.

OS: *Friedlich im Bett sterben vielleicht?*

WP: Eines Tages ist es für jeden von uns so weit. Die Frage ist nur, was wir bis dahin in dieser vergänglichen Welt geleistet und ob wir unser Leben genossen haben.

OS: *Ich habe noch für etwa 10 Minuten Fragen auf Lager, dann können wir für heute Abend Schluss machen.*

In einer russischen Dokumentation über Sie war von der Eisbergtheorie die Rede. Die besagt, dass die meisten Menschen in Sachen Außenpolitik nur das oberste Siebentel des Eisbergs zu sehen bekommen – und nie die anderen sechs Siebentel unter Wasser. Und dass außenpolitische Angelegenheiten immer tückisch und in Wahrheit ganz anders sind, als sie scheinen.

WP: Es ist sehr kompliziert.

OS: *Ich würde mich morgen und übermorgen gern mit Ihnen darüber unterhalten. Meiner Ansicht nach muss man unter die Oberfläche schauen, wenn man wissen möchte, was auf der Welt los ist.*

WP: Ich glaube, man muss nur aufmerksam verfolgen, was auf der Welt passiert – dann wird man auch die Logik hinter den Ereignissen verstehen. Warum sind normale Menschen oft nicht auf dem Laufenden, was aktuelle Ereignisse betrifft? Warum halten sie all diese Dinge für kompliziert? Warum glauben sie, dass sich manches im Verborgenen abspielt? Das liegt einfach nur daran, dass normale Menschen genug damit zu tun haben, ihr Leben zu leben. Sie gehen jeden Tag zur Arbeit, verdienen sich ihren Lebensunterhalt und kümmern sich nicht um internationale Angelegenheiten. Und das ist genau der Grund, warum man normale Menschen so leicht manipulieren und in die Irre führen kann. Würden sie das verfolgen, was sich Tag für Tag auf der Welt abspielt, dann könnten sie auch das politische

Geschehen leichter verstehen und die Logik hinter weltweiten Entwicklungen durchschauen, auch wenn ein Teil der Diplomatie sich immer hinter verschlossenen Türen abspielen wird. Man kann auch ohne Zugang zu Geheimdokumenten ein Verständnis internationaler Affären erlangen.

OS: *Ich habe viel über Ihre erstaunlichen Arbeitsgewohnheiten gelesen. Sie lesen und lernen die ganze Zeit. Dazu fällt mir eine Geschichte ein, die ich vor Kurzem über John F. Kennedy gelesen habe. Er war ein aufregender und glanzvoller Präsident, aber er arbeitete auch sehr, sehr hart. Sein Bruder Robert Kennedy schrieb ein Buch mit dem Titel* Dreizehn Tage, *in dem es um die Kuba-Krise zwischen Chruschtschow und Kennedy geht. Das Erstaunliche an diesem Werk ist Kennedys Beschreibung der Arbeitsmoral seines Bruders, der jedes Dokument und jede Rede eines ausländischen Regierungschefs las, die er in die Hände bekam. Er kannte die Rede dann genau, nicht nur eine Zusammenfassung von der CIA, weil er diesem Geheimdienst ohnehin nicht traute. Nur so war es möglich, dass er seine eigenen Schlussfolgerungen über Chruschtschow ziehen und die Krise bereinigen konnte.*

WP: Ich lese auch keine Zusammenfassungen. Ich lese immer nur die Originaldokumente. Ich arbeite auch nicht mit den Analysen, die mir die Geheimdienste zur Verfügung stellen, sondern nur mit einzelnen Dokumenten.

OS: *Sehr interessant, das habe ich vermutet. Man sagt, dass sich Ihre Lebensphilosophie in den Grundbegriffen des Judo zusammenfassen lässt …*

WP: Ja, mehr oder weniger. Meine Grundidee – der flexible Weg, sozusagen – ist auch die grundlegende Idee des Judo. Man muss flexibel sein. Manchmal kann man anderen auch nachgeben, wenn das der Weg ist, der schlussendlich zum Sieg führt.

OS: *Andererseits gibt es da auch diese Rattengeschichte, von der Sie Mike Wallace erzählt haben: Sie sind, wahrscheinlich als kleiner Junge, mit*

einem Stock einer Ratte hinterhergejagt, und plötzlich hat die Ratte sich gegen Sie gestellt.

WP: Sie hat mich nicht gebissen, aber sie hat versucht, mich anzuspringen. Und plötzlich lief ich vor der Ratte davon. Immer eine Treppe, dann einen Treppenabsatz, immer weiter hinunter. Ich war zwar noch sehr klein, aber ich war immer noch schneller als die Ratte und konnte die Treppe hinunterrennen, auf dem Absatz scharf abbiegen und die nächste Treppe runterflitzen. Und wissen Sie, was die Ratte gemacht hat? Sie sprang von einer Treppe einfach auf die andere hinunter.

OS: ***Sie haben die Ratte mit Ihrem Stock verärgert, stimmt's?***

WP: Ja, ich glaube, das war der Fall.

OS: ***Ihrer und der Judo-Philosophie zufolge wäre es also ratsam, nicht zu stark zu attackieren – der Gegner mag zwar schwach aussehen, kann sich aber plötzlich gegen einen wenden.***

WP: Damals besuchte ich noch keinen Judokurs. Und die Schlussfolgerung wäre in diesem Fall eine andere, glaube ich. Es gibt doch diesen berühmten Spruch: Treib eine Ratte nie in die Enge. Genau diesen Fehler habe ich gemacht. Man sollte nie jemanden in die Enge treiben. Niemand sollte in eine Situation gedrängt werden, die eine Sackgasse für ihn ist.

OS: ***Die Oligarchen haben Sie unterschätzt. Sie nahmen an, dass Sie nicht lange Präsident bleiben würden.***

WP: Man sollte immer daran denken, dass nicht alle Oligarchen gleich sind. Manche von ihnen waren bereit, sich an die vorgeschlagenen Richtlinien über ihre Beziehung zur Regierung zu halten. Man versicherte ihnen, dass ihnen niemand ihr Eigentum wegnehmen wollte. Man sagte ihnen, dass die Regierung ihr Eigentum sogar schützen würde, und das, obwohl die früheren Gesetze ungerecht gewesen waren. Aber Gesetz ist Gesetz – und zwar immer. Auch das ist eine Regel, an die man sich halten muss.

OS: *Gesetz ist Gesetz, bis sich das Gesetz ändert. Manchmal protestieren die Menschen dagegen. In Amerika entstanden aus den Protesten der Bürgerrechtsbewegung neue Gesetze zur Gleichstellung. Aus Protesten und zivilem Ungehorsam können auch gute Dinge entstehen.*

WP: Das stimmt ebenfalls, aber unsere Situation war eine ganz andere. Ich bin der Meinung, dass die Privatisierungsgesetze Anfang der 1990er-Jahre ungerecht waren. Hätte ich aber jetzt wieder eine Entprivatisierung in die Wege geleitet, dann wäre das – wie gesagt – für die Wirtschaft und das Leben der einfachen Menschen noch schädlicher gewesen. Und genau das habe ich den Leitern der Großunternehmen in einer ehrlichen Aussprache auch gesagt. Ich teilte ihnen mit, dass wir die bisher bestehenden Programme auslaufen lassen würden und dass die Gesetze fairer und gerechter werden müssten. Ich sagte ihnen auch, dass die Wirtschaft mehr soziale Verantwortung übernehmen sollte. Und viele dieser Geschäftsmänner, die überwiegende Mehrheit, richteten sich nach den neuen Gesetzen. Wissen Sie, wer über die neuen Gesetze unglücklich war? Die Leute, die keine echten Geschäftsmänner waren, die ihre Millionen oder Milliarden nicht ihrer unternehmerischen Gabe verdankten, sondern einzig und allein ihrer Fähigkeit, gute Beziehungen zu den Behörden herzustellen. Diese Leute waren unzufrieden und lehnten die neuen Gesetze ab. Aber das waren nur wenige, im Großen und Ganzen hatten wir eine gute Beziehung zu den Wirtschaftstreibenden.

OS: *Beenden wir diesen Abend mit einer kurzen Anmerkung zu Stalin. Sie haben sich negativ über Stalin geäußert, und er wird ja auch weltweit weithin verurteilt. Gleichzeitig weiß man aber, dass er im Krieg ein großartiger Staatslenker war. Er führte Russland zum Sieg über Deutschland und den Faschismus. Wie gehen Sie persönlich mit diesem Zwiespalt um?*

WP: Sie sind ein durchtriebener Charakter!

OS: *Warum? Wir können auch morgen darüber reden, wenn Sie wollen.*

WP: Nein, ich kann das durchaus gleich beantworten. Es gab früher ja auch einen anderen prominenten Politiker: Winston Churchill. Der war entschieden gegen das Sowjetsystem, doch nach Beginn des Zweiten Weltkriegs setzte er sich stark für eine Zusammenarbeit mit der Sowjetunion ein und nannte Stalin einen großen Kriegsherrn und Revolutionär. Nach dem Zweiten Weltkrieg war es dann bekanntlich eben dieser Churchill, der den Kalten Krieg eröffnete. Als die Sowjetunion dann ihren ersten Atomtest durchführte, war es kein anderer als Winston Churchill, der plötzlich über die Notwendigkeit einer friedlichen Koexistenz zwischen zwei Systemen sprach. Er war ein äußerst flexibler Mensch. Ich glaube aber dennoch, dass er in seinem tiefsten Inneren die Einstellung gegenüber Stalin nie auch nur um ein Jota geändert hat.

Stalin war ein Produkt seiner Zeit. Man kann ihn einerseits verteufeln, so viel man will. Andererseits reden wir ja auch über seine glorreichen Verdienste im Kampf gegen den Faschismus. Und was die Verteufelung angeht – wir kennen auch eine historische Figur namens Oliver Cromwell. Der war ein sehr blutrünstiger Mann, der im Zuge einer Revolution an die Macht kam und sich zu einem Diktator und Tyrannen entwickelte. Trotzdem findet man heute noch in ganz Großbritannien Denkmäler zu seinen Ehren. Auch Napoleon wird nach wie vor vergöttert. Aber was hat er getan? Er bediente sich einer Welle revolutionärer Begeisterung, um an die Macht zu kommen. Dann führte er nicht nur die Monarchie wieder ein, sondern ernannte sich auch noch selbst zum Kaiser. Und er führte Frankreich in eine nationale Katastrophe, in die völlige Niederlage. Es gibt viele solche Situationen und Persönlichkeiten, mehr als genug in der gesamten Weltgeschichte. Ich glaube, dass die übermäßige Verteufelung Stalins nur eine der Methoden ist, die Sowjetunion und Russland anzugreifen. Man versucht damit, dem heutigen Russland einen Ursprung im Stalinismus unterzuschieben. Natürlich hat auch unser Land in Bezug auf seine Vergangenheit keine weiße Weste, aber damit müssen wir leben.

Was ich damit sagen will: Russland hat sich radikal verändert. Irgendetwas aus dieser Zeit hat sich sicher in unserer Mentalität festgesetzt, aber eine Rückkehr zum Stalinismus wird es nicht geben, weil sich die Mentalität des Volkes geändert hat. Als Stalin an die Macht kam, hatte er noch wunderbare Ideen, die er realisieren wollte. Er sprach von Gleichheit, Brüderlichkeit und Frieden … und dann wurde er zum Diktator. Ich glaube nicht, dass in dieser Lage etwas anderes möglich gewesen wäre. Damit meine ich die Weltlage. War es in Spanien, Italien oder Deutschland etwa besser? Es gab viele Staaten, deren Regierungen eine Gewaltherrschaft einsetzten.

Das bedeutet aber noch lange nicht, dass Stalin nicht imstande gewesen wäre, das Volk der Sowjetunion zu vereinen. Er schaffte es, den Widerstand gegen den Faschismus zu organisieren. Und er verhielt sich dabei nicht wie Hitler, sondern hörte auf seine Generäle und ließ sich sogar einige Male von ihnen eines Besseren belehren. Das alles heißt natürlich nicht, dass wir die Gräueltaten des Stalinismus vergessen dürften – den Mord an Millionen unserer Landsleute, die Vernichtungslager. Die Erinnerung daran muss erhalten bleiben. Stalin ist eine zwiespältige Figur. Ich glaube, dass er gegen Ende seines Lebens in einer psychisch sehr schwierigen Lage war. Aber um dies mit Sicherheit sagen zu können, wäre eine unparteiische Studie nötig.

OS: ***Ihre Eltern haben Stalin bewundert, ist das richtig?***

WP: Ja, sicher. Ich glaube, dass die überwiegende Mehrheit der damaligen Sowjetbürger ihn bewunderte. So wie die überwiegende Mehrheit der Franzosen einst Napoleon bewunderte – und viele das heute noch tun.

OS: ***Ich würde unser heutiges Gespräch gern mit einer persönlichen Note beenden. Ich habe Filmaufnahmen von Ihnen gesehen, auf denen Sie – es ist wirklich unglaublich! – etwas gelernt haben, mit dem Sie in Ihrer Jugend ganz sicher nichts zu tun hatten: Klavier spielen.***

WP: Sicherlich. Ein Freund hat mir vor nicht allzu langer Zeit beigebracht, mit zwei Fingern ein paar sehr beliebte Melodien zu spielen.

OS: *Ich finde es großartig, dass Sie in Ihrem Alter noch Lust haben, etwas Neues zu lernen. Ich habe Sie auch Ski fahren gesehen – wieder etwas, das Sie früher nie getan haben.*

WP: Nein, ich war schon als Student Ski fahren. Aber das Eislaufen habe ich erst vor Kurzem erlernt.

OS: *Ja, das habe ich gesehen – in Verbindung mit Eishockey.*

WP: Als ich mit dem Eislaufen begann, vor ungefähr 2 Jahren, war mein erster Gedanke, dass ich diesen Sport nie beherrschen würde. Anfangs dachte ich nur: Wie bleibt man da stehen, wie hält man an?!

OS: *Das verstehe ich. Haben Sie Angst, sich den Knöchel zu brechen? Oder machen Sie sich keine Sorgen um Verletzungen?*

WP: Ich glaube, wer über so etwas nachdenkt, sollte lieber zu Hause bleiben.

OS: *Na ja, Eishockey ist immerhin eine recht raue Sportart.*

WP: Ich habe nicht damit gerechnet, wie rau es ist. Ich hielt Judo immer für den härtesten Sport, aber Eishockey erfordert ganz schön viel athletisches Können.

OS: *Spielen Sie immer noch?*

WP: Ja, ich habe erst heute Morgen Eishockey gespielt.

OS: *Wirklich? Unglaublich … Und planen Sie noch eine weitere Sportart zu erlernen?*

WP: Momentan nicht.

OS: *Aber Sie haben Französisch gelernt?*

WP: Nicht wirklich, nur ein paar Ausdrücke.

OS: *Immerhin sind Sie nach Guatemala gereist – und Ihr Französisch reichte aus, dass Sie die Winterolympiade bekamen.*

WP: Ein Mitglied des Internationalen Olympischen Komitees erzählte mir, dass ich wenigstens ein paar Worte auf Französisch sagen sollte. Das sei ein Muss, meinte er.

OS: *Ach, es waren nur ein paar Worte? Da haben Sie ja geschummelt.*

WP: Er sagte, das sei ein Zeichen des Respekts – nicht den Franzosen gegenüber, sondern den französischsprachigen afrikanischen Ländern.

OS: *Gut, das war's für heute. Vielen Dank für einen wunderbaren Beginn, Herr Putin!*

WP: Ich danke Ihnen. Morgen machen wir weiter.

Erste Reise

6

Zweiter Tag / Teil 1

3. Juli 2015

Jelzin und der Golfkrieg

WP: Viele Wirtschaftsberater aus den Vereinigten Staaten kamen nach Russland, wenn sie mit der Zentralregierung und Präsident Jelzin zusammenarbeiteten. Da wir in Sankt Petersburg waren, hatten wir damit aber nur wenig zu tun.

OS: *Aber Sie waren ab 1995 im Jelzin-Team, ist das richtig?*

WP: 1996, um genau zu sein. Aber ich möchte Sie darauf hinweisen, dass ich im Büro der Präsidialverwaltung tätig war und mich mit innenpolitischen Angelegenheiten befasste. Ich war für Rechtsfragen zuständig. Doch später, als ich im Büro der Verwaltung arbeitete und in Sankt Petersburg war, verfolgten wir alle diese Belange sehr genau. Wir beobachteten die Diskussionen zwischen amerikanischen Wirtschaftstheoretikern und den Europäern, die mit den Empfehlungen der Amerikaner mehrheitlich nicht ganz einverstanden waren. Damit meine ich speziell die Privatisierung von Staatseigentum. Um ehrlich zu sein: Wir konnten uns in diese Vorgänge nicht einmischen und taten das auch nicht. Aber ich hielt die Meinung der Europäer schon damals für sehr objektiv und angemessen. Nur sah das, was die Amerikaner uns versprachen, auf den ersten Blick halt viel attraktiver aus.

OS: *Würden Sie im Rückblick sagen, dass es sich dabei um eine privatwirtschaftliche Initiative handelte oder dass die amerikanische Regierung dahintersteckte?*

WP: Beides, glaube ich, sowohl Privatwirtschaft als auch Regierung. Die Privatwirtschaft war mit Sicherheit aktiv an diesem Prozess beteiligt, aber zweifellos unter Leitung der Zentralregierung.

OS: *Äußerte Jelzin jemals Bedenken über die amerikanischen Interessen in Russland?*

WP: Nein, nie.

OS: *Nie?*

WP: Nie. Er äußerte keine diesbezüglichen Bedenken, weil er sich insgesamt nie sehr mit wirtschaftlichen Fragen beschäftigte. Er vertraute der Regierung, den Menschen, die um ihn herum arbeiteten und die er als die neue Generation sah.

OS: *Und was rieten Ihnen die Europäer?*

WP: Sie waren der Ansicht, dass eine unkontrollierte Privatisierung in Russland die Effizienz der Wirtschaft nicht steigern würde, vor allem nicht in den Schlüsselbranchen. Tatsächlich schlugen sie uns eine sanftere Methode vor. Kurz gesagt: Marktwirtschaft. Aus heutiger Sicht scheint mir, als wäre dies eine sehr viel effizientere Lösung gewesen, die auch nicht so einschneidende soziale Folgen gehabt hätte. Aber wir sollten den Persönlichkeiten Anerkennung zollen, die damals die Entscheidung getroffen haben – immerhin hatten sie den Mut, Schritte zu unternehmen, ohne die ein Übergang zur Marktwirtschaft nicht möglich gewesen wäre.

OS: *Und wer waren diese Persönlichkeiten?*

WP: In erster Linie Jegor Gaidar. Und Anatoli Tschubais vom Wirtschaftsministerium. Und Andrej Netschajew.

OS: *Sie stimmen deren Maßnahmen also grundsätzlich zu, finden aber, dass man sie zu schnell umgesetzt hat?*

WP: Ich stimme den Zielsetzungen zu, die sie vorgeschlagen haben – aber nicht den Methoden, die sie anwendeten.

OS: *Fanden Sie es als junger Mann richtig, dass sich Gorbatschow auf einen Handel mit Reagan einließ und die sowjetischen Truppen aus Osteuropa abzog? Und fanden Sie es richtig, dass die Vereinigten Staaten 1991 im Irak kriegerisch intervenierten?*

WP: Den ersten Teil Ihrer Frage habe ich bereits in öffentlichen Ansprachen beantwortet. Was Osteuropa angeht, so hielte ich es für sinnlos und schädlich, wenn die Sowjetunion weiterhin ihre Verhaltensnormen – ihre Vorstellung einer wünschenswerten Gesellschaftsentwicklung sowie einer politischen und staatlichen Ordnung – anderen Völkern und Nationen aufgezwungen hätte. Diese Vorgehensweise hatte keine Zukunft, und es war logisch, dass sie auf die eine oder andere Art zu Ende gehen musste. Die Menschen nehmen auf Dauer nicht hin, dass man ihnen von außen Entscheidungen vorschreibt. Davon abgesehen hatten Osteuropa und Europa insgesamt ihre eigenen politischen Traditionen, die man nicht ignorieren durfte.

OS: *Legen wir doch die Karten auf den Tisch: Ich war im Vietnam-Krieg, und wir haben 500 000 Soldaten nach Vietnam entsandt. Das war abscheulich und wurde von der ganzen Welt verurteilt. Nach der*

Entspannungspolitik mit Gorbatschow schickten Reagan und die USA dann 500 000 Soldaten nach Saudi-Arabien und Kuwait.

WP: Ich weiß, dass Sie der amerikanischen Regierung in vieler Hinsicht sehr kritisch gegenüberstehen. Aber ich teile Ihren Standpunkt nicht immer, obwohl auch wir nicht immer die Art von Beziehung zur amerikanischen Führung haben, die wir uns wünschen würden. Als Politiker muss man manche Entscheidungen treffen, die nicht von der gesamten Gesellschaft gutgeheißen werden. Aber es ist eindeutig besser, manche Entscheidungen zu treffen als gar keine.

OS: *Sie missbilligen also nicht, dass die Vereinigten Staaten plötzlich eine halbe Million Soldaten in den Nahen Osten entsandten?*

WP: Wissen Sie, ich halte es für falsch und fehlerhaft, anderen Staaten und Völkern die eigenen Normen und Modelle aufzuerlegen. Damit beziehe ich mich insbesondere auf die Demokratie. Demokratie lässt sich nicht von außen importieren, sondern kann nur in einer Gesellschaft selbst entstehen. Man sollte einer Gesellschaft zwar einerseits helfen, diesen Weg zu gehen, aber es ist sinnlos, eine Regierungsform mit Gewalt von außen durchsetzen zu wollen. Das ist kontraproduktiv und schädlich. Andererseits ist der Einsatz militärischer Gewalt, unter anderem mit Bodentruppen, oft einfach unerlässlich. Es ist aber auf jeden Fall besser, wenn ein solcher Militäreinsatz auf Ersuchen der betroffenen Regierung, in Übereinstimmung mit dem Völkerrecht und aufgrund eines Beschlusses des UN-Sicherheitsrats erfolgt.

OS: *Na gut, okay. Aber ich meine, da engagiert sich Gorbatschow ernsthaft für den Frieden – und dann, nur ein paar Monate nach dem Fall der Berliner Mauer, entsenden die USA total völkerrechtswidrig Truppen nach Panama. Diese Kriegshandlung wurde von keinem anderen Land unterstützt und von den lateinamerikanischen Staaten verurteilt.*

WP: Darüber lässt sich wirklich nichts Gutes sagen. Abgesehen davon hätte sich Gorbatschow vor seinen einseitigen Maßnahmen jedoch überlegen sollen, wie seine Partner darauf reagieren werden. Man kann auf einen Partner zugehen, muss aber begreifen, was danach passieren wird. Aber Sie haben mich nach dem Irak gefragt. Meiner Ansicht nach war es ein Fehler, im Irak einzumarschieren und Saddam Hussein zu stürzen.

OS: ***Das war ja erst später. Ich meinte den Ersten Irak-Krieg nach Husseins Eroberung von Kuwait.***

WP: Damals gingen die Vereinigten Staaten nicht so weit, weil sie die irakische Regierung eben nicht stürzten. Ich weiß, dass darüber viel diskutiert wurde und manche Leute der Meinung waren, man hätte Saddam Hussein gleich damals absetzen sollen. Andere meinen wiederum, dass alles korrekt abgelaufen sei und die Alliierten ihre Kampfhandlungen im richtigen Moment einstellen mussten. Präsident Bush hat sehr richtig und vorsichtig gehandelt. Er reagierte auf einen aggressiven Akt und beendete den Krieg zur rechten Zeit.

OS: ***Ich verstehe Ihren Standpunkt. Ich stimme ihm nicht zu, aber ich verstehe ihn. Wenn die Vereinigten Staaten 500 000 Soldaten in irgendeinen Teil der Welt schicken, dann setzen sie sich dort für ganz bestimmte konkrete Interessen ein. Und sobald man derart viel US-Militär in eine Region entsendet, verändert man die Dynamik in dieser Region für immer. Es ist nicht damit zu rechnen, dass die USA den Nahen Osten je wieder verlassen werden.***

WP: Damit haben Sie wahrscheinlich recht. Das wirklich Deprimierende daran ist der Versuch, in diesem Teil der Welt einen Regimewechsel herbeizuführen und zu hoffen, dass sich am nächsten Tag alles von selbst zum Besseren wenden und eine Demokratie nach amerikanischem Modell entstehen wird. Doch das ist unmöglich, wie wir gerade jetzt in dieser Region tagtäglich zu sehen bekommen. Wo kam der IS bloß her? Zuvor gab es dort nie Terroristen. Und jetzt haben sie dort einen Brückenkopf und kontrollieren zwei Drittel des irakischen Hoheitsgebiets. Und in Syrien passiert dasselbe. Libyen existiert als territorial integraler Staat praktisch nicht mehr.[16] Wissen Sie noch, wie glücklich alle waren, als man Gaddafi umgebracht hatte? Dabei gab es gar keinen Grund zum Glücklichsein.[17] Der Lebensstandard in Libyen war recht hoch, nahe am europäischen Durchschnitt. Mussten sie um Demokratie kämpfen? Ja, das mussten sie – aber nicht mit den Mitteln, die dann tatsächlich angewandt wurden. Man sieht ja, was dabei herausgekommen ist: eine einzige Katastrophe.

OS: *Ich verstehe. Und ich glaube, Sie sind mir inhaltlich jetzt gerade ein paar Schritte voraus.*

9/11

OS: *Ich wollte zuerst darüber sprechen, wie es überhaupt zu all dem kommen konnte – und über den zweiten Bush, George W. Bush. Er wurde 2001 Präsident und traf noch im selben Jahr mit Ihnen zusammen. Und nach dem Treffen – in Slowenien, glaube ich – sagte er über Sie: »Ich habe dem Mann in die Augen gesehen, und ich gewann einen Eindruck von seiner Seele.«*[18]

WP: Ja, genau das hat er gesagt. Er ist ein sehr anständiger Mensch, ein guter Mensch.

OS: *Was haben Sie empfunden, als er das sagte? Welches Gefühl hatten Sie?*

WP: Ich hatte das Gefühl, dass ich es hier mit einem Menschen zu tun hatte, mit dem man verhandeln und sich verständigen kann. Zumindest hoffte ich das.

OS: *Und am 11. September 2001 waren Sie einer der Ersten, die ihn anriefen und ihm Ihr Mitgefühl ausdrückten.*[19]

WP: Ja, wir hatten für den nächsten Tag Militärmanöver unserer neuen strategischen Streitkräfte geplant. Ich sagte diese Manöver ab und wollte den Präsidenten der Vereinigten Staaten über diese Entscheidung informieren. Mir war klar, dass Staatsoberhäupter und Regierungschefs in solchen Situationen moralische Unterstützung brauchen. Und wir wollten Präsident Bush diese Unterstützung demonstrieren.

OS: *Als Präsident Bush dann in Afghanistan einmarschierte, unterstützten Sie diese Invasion und richteten Stützpunkte im Kaukasus ein – damit die Amerikaner eine Nachschublinie für ihren Afghanistan-Krieg hatten?*

WP: Ganz so war das nicht. Wir richteten nicht speziell für diesen Zweck Militärstützpunkte ein. Seit den Tagen der Sowjetunion war eine unserer Divisionen in Tadschikistan stationiert. Später errichteten wir dort einen Militärstützpunkt, um uns vor terroristischen Bedrohungen aus dieser Richtung – also im Wesentlichen aus Afghanistan – zu schützen. Wir unterstützten die Vereinigten Staaten.[20] Und wir gestatteten ihnen, auf unserem Territorium den Nachschub von Waffen und anderem Material zu organisieren.

OS: *Und das bis vor Kurzem.*

WP: Ja. Diese Zusammenarbeit liegt in unserem nationalen Interesse. Es handelt sich um einen Bereich, in dem wir unsere Kräfte bündeln können und sollten. Wir stellten unseren amerikanischen Partnern nach Möglichkeit auch zusätzliche Informationen, einschließlich Geheimdienstakten, zur Verfügung.

OS: *Russland ist in Afghanistan seit langer Zeit geheimdienstlich tätig. Darüber wissen Sie natürlich viel. Woran liegt es, dass Ihre Leute nicht herausfinden konnten, wo sich bin Laden aufhielt und was wirklich mit ihm los war? Also nicht nur seinen Aufenthaltsort, sondern auch, wie schwach die Unterstützung für al-Qaida in Afghanistan zu diesem Zeitpunkt schon war?*

WP: Die Bildung der al-Qaida ist nicht auf unsere Aktivitäten zurückzuführen, sondern auf die unserer amerikanischen Freunde.[21] Das fing alles während des sowjetischen Afghanistan-Kriegs an. Damals unterstützten amerikanische Geheimdienstbeamte unterschiedliche Strömungen des islamischen Fundamentalismus im Kampf gegen sowjetische Truppen in Afghanistan. Es waren also die Amerikaner, die sowohl die al-Qaida als auch bin Laden förderten. Und dann lief die Geschichte völlig aus dem Ruder, wie immer in solchen Fällen. Verantwortlich dafür sind aber auf jeden Fall die USA.

OS: *Ich verstehe. Man muss aber auch bedenken, dass Bill Casey – der CIA-Direktor unter Reagan – nachweislich besondere Anstrengungen unternahm, die Muslime im Kaukasus für den Kampf gegen die Sowjetunion zu begeistern.[22] Er plante mehr als nur einen Sieg über die Sowjets in Afghanistan. Er hoffte auf einen Regierungswechsel in der Sowjetunion.*

WP: Das wahre Problem ist, dass es diese Ideen immer noch gibt. Als die Probleme im Kaukasus und in Tschetschenien begannen, unterstützten die Amerikaner bedauerlicherweise die Separatisten – und nicht die offiziellen Streitkräfte und auch nicht die demokratisch gewählte Regierung Jelzin.[23] Wir hatten mit amerikanischer Unterstützung gerechnet und angenommen, der Kalte Krieg sei vorbei und wir hätten transparente Beziehungen zu den Vereinigten Staaten und der ganzen Welt. Stattdessen mussten wir zusehen, wie die amerikanischen Geheimdienste Terroristen unterstützten. Auch nachdem wir das untermauern konnten, indem wir eindeutig nachwiesen, dass al-Qaida-Kämpfer im Kaukasus aktiv waren, ging diese Unterstützung weiter. Es gab da einen Vorfall, von dem ich Präsident Bush berichtete, woraufhin er mich fragte: »Besitzen Sie konkrete Daten darüber, wer dort genau was tut?« Ich antwortete: »Ja, ich besitze solche Daten.« Ich zeigte ihm die Beweise und konnte die amerikanischen Geheimdienstmitarbeiter, die im Kaukasus – auch in Baku – tätig waren, sogar namentlich anführen. Diese Geheimdienstler leisteten nicht nur allgemeine politische, sondern auch technische Hilfestellung und beförderten die Kämpfer von einem Ort zum anderen. Der amerikanische

Präsident reagierte völlig richtig auf meine Fakten. Er fand diese Machenschaften falsch und sagte: »Ich werde das in Ordnung bringen.« Ich habe dann übrigens wochenlang nichts von US-Seite gehört …

OS: ***In welchem Jahr war das?***

WP: 2004 oder 2005. Wie gesagt, nach einigen Wochen kam endlich eine Reaktion von den amerikanischen Geheimdiensten. Und diese Reaktion war sehr merkwürdig. Sie schrieben uns: »Wir unterstützen alle politischen Kräfte, auch die oppositionellen, und werden das weiterhin tun.«

OS: ***Sie schickten Ihnen 2005 einen Brief?***

WP: Ja, die CIA schickte uns einen Brief.[24] Also eigentlich schickten sie den Brief an ihre Amtskollegen in Moskau. Ich war darüber sehr überrascht, wenn ich ehrlich sein soll – vor allem nach meinem Gespräch mit dem amerikanischen Präsidenten.

OS: ***Haben Sie nachher wieder mit ihm gesprochen?***

WP: Ja, sicher. Aber Politik ist halt eine äußerst seltsame Sache. Ich bin ziemlich sicher, dass Präsident Bush immer ein integrer Mensch war. Aber die hinter ihm stehende Bürokratie hält nach wie vor an den soeben erwähnten Ideen fest und will den Fundamentalismus zu einer Destabilisierung der politischen Lage nutzen. Diese Ideen gibt es immer noch, obwohl sich die Situation in Russland radikal geändert hat und die Sowjetunion nicht mehr existiert. Ich werde jetzt etwas meiner Meinung nach sehr Wichtiges sagen, dessen wir uns damals schon ziemlich sicher waren und es heute noch viel mehr sind: Unsere amerikanischen Partner betonten immer wieder, dass wir mit ihnen zusammenarbeiten müssten, vor allem gegen den Terrorismus, benutzten diese Terroristen aber in Wahrheit dazu, die innenpolitische Lage in Russland zu destabilisieren. Und darüber waren wir offen gesagt sehr enttäuscht.

OS: *Ich nehme an, Sie würden jetzt gern in den Palast hinübergehen.*

WP: Ja, dort ist es einfacher.

OS: *Zwei wichtige Träume …*

WP: In einem davon konnten Sie fliegen?

OS: *Ja. Ich versuche immer, mich an meine Träume zu erinnern. Ich wache auf und schreibe sie sofort nieder, das ist so eine Angewohnheit von mir.*

WP: Sehr interessant.

OS: *Ja – und auch wichtig. Deswegen war ich auch überrascht über Ihre Aussage, dass Sie Träumen keine Beachtung schenken oder sich nicht an sie erinnern.*

WP: Manchmal erinnere ich mich an meine Träume, aber nur für kurze Zeit, dann vergesse ich sie wieder.

OS: *Ich bemühe mich, mitten in der Nacht aufzustehen, um mich an meine Träume zu erinnern – weil ich weiß, dass ich sie vergessen werde, wenn ich mich wieder schlafen lege.*

WP: Und wo verbringen Sie den Großteil Ihrer Zeit?

OS: *Zwischen New York und Los Angeles. Ich reise viel.*

WP: Haben Sie eine Wohnung oder ein Haus? Vielleicht eine Wohnung in New York und ein Haus in Los Angeles?

OS: *Ich habe an beiden Orten Wohngelegenheiten. Aber das vergangene halbe Jahr war ich in München.*

Der Irak-Krieg und die amerikanische Expansionspolitik

OS: *Okay. Wir haben über den Afghanistan-Krieg und die Zusammenarbeit mit den Vereinigten Staaten gesprochen. Die Amerikaner sind jetzt in Zentralasien. Und Russland sammelt immer mehr Fakten über die US-Unterstützung des islamischen Terrorismus gegen die Sowjetunion. Doch plötzlich bekämpfen auch die USA den Terrorismus, fahnden nach bin Laden und investieren eine Unmenge Geld in die Jagd auf al-Qaida. Wie ich erfahren habe, sank die al-Qaida-Präsenz in Afghanistan damals auf hundert Kämpfer. Es gab nicht mehr als hundert al-Qaida-Mitglieder, als die Amerikaner dort noch im Kriegseinsatz waren.*[25]

WP: Bedauerlicherweise hält man sich in gewissen Ländern an das Grundprinzip, Leute mit extremen Ansichten zu unterstützen, um sie für den Kampf gegen andere Leute zu gewinnen, die man für Feinde hält. Das große Problem dabei ist aber, dass man zwischen all diesen Gruppierungen unmöglich unterscheiden kann, weil sie sich permanent verändern und weiterentwickeln. Sie passen sich an die Umstände an, bis niemand mehr genau sagen kann, wer da wen benutzt – und ob die Geheimdienste wirklich die radikalen Islamisten für ihre Zwecke einsetzen. Die Islamisten wissen natürlich, dass die Geheimdienste sie für ihre eigenen Interessen einsetzen wollen. Sie erhalten Geld, Unterstützung und Waffen für den Kampf. Und das geht so lange gut, bis sie ihren Gönnern selbst einen schweren kriegerischen Schlag versetzen. Oder auch einen Teil des zur Verfügung gestellten Geldes, der Waffen und der Ausrüstung an andere bewaffnete Einheiten weitergeben und sich an Aktivitäten beteiligen, die ihren Gönnern alles andere als recht sind und den ursprünglichen Zielen widersprechen. Genau das passiert heute mit dem IS. Es ist genau derselbe Vorgang. Man redet darüber, dass man die syrische Opposition unterstützen muss. Also gibt man den normalen Oppositionellen Geld und Waffen.

Später findet man heraus, dass einige von ihnen zum IS übergelaufen sind. Das wissen auch unsere Partner. Es handelt sich um einen systemimmanenten Fehler, der trotzdem immer wieder aufs Neue begangen wird. Das passierte schon in Afghanistan in den 1980er-Jahren und wiederholt sich heute im Nahen Osten.

OS: ***Ich weiß, wir haben schon darüber geredet … aber sagen Sie mir bitte noch einmal, ob Sie glauben, dass die Vereinigten Staaten die Tschetschenen im ersten oder zweiten Krieg in irgendeiner Weise unterstützt haben.***

WP: Ja. Wir sind hundertprozentig sicher, objektive Beweise dafür zu besitzen.[26] Man muss kein großer Analyst sein, um zu sehen, dass die USA finanzielle und politische Unterstützung bereitstellten sowie Informationen lieferten. Sie unterstützten die Separatisten und Terroristen im Nordkaukasus. Und als wir unsere Partner fragten: »Warum empfangen Sie diese Leute auf offizieller Ebene?«, bekamen wir zur Antwort: »Der Kontakt erfolgt nicht auf einer hohen, sondern auf rein technischer Ebene, auf Expertenebene.« Das war einfach lächerlich. Wir konnten doch deutlich beobachten, wie diese Unterstützungsmaßnahmen abliefen. Statt alle Kräfte gegen eine gemeinsame Bedrohung zu bündeln, versucht eine Seite häufig, die Situation zu ihren Gunsten und für kurzfristige Interessen auszunutzen. Im Endeffekt ist es aber dann eben diese Seite, die mit negativen Konsequenzen von jenen Leuten rechnen muss, die sie unterstützt hat. Genau das passierte in Libyen, als der US-Botschafter bei einem Anschlag starb.

OS: ***Reden wir hier von Waffenlieferungen an die Tschetschenen? Von Finanzmitteln? Und hat Saudi-Arabien auch seinen Teil dazu beigetragen?***

WP: Auf staatlicher Ebene hat Saudi-Arabien diesen Gruppen keine Unterstützung geliefert. Wir hatten stets gute Beziehungen zu Saudi-Arabien, zum mittlerweile verstorbenen König ebenso wie zur jetzigen politischen Führung des Landes. Und wir besitzen keine Beweise dafür, dass die saudische Regierung den Terrorismus in irgendeiner Hinsicht unterstützt hat. Aber da existiert auch noch eine ganz andere Ebene: Es gibt viele private Fonds und natürliche Personen, die hier unterstützend gewirkt haben – und wir wissen von ihnen. Das bereitete auch dem saudischen Herrscherhaus Sorge. Dort beschäftigte man sich sehr intensiv mit einem drohenden Anwachsen des Terrorismus. Bin Laden ist ja ein Saudi. Aber Saudi-Arabien ist nicht unser Verbündeter, sondern in erster Linie ein Verbündeter der Vereinigten Staaten.

OS: ***Die US-Unterstützung war ja eine verdeckte Operation. Besitzen Sie wirklich konkrete Beweise dafür, dass die Amerikaner die Tschetschenen unterstützten?***

WP: Ja, sicher, darüber habe ich Ihnen doch berichtet. Für die politische Unterstützung und die Bereitstellung von Informationen braucht man keine Beweise, das war ohnehin jedem klar, weil es ganz offen passierte. Was die operative und finanzielle Unterstützung angeht, haben wir die nötigen Beweise. Und einige dieser Beweise haben wir sogar unseren amerikanischen Amtskollegen zur Verfügung gestellt, wie ich Ihnen bereits erzählt habe. Und Sie wissen auch bereits von der Antwort, diesem offiziellen Schreiben, in dem man uns mitteilte: »Wir unterstützen alle politischen Kräfte, auch die oppositionellen, und werden das weiterhin tun.« Es war offenkundig, dass sie damit nicht nur die oppositionellen Kräfte meinten, sondern auch terroristische Organisationen und Strukturen. Aber sie stellten diese Leute als normale Oppositionelle dar.

OS: ***Was waren für Sie die gefährlichsten Augenblicke in den Tschetschenien-Kriegen – im ersten oder im zweiten –, welche Jahre waren da gefährlich?***

WP: Es fällt mir schwer, mich zu diesem Thema auf einen bestimmten Augenblick festzulegen. Der sogenannte Zweite Tschetschenien-Krieg begann mit dem Angriff internationaler bewaffneter Banden aus tschetschenischem Territorium auf Dagestan und war eine Tragödie.[27] Es fing damit an, dass sich die Bundestruppen den Terroristen entgegenstellten. Normale Bürger in Dagestan, das ebenfalls eine muslimische Republik ist, griffen zu den Waffen und organisierten einen Widerstand gegen die Terroristen. Ich kann mich noch sehr gut an diese Zeit erinnern. Und ich erinnere mich auch gut daran, dass Dagestan uns zu dieser Zeit nicht nur zu einer Hilfestellung aufforderte, sondern uns sogar darum anflehte: »Wenn ihr Russen uns nicht beschützen wollt, dann gebt uns doch wenigstens Waffen, damit wir es selbst tun können.« Ich musste mich damals aktiv um dieses Problem kümmern, weil ich amtierender Ministerpräsident war.

OS: ***Und dann marschierten die USA, während ihre Truppen noch in Afghanistan stationiert waren, 2003 auch im Irak ein. Wie sah Ihre Reaktion auf die damaligen Kriegsvorbereitungen und die US-Invasion aus?***

WP: Wir begriffen, dass die in Afghanistan aufgekommenen Entwicklungen mit den Terrorangriffen auf New York zu tun hatten. Und wir besaßen Informationen, die besagten, dass es eine Terrorzelle, eine größere Ansammlung von Terroristen in dieser Region gab. Und wir sagten von Anfang an, dass wir auch bereit wären, die USA dort zu unterstützen. Die Frage nach dem Irak habe ich bereits beantwortet. Wir waren der Ansicht, dass eine solche Invasion letztendlich zum Zerfall des Landes führen würde, zum Verschwinden jeglicher Struktur, die dem Terrorismus standhalten könnte. Und dadurch würden regionale Probleme in großem Ausmaß entstehen. Wir machten Vorschläge für eine Kooperation in dieser Richtung, die aber unbeantwortet blieben. Die USA treffen solche Entscheidungen lieber im Alleingang. Im Übrigen befürworteten nicht alle NATO-Alliierten der Vereinigten Staaten ihre Entscheidungen, Frankreich und Deutschland waren beispielsweise dagegen. Das führte zu einer ganz speziellen Situation: Nicht wir, sondern Frankreich und Deutschland formulierten eine Stellungnahme zur Irakfrage und versuchten uns dann zu überzeugen, diese europäische Position zu unterstützen.

OS: ***Tut mir leid, falls ich da etwas falsch verstanden haben sollte – aber haben Sie jetzt gerade gesagt, dass die Russen Beweise für Terrorzellen im Irak hatten, die in die Anschläge in New York verwickelt waren?***

WP: Nein, das war in Afghanistan.

OS: ***Ach so, ich habe mir eingebildet, Sie hätten Irak gesagt. Also wussten Sie, dass es keinen Zusammenhang zwischen den Terroranschlägen auf New York und dem Irak gab?***

WP: Natürlich wussten wir das. Es gab absolut keinen Zusammenhang. Stattdessen gab es eine Verbindung mit terroristischen Gruppierungen, die auf afghanischem Territorium operierten. Der Irak hatte nichts damit zu tun.

OS: ***Aber genau das behauptete die Regierung Bush, allen voran Vizepräsident Dick Cheney.***

WP: Dafür hatten wir keinerlei Hinweise.

OS: ***Sie wussten also, dass diese Theorie erfunden war?***

WP: Sie wurde wahrscheinlich so fabriziert, dass die offizielle Regierung der Vereinigten Staaten mit Informationen arbeitete, die nicht ganz korrekt waren. Ich glaube nicht, dass ich das Recht habe, irgendwelche Anschuldigungen vorzubringen. Auf jeden Fall aber war die Handlungsweise der USA ein großer Fehler, wie wir ja jetzt sehen.

OS: ***Die Massenvernichtungswaffen … wahrscheinlich haben Sie darauf ähnlich reagiert wie ich.***

WP: Genauso. Außerdem hatten wir genaue Angaben darüber, dass es absolut keine Massenvernichtungswaffen im Irak gab.[28]

OS: *Haben Sie nie mit Herrn Bush darüber geredet?*

WP: Wir haben sehr wohl darüber gesprochen, aber unsere amerikanischen Partner waren der Meinung, ausreichende Beweise zu haben. Das glaubten sie wenigstens.

OS: *Aus Ihrer Sicht – und Sie haben ja mit vielen führenden Politikern gesprochen – ist Bush also ein anständiger, integrer Mensch, der immer wieder von seinen Experten und Spezialisten getäuscht wurde.*

WP: Na ja, nicht immer – nicht jedes Mal. Allerdings hat Präsident Bush nach den Terroranschlägen in New York mit Sicherheit viel darüber nachgedacht, wie er die Vereinigten Staaten und die Bürger seines Landes schützen könnte. Er hat sich Maßnahmen überlegt. Es war einfacher für ihn, den Angaben zu glauben, die ihm von seinen Geheimdiensten zur Verfügung gestellt wurden, auch wenn diese Angaben nicht ganz korrekt waren. Man versucht immer wieder, Bush zu verteufeln, aber das halte ich für verkehrt.

OS: *Okay, okay. Und dann fuhr Bush mit der NATO-Erweiterung fort, die sein Vorgänger Clinton begonnen hatte.*

WP: Das war ein weiterer Fehler.

OS: *Na gut. Aber wie standen Sie dem gegenüber? Nach dem, was mir Herr Gorbatschow erzählt hat und was ich von amerikanischen Regierungsbeamten wie James Baker gelesen habe, gab es doch eine Vereinbarung mit der Sowjetunion, die NATO nicht nach Osten hin zu erweitern.*

WP: Ja, auch darüber habe ich bereits öffentlich gesprochen, unter anderem in München. Als die Entscheidung zur Wiedervereinigung Deutschlands fiel, versicherten sowohl amerikanische Würdenträger als auch der UN-Generalsekretär und der Vertreter der Bundesrepublik Deutschland der Sowjetunion hoch und heilig, dass die NATO-Ostgrenze nicht über den Verlauf der DDR-Grenze hinaus nach Osten ausgedehnt werden würde.

OS: ***Bushs Handeln war also ein klarer Verstoß gegen diese Vereinbarung.***[29]

WP: Leider wurde die Vereinbarung nie schriftlich festgehalten. Das war ein Fehler, der Herrn Gorbatschow unterlaufen ist. In der Politik muss man alles schriftlich festhalten, weil sogar schriftliche Verträge oft gebrochen werden. Gorbatschow beschloss, dass eine mündliche Abmachung genug sei – doch das war falsch. Es hat danach zwei Wellen der NATO-Erweiterung gegeben. Ich kann mich übrigens noch an den letzten Staatsbesuch von Präsident Clinton hier erinnern. Wir saßen gleich hier im Nebenzimmer mit ihm und seiner Delegation zusammen. Und ich sagte halb scherzhaft zu ihm: »Vielleicht sollte Russland sich überlegen, der NATO beizutreten.« Er antwortete: »Warum nicht? Ich halte das für durchaus möglich.« Als wir aber dann die Reaktion seines Teams sahen, begriffen wir, dass Clintons Begleiter über diese Idee eher bestürzt oder erschrocken waren.

OS: War es Ihnen ernst damit?

WP: Ich habe ja gerade gesagt, dass es halb scherzhaft gemeint war. Was ich wirklich damit gemeint habe, möchte ich jetzt lieber nicht sagen. Es geht mir eher darum, dass seine Delegation äußerst zurückhaltend auf meine Worte reagierte. Und ich kann Ihnen auch verraten, warum: weil die NATO meines Erachtens ein Relikt aus der Vergangenheit ist. Diese Organisation entstand während des Kalten Kriegs zwischen zwei gegensätzlichen Systemen. Heute ist die NATO aber nicht mehr als ein außenpolitisches Instrument der Vereinigten Staaten. Die USA haben in ihr keine Bündnispartner, sondern nur Vasallen. Ich kann mir sehr gut vorstellen, wie in der NATO gearbeitet wird. Über zweitrangige Themen können die Mitglieder diskutieren, dürfen auch anderer Meinung sein, aber wenn es um die wirklich wichtigen Themen geht, gibt es absolut keine Diskussion. Innerhalb der NATO existieren nur zwei Meinungen: die amerikanische Meinung und die falsche Meinung.

OS: ***Wie mir scheint, nehmen Sie diesen Richtungswechsel aber sehr ernst.***

WP: Augenblick, bitte, ich möchte noch etwas hinzufügen. Stellen Sie sich einmal vor, Russland wäre NATO-Mitglied. Wir würden da garantiert nicht mitspielen, weil wir zu vielen Themen eine eigene Meinung haben. Und diese Meinung würden wir auch vertreten.

OS: *Also hätte einerseits ein Beitritt immerhin den Vorteil, dass Sie bei gewissen Dingen mit »Nein« stimmen könnten.*

WP [lacht]: Ich glaube, es war genau das, was der amerikanischen Delegation an der Idee so missfallen hat.

OS: *Andererseits glaube ich, dass Sie den NATO-Regeln zufolge sämtliche Informationen über ihre Nuklearkapazitäten mit den USA teilen müssten.*

WP: Dazu muss man wissen, dass unsere Offenheit allen Partnern gegenüber – also auch gegenüber den Vereinigten Staaten – nach Auflösung der Sowjetunion und der Änderung unseres politischen Systems so groß war, dass sie selbst Informationen über unsere nuklearen Streitkräfte beinhaltete. Wir hatten damals überhaupt keine Geheimnisse. Die amerikanischen Beobachter waren sogar in einer unserer größten Fabriken, in denen Bestandteile von Atomwaffen hergestellt wurden. Und sie waren nicht nur zu Besuch, sondern permanent dort stationiert. Sagt Ihnen das etwas über unsere Offenheit? Das war aber zu einer Zeit, als es noch keine neuen Bedrohungen für uns gab.

OS: *Anscheinend bekamen Sie aber genau zu dieser Zeit nicht mit, was in der Luft lag. Und da lag einiges in der Luft, wie Bush 2001 mit seinem einseitigen Rücktritt vom ABM-Vertrag aus dem Jahr 1972 demonstrierte.*[30]

WP: Das stimmt so nicht. Wir diskutierten sehr aktiv mit unseren Partnern über dieses Thema. Es ist eigenartig, dass in Ihrem Land zwar die Präsidenten wechseln, aber die Politik zu grundsätzlichen Fragen gleich bleibt. Und damit meine ich insbesondere den Rücktritt der USA vom ABM-Vertrag.[31] Das war das Ziel. Dieser Vertrag war der Eckpfeiler des gesamten Systems der nationalen Sicherheit und die Grundlage der internationalen Sicherheit. Präsident Clinton versuchte mich als Ersten davon zu überzeugen, den Rücktritt der Vereinigten Staaten von diesem Vertrag zu unterstützen.

OS: *Mit welcher Begründung?*

WP: Ohne jede Begründung. Er behauptete, dass eine Bedrohung vom Iran ausgehe. Präsident Bush versuchte es dann wieder. Wir versuchten ihn davon zu überzeugen und ihm aufzuzeigen – übrigens nicht ganz erfolglos –, dass ein solcher Rücktritt eine Bedrohung für uns darstellte. In einem bestimmten Stadium gaben uns unsere amerikanischen Gesprächspartner aus dem Verteidigungs- und Außenministerium zu verstehen, dass sie unsere Bedenken verstünden. Und ich muss sagen, dass wir damals den Vorschlag machten, gemeinsam an einem Raketenabwehrsystem zu arbeiten – die USA, Europa und Russland. Doch letztendlich weigerten sich unsere Partner dann bedauerlicherweise, diesen Vorschlag aufzugreifen. Stattdessen schlugen sie vor, dass wir hinsichtlich unserer Bedenken einen technischen Ausgleich schaffen sollten. Doch sie griffen auch ihren eigenen Vorschlag nicht auf. Wir beschäftigten uns sehr lange mit dieser Frage und sagten dann, dass wir kein eigenes Raketenabwehrsystem entwickeln wollten, weil das zu kostspielig war und wir vom Nutzen eines solchen Systems nicht überzeugt waren. Doch um das entscheidende Element der internationalen Sicherheit und Stabilität – das strategische Machtgleichgewicht – zu erhalten, wären wir dazu verpflichtet, unsere offensiven Kapazitäten weiterzuentwickeln, also Raketen, die jedes Raketenabwehrsystem überwinden können. Ihre Antwort war ganz simpel: Sie behaupteten, ihr System nicht gegen Russland auszubauen. Und an unsere Adresse gerichtet sagten sie: »Tut doch, was ihr wollt – wir werden einfach nicht davon ausgehen, dass eure Maßnahmen gegen die Vereinigten Staaten gerichtet sind.« Worauf ich antwortete: »Na gut, dann machen wir es ebenso.« Und genau das tun wir heute auch. Wenn wir aber beispielsweise ankündigen, die Renovierung unserer Nuklearkapazitäten in Angriff nehmen zu wollen, ohne dabei die in den Verträgen zur

Reduzierung unseres Atomwaffenarsenals festgelegten Grenzen zu überschreiten, führt das zu ausgesprochen nervösen Reaktionen seitens unserer Partner. Das finde ich seltsam. Wir haben diesen Wettlauf nicht begonnen, und wir haben von Anfang an gesagt, was wir tun werden – und tun müssen.

OS: *Zwei schnelle Fragen: Bush ist vom Vertrag zurückgetreten, ohne sich vorher mit Ihnen zu beraten? Einfach so?*

WP: Wir hatten viele Diskussionen und Verhandlungen zu diesem Thema, und die Vereinigten Staaten entschieden sich, unilateral von dem Vertrag zurückzutreten.

OS: *Es gab also Diskussionen mit Clinton, aber mit der Regierung Bush funktionierte das nicht?*

WP: Wir diskutierten sowohl mit den Bush- als auch den Clinton-Vertretern.

OS: *Okay, also heißt die neue Regel: Es gibt keine Regel. Oder nur amerikanische Regeln.*

WP: Unsere Partner glaubten wahrscheinlich, dass die russischen Streitkräfte, die russische Wirtschaft und die technologischen Kapazitäten Russlands zu schwach seien, um sich dieser Herausforderung zu stellen. Mittlerweile dürfte aber wohl jeder verstanden haben, dass Russland nicht nur dazu fähig ist, sondern die Herausforderung auch erfolgreich angenommen hat.

OS: *Mittlerweile – aber damals nicht?*

WP: Ich glaube, damals herrschte die Meinung, dass Russland das nicht schaffen könne.

OS: *Wenn ich eine technische Frage stellen dürfte: Besaß Russland damals die Fähigkeit, die amerikanischen Systeme zu beobachten, oder hätten die USA hier ohnehin tricksen können?*

WP: Wir hatten diese Möglichkeiten und haben sie heute noch. Zuerst einigten wir uns auf Reduktionen. Sowohl wir als auch die amerikanischen Partner hielten sich an diese Vereinbarung. Es gibt jedoch eine Einschränkung im Vertrag: Wenn einer der Vertragspartner beschließt, dass die Vereinbarungen seinen nationalen Interessen widersprechen, kann er einseitig vom Vertrag zurücktreten. Wie Sie sehen, haben wir sehr ausführlich über diese Frage diskutiert. Über gewisse Dinge darf ich meiner Ansicht nach jedoch nicht reden, da sie vertraulicher Natur sind. Aber ich fand diese Diskussionen manchmal richtig grotesk, weil ohnehin jeder wusste, worum es ging. Erst taten sie so, als ob sie etwas nicht verstünden – und wenn dann alles geklärt war und sie alles durchgearbeitet hatten, verstanden sie unsere Bedenken und schlugen vor, dass wir diese oder jene Maßnahmen dagegen ergreifen sollten. Und diesen Vorschlag zogen sie dann auch wieder zurück. Das Konzept des Raketenabwehrsystems beruhte ja von Anfang an auf einer vom Iran ausgehenden nuklearen Bedrohung. Derzeit gelangen wir aber zu einer Einigung mit dem Iran und stellen sein gesamtes Atomprogramm unter eine Kontrolle von außen. Es wird sogar darüber diskutiert, die Sanktionen gegen den Iran aufzuheben. Aber was bedeutet das? Damit geben wir doch zu, dass vom Iran keinerlei Bedrohung ausgeht, weder durch Raketen noch Nuklearwaffen. Also müsste man eigentlich all diese Raketenabwehrprogramme sofort streichen.

OS: *Streichen?*

WP: Ja, weil keine Notwendigkeit mehr dazu besteht. Schließlich ging man bei ihrer Erstellung von einer iranischen Bedrohung aus – und wenn die Bedrohung weg ist, gibt es keinen Grund mehr für das Programm, oder?

OS: ***Korrigieren Sie mich, falls ich mich irre … aber ich hatte den Eindruck, dass die Russen beim Aufbau eines Raketenabwehrsystems ohnehin technisch voraus sind.***

WP: Das ist so nicht ganz richtig. Wir haben ausgefeiltere Luftabwehrsysteme. Bei einem Raketenabwehrsystem geht es aber um die Abwehr ballistischer

Raketen – und die sind mit kosmischer Geschwindigkeit unterwegs. Um dieser Bedrohung entgegenzuwirken, benötigt man ein anderes System. Die entsprechenden Abfangraketen sind nur Teil eines umfassenderen Raketenabwehrsystems und üblicherweise an der Peripherie des Landes stationiert. Das System ist sehr groß und sehr kompliziert; es benötigt Informations- und Satellitenunterstützung. Für Russland existieren jedoch zwei Bedrohungen. Die erste ist die Stationierung dieser Abwehrraketen nahe unserer Grenzen. In Osteuropa sind sie ein Teil unserer Raketenzentren im europäischen Teil des Landes. Die zweite Bedrohung ist, dass die Abschussrampen dieser Abwehrraketen innerhalb weniger Stunden so umgebaut werden können, dass Angriffswaffen von ihnen starten. Beides sind sehr reale Bedrohungen. Wenn diese ballistischen Raketen in Rumänien oder Polen und im Wasser, auf Patrouillenschiffen im Mittelmeer und in den nördlichen Meeren sowie in Alaska stationiert werden, ist das russische Territorium von diesen Raketenabwehrsystemen eingekreist. Wie man sieht, handelt es sich hier um einen weiteren schweren strategischen Fehler unserer Partner.[32] Russland wird nämlich auf all diese Maßnahmen angemessen antworten. Und das wird im Endeffekt nur zu einer neuen Phase des Wettrüstens führen. Unsere Reaktion wird jedoch um einiges billiger sein als so ein Raketenabwehrsystem. Gut, möglicherweise wird sie etwas roher und technisch weniger ausgefeilt sein, aber wir werden garantiert wirksame Systeme bauen. Und damit werden wir das sogenannte Gleichgewicht des Schreckens wahren. Das liegt nicht nur im Interesse der russischen und amerikanischen Bürger, sondern in dem der ganzen Welt. Dieses Gleichgewicht ist von höchster Wichtigkeit.

OS: ***Ich verstehe.***

WP: Erinnern Sie sich an den Beginn der weltweiten Atomwaffenprogramme? Erst hatten die Vereinigten Staaten die Atombombe, dann stieg die Sowjetunion ins Wettrüsten ein und entwickelte aktiv ihr Nuklearprogramm. In Russland arbeiteten russische und ausländische – vor allem deutsche – Wissenschaftler daran. Doch unsere Geheimdienste erhielten auch jede Menge Informationen aus den USA. Man braucht nur an das

Ehepaar Rosenberg zu denken, zwei amerikanische Bürger, die als Atomspione in ihrer Heimat hingerichtet wurden.[33] Doch es waren gar nicht die Rosenbergs selbst, die diese Informationen beschafften. Sie gaben sie nur weiter. Wissen Sie, von wem sie stammten?

OS: *Klaus Fuchs.*[34]

WP: Genau, von den Wissenschaftlern, die am amerikanischen Atomprogramm arbeiteten! Und das lag daran, dass sie sich der Gefahren bewusst waren. Sie hatten den Geist aus der Flasche gelassen, und jetzt bekamen sie ihn nicht wieder hinein. Ich vermute, dass diese international tätigen Wissenschaftler intelligenter waren als die Politiker. Sie stellten der Sowjetunion die Informationen aus freien Stücken zur Verfügung, weil sie ein nukleares Gleichgewicht herstellen wollten. Und was tun wir jetzt? Wir versuchen dieses Gleichgewicht wieder zu zerstören. Das ist ein schwerer Fehler.

OS: *Und plötzlich sind die Amerikaner keine Partner mehr für Sie. Sie haben den Ausdruck »unsere Partner« viel zu oft verwendet. Aber jetzt sind sie keine Partner mehr.*

WP: Aber der Dialog sollte fortgeführt werden.

OS: *Stimmt schon. Aber »Partner« ist ein Euphemismus. Vielleicht »ehemalige Partner« ... Manchmal funktioniert Understatement einfach nicht. In diesem Zeitraum, als die USA vom ABM-Vertrag zurücktraten, im Irak einmarschierten und die NATO erweiterten, muss sich Ihre Haltung gegenüber den Vereinigten Staaten doch geändert haben. Sie sind wahrscheinlich wesentlich argwöhnischer geworden, was die USA anging, und hatten das Gefühl, die russische Politik müsse sich ändern. Und dann gaben Sie 2007 in München tatsächlich eine Erklärung ab, in der Sie sagten, dass in Russland eine neue Einstellung herrsche.*[35]

WP: Ich wollte damit nicht sagen, dass sich unsere Politik ändern würde. Ich sagte nur, dass ich die Handlungsweise der Vereinigten Staaten für inakzeptabel hielt. Und ich sagte, dass wir beobachtet hatten, was passiert war, und dass wir gezwungen seien, Maßnahmen zu ergreifen. Ich hielt fest, dass wir uns nicht zur Schlachtbank führen lassen und dabei noch applaudieren würden.

OS: ***Alles klar. In dieser und anderen Reden sprachen Sie sehr eloquent über die Souveränität von Staaten – und darüber, wie die Souveränität von Libyen, dem Irak und Syrien verletzt wurde. Würden Sie noch weitere Länder zu dieser Liste hinzufügen?***

WP: Nein, ich würde lieber betonen, dass dieser Ansatz ein gefährlicher ist. Bei unserem Spaziergang im Garten habe ich schon erwähnt, dass man Demokratie nicht exportieren kann. Man kann sie nicht von außen in ein Land bringen, sondern sie muss aus einer Gesellschaft selbst hervorgehen. Dieses Vorhaben mag schwieriger sein, aber es ist auch um einiges vielversprechender. Man braucht dazu Geduld, viel Zeit und Aufmerksamkeit. Natürlich ist es einfacher, Bomber zu entsenden. Aber was kommt dann? Wahrscheinlich ein rapider Anstieg terroristischer Aktivitäten, der es erforderlich macht, den nächsten Schritt im Kampf gegen den Terrorismus zu gehen. Sehen Sie sich nur den IS an. Woher bezieht diese Organisation ihre Mitglieder? Es gibt eine Menge Länder, die Leute zum IS entsenden. Und was ist mit Saddam Husseins Militär? Die Soldaten wurden aus dem Dienst entlassen, treiben sich jetzt auf der Straße herum und haben das Sagen. Sie nehmen Kanonenfutter aus Ländern der gesamten Region, haben bereits eine Führungsriege und sind gut ausgebildet.

Die amerikanisch-russischen Beziehungen und der Kalte Krieg

OS: *Die amerikanische Einstellung gegenüber der Sowjetunion – oder vielmehr gegenüber Russland direkt nach der Revolution des Jahres 1917 – war von Anfang an feindselig. Amerikanische Soldaten kamen zusammen mit militärischen Kräften aus sechzehn anderen Staaten nach Sibirien, um gegen die Revolution vorzugehen. Es war Präsident Woodrow Wilson, ein Liberaler, der die Truppen entsandt hatte. Danach musste die Sowjetunion wohl oder übel davon ausgehen, dass die Vereinigten Staaten ihr Feind waren. Die Anerkennung der Sowjetunion durch Präsident Franklin Roosevelt erfolgte erst im Jahr 1933. Die USA und ihre Alliierten kamen der Sowjetunion nicht zu Hilfe, als sie vor der faschistischen Bedrohung in Spanien und ganz Europa warnte. Viele US-Politiker, darunter irgendwann auch Harry Truman, vertraten sogar die Ansicht, dass man zusehen sollte, wie die Deutschen und Russen einander umbringen. Und trotz der Allianz hatte Stalin häufig das Gefühl, von Churchill oder Roosevelt nicht unterstützt zu werden. Die Sowjetunion konnte den Kampf gegen die deutsche Kriegsmaschinerie nur unter größten Opfern überstehen. Die USA und England traten sehr viel später in den Krieg gegen Deutschland ein, als die Sowjets das gebraucht hätten, und stellten erst 1944 ausreichende Truppenstärken zur Verfügung.*[36]

Letztendlich – und das musste sogar ein Churchill zugeben – war es die Sowjetunion, die den Vorstoß der deutschen Kriegsmaschinerie stoppte. Fünf von sechs deutschen Soldaten fielen an der Ostfront.

Nach dem Krieg war Russland praktisch verarmt und hatte kaum noch Reserven. Sowohl Roosevelt als auch Großbritannien sagten dem Land finanzielle Hilfeleistungen zu; sie wollten gemeinsam etwa 20 Milliarden Dollar zur Verfügung stellen, wobei jedes der beiden Länder 50 Prozent gezahlt hätte. Doch dann starb Roosevelt im April 1945, und

Truman kam an die Macht. Präsident Truman sah die Sowjetunion von einem ganz anderen Standpunkt, deshalb begann zu dieser Zeit auch der Kalte Krieg. Die Schuld dafür schreibt man in amerikanischen Geschichtsbüchern und im Westen insgesamt aber immer den Russen zu. Wie Sie schon gestern Abend gesagt haben: Man benutzte die Schreckensherrschaft Stalins als Rechtfertigung und Ausrede.

Heute gibt es auf der ganzen Welt US-Militärstützpunkte – 800 oder 1000, vielleicht auch mehr, das weiß niemand so genau. Amerikanisches Militär ist in mehr als 130 Ländern stationiert, führt dort militärische Missionen durch oder hält sich dank irgendwelcher Abkommen dort auf. Wird das je ein Ende haben? Haben die USA je ihre Einstellung geändert, dass Russland der Feind ist, ob wegen des Kommunismus oder des Putinismus oder irgendeiner anderen Politik? Oder brauchen sie einfach einen großen Feind?[37]

WP: Ich glaube, dass alles im Fluss und in Veränderung ist. Nach dem Zweiten Weltkrieg entstand eine bipolare Weltordnung, die meiner Ansicht nach auf einen strategischen Fehler der Sowjetunion zurückzuführen ist. Natürlich ist es gut, Verbündete zu haben, aber man kann niemanden zwingen, ein Bündnis einzugehen. Dafür gibt es ein paar sehr brauchbare Beispiele. So pflegten wir etwa unsere Beziehungen zu zentraleuropäischen Ländern wie Österreich. Die sowjetischen Truppen verließen Österreich, das danach ein neutrales Land sein konnte. Und damit war es ebenso ein Aktivposten wie Finnland. Hätten wir es geschafft, ähnliche Beziehungen auch zu anderen Staaten zu unterhalten, dann wäre der russische Einfluss auf einer zivilisierten Grundlage aufrechtzuerhalten gewesen. Wir hätten mit diesen Staaten zusammenarbeiten können, ohne ihre ineffizienten Volkswirtschaften mit Unmengen an Geld und Ressourcen stützen zu müssen. Wahrscheinlich hätten wir auch militärische Allianzen mit ihnen eingehen können.

Doch die Sowjetunion entschied sich stattdessen dafür, direkt und primitiv zu handeln. Damit lieferte sie den USA einen Grund, die NATO aufzubauen und einen Kalten Krieg zu beginnen. Dazu muss man aber sagen, dass der Kalte Krieg nicht deshalb begann, sondern weil die Sowjetunion ihr eigenes Atombombenprojekt auf den Weg brachte und sehr bald auch eine Atombombe zur Verfügung hatte. Ich glaube, als die Vereinigten Staaten noch das Gefühl hatten, an der Spitze der sogenannten zivilisierten Welt zu stehen, und als die Sowjetunion zusammenbrach, glaubten die Amerikaner, sie wären einfach zu allem fähig und dürften sich ungestraft alles erlauben. Damit stellt man sich aber immer selbst eine Falle, weil jeder Mensch und jedes Land in einer solchen Lage beginnt, Fehler zu machen. Man hat das Gefühl, keine Situationsanalysen mehr durchführen, nicht mehr über die Folgen seines Handelns nachdenken, schon gar nicht sparen zu müssen – und schon wird ein Land ineffizient und begeht einen Fehler nach dem anderen. Ich glaube, genau in diese Falle sind die USA getappt. Prinzipiell weiß man ja, dass man nicht alles kontrollieren und steuern kann. Doch an diese Erkenntnis sollte sich endlich auch die Gesellschaft halten und die Realität so sehen. Solange solche imperialistischen Vorstellungen nämlich gesamtgesellschaftlich verbreitet sind, wird die Gesellschaft weiterhin ihre politische Führung – vor allem im Wahlkampf – dazu drängen, danach zu handeln.

OS: *In den USA?*

WP: Ja, sicher. Wenn die Gesellschaft von imperialistischen Ideen dominiert wird und sich als Ganzes für rechtschaffen und völlig frei von Schuld hält, muss die politische Führung dieser Logik ebenfalls folgen.

OS: ***Prinzipiell haben wir in den USA derzeit eine parteiübergreifende Außenpolitik, die auf der ganzen Welt Militärstützpunkte einrichtet, in anderen Ländern interveniert und im Grunde die Politik dieser Länder zu steuern versucht. Momentan stehen wir vor Problemen und Hindernissen, nämlich China, dem Iran und Russland. Die Politiker reden immer wieder über diese drei Länder. Bei unserem nächsten Termin würde ich mit Ihnen gern über dieses Streben nach der Weltherrschaft sprechen. Welche Hindernisse stehen der amerikanischen Weltherrschaft im Weg und wie passt Russland in dieses Programm?***

WP: Gut, aber wir sollten vorher etwas vereinbaren. Ich weiß, wie kritisch Sie der amerikanischen Politik gegenüberstehen. Aber versuchen Sie mich bitte nicht in einen Antiamerikanismus hineinzuziehen.

OS: *Werde ich nicht. Ich will nur über die Fakten reden und über das, was passiert ist. Und ich möchte das auf ehrliche Art tun, weil die alten Sowjets die amerikanische Politik immer sehr realistisch gesehen haben. Sie haben immer versucht, die Absichten der Amerikaner zu verstehen. Ich weiß ja nicht, ob es diese Denkfabriken hier und heute noch gibt, aber ich nehme es an. Und deswegen glaube ich auch, dass Sie sehr präzise Einschätzungen über die Absichten der USA erhalten.*

WP: Ja, gewiss erhalte ich solche Einschätzungen. Wir wissen, worum es geht. Ich habe es ja schon erklärt: Wenn man sich für die einzige Weltmacht hält und allen Bürgern seines Landes einredet, man sei etwas Einzigartiges und Besonderes, schafft man damit eine unrealistische Geisteshaltung in der Bevölkerung. Und die führt dann dazu, dass die Bevölkerung eine bestimmte Außenpolitik erwartet. Dann bleibt der politischen Führung auch gar nichts anderes übrig, als dieser imperialistischen Logik zu folgen. De facto handelt man damit aber eventuell sogar gegen die Interessen des amerikanischen Volkes. So sehe ich den Stand der Dinge. Im Endeffekt entstehen aus dieser Haltung Probleme und Mängel im System. Das zeigt eben wieder einmal auf, dass man nicht alles kontrollieren kann, weil dieses Vorhaben einfach unmöglich zu realisieren ist. Aber darüber können wir uns ja später noch unterhalten.

OS: *Okay, danke.*

Erste Reise

6

Zweiter Tag / Teil 2
3. Juli 2015

OS: *Können wir uns während der Fahrt unterhalten? Ich möchte keinen Zusammenstoß riskieren. [lacht]*

WP: Ich auch nicht.

OS: *Es herrscht kaum Verkehr – ich liebe solche Sommerabende. Wir haben einander kennengelernt, als ich im Frühsommer 2015 meinen Snowden-Film hier in Moskau fertigstellte. Sie gingen damals ins Theater und sahen sich ein Stück aus den 1960er-Jahren an, in dem die dörfliche russische Volkskultur gefeiert wurde.*

WP: Ich wurde schon vor langer Zeit vom Leiter des Theaters zu einer Aufführung dieses Stücks eingeladen. Der Mann ist ein sehr berühmter und beliebter russischer Künstler – Alexander Kaljagin. Er hat in vielen bekannten Filmen mitgespielt und ist jetzt Direktor dieses Theaters. Vor ein paar Jahren war ich bei der Feier zur Einweihung des Hauses. Kaljagin ist auch Vorsitzender des Verbands der Theaterschauspieler.

Snowden

OS: *Ich würde jetzt gern ein wenig über Edward Snowden reden. Gehen wir zurück ins Jahr 2012 – das ist auch schon wieder einige Zeit her. Sie sagen, Sie haben sich mit Bush gut verstanden, und wahrscheinlich war auch Ihr Kontakt zu Obama nicht schlecht. Sie haben mit ihm über Syrien und den Iran verhandelt, und es gab keine größeren Konflikte oder Gesprächspausen zwischen Ihnen. Ich kann mich an keine melodramatischen Ereignisse erinnern, was die politischen Positionen Russlands und der USA betrifft. Und dann gewähren Sie aus heiterem Himmel im Jahr 2013 Edward Snowden Asyl.*

WP: Auch das stimmt so nicht ganz. Die Beziehungen waren etwas gedämpft, weil die Vereinigten Staaten terroristische Gruppierungen im Kaukasus unterstützten. Das war immer ein Problem in unseren bilateralen Beziehungen – nicht nur mit dem Präsidenten, sondern auch mit den Kongressabgeordneten. Sie behaupteten, auf unserer Seite zu stehen, doch ihre Handlungsweise stand ganz offensichtlich im krassen Widerspruch dazu. Und dann verschlechterten sich die Beziehungen wegen des Irak noch weiter. Es gab auch noch andere Probleme, die unsere Besorgnis erregten, zum Beispiel den einseitigen Rücktritt der Vereinigten Staaten vom ABM-Vertrag.

OS: *Na gut, aber das war alles in der Ära Bush. Jetzt war Obama am Ruder.*

WP: Ja, aber das Problem existierte weiter und spielte eine wichtige Rolle in unseren diplomatischen Beziehungen. Und als wir dann Herrn Snowden Asyl gewährten, verbesserten sich diese Beziehungen nicht, sondern wurden im Gegenteil noch verschärft.

OS: *Gehen wir zeitlich ein wenig zurück. Wir wissen, dass Bush die georgische Offensive im Jahr 2008 unterstützte.*[38]

WP: Ja und nein. Wir waren überrascht darüber, dass nicht nur Bush die Aggression von Präsident Saakaschwili unterstützte. Man versuchte das damals so darzustellen, als wäre Russland der Aggressor gewesen, obwohl es ganz offensichtlich war, dass Saakaschwili die Angriffe gestartet hatte.[39] Das hatte er auch öffentlich in einer Fernsehansprache erklärt. Es überraschte uns sehr, dass man das alles ins Gegenteil verkehrte und Russland die Schuld zuschieben wollte. Die diplomatischen Beziehungen waren also auch ohne Snowden schon recht angespannt. Das Asyl für Snowden war nur ein zusätzlicher Faktor, der unsere bilateralen Beziehungen weiter verschlechterte.

OS: ***Erlauben Sie mir die Bemerkung, dass Russland damals seinen Standpunkt gegenüber Saakaschwili unmissverständlich klarmachte – in Georgien verlief sozusagen die »rote Linie«, die nicht überschritten werden durfte. Danach kam es aber zu keinen neuen dramatischen Konflikten, weil Obama diese Bedingungen anscheinend akzeptierte.***

WP: Ich möchte das ein wenig näher erläutern. Wissen Sie, wir waren sehr vorsichtig mit diesen international nicht anerkannten Republiken. Ich habe die politischen Führer dieser Republiken in meiner Funktion als russischer Präsident nie getroffen. Und ich habe Präsident Saakaschwili bei unseren persönlichen Kontakten immer wieder gesagt, dass wir die Wiederherstellung der territorialen Integrität Georgiens fördern würden. Ich sagte ihm aber auch, dass er die Gegebenheiten akzeptieren und anerkennen müsse. Das Problem, vor dem Georgien stand, war ja nicht erst vor Kurzem entstanden. Die Spannungen zwischen den beteiligten Gruppen hatten tiefe historische Wurzeln. Nach dem Ersten Weltkrieg und der sogenannten Großen Sozialistischen Oktoberrevolution hatte sich Georgien für unabhängig erklärt. Ossetien hingegen wollte ein Teil Russlands sein. 1921 führten georgische Truppen zwei Strafaktionen gegen diese Fraktionen durch. Das alles ist Teil der historischen Erinnerung. Und deswegen mussten die Georgier, wenn sie die territoriale Integrität ihres Landes erhalten wollten, dringend das Vertrauen des Volkes gewinnen.

OS: ***Noch einmal: Ich kann mich vor dem Fall Snowden an keinen offenen Konflikt zwischen Obama und Ihnen erinnern.***

WP: Das ist richtig. Aber ich möchte noch ein paar Worte zu Georgien sagen. Ich sagte Saakaschwili also immer wieder, dass er bei seiner geplanten Wiederherstellung der territorialen Integrität sehr vorsichtig sein müsse, was die Bevölkerung Abchasiens und Südossetiens anging. Ich bot ihm aber auch unsere Hilfe an; George [Bush] kann das wahrscheinlich bestätigen. Ich warnte Saakaschwili vor einem aggressiven Vorgehen. Sollte er Kampfhandlungen gegen Abchasien und Südossetien lancieren, dann wäre es aufgrund der ethnischen Zusammensetzung im Kaukasus unvermeidlich, dass Bewohner benachbarter Regionen der Russischen Föderation sich in den Konflikt einmischen würden. Und wir würden diese Leute nicht davon abhalten können. Sehen Sie sich Südossetien doch einmal an – es ist eine kleine Republik. Nördlich davon liegt Nordossetien, das zwar Teil der Russischen Föderation ist, dessen Bevölkerung sich aber von der des Südens nicht unterscheidet. Man hätte die Leute dort unmöglich davon abhalten können, ihren Landsleuten zu Hilfe zu eilen. Russland hätte sich aus einem solchen Konflikt nicht heraushalten können. Und unsere amerikanischen Partner teilten uns wieder einmal mit: »Ja, wir verstehen das.« Das alles führte zu dem Krieg, den Saakaschwili begann und mit dem er Georgien großen Schaden zufügte.

Aber jetzt zu Snowden: Ja, zu der Zeit sah es so aus, als wären unsere Beziehungen zu den Vereinigten Staaten gut. Doch die Affäre führte zu einem Verfall der Beziehungen.

OS: ***Gut, wir schreiben also Juni 2013. Ich nehme an, Sie erhielten einen Anruf, aus dem Sie erfuhren, dass Snowden unterwegs war und nach Moskau kommen würde. Wahrscheinlich erhielten Sie auch Anrufe aus den USA, unter anderem von Obama. Wie hat sich die Situation dann verschlechtert und wie sind Sie damit umgegangen?***

WP: Unser erster Kontakt mit Herrn Snowden fand in China statt. Man hatte uns gesagt, dass er jemand sei, der sich für die Menschenrechte einsetzt und gegen Menschenrechtsverletzungen kämpft. In dieser Hinsicht sollten wir mit ihm zusammenarbeiten. Es wird vielleicht viele – unter anderem auch Sie – enttäuschen, aber wir entschieden damals, dass wir nichts mit ihm zu tun haben wollten. Snowdens Beziehungen zu den Vereinigten Staaten waren zu dieser Zeit ohnehin schon ziemlich schwierig, und wir wollten sie nicht noch weiter verschlechtern. Zudem wollte uns Herr Snowden keine Informationen zur Verfügung stellen, sondern ersuchte uns nur, gemeinsam mit ihm diesen Kampf zu führen. Das muss man ihm zugutehalten. Als wir sein Ansuchen dann aber ablehnten, weil wir noch nicht dazu bereit waren, verschwand er einfach.

OS: *Er verschwand einfach?*

WP: Und dann erhielt ich einen Bericht, dem zufolge Snowden in einer Maschine mit Ziel Moskau saß, wo er in ein anderes Flugzeug Richtung Lateinamerika umsteigen wollte, wenn ich mich nicht irre. Doch die Länder, in die er fliegen wollte, hatten Bedenken, ihn aufzunehmen. Dabei handelt es sich übrigens nicht um unsere Informationen, sondern um Informationen aus anderen Quellen, die an die Presse durchsickerten, während Snowden noch im Flugzeug saß. Bald stellte sich heraus, dass er nicht weiterreisen konnte. Er saß im Transitbereich fest.

OS: *Die USA annullierten seinen Reisepass, während er im Flugzeug unterwegs war. Das ist noch nie vorher passiert.*[40]

WP: Daran kann ich mich jetzt nicht mehr erinnern. Fest stand jedenfalls, dass er seine Reise nicht fortsetzen konnte. Er ist ein mutiger Mann, schon an der Grenze zur Tollkühnheit. Aber er begriff, dass er keine Chance mehr hatte. Er hielt sich 40 Tage lang in diesem Transitbereich auf, dann gewährten wir ihm vorläufiges Asyl. Die Amerikaner forderten uns natürlich auf, ihn auszuliefern. Aber es ist wohl verständlich, dass wir das nicht tun konnten.

OS: *Warum nicht?*

WP: Weil wir damals gerade über den Abschluss eines Kooperationsvertrags für rechtliche Fragen diskutierten. Die Initiative dazu ging von uns aus. In diesem Vertrag wäre die gegenseitige Auslieferung von Kriminellen vorgesehen gewesen, aber die Vereinigten Staaten wollten auch in dieser Hinsicht nicht mit uns kooperieren und das von uns vorgelegte Abkommen nicht unterzeichnen.[41] Nach unserem Recht hat Snowden gegen kein Gesetz verstoßen, weil er kein Verbrechen begangen hat. In Ermangelung dieses Vertrags über eine gegenseitige Auslieferung und angesichts der Tatsache, dass die USA nie irgendwelche Kriminellen an uns ausgeliefert haben, die in den Vereinigten Staaten um Asyl angesucht haben, hatten wir gar keine andere Wahl. Es war uns absolut unmöglich, Snowden unilateral auszuliefern, wie die USA das von uns verlangten.

OS: *Hat Obama deswegen mit Ihnen telefoniert?*

WP: Darüber möchte ich vor laufender Kamera lieber nicht sprechen, weil es sich um vertrauliche Informationen handelt.

OS: *Als ehemaliger KGB-Agent müssen Sie doch absolut hassens- und verachtenswert gefunden haben, was Snowden getan hat.*

WP: Überhaupt nicht. Snowden ist kein Verräter. Er hat weder die Interessen seines Landes verraten noch irgendwelche Informationen an andere Länder weitergegeben, die für sein eigenes Land oder sein eigenes Volk schädlich gewesen wären. Was er getan hat, hat er öffentlich getan. Und das ist eine ganz andere Geschichte.

OS: *Na gut. Waren Sie also einverstanden mit dem, was er getan hat?*

WP: Nein.

OS: *Und finden Sie, dass die National Security Agency mit dem Abhören zu weit gegangen ist?*[42]

WP: Ja, das finde ich schon. In dieser Hinsicht hatte Snowden recht. Aber Sie haben mich gefragt, und ich habe Ihnen eine direkte Antwort gegeben: Ich finde, er hätte das nicht tun sollen. Wenn ihm etwas an seiner Arbeit nicht gepasst hat, hätte er einfach kündigen sollen, mehr nicht. Aber er ging einen Schritt weiter. Ich kenne ihn nicht persönlich, sondern nur aus Medienberichten. Wenn er glaubt, dass er durch seine Aktionen eine Bedrohung für sein Land abwenden kann, dann hat er das Recht, so zu handeln. Das ist sein gutes Recht. Aber wenn Sie mich fragen, ob ich seine Handlungsweise richtig oder falsch finde, kann ich nur sagen, dass ich sie falsch finde.

OS: ***Sie meinen also, dass er sich nicht als Whistleblower – so nennen wir das im Westen – betätigen, sondern aus Prinzipiengründen hätte kündigen sollen, ähnlich wie Sie beim KGB gekündigt haben.***

WP: Ja, ich glaube schon. So habe ich noch nicht darüber nachgedacht, aber ich glaube, Sie haben recht.

OS: ***Wenn ich mir unser gestriges Gespräch in Erinnerung rufe, dann haben Sie unter anderem deshalb gekündigt, weil Sie nicht einer von Kommunisten gelenkten Regierung dienen wollten.***

WP: Ich habe gekündigt, weil ich nicht mit der Handlungsweise der Kommunisten einverstanden war – also mit ihrem Putschversuch gegen Gorbatschow. In dieser Zeit wollte ich kein Geheimdienstoffizier mehr sein.

OS: ***Sie finden also auch, dass die NSA zu weit gegangen ist. Und wie sehen Sie die Überwachungsaktivitäten der russischen Geheimdienste?***

WP: Die russischen Geheimdienste arbeiten meiner Ansicht nach sehr gut. Doch es ist etwas ganz anderes, im Rahmen der bestehenden Rechtsvorschriften gut zu arbeiten, als gegen die Gesetze zu verstoßen. Unsere Geheimdienste halten sich immer an die Gesetze, das ist Punkt eins. Und

Punkt zwei ist, dass der Versuch, seinen Verbündeten hinterherzuspionieren – so man sie wirklich als Verbündete betrachtet und nicht als Vasallen –, einfach unanständig ist. Das gehört sich nicht, weil es das Vertrauen untergräbt. Und damit schadet man im Endeffekt der eigenen nationalen Sicherheit.

OS: *Es kann doch kein Zweifel daran bestehen, dass die US-Geheimdienste Russland unter strenger Beobachtung hatten, oder?*

WP: Ja, und diese Beobachtung samt den dazugehörigen Abhörmaßnahmen hält fraglos weiterhin an. Davon gehe ich aus.

OS: *Alles klar. In einer Szene unseres Films sieht man, wie Snowden seinen Kollegen in Hawaii eine Heatmap zeigt, auf der zu sehen ist, dass die USA doppelt so viele Milliarden Telefonanrufe in den Vereinigten Staaten selbst abhören wie in Russland. Russland ist Nummer zwei, die USA Nummer eins.*

WP: Das dürfte den Tatsachen entsprechen. Und es ist ein bedauerliches Beispiel für die heutige Arbeitsweise der Geheimdienste. Ich bin ja mittlerweile erwachsen und weiß, wie die Welt funktioniert. Aber die eigenen Verbündeten belauschen? Das ist einfach unannehmbar.

OS: *Würden Sie die USA als Verbündeten bezeichnen?*

WP: Aber sicher. Nur untergräbt man mit solchen Maßnahmen das Vertrauen unter Verbündeten und zerstört Beziehungen. Aber das sage ich Ihnen nur als Experte für diese Dinge.

OS: *Na ja, Sie müssen die USA ausspionieren, weil die USA Sie ausspionieren. Die Amerikaner würden aber mit Sicherheit behaupten, dass sie von Ihnen ausspioniert werden.*

WP: Sowieso. Ich habe auch nichts dagegen, dass sie uns ausspionieren. Aber ich möchte Ihnen dazu etwas Interessantes erzählen: Nach den radikalen Veränderungen – politischen Veränderungen – in Russland glaubten wir, auf allen Seiten nur von Verbündeten umgeben zu sein. Wir nahmen auch an, dass die USA mit uns verbündet seien. Der ehemalige Vorsitzende des russischen Geheimdiensts KGB informierte unsere amerikanischen Partner, unsere amerikanischen Freunde, sogar über das alte System der Abhörvorrichtungen in der US-Botschaft in Moskau. Das tat er ohne Gegenleistung, spontan und aus einer Laune heraus, als Zeichen des Vertrauens und als Symbol für die neuen Verhältnisse in unserem Land.

OS: *War das Jelzin?*

WP: Nein, es war der Leiter des russischen Geheimdiensts unter Jelzin. Viele bezeichneten ihn als Verräter. Ich bin mir aber ziemlich sicher, dass er damit ein Symbol für die neue Art unserer diplomatischen Beziehungen liefern wollte. Wir waren bereit, die Aktivitäten unserer Geheimdienste einzustellen, doch die Vereinigten Staaten kamen uns nie auch nur einen einzigen Schritt entgegen.

OS: *Die Snowden-Affäre scheint ein Wendepunkt in den russisch-amerikanischen Beziehungen gewesen zu sein. Für die neokonservative Bewegung in den USA war sie jedenfalls eine große Sache, und die Neocons konzentrierten sich wieder zunehmend auf Russland. Danach dauerte es nicht lange bis zur ukrainischen Frage.*

WP: Ja, das stimmt. Vielleicht können wir darüber morgen ausführlicher sprechen. Was Snowden angeht, so habe ich unsere Haltung ausreichend klargemacht, glaube ich.

OS: *Als politischer Realist nehme ich an, dass Snowden nur eine Schachfigur im Spiel der Mächte ist.*

WP: Da liegen Sie falsch. Er wäre eine Schachfigur, wenn er ein Verräter wäre. Und das ist er nicht. Ich sehe das so, dass er nach wie vor eine Persönlichkeit mit einem eigenen Standpunkt ist, für den er sich einsetzt. Er verteidigt seinen Standpunkt und scheut dabei keine Mühe.

OS: *Würden Sie ihn unter diesen Umständen während des 3-jährigen Asyls, das Sie ihm gewährt haben, auf keinen Fall an die USA ausliefern?*

WP: Nein, auf keinen Fall. Er ist ja kein Krimineller.

OS: *Weil er nicht gegen Ihre Gesetze verstoßen hat?*

WP: Unsere amerikanischen Partner behaupten, dass er gegen das Gesetz verstoßen hat. Aber in Russland hat er gegen kein Gesetz verstoßen. Und es gibt keinen zwischenstaatlichen Auslieferungsvertrag zwischen den USA und Russland, weil unsere amerikanischen Partner sich geweigert haben, ein derartiges Abkommen zu unterzeichnen. Als Kriminelle, die in Russland eindeutig Verbrechen begangen hatten, in die Vereinigten Staaten flüchteten, weigerten sich die USA, diese Kriminellen an uns auszuliefern. Wir sind ein souveräner Staat und können keine Entscheidung zum Thema Auslieferung treffen, die nicht auf Gegenseitigkeit beruht.

OS: *Heißt das, dass der amerikanische Auslieferungsantrag für Snowden ernsthaft geprüft worden wäre, wenn die USA diese Vereinbarung unterzeichnet hätten?*

WP: Aber sicher. Wir haben ein solches Abkommen mit Armenien, und einer unserer Militärangehörigen hat dort ein Verbrechen begangen. Dem Abkommen nach muss er sich daher in Armenien vor Gericht verantworten.

OS: *Wenn die USA Snowden also wirklich unbedingt in die Finger kriegen wollen, müssten sie nur dieses Auslieferungsabkommen unterzeichnen?*

WP: Das hätten sie früher tun müssen – jetzt ist es zu spät. Es kann keine rückwirkend gültigen Gesetze geben. Sollten wir das Abkommen irgendwann gemeinsam unterzeichnen, dann wird es nur Fälle betreffen, die sich nach seinem Inkrafttreten ergeben.

OS: *Okay, eine letzte Frage. Die USA annullierten den Reisepass, während Snowden im Flugzeug unterwegs war.*[43] *Sie wussten, dass er über Moskau weiterfliegen wollte. Es gibt nun einige Leute, die davon überzeugt sind, dass die Vereinigten Staaten Snowden gezielt in Moskau stranden lassen wollten, weil man ihm dort am besten das Image des bösen Verräters anhängen konnte.*

WP: Das glaube ich nicht. Ich glaube auch nicht daran, dass es die amerikanischen Geheimdienste waren, die hinter den Terroranschlägen auf New York stecken.

OS: *Das habe ich nicht gesagt. Ich meine nur …*

WP: Ich weiß, dass Sie das nicht gesagt haben. Ich wollte nur anmerken, dass ich nicht an diese Version der Ereignisse glaube. So wie ich eben nicht glaube, dass die US-Geheimdienste Snowdens Flucht nach Moskau organisiert haben.

OS: *Nein, die wurde von WikiLeaks organisiert. Man leistete dort sehr gute Arbeit. Soviel ich weiß, hatten sie mehr als 25 verschiedene Flugtickets für die Ausreise aus Hongkong, damit niemand wusste, wohin Snowden weiterfliegen würde. Als er dann schon in der Luft war, gaben die Behörden in Hongkong – vielleicht aber auch WikiLeaks – bekannt, dass er nach Moskau unterwegs war. Zu diesem Zeitpunkt hatte er bereits sicheres Geleit nach Ecuador und Kuba. Auch in Venezuela und Bolivien hätte man ihn aufgenommen. Er hatte also ein Ziel, seine Flucht hätte funktioniert. Was für mich immer noch nicht die Frage beantwortet, warum die amerikanischen Behörden nicht zuließen, dass er* *von Moskau nach Lateinamerika weiterflog. Wenn sie ihn mit einem Sonderkommando hätten festsetzen wollen, dann wäre das in Venezuela oder Bolivien wesentlich einfacher gewesen als in Russland.*

WP: Ich glaube nicht, dass dahinter eine Absicht steckte – sie haben sich einfach unprofessionell verhalten. Sie waren zornig, aufgeregt und sehr, sehr nervös. In Geheimdienstangelegenheiten sollte man nie nervös sein, sondern ruhig bleiben. Sie hätten ihn in ein Flugzeug steigen lassen und die Maschine unterwegs auf irgendeinem Flughafen zur Landung zwingen sollen.

OS: *Das wäre möglich gewesen?*

WP: Ja, sicher, warum denn nicht? Mit dem bolivianischen Präsidenten haben sie es ja auch gemacht.[44]

OS: *Ein Wahnsinn …*

WP: Ja, es ist ungeheuerlich. Sie getrauen sich solche Dinge und kommen damit durch. Stellen Sie sich vor, die Amerikaner hätten seinen Reisepass nicht annulliert. Sie hätten ihn in ein Zivilflugzeug steigen lassen und dieses dann aus irgendwelchen technischen Gründen während des Flugs über Europa zur Landung zwingen können.

OS: *Wenn sie ihn nicht wirklich in Moskau haben wollten, um ihn bloßzustellen.*

WP: Das glaube ich nicht, das wäre viel zu spitzfindig für sie.

OS: *Wirklich?*

WP: Ich glaube es nicht. Abgesehen davon: Jetzt ist er hier. Und was tut er? Er tut jedenfalls nicht, was wir sagen, sondern handelt nach seinem eigenen Ermessen.

OS: *Richtig. Und seine Handlungsweise wirkte sich auch in den Vereinigten Staaten und Europa aus. Der US-Kongress prüfte Reformvorschläge, und unsere Gerichte hoben ein paar Gesetze auf. Das heißt nicht, dass sich jetzt schon konkret etwas geändert hat, aber immerhin wurde diese umfassende Überwachung von einigen Gerichten für rechtswidrig erklärt. Also hat Snowden bereits Wirkung gezeigt.*[45]

WP: Wenn sie ihn irgendwo auf seiner Reise nach Lateinamerika festgesetzt hätten, wäre das alles nie passiert. Deshalb bin ich mir auch ziemlich sicher, dass die amerikanischen Behörden unter dem Druck der Umstände handelten und dabei viele Fehler machten.

OS: *Könnte sein, ja.*

WP: Es waren genau diese Fehler, die Snowdens Haut retteten – andernfalls säße er heute im Gefängnis. Er ist ein mutiger Mensch, das muss ich ihm lassen. Und er beweist Charakter. Ich habe allerdings nicht die geringste Ahnung, wie sein Leben weitergehen soll oder wie er sich das vorstellt.

OS: *Eines steht fest: Das einzig sichere Land auf der ganzen Welt für ihn ist Russland.*

WP: Das glaube ich auch.

OS: *Und das hat doch auch etwas sehr Ironisches. Früher gingen die russischen Überläufer in die USA, jetzt ist es umgekehrt.*

WP: Aber Snowden ist kein Verräter.

OS: *Das weiß ich.*

WP: Das ist der erste Punkt. Und der zweite ist, dass das alles gar nicht so seltsam und ironisch ist, wie Sie glauben. Man mag Russland verteufeln, wie man will – es ist ein demokratisches und souveränes Land. Das bringt seine Risiken mit sich, aber auch viele Vorteile. Es gibt nämlich nur noch ganz wenige Länder, die ihre Souveränität noch richtig ausüben können; auf den anderen lasten sogenannte Bündnispflichten. Das bedeutet in Wirklichkeit nur, dass sie ihre Souveränität aus freien Stücken eingeschränkt haben. Aber das ist deren Entscheidung.

OS: ***Okay, vielen Dank, Herr Präsident. Morgen sprechen wir über die Ukraine.***

WP: Sicher, wie Sie wünschen. Und ich werde jetzt noch ein wenig arbeiten.

Erste Reise

6

Dritter Tag / Teil 1

4. Juli 2015

OS: *Hallo, Herr Putin. Wie geht es Ihnen heute?*

WP: Danke, gut.

OS: *Mir geht's auch gut. Ich habe Wasser und Coca-Cola. Trinken Sie nichts? Sie trinken anscheinend nicht sehr viel, auch kein Wasser.*

WP: Es ist gut, dass Sie viel Wasser trinken.

OS: *Ich trinke morgens gleich nach dem Aufstehen drei große Flaschen Wasser.*

WP: Morgens trinke ich auch eine Flasche, so groß wie Ihre.

OS: *Also gut. Was ich zu gestern Abend noch ergänzen wollte, weil ich in der Zwischenzeit etwas nachgeprüft habe: Snowden flog in einer Aeroflot-Maschine von Hongkong nach Moskau. Ich glaube zwar nicht, dass die USA eine Aeroflot-Maschine abgefangen hätte, aber ich bin mir nicht ganz sicher.*

WP: Das wäre kein Problem für sie gewesen.

OS: *Wirklich nicht?*

WP: Zunächst einmal können sie aus technischen Gründen jedes Flugzeug auf jedem Flughafen der Welt zum Landen zwingen, weil sie es angeblich überprüfen müssen. Und sie könnten auch die Passagiere überall zum Aussteigen zwingen und dann voneinander trennen. Edward Snowden wäre innerhalb von 10 Stunden in einem Gefängnis in den Vereinigten Staaten gewesen. Aber eigentlich war er mit Aeroflot nur nach Moskau unterwegs, dann hätte er in die Maschine einer anderen Fluglinie umsteigen sollen.

OS: *Aber hätten Sie nicht heftig gegen die erzwungene Landung einer Aeroflot-Maschine protestiert?*

WP: Was hat denn das mit russischem Territorium zu tun? Sie hätten das Flugzeug irgendwo auf dem Weg nach Lateinamerika zur Landung gezwungen.

OS: *Ich habe geglaubt, dass ein russisches Flugzeug automatisch russisches Territorium ist.*

WP: Nein, das gilt nur für Militärschiffe und -flugzeuge oder Handelsschiffe in neutralen Gewässern.

OS: *Okay. Ich würde jetzt gern über die Ukraine sprechen.*

WP: Einen Augenblick noch. Wenn eines unserer Flugzeuge in einem Transitland zwischen Russland und Lateinamerika gelandet wäre, hätte ich gar nicht davon erfahren. Niemand hätte mir darüber Bericht erstattet. Das ist ein ganz normaler Transportvorgang, ein Routineereignis, das nichts mit Politik zu tun hat. Und wäre Snowden von Moskau weitergeflogen, dann hätte ich auch nichts davon gewusst. Die ganze Affäre hat also nichts mit uns zu tun, sondern nur damit, was Snowdens frühere Vorgesetzte mit ihm anstellen wollten.

Die Ukraine

OS: *Gut, gehen wir weiter zur Ukraine. Ich möchte einleitend dazu sagen, dass ich Herrn Janukowytsch vor ein paar Monaten hier in Moskau interviewt habe. Er hat mir seine Version der Ereignisse geschildert.*

WP: Es gibt eine ganz objektive Abfolge der Ereignisse. Man kann diese Ereignisse unterschiedlich bewerten, man kann sie mit anderen Worten bezeichnen und mit anderen Erklärungsmustern interpretieren. Aber es ist offensichtlich, dass man sich auch an die Reihenfolge der Dinge halten kann, wie sie sich an den betreffenden Tagen abgespielt haben. Und dann sollen Ihre Zuschauer die Möglichkeit haben, selbst zu bewerten, was da geschehen ist.

OS: *Ich würde gern Ihre Sicht der Ereignisse zwischen November 2013 und dem 20. Februar 2014 kennenlernen. In diesen 3 Monaten gab es eine Menge Proteste in der Ukraine. Davon müssen Sie ja gewusst haben.*

WP: Wollen Sie wissen, was seit Anfang der 1990er-Jahre in der Ukraine wirklich passiert ist? Das ukrainische Volk wurde systematisch ausgeraubt. Unmittelbar nach der Unabhängigkeitserklärung begannen in der Ukraine eine Privatisierungswelle und ein Raub von Staatseigentum, die noch ärger waren als in Russland. Das führte zu einer Verschlechterung des Lebensstandards. Wer auch immer danach an der Macht war, konnte das Leben der einfachen Menschen nicht zum Besseren wenden.

Die Menschen dort hatten mit Sicherheit genug von der Willkür und der aus dem Ruder gelaufenen Korruption, der Verarmung und daneben der illegalen Bereicherung anderer Leute. Das waren die Wurzeln der allgemeinen Unzufriedenheit. Sicher glaubten auch viele, dass eine Annäherung an die EU sie aus den schrecklichen Umständen befreien würde, in denen sie sich seit Anfang der 1990er-Jahre befanden. Diese Faktoren waren meiner Ansicht nach die treibende Kraft hinter den Entwicklungen in der Ukraine.

Die Krise wurde dann bekanntlich ausgelöst, als Präsident Janukowytsch bekannt gab, dass die Unterzeichnung des Assoziierungsabkommens mit der Europäischen Union aufgeschoben werden müsse. Das war der Anfang. Und unsere Partner in Europa und den Vereinigten Staaten schafften es natürlich, auf den Zug der Unzufriedenheit der Bevölkerung aufzuspringen. Statt herauszufinden, was wirklich los war, beschlossen sie, den Staatsstreich zu unterstützen.[46]

Deshalb will ich Ihnen jetzt auch genau erzählen, was passiert ist und wie unsere Haltung dazu war. Herr Janukowytsch sagte öffentlich, dass er die Unterzeichnung des Assoziierungsabkommens mit der Europäischen Union aufschieben – nicht absagen – müsse, weil die Ukraine zu diesem Zeitpunkt noch Mitglied der Freihandelszone der GUS, der Gemeinschaft Unabhängiger Staaten, war.

Die Ukraine selbst war der Motor hinter der Einrichtung dieser Freihandelszone im GUS-Raum gewesen, sie war die treibende Kraft. Das hatte zur Folge, dass sich die Volkswirtschaften von Russland und der Ukraine immer weiter verzahnten und einzigartige wirtschaftliche Beziehungen zueinander hatten. Viele der daran beteiligten Unternehmen hätten nicht unabhängig existieren können, weil sie so stark auf zwischenstaatliche Kooperation setzten.

Die russischen Märkte waren für Importe aus der Ukraine total offen. Es gab und gibt keine Zollschranken zwischen uns. Wir haben ein einheitliches Energieversorgungssystem und ein einheitliches Transportsystem. Daneben gibt es noch eine Menge anderer Elemente, die unsere Volkswirtschaften vereinen. Wir stehen seit 17 Jahren mit der Europäischen Union über die Bedingungen für einen Beitritt Russlands zur Welthandelsorganisation WTO in Verhandlungen. Und plötzlich gab man uns bekannt, dass die Ukraine ein Assoziierungsabkommen mit der EU unterzeichnen wollte. Das bedeutete eine Öffnung der ukrainischen Märkte. Es bedeutete weiterhin, dass die Ukraine die technischen Standards, die Handelsverordnungen und andere Bestimmungen der EU übernehmen musste – und das noch dazu sehr schnell, ohne jede Übergangszeit. Gleichzeitig war unsere Zollgrenze zur Ukraine noch absolut offen. Über diese Grenze hätte die EU ihre Waren ohne irgendwelche Verhandlungen in unser Territorium einführen können. Und das sollte trotz der Grundsatzabkommen passieren, die wir im Rahmen der seit 17 Jahren währenden Gespräche über unseren Beitritt zur WTO bereits mit ihr getroffen hatten.

Darauf mussten wir logischerweise reagieren. Wenn sich die Ukraine entschlossen hatte, so zu handeln, dann war das ihre Entscheidung. Wir waren bereit, diese Entscheidung zu akzeptieren – aber das bedeutet noch lange nicht, dass wir auch dafür bezahlen würden. Warum sollten die heute in Russland lebenden Menschen für eine Entscheidung der ukrainischen Führung zahlen? Aus diesem Grund teilten wir der Ukraine auch mit, dass wir Schutzmaßnahmen ergreifen müssten. Diese Maßnahmen waren nicht ungewöhnlich und sollten im Prinzip auch niemanden benachteiligen. Wir versuchten nur, die normale Handelsregelung – die nach internationalem Privatrecht als Meistbegünstigungsprinzip bezeichnet wird – auf das Territorium der Ukraine auszudehnen und die bisherigen Handelspräferenzen zu streichen. Ohne diese Handelspräferenzen würden sich die ukrainischen Unternehmen aber nicht lange auf dem russischen Markt halten können. Wir schlugen daher trilaterale Gespräche mit unseren europäischen Partnern vor, doch dieser Vorschlag wurde glatt abgelehnt. Man teilte uns mit, dass wir uns da heraushalten sollten. Die EU sagte, dass wir uns ja auch nicht einmischen würden, wenn sie Gespräche mit Kanada führte. Und wenn wir Gespräche mit China führten, würde sie sich ebenfalls nicht einmischen, oder? Genau das haben sie gesagt – und uns aufgefordert, uns nicht in ihre Beziehungen zur Ukraine einzumischen.

Wir entgegneten darauf, dass man die russisch-ukrainischen Beziehungen unmöglich mit Kanada oder China vergleichen könne, weil es dabei um etwas völlig anderes geht. Aber wenn die EU dieser Ansicht sei, dann würden wir uns auch nicht einmischen. In diesem Fall ersuchten wir sie aber höflichst, im Gegenzug unser Recht zu respektieren, Schutzmaßnahmen zu ergreifen und unsere Wirtschaftspolitik weiterhin so zu betreiben, wie wir es für richtig hielten. Ich bin in wirtschaftlichen Angelegenheiten sogar noch einen Schritt weiter gegangen: Nach dem Staatsstreich und dem Regierungswechsel, als Herr Poroschenko an die Macht gekommen war, setzten wir auf Ersuchen unserer amerikanischen Partner und der ukrainischen Seite die geplanten Schutzmaßnahmen gar nicht um.

Die ukrainische Regierung unterzeichnete trotzdem das Assoziierungsabkommen mit der EU. Sie ratifizierte es und verschob sein Inkrafttreten dann auf den 1. Januar 2016. Sie drehen Ihre Dokumentation jetzt Mitte 2015; das bedeutet, dass das Assoziierungsabkommen zwischen der Ukraine und der EU noch nicht in Kraft getreten ist.

Und das war interessanterweise genau das, was ich Herrn Janukowytsch vorgeschlagen hatte. Er wollte das Assoziierungsabkommen aufschieben – da stellt sich doch die Frage, wozu der Staatsstreich überhaupt notwendig war. Warum musste man dieses Land in Chaos und Bürgerkrieg stürzen? Was war der Sinn dahinter? Was nun die Entwicklung der politischen Lage angeht, so haben Sie völlig recht damit, dass es zu Krawallen kam und dass ein Staatsstreich verübt wurde.

In diesem Zusammenhang möchte ich noch einmal daran erinnern, dass am 21. Februar 2014, wenn ich mich recht erinnere, drei Außenminister aus europäischen Ländern in Kiew eintrafen. Sie nahmen an dem Treffen zwischen Präsident Janukowytsch und der Opposition teil und waren mit der Abhaltung vorgezogener Wahlen einverstanden.[47] Sie waren auch mit der geplanten Zukunft der Beziehungen zwischen dem Präsidenten und der Opposition einverstanden.

Einen Tag danach reiste Präsident Janukowytsch nach Charkiw, in die zweitgrößte Stadt der Ukraine, um dort an einer regionalen Konferenz teilzunehmen. Kaum war er abgereist, wurden seine Amtsräume besetzt, er wurde abgesetzt, und seine Regierung wurde unter Einsatz von Gewalt ebenfalls abgesetzt. Das kann man doch nur als Staatsstreich bezeichnen, nicht wahr? Auf den Generalstaatsanwalt wurde geschossen, einer seiner Sicherheitsbeamten wurde dabei verwundet. Man schoss auch auf die Autokolonne von Präsident Janukowytsch. Es handelte sich also eindeutig um eine bewaffnete Machtergreifung. Und dieser Staatsstreich wurde natürlich von jemandem unterstützt. Um zum Anfang meiner Argumentation zurückzukehren: Die Proteste richteten sich nicht nur gegen Janukowytsch persönlich, sondern gegen die Regierung insgesamt, weil die Menschen im Land genug von dem Chaos hatten. Sie waren der Armut und der Korruption überdrüssig. Nach der Machtübernahme waren einige Menschen zufrieden und andere nicht. Es gab viele, denen die plötzliche Welle des Nationalismus und Radikalismus Angst machte.

Das Erste, worüber die neu an die Macht Gekommenen diskutierten, war ein anscheinend unbedingt notwendiges Gesetz zum eingeschränkten Einsatz der russischen Sprache.[48] Die Europäer hinderten sie an der Verabschiedung eines solchen Gesetzes. Aber damit hatte man der Gesellschaft bereits ein Signal geschickt, und das Volk begriff schnell, in welche Richtung sich das Land bewegte – auch an Orten wie der Krim, wo die überwiegende Mehrheit der Bevölkerung der Nationalität nach russisch ist. Auch die Ukrainer, die in diesen Gebieten leben, betrachten im Allgemeinen Russisch als ihre Muttersprache. Die Menschen auf der Krim hatten in dieser neuen politischen Lage also besonders große Angst.[49] Man hat ihnen gegenüber ja auch direkte Drohungen ausgesprochen. Und das alles führte zu der mittlerweile hinlänglich bekannten Situation.

Ich bin darauf schon bei vielen Gelegenheiten näher eingegangen, kann das aber gern alles noch einmal erzählen, wenn Sie wollen. Etwas Ähnliches wie auf der Krim zeichnete sich auch im gesamten Donbass, dem südöstlichen Landesteil der Ukraine, ab. Dort gibt es zwei große Städte, und viele Menschen dort wollten den durch einen Staatsstreich herbeigeführten Regierungswechsel ebenfalls nicht anerkennen.[50] Man versuchte zuerst, die betreffenden Personen durch die Polizei verhaften zu lassen, doch die Polizisten liefen schnell auf die andere Seite über. Dann begannen die Behörden, Spezialeinheiten einzusetzen, die in der Nacht Leute entführten und ins Gefängnis verschleppten. Und danach ereignete sich die Tragödie in Odessa.[51] Unbewaffnete Menschen gingen zu friedlichen Protesten auf die Straße, wurden in einem Gebäude zusammengetrieben und dort grausam abgeschlachtet. Unter den Opfern waren auch schwangere Frauen. Das ist eine Katastrophe, die aber von niemandem offiziell untersucht wurde – ganz sicher nicht von den Behörden im Donbass. Nach diesem Massaker griffen die Regimegegner zu den Waffen.

Als die Kampfhandlungen begonnen hatten, versuchte die Regierung nicht, in einen Dialog mit den Menschen im Südostteil der Ukraine einzutreten, sondern setzte nach den Spezialeinheiten auch noch schwere

Waffen ein – Panzer und sogar Militärflugzeuge. Man griff mit Raketenwerfern Wohngebiete an. Wir appellierten wiederholt an die neue politische Führung der Ukraine, von solch extremen Maßnahmen abzusehen. Sie nahmen die Kampfhandlungen auf, wurden in die Flucht geschlagen und stellten dann ihre Angriffe ein. Anschließend fanden die Wahlen statt, nach denen der neue Präsident an die Macht kam. Ich habe oft mit ihm [Poroschenko] gesprochen und ihn zu überzeugen versucht, die Kampfhandlungen nicht wieder aufzunehmen. Er hatte seine eigene Meinung zu den Ereignissen. Er sprach immer davon, dass zwei oder drei Angehörige seiner Streitkräfte im Kampf gegen die Milizen gefallen waren. Das war natürlich eine Tragödie, der Tod von Menschen ist immer etwas Bedauerliches. Als er die Kampfhandlungen aber wieder aufnahm, starben Tausende von Menschen.[52] Die Regierungstruppen erlitten eine neue Niederlage, nahmen die Kämpfe ein drittes Mal auf und wurden abermals besiegt. Danach wurde das Protokoll von Minsk unterzeichnet, und beide Seiten stimmten überein, sich an die getroffenen Vereinbarungen zu halten. Leider ist dies aber nicht der Fall; die Behörden in Kiew waren meiner Meinung nach bisher nicht bereit, direkte Gespräche mit dem Donbass aufzunehmen. Die im Protokoll von Minsk vereinbarten Punkte sehen konkret vor, dass sämtliche Verfassungsänderungen, Verabschiedungen neuer Gesetze sowie Fragen zu Kommunalwahlen oder dem Sonderstatus der Region Donbass im gemeinsamen Einvernehmen geklärt werden müssen. Doch nichts dergleichen geschieht.

Derzeit arbeiten die Behörden in Kiew an Verfassungsänderungen. Meinen Informationen zufolge – und ich habe erst gestern neue Berichte erhalten – gibt es weiterhin keinen Kontakt und keine Verhandlungen mit dem Donbass. Darüber hinaus heißt es im Protokoll von Minsk konkret, dass das von der Werchowna Rada bereits verabschiedete Gesetz in Kraft treten sollte. Das geht mit dem Sonderstatus des Donbass einher. Leider hat Präsident Poroschenko vor ein paar Tagen bekannt gegeben, dass man dem Donbass keinen Sonderstatus gewähren werde. Ich muss mit ihm darüber sprechen, weil ich wissen will, was das bedeutet. Bedeutet es, dass die Behörden in Kiew es ablehnen, sich an das Protokoll von Minsk zu halten?[53] In diesem Fall spielen aber auch noch andere Erwägungen eine

Rolle. So gibt es zum Beispiel im Protokoll von Minsk einen Punkt, der die Verabschiedung eines Amnestiegesetzes vorsieht. Auch das ist bisher nicht geschehen. Wie soll man die Leute im Donbass an den Verhandlungstisch bringen, wenn ihnen Strafverfolgung droht?

Ein weiterer Punkt besagt, dass ein Programm zum wirtschaftlichen Wiederaufbau des Donbass und der Wiederherstellung der Lebensfunktionen der Regionen zu beschließen ist. Stattdessen verstärken die Behörden die Blockade dieser Territorien.[54] Und all diese Probleme lassen sich darauf reduzieren, dass Kiew behauptet, der Donbass kämpfe gegen die Regierung und werde daher keinerlei Geldmittel erhalten. Ich kann darauf nur erwidern, dass es in dieser Region Ruheständler gibt, die laut den ukrainischen Gesetzen Anspruch auf eine Rente oder eine Pension haben, so wie dort auch Menschen mit Behinderungen leben, die gegen niemanden kämpfen. Sie sind einfach nur Opfer dieser Situation, Geiseln. Ich fragte die Regierung in Kiew also: »Betrachten Sie diese Menschen als Bürger Ihres Landes? Wenn ja, dann haben Sie auch die Pflicht, für sie zu sorgen.« Die Antwort war sehr simpel gehalten: »Wir haben kein Geld und werden ihnen daher gar nichts bezahlen.« Dazu kommt, dass wir Energie liefern und die Ukraine sich weigert, für diese Energie zu bezahlen.

Im Großen und Ganzen haben wir es also mit einer ausgewachsenen, sehr harten Blockade zu tun. Es gibt viele, die Israel wegen seiner Blockade Palästinas kritisieren. Ich werde darauf nicht näher eingehen und gar nicht erst darüber sprechen, weil das eine völlig andere Geschichte ist. Aber im Donbass passiert etwas ganz Ähnliches, und das scheint keiner zu bemerken. Es gibt dort einen Mangel an Lebensmitteln und Medikamenten.[55] Niemand sagt etwas dazu, obwohl es sich um ein schwerwiegendes Problem handelt. Wir gehen davon aus, dass die einzige Lösung dieses Problems darin liegt, dass sich beide Seiten an das Protokoll von Minsk halten und die darin enthaltenen Punkte umsetzen.

Stattdessen richtet man immer wieder Appelle an uns, auf die politischen Führungen dieser nicht anerkannten Republiken doch bitte irgendwie Einfluss zu nehmen. Erst vor Kurzem haben die führenden Politiker der besagten Republiken öffentlich bekannt gegeben, dass sie bereit wären, sich dem ukrainischen Staat unter einer Bedingung wieder anzuschließen – wenn nämlich das Protokoll von Minsk eingehalten wird. Doch das Protokoll wurde nie umgesetzt, und das ist nicht die Schuld des Donbass. Ich möchte noch einmal betonen, dass es meiner Ansicht nach keine andere Möglichkeit gibt, diese Krise beizulegen. Das Protokoll von Minsk ist der einzige Weg, der zu diesem Ziel führen kann.

OS: *Nun, anscheinend gibt es aber Probleme damit. Was wäre, wenn die prorussischen Bewohner des Donbass über die Grenze nach Russland gingen? Das wäre ja ihre einzige Hoffnung, falls sich die Situation stark verschlechtern würde.*

WP: Glauben Sie, dass sich dieses Problem am besten lösen ließe, indem man diese Menschen aus ihrer Heimat vertriebe?

OS: *Das wollte ich damit nicht sagen. Ich meine nur, wenn sie weder Wasser noch Lebensmittel haben, wenn sie dort nicht mehr weiterexistieren können, dann werden sie sich auf die Beine machen müssen. Wir sprechen hier von einer Massenmigration.*

WP: Ja – und viele Menschen haben auch schon auf dieses Mittel zurückgegriffen. Mittlerweile sind zweieinhalb Millionen ukrainische Bürger nach Russland ausgewandert.[56] Bei der überwiegenden Mehrheit von ihnen handelt es sich um wehrpflichtige Männer, die jederzeit eingezogen werden können. In den Territorien, über die wir gesprochen haben, lebten früher viereinhalb Millionen Menschen. Laut aktuellen Schätzungen sind es heute nur noch 3 Millionen.[57]

OS: *Was werden Sie also tun, wenn diese Leute auswandern?*

WP: Das tun sie ohnehin bereits. Sie kommen über die Grenze. Aber wenn sich die Lage beruhigt haben wird, werden sie in ihre Heimat zurückkehren.

OS: *Ich verstehe. Die Regierung in Kiew würde natürlich behaupten, dass die russische Armee oder die russische Regierung bereits durch die*

Annexion der Krim in der Ukraine interveniert habe. Und was die militärischen Einheiten angeht, so sagen sie, dass die Separatisten Hilfe durch russische Fallschirmjäger – oder wie immer man sie nennen will –, Militärunternehmen, Soldaten und Waffenhändler erhielten.

WP: In Sachen Krim möchte ich Sie nur fragen: Was ist Demokratie? Demokratie ist ein System, das auf dem Willen des Volkes beruht. Und wie erkennen wir den Willen des Volkes? In der modernen Welt benutzen wir dazu das Wahlverfahren. Die Bevölkerung der Ukraine ging zu einem Referendum, ohne dass man sie mit Peitschenhieben und Maschinengewehren antreiben musste. Mit solchen Mitteln kann man ohnehin niemanden dazu bringen, ein Wahllokal aufzusuchen und dort seine Stimme abzugeben. Die Menschen kamen also von selbst, und die Wahlbeteiligung lag bei mehr als 90 Prozent. Und von diesen Wählern stimmten wiederum mehr als 90 Prozent für eine Wiedervereinigung mit Russland.[58] Den Wählerwillen hat man zu respektieren. Man kann internationales Recht eben nicht gegen die Grundsätze der Demokratie an die eigenen politischen Interessen anpassen.

OS: *Die Vereinigten Staaten würden nichtsdestotrotz sagen, dass Sie gegen internationales Recht verstoßen hätten. Auch die EU behauptet das immer wieder. Sie wiederum haben bestätigt, dass die USA im Irak gegen internationales Recht verstoßen haben. Im Endeffekt geht es also immer nur darum, wer die Macht hat, stimmt's?*

WP: Stimmt, ja. Die Streitkräfte der Vereinigten Staaten sind im Irak einmarschiert. Aber es gab dort keine Wahlen, man hielt keine Wahlen ab. Wir haben auf der Krim die Bedingungen dafür geschaffen, dass die Menschen zu den Wahllokalen gehen konnten. Und von unserer Seite gingen keinerlei Feindseligkeiten aus. Niemand feuerte einen Schuss ab, kein Mensch wurde getötet.

OS: *Die USA würden aber buchstäblich die Ansicht vertreten, dass es letztlich doch zu Wahlen im Irak kam.*

WP: Letztlich ja – aber vorher herrschte Krieg. Auf der Krim gab es keinen Krieg. Das ist die eine Sache. Die andere ist, dass man Russland auch vorwirft, gegen internationales Recht verstoßen zu haben. Ich habe zwar bereits über dieses Thema gesprochen, möchte aber noch einmal hervorheben, dass der Internationale Gerichtshof [IGH] im Zuge der Kosovo-Krise eine ähnliche Situation sehr sorgfältig prüfte und zu folgendem Schluss gelangte: Wenn es um die Frage der Selbstbestimmung einer Nation geht, müssen in Übereinstimmung mit Punkt 2 – wenn ich mich recht erinnere – der Charta der Vereinten Nationen die Anliegen der Zentralbehörden eines anderen Landes nicht berücksichtigt werden.[59] Und drittens, da Sie ja für die Vorbereitung Ihrer Dokumentation eine Menge Zeit haben: Sehen Sie sich bitte an, was die Vertreter der Vereinigten Staaten sowie die Vertreter gewisser europäischer Länder wie Deutschland und Großbritannien vor dem IGH zum Thema Kosovo gesagt haben. Sie alle waren der Ansicht, dass die Zustimmung Belgrads nicht erforderlich gewesen und dass alles in Übereinstimmung mit der Charta der Vereinten Nationen erfolgt sei. Ich habe mich immer gefragt: Wenn die Kosovaren das dürfen, warum soll es dann Russen, Ukrainern, Tataren und Krim-Bewohnern nicht erlaubt sein? Da gibt es doch überhaupt keinen Unterschied.[60] Dazu kommt, dass die Entscheidung über die Unabhängigkeit des Kosovo einfach vom Parlament beschlossen wurde. Auf der Krim hingegen stimmte zuerst das Parlament für die Unabhängigkeit, und dann hielt man ein Referendum ab. Und bei diesem Referendum entschied das Volk, sich wieder Russland anschließen zu wollen. Jeder einzelne Schritt hatte einen vernünftigen Hintergrund.

OS: *Hat die UN die Annexion der Krim verurteilt?*

WP: Nicht, dass ich wüsste.[61]

OS: *Können wir jetzt über das Flugzeug reden, das im Juli vergangenen Jahres abgeschossen wurde – die malaysische Maschine [MH17]?*

WP: Ja, sicher.

OS: ***Danke. Ich habe mir die Argumente beider Seiten angehört. Ich weiß, dass der russische Geheimdienst behauptet hat, es hätten sich zwei Maschinen in der Luft befunden – mindestens zwei –, und das Flugzeug sei möglicherweise von einem anderen abgeschossen worden. Stimmt das so?***

WP: Es gibt zwei grundlegende Versionen der Ereignisse. Die erste Version lautet, dass diese Maschine vom Buk-Flugzeugabwehrsystem der ukrainischen Streitkräfte abgeschossen wurde. Und die andere Version besagt, dass dasselbe System – also eines der in Russland hergestellten Buk-Systeme – von der Miliz, den Separatisten, benutzt wurde.[62] Lassen Sie mich zuallererst sagen, dass wir es in jedem Fall mit einer schrecklichen Katastrophe zu tun haben, die einfach grauenhaft ist. Das alles wäre nicht passiert, wenn die ukrainische Führung auf uns gehört und nicht mit Kriegshandlungen begonnen hätte. Es war die ukrainische Führung, die im Donbass alle möglichen Waffensysteme einsetzte.

Aber kommen wir zum konkreten Fall und zu den Flugzeugen, die dort unterwegs waren. Soviel ich weiß, gab einer der ukrainischen Fluglotsen – ein Spezialist aus Spanien, wenn ich nicht irre – bekannt, dass er eine Militärmaschine im Luftkorridor für Zivilmaschinen gesehen habe.[63] Es kann dort keine anderen Militärmaschinen geben als solche, die im Auftrag der ukrainischen Behörden unterwegs waren. Das gehört also genau untersucht. Ich will damit nicht sagen, dass die malaysische Maschine abgeschossen wurde. Ich behaupte auch nicht, dass diese Militärmaschine das Zivilflugzeug abgeschossen hat. Aber die Frage ist doch, was hatte diese Maschine im erwähnten Luftkorridor verloren? Das verstößt gegen die Regeln der Zivilluftfahrt für internationale Flüge. Was die Buk-Flugzeugabwehrsysteme angeht, die Raketen vom Boden aus abfeuern können, so haben unsere Spezialisten und Fachleute – und zwar nicht nur Geheimdienstmitarbeiter, sondern auch Ballistikexperten – in ihren Berichten eindeutig festgehalten, dass die Explosion am Heck der Maschine stattfand. Wenn das wahr ist, dann ist das genau die Stelle, die das Luftabwehrsystem des ukrainischen Militärs aufgrund seiner Stationierung hätte treffen müssen. Ich verstehe demnach nicht, was sie dort überhaupt zu suchen hatten. Warum waren sie dort und warum wurden sie so schnell wieder abgezogen? Auf jeden Fall ist eine gründliche und entpolitisierte Untersuchung vonnöten.

OS: *Glauben Sie, dass die amerikanischen Geheimdienste mehr Informationen dazu haben? Die haben die Lage im Donbass nach dem Staatsstreich doch sicher genau beobachtet. Sollte es da keine Daten von Satelliten und so weiter geben?*

WP: Ich bin überzeugt, dass das der Fall ist. Bedauerlicherweise haben wir aber von den Partnern kein Beweismaterial dafür erhalten.

OS: *Sie haben also nicht besonders viel vorgelegt?*

WP: Nein. Und das ist ja auch sehr verständlich, weil wir ja ihre Haltung zur Ukraine-Frage kennen. Es ist nur logisch, dass sie die Schuld auf die Milizen im Donbass und damit indirekt auf Russland, das die Milizen unterstützt, abschieben wollen.

OS: *Wenn die USA anderslautende Informationen hätten, würden sie die also nicht freigeben?*

WP: Hätten sie solche Informationen, dann würden wir nie davon erfahren.

OS: *Können wir jetzt über äußere Einflüsse in der ganzen Ukraine-Geschichte sprechen?*

WP: *Ja, sicher.*

OS: *Wir wissen über die Nichtregierungsorganisationen Bescheid, die in der Ukraine tätig waren. Wir wissen, dass Victoria Nuland, die Abteilungsleiterin für Europa und Eurasien im US-Außenministerium, einen Regierungswechsel äußerst aktiv unterstützt hat. Wir wissen, dass John McCain an Kundgebungen von Extremistengruppen teilnahm und mit deren Anführern – darunter auch einigen Neonazis – gesehen wurde.*

Wir wissen, dass Amerika und das National Endowment for Democracy, eine sehr einflussreiche gemeinnützige Stiftung, hier sehr, sehr aktiv waren. Paul Gershman, der Präsident dieser Organisation, sagte in seinen Reden unverhohlen, dass er eine unabhängige Ukraine wollte. Und wir wissen schließlich auch, dass der ungarische Milliardär und Hedgefonds-Manager George Soros die einschlägigen Gruppierungen stark unterstützte.[64]

WP: Ja, und das ist auch alles zutreffend. Wissen Sie, ich verstehe die Beweggründe hinter dem Handeln unserer Partner nicht immer ganz. Ich habe ja bereits erwähnt, dass ich den Eindruck habe, sie müssten ihr euroatlantisches Lager kontrollieren oder dort eine bestimmte Disziplin durchsetzen. Und um das zu schaffen, brauchen sie einen äußeren Feind. Und trotz aller Bedenken gegenüber dem Iran reicht der als Feind offensichtlich nicht aus.

OS: *Wollen Sie damit sagen, dass die Vereinigten Staaten ein proamerikanisches Europa und die NATO nur mit einem äußeren Feind wie Russland erhalten können?*

WP: Das stimmt hundertprozentig, das weiß ich und spüre es. Ohne diese innere Disziplin fällt die euro-atlantische Sache auseinander. Aber wir leben nicht mehr in Zeiten des Kalten Kriegs. Vor einigen Jahren haben mir einige Spitzenpolitiker erzählt, sie hätten den Eindruck, ich sollte ihnen im Auftrag unserer amerikanischen Freunde Angst einjagen. Aber sie sagten, dass sie keine Angst hätten, weil sie wüssten, dass sich die Welt verändert hat. Auch mit einem äußeren Feind ist es heute unmöglich, eine derart strenge Disziplin durchzusetzen. Eine solche Politik liegt wahrscheinlich im Interesse gewisser Leute, doch die dahinterstehende Logik ist falsch, weil sie sich an der Vergangenheit orientiert. Man muss jedoch in die Zukunft blicken und endlich begreifen, dass die Welt eine andere geworden ist. Neue Bedrohungen treten auf, auch neue strategische Bedrohungen. Man kann die Zeit nicht anhalten und so tun, als befänden wir uns noch immer im Kalten Krieg. Ich habe ja schon über die Raketenabwehrsysteme, den ABM-Vertrag und den Kampf gegen den Terrorismus gesprochen. Und leider muss ich sagen, dass all unsere Bemühungen, eine vernünftige Beziehung zu den Vereinigten Staaten herzustellen, entweder auf Unverständnis oder auf Gleichgültigkeit stießen. Aber dieser Zustand kann nicht andauern.

OS: *Ich bin überrascht. Ich hatte immer den größten Respekt vor dem russischen Geheimdienst und seinen Kenntnissen über den Westen. In diesem Fall schien er aber zu wenig Informationen über die damals aktuelle Lage in der Ukraine zu haben. Man sagt, dass auch Sie von der Machtübernahme überrascht waren, weil Sie sich eher mit den Olympischen Winterspielen in Sotschi als mit den Ereignissen in der Ukraine befasst haben. Was ist nur mit Ihrem Geheimdienst los?*

WP: Das ist einfach nicht wahr. Ich hatte ein recht umfassendes Bild davon, was in der ukrainischen Gesellschaft los war. Aber dieser Staatsstreich hätte zu jeder beliebigen Zeit passieren können. Es gab schon eine Machtübernahme, als Kutschma abtrat.

OS: *Schon damals kam eine prowestliche Gruppe an die Macht – wollen Sie das damit sagen?*

WP: Ja, Janukowytsch gewann die Wahlen. Doch es gab Massenproteste gegen das Ergebnis, und deshalb musste ein verfassungswidriger dritter Wahlgang durchgeführt werden. Das war also gewissermaßen auch schon ein Staatsstreich. Damals war ich der Ansicht, dass man in der Ukraine einen schweren Fehler begangen hatte. Es kamen zwar prowestliche Politiker an die Macht, doch die Menschen verloren sehr schnell das Vertrauen in die neue politische Führung, weil diese Politiker genauso agierten wie die früheren politischen Führer des Landes. Deshalb waren sie bei den nachfolgenden Wahlen auch die Verlierer. Leider schaffte es Präsident Janukowytsch auch nicht, einschneidende Veränderungen im Land herbeizuführen. Und dann passierte ihm dasselbe wie seinen Vorgängern. Die ukrainischen Politiker hätten das Grundmuster ihrer Beziehung zum Volk ändern müssen. Sie sprachen immer davon, die Oligarchen loszuwerden – und jetzt sind die Oligarchen an der Macht. Es hat sich also nichts geändert.

Sie hatten auch vor, die Korruption abzuschaffen. Hat sich in dieser Hinsicht etwas geändert? Nein, gar nichts. Der Gouverneur der Oblast Odessa ist heute der ehemalige Staatspräsident [Georgiens], Micheil Saakaschwili.[65]

OS: *Ja, ich weiß.*

WP: Damit spuckt man nicht nur den Menschen in Odessa ins Gesicht, sondern beleidigt das gesamte ukrainische Volk. Ich möchte hier kein Urteil über Saakaschwili abgeben, das wäre nicht richtig. Wie immer er als Mensch sein mag, er war immerhin Staatspräsident [Georgiens], also sollen die Georgier über ihn urteilen. Abgesehen davon kennen wir ihn auch persönlich. Er hat nicht einmal eine Arbeitserlaubnis in den Vereinigten Staaten erhalten. Die Investoren, um die er sich bemühte, wollten ihm keine feste Anstellung geben. Seltsamerweise konnte er trotzdem Gouverneur der Region Odessa [in der Ukraine] werden. Gibt es keine integren Politiker aus der Ukraine, die diese Aufgabe hätten übernehmen können? Es ist einfach lächerlich – und, wie gesagt, eine einzige Beleidigung für das ukrainische Volk.

OS: *Ich habe noch drei Fragen zur Ukraine, danach könnten wir ja vielleicht einen Spaziergang unternehmen. Bekamen Sie während des Maidan-Massakers geheimdienstliche Informationen zu den Ereignissen? Es war nämlich ein sehr merkwürdiges Massaker, wenn man an die Anzahl der Todesopfer unter Polizeikräften und Zivilisten denkt. Oder wenn man sich fragt, warum die Polizisten nicht das Feuer erwiderten, sondern sich zurückzogen und von Janukowytsch zurückbeordert wurden. Außerdem scheinen mehrere Scharfschützen im Spiel gewesen zu sein, die gezielt auf Polizisten und Zivilisten schossen, um möglichst viel Chaos zu erzeugen und damit den Staatsstreich zu ermöglichen.*

WP: Was Sie sagen, ist absolut richtig. Janukowytsch gab nicht den Befehl, mit Waffengewalt gegen Zivilisten vorzugehen.[66] Nebenbei haben uns sogar unsere westlichen Partner – einschließlich der Vereinigten Staaten – ersucht, auf ihn Einfluss zu nehmen, damit er keine Waffengewalt einsetzt.

Und Präsident Janukowytsch sagte, er habe sich keine andere Möglichkeit vorstellen können, mit dieser Situation umzugehen. Er konnte keinen Befehl zum Einsatz von Waffengewalt unterzeichnen. Und als sowohl auf Polizisten als auch auf Demonstranten geschossen wurde, passierte genau das, was Sie gesagt haben: Das Ziel war es, ein größtmögliches Chaos hervorzurufen. Präsident Janukowytsch hatte mit Sicherheit kein Interesse daran, das Chaos noch größer zu machen, er wollte die Situation in den Griff bekommen. Man muss aber leider sagen, dass die sogenannten Demonstranten äußerst aggressiv waren.[67]

OS: *Manche von ihnen, ja.*

WP: Ein paar von ihnen drangen ins Büro der Partei der Regionen ein, der Janukowytsch angehörte, und steckten es in Brand. Einige technische Angestellte waren im Haus, sie ergaben sich und sagten den Demonstranten, dass sie nicht der Partei angehörten. Einer von ihnen war Elektriker; er wurde erschossen. Die anderen sperrte man in den Keller und zündete dann das Haus an. Und das war noch vor der Machtübernahme. Janukowytsch hatte also kein Interesse daran, dass Chaos herrschte. Im Gegenteil: Er unternahm alles, um die Lage zu beruhigen, um Ruhe und Ordnung wiederherzustellen.

OS: *Und wer waren diese Scharfschützen?*

WP: Nun ja, wer konnte diese Scharfschützen wohl beauftragt haben? Interessierte Kreise, die eine Eskalation der Lage herbeiführen wollten. Ich habe keine Angaben dazu, wer genau die Scharfschützen waren, aber das sagt mir die elementare Logik.

OS: *Haben Sie Berichte über die Ausbildung der Kämpfer in anderen Städten wie Minsk und so weiter erhalten? Dort wurden anscheinend ganze Bataillone des rechten Sektors trainiert – kampferfahrene Mitglieder der extremen Rechten.*[68] *Wie es heißt, sollen in den Tagen vor dem Maidan-Massaker hundert Mann starke Einheiten in die Stadt geschleust worden sein.*

WP: Nein, das war nicht in Minsk. Die bewaffneten Gruppen wurden unseren Informationen zufolge im Westteil der Ukraine ausgebildet, aber auch in Polen und an ein paar anderen Orten.

OS: *Ich verstehe. Und haben Sie auch vom Regiment Asow gehört?*[69]

WP: Natürlich. Es gibt da gewisse bewaffnete Gruppierungen, die keiner Kontrolle unterliegen, auch nicht jener der zentralen Stellen in Kiew. Ich halte dies für einen der Gründe, warum die derzeitige politische Führung den bewaffneten Auseinandersetzungen kein Ende machen kann. Sie fürchtet sich einfach davor, dass diese unkontrollierbaren bewaffneten Gruppierungen in ihre Hauptstadt zurückkehren.

OS: *Meine zweite Frage zum Thema: Wie sah im fraglichen Zeitraum Ihre Kommunikation mit Präsident Obama aus?*

WP: Wir waren in ständigem Kontakt – so gut wie ständig. Herr Kerry und Herr Lawrow waren persönlich zusammengetroffen und führten Telefonate. Auch ich und der Präsident der Vereinigten Staaten telefonierten sehr oft miteinander.

OS: *Aber Sie waren klarerweise nicht der gleichen Meinung?*

WP: Wir schätzten sowohl die Ursachen als auch die Entwicklung der Ukraine-Krise unterschiedlich ein.

OS: *Sprechen Sie immer noch mit ihm?*

WP: Wir haben erst vor ein paar Tagen miteinander telefoniert. Dabei sprachen wir über unsere bilateralen Beziehungen, die Lage im Nahen Osten und auch die in der Ukraine. Ich kann Ihnen aber verraten, dass wir zu einer ganzen Reihe von Themen ähnliche Auffassungen haben, trotz unserer unterschiedlichen Einschätzungen.

OS: *Würden Sie Ihre Beziehung oder Ihren Dialog mit ihm als herzlich bezeichnen?*

WP: Nein, das nicht, aber sie ist sachlich. Und einigermaßen ausgeglichen.

OS: *Sehen Sie einander bei Ihren Gesprächen?*

WP: Nein. Ich kann Ihnen dazu aber sagen, dass es sich bei diesen Gesprächen um einen Dialog zwischen interessierten Parteien handelt. Es geht dabei nicht um Konfrontation. Ich halte Präsident Obama für einen denkenden Menschen, der die tatsächliche Lage beurteilt und in manchen Punkten mit mir übereinstimmt, in anderen wieder nicht. Wir schaffen es aber immer wieder, auch bei komplizierten Themen in gewissen Punkten ein Einvernehmen zu erzielen. Es ist ein fruchtbarer Dialog.

OS: *Das mag jetzt trivial klingen, aber ich wollte es schon immer wissen: Nennen Sie einander Wladimir und Barack?*

WP: Ja.

OS: *Sie sagen Barack zu ihm? Oder Barry?*

WP: Barack.

OS: *Tatsächlich – Sie reden auf Vornamensbasis miteinander! Das finde ich großartig. Aber nun zu meiner letzten echten Frage: Sewastopol und seine Bedeutung. Die Stadt war Ihr wichtigster U-Boot-Stützpunkt am Schwarzen Meer, wenn ich nicht irre – und bestimmt auch eine der bedeutendsten Einrichtungen der russischen Landesverteidigung. Sie hatten einen Vertrag mit der Ukraine, der die Stationierung von Truppen in Sewastopol vorsah. Es ging darin um die russische Schwarzmeerflotte. Ich weiß nicht mehr genau, aus welchem Jahr der Vertrag stammt, aber darum geht es ja jetzt auch nicht. Sondern um die Frage, was Ihnen während der Ukraine-Krise durch den Kopf ging: Welche Folgen hätte es*

gehabt, wenn US- oder NATO-Streitkräfte Ihren Stützpunkt dort hätten übernehmen können?

WP: Ich dachte nur daran, dass so etwas nie geschehen durfte. Man kann ja im normalen Leben über alles Mögliche nachdenken, aber in der Politik darf es keinen Konjunktiv geben, kein »Was wäre, wenn ...«

OS: ***Gut, dann hypothetisch gesehen.***

WP: Der Vertrag mit der Ukraine hatte eine Laufzeit bis 2019. Dann sollte er noch um weitere 20 Jahre – glaube ich – verlängert werden. Wir machten der Ukraine dafür einen wesentlich günstigeren Preis für russisches Erdgas, gaben ihr einen hohen Rabatt. Ich möchte an dieser Stelle darauf hinweisen, dass dieser Erdgasrabatt für die Ukraine nach wie vor gilt, obwohl die Krim mittlerweile Teil der Föderation ist.

OS: ***Ja, gut. Aber was wären denn nun die Folgen einer Inbesitznahme Ihres Stützpunkts durch die USA oder NATO-Truppen gewesen?***

WP: Das hätte äußerst schwerwiegende Folgen gehabt, weil ... Also gut. Der Stützpunkt per se hat keinerlei Bedeutung. Aber wenn sie versucht hätten, in diesen Territorien Raketenabwehrsysteme oder offensive Systeme einzurichten, dann hätte das die Lage in ganz Europa zweifelsohne verschärft. Das ist übrigens genau das, was derzeit in den osteuropäischen Ländern passiert. Darüber habe ich schon gesprochen, aber es gibt da noch eine kleine Feinheit. Was glauben Sie, warum wir so scharf auf die NATO-Erweiterung reagieren? Das liegt daran, dass wir den Wert – oder den fehlenden Wert – dieser Organisation verstehen, so wie auch die Bedrohung, die sie darstellt. Ich weiß, dass es sich um einen losen Zusammenschluss handelt, der trotz Artikel 5 des Vertrags über den Bündnisfall nicht wirklich effizient funktionieren kann. Was uns Sorgen bereitet, ist viel eher die Art und Weise, wie dort Entscheidungen getroffen werden. Ich weiß, wie man dort Entscheidungen trifft, die Erfahrungen aus meiner bisherigen beruflichen Tätigkeit haben mir das ganz genau gezeigt. Wenn ein Land

NATO-Mitglied wird, führt man bilaterale Gespräche über dieses Land. Es ist sehr einfach, sich auf einer bilateralen Basis mit einem Land auseinanderzusetzen – auch über die Stationierung von Waffensystemen, die unsere Sicherheit bedrohen. Sobald ein Land NATO-Mitglied ist, kann es dem Druck eines so mächtigen Mitglieds wie den USA kaum mehr widerstehen. Und so kann es ganz plötzlich passieren, dass ein amerikanisches Waffensystem in diesem Land stationiert wird. Das kann ein Raketenabwehrsystem sein, es können neue Militärstützpunkte sein, und vielleicht sind es ja auch neue Angriffssysteme. Was sollen wir in einem solchen Fall tun? Wir müssen natürlich Gegenmaßnahmen ergreifen. Und das bedeutet, dass wir unsere Raketensysteme auf Militäranlagen richten müssen, die aus unserer Sicht eine Bedrohung für uns darstellen. So wird die Lage immer angespannter. Wer braucht das schon, wozu soll das gut sein?

OS: *Sie haben gesagt, dass der Stützpunkt auf der Krim als solcher bedeutungslos gewesen sei. Heißt das, dass Sie einfach einen anderen Flottenstützpunkt am Schwarzen Meer eingerichtet hätten?*

WP: Wir haben bereits einen solchen Militärstützpunkt eingerichtet.

OS: *Aha – wo denn?*

WP: In der Stadt Noworossijsk. Er ist moderner und technisch ausgereifter als der letzte.

OS: *Interessant. In welcher Provinz oder Region ist das?*

WP: In der Region Krasnodar, zwischen Sotschi und der Krim.

OS: *Gut zu wissen.*

WP: Also ebenfalls an der Schwarzmeerküste … Gut, das war's fürs Erste. Vielen Dank.

Erste Reise

6

Dritter Tag / Teil 2
4. Juli 2015

OS: *Sie sollten mir alles Gute zum 4. Juli wünschen – schließlich bin ich Amerikaner.*

WP: Ich gratuliere Ihnen.

OS: *Heute ist sozusagen unser Unabhängigkeitstag.*

WP: Ja, das weiß ich.

Der Krieg

OS: *Sprechen wir ein paar Minuten über den Krieg.*

WP: Gut, wenn Sie wollen.

OS: *Nicht den Kalten Krieg, sondern den »heißen« Krieg. Gestern haben Sie erzählt, dass Russland seine militärische Infrastruktur neu aufbaut* *und seine Kernwaffenanlagen auf den neuesten Stand bringt und erweitert. Sie bauen vierzig neue Interkontinentalraketen, glaube ich. Es sind Topols.*

WP: Wir ändern unsere Bewaffnung und tauschen Raketen aus. Wir führen neue Raketen ein, um veraltete zu ersetzen – also jene Raketen, deren empfohlene Nutzungsdauer bald abläuft.

OS: *Und dann gibt es noch neue S-300- und S-400-Raketenabwehrsysteme. Sie arbeiten auch schon am System S-500.*

WP: Ja, aber das sind andere Waffensysteme. Es handelt sich um Systeme zur Luftraumverteidigung.

OS: *Gibt es sonst noch etwas? Ich habe gehört, dass diese Raketenabwehrsysteme einen Großteil Russlands vor Angriffen schützen sollen. Wenn Sie im Zeitplan bleiben, werden Sie im Jahr 2017 einen Raketenschutzschild über Russland haben.*

WP: Ja, das ist im Großen und Ganzen korrekt.

OS: *Reden wir also über die Möglichkeit, dass irgendein »Irrer« den Krieg beginnt und Russland und die USA gegeneinander kämpfen.*

WP: Wir decken fast das gesamte russische Territorium und die Gebiete entlang der russischen Außengrenzen ab.

OS: *Würden in einem heißen Krieg die USA dominieren – ja oder nein?*

WP: Nein.

OS: *Also würde Russland überleben?*

WP: Ich glaube, niemand würde einen solchen Konflikt überleben.

OS: *Trotz Raketenschutzschild?*

WP: Derzeit gibt es keinen Raketenschutzschild, der das Staatsgebiet der Vereinigten Staaten beschützt. Vielleicht erinnern Sie sich noch daran, wie der derzeitige US-Außenminister John Kerry sich gegen das sogenannte Star-Wars-Programm wandte, das Ronald Reagan durchsetzen wollte.[70]

OS: *Ja.*

WP: Und warum war er dagegen? Aber das können Sie ihn ja selbst fragen. Fest steht, dass es damals unmöglich war, ein so großes Territorium wie die Vereinigten Staaten vollständig vor militärischen Angriffen zu schützen. Und ich glaube, dass auch heute und mittelfristig – trotz moderner Waffen und einer neuen Generation von Technologien wie Informations- und Weltraumtechnologien, neuen Radargeräten, Abfangeinrichtungen und Informationssystemen – strategische Raketenabwehrsysteme nicht ausreichen werden. Das hat natürlich etwas Bedrohliches, weil man sich trotzdem der Illusion hingeben kann, geschützt zu sein. Und diese Illusion kann wiederum zu einem aggressiveren Verhalten führen. Deshalb sind wir auch der Meinung, dass die neuen Systeme in dieser Hinsicht mehr Probleme als Vorteile mit sich bringen. Wir entwickeln Systeme, mit denen wir die Raketenabwehrsysteme überwinden können und die es natürlich noch schwieriger machen, sich vor Angriffen mit ballistischen Raketen effizient zu schützen. Aus diesem Grund halte ich auch jeden Versuch, unilateral einen Raketenschutzschild aufzubauen, für unwirksam und gefährlich. Abgesehen davon ist ein solches Raketenabwehrsystem nicht nur eine reine Schutzmaßnahme, sondern ein Bestandteil der strategischen Streitkräfte, der nur effizient funktionieren kann, wenn er mit Offensivwaffensystemen zusammenarbeitet. Daher ist die Philosophie hinter der Anwendung solcher Systeme auch eine recht einfache – vor allem angesichts der Tatsache, dass wir heute über präzisionsgelenkte Munition verfügen: Zuerst muss man einen Erstschlag gegen das Befehls- und Kontrollsystem durchführen, dann greift man strategische Ziele an. Währenddessen schützt man das eigene Territorium so gut wie möglich.

Man kann auch ballistische und strategische sowie andere Waffensysteme kombinieren und gemeinsam einsetzen und natürlich Marschflugkörper. All das erhöht die Verteidigungsfähigkeit eines Landes, ist aber keine Sicherheitsgarantie.

OS: *Sprechen wir noch ganz kurz über Kriegsführung im Weltall. Ich weiß, dass die USA sehr intensiv daran arbeiten, den Weltraum als Waffe einzusetzen.*

WP: Ja, das wissen wir auch. Deshalb ist es auch so wichtig, ein einseitiges Handeln zu verhindern. Und deshalb haben wir vorgeschlagen, gemeinsam an der Entwicklung von Raketenabwehrsystemen zu arbeiten. Das würde bedeuten, dass wir gemeinsam ermitteln, welche Gefahren es durch Raketenangriffe gibt und von wo sie ausgehen würden. Wir hätten einen gleichberechtigten Zugang zu den Kontrollsystemen dieser Raketensysteme. Und wir würden auch gemeinsam nach Lösungen für weitere operative Fragen bei der technischen Entwicklung suchen. Ich glaube, dass ein solcher Ansatz der Kooperation zu dem Zweck, Lösungen für bestehende Herausforderungen und Bedrohungen zu finden, einen sehr viel stabileren Zustand schaffen und die Welt für alle sicherer machen könnte.

OS: *Diese Idee stammt eigentlich schon aus dem Jahr 1963 und wurde damals von John F. Kennedy und Nikita Chruschtschow vorgebracht.*[71]

WP: Wenn Sie jetzt von der Vergangenheit reden wollen, dann möchte ich Sie daran erinnern, wie die Kuba-Krise begann. Ich bin kein Bewunderer Chruschtschows, aber die Stationierung sowjetischer Raketen auf Kuba war nur eine Reaktion auf die Stationierung amerikanischer Raketen in der Türkei, von wo aus diese Raketen problemlos die Sowjetunion hätten erreichen können. Und nur aus diesem Grund war Chruschtschow gezwungen, Raketen auf Kuba zu stationieren. Kuba war nicht der Auslöser der Kuba-Krise.[72]

OS: *Das ist mir bekannt. Es war eine verrückte Zeit. Der Regisseur Stanley Kubrick, den ich sehr bewundere, drehte einen großartigen Film mit* *dem Titel* Dr. Seltsam oder: Wie ich lernte, die Bombe zu lieben.[73] *Kennen Sie den?*

WP: Nein.

OS: *Na, dann sollten Sie ihn sich unbedingt ansehen. Es lohnt sich, der Film ist ein Klassiker. Kennedy musste sich damals mit dem militärischen Komplex herumschlagen, der seit dem Zweiten Weltkrieg immer weiter gewachsen war. Die Generäle wussten, dass die sowjetische Rüstung mit der amerikanischen nicht gleichauf war. Viele von ihnen sagten daher: »Jetzt ist der richtige Zeitpunkt für einen Angriff auf die Sowjetunion.« Man wollte einen einseitigen Militärschlag gegen Russland durchführen.*[74] *Kennedy antwortete darauf: »Ihr seid ja wahnsinnig.« Dann kam es zu kritischen Situationen in Berlin und auf Kuba, was die Lage noch gefährlicher machte. Wirklich, damals plante man den Erstschlag. Und ich fürchte, dass es solches Gedankengut in den Vereinigten Staaten immer noch gibt. Die Neokonservativen sind machtgeil und kriegslüstern. Sie wollen unbedingt beweisen, dass sie recht haben, und deshalb sind sie so gefährlich.*

WP: Ich fürchte diese Leute auch.

OS: *Würden Sie in Anbetracht der Tatsache, dass in den USA immer noch eine Stimmung wie im Kalten Krieg herrscht, für die Ukraine in den Krieg ziehen?*

WP: Das wäre das Worst-Case-Szenario.

OS: *Wenn die Vereinigten Staaten noch mehr Waffen in die Ukraine brächten und die ukrainische Regierung im Donbass zunehmend aggressiver agierte, dann würden die Russen zwangsläufig um die Donbass-Region kämpfen. Und dann käme es zu einem größeren Konflikt.*

WP: Ich glaube nicht, dass sich etwas Gravierendes ändern wird. Darüber habe ich auch mit unseren amerikanischen Partnern gesprochen. Es würde nur mehr Opfer geben, aber das Fazit wäre kein anderes als heute. Konflikte dieser Art, also Konflikte wie im Donbass, lassen sich nicht mit Waffen lösen. Da muss es schon direkte Gespräche geben. Und warum sollte man damit noch länger warten? Je früher unsere Freunde in Kiew das begreifen, desto besser. Doch die westlichen Länder – also Europa und die Vereinigten Staaten – müssen die Macht-haber in Kiew dabei unterstützen, diese Realität zu sehen.

OS: *Hoffen wir, dass es so weit kommt. Wenn man sich ansieht, wer in den USA für die Präsidentschaftswahl 2016 kandidiert, vor allem auf republikanischer Seite … Jeder der republikanischen Kandidaten hat sich zum Thema Russland geäußert. Und es waren zum Teil sehr aggressive Aussagen.*

WP: Dafür ist die Logik interner politischer Auseinandersetzungen in den Vereinigten Staaten verantwortlich.

OS: *Insgesamt sind die Vereinigten Staaten aber seit der Reagan-Ära mehr nach rechts gerutscht. Jetzt steht Hillary Clinton als Herausforderin und wahrscheinliche Kandidatin der Demokraten auf der Seite der Linken – der angeblichen Linken – und macht ebenfalls sehr aggressive Aussagen, unter anderem über die Ukraine. Sie hat Sie sogar mit Hitler verglichen.*[75]

WP: Das ist unter diesen Umständen nichts Neues für uns. Wir kennen einander persönlich, sie ist eine sehr dynamische Frau. Wir könnten ja auch solche Vergleiche ziehen, versuchen aber dank unserer hoch entwickelten politischen Kultur, von derart extremen Aussagen abzusehen.

OS: *Ja, Sie könnten solche Vergleiche ziehen, aber Sie tun es nicht. Sie sind reifer und haben im Krieg gelitten. Die Vereinigten Staaten hatten nie einen Krieg auf ihrem Boden. Daher ist für viele Leute dort – auch für sehr mächtige – Krieg nicht mehr als ein Spiel.*

Während der Kuba-Krise rief Curtis LeMay, der damalige Chief of Staff der amerikanischen Air Force, der für die Bombardierung von Tokio verantwortlich und für den Abwurf der Atombomben auf Hiroshima und Nagasaki zuständig war, Präsident Kennedy dazu auf, die Sowjetunion auszuradieren. »Und zwar jetzt«, sagte er, »bevor sie zu stark wird.«[76]

WP: Ja, davon wissen wir. Und wir wussten es auch damals.

OS: *Na, ich hoffe, dann wissen Sie auch, dass die Amerikaner ein recht sprunghaftes Temperament haben und sich manchmal wie Cowboys benehmen. Es könnte sich eine Situation entwickeln, die Ihren Rücktritt erforderlich macht, weil Ihre Gegner im Westen sich immer mehr auf Sie persönlich einschießen.*

WP [lacht]: Das ist ohnehin schon passiert – also, dass man sich auf mich eingeschossen hat. Bedauerlich für die Leute, die einen solchen Schritt herbeisehnen, ist nur die Tatsache, dass Russland vom Willen seines Volkes gelenkt wird und nicht von Anweisungen aus dem Ausland.

OS: *Klar.*

WP: Und das ist unser Vorteil.

OS: *Ich weiß zwar schon, wie Sie auf die folgende Frage antworten werden, aber ich möchte sie Ihnen trotzdem stellen. Wenn Sie das Zünglein an der Waage wären; wenn es also nur darum ginge, dass Sie zurücktreten müssten, um diese Leute in den USA zu besänftigen und damit einen Atomkrieg zu verhindern … würden Sie es dann tun?*

WP: Ich glaube nicht, dass wirklich irgendjemand auf einen Atomkrieg drängen würde. Und die amerikanischen Persönlichkeiten mit den extremen Ansichten sollten in Ruhe akzeptieren, wen auch immer das russische Volk zu seinem Anführer wählt. Sie sollten sich lieber von den ureigensten

Interessen ihres Volkes leiten lassen – des amerikanischen Volkes. Und ich bin der Meinung, dass die grundlegenden Interessen des amerikanischen Volkes auch gute Beziehungen zu Russland beinhalten.

OS: *Das nehme ich auch an. Aber die großen Mainstream-Medien fordern einen neuen Kalten Krieg und verbreiten eine äußerst antirussische Stimmung.*

WP: Das Problem sind nicht einzelne Personen oder Persönlichkeiten. Es geht vielmehr um die Tatsache, dass die derzeitige politische Führung Amerikas keine andere Meinung zulässt als die ihre. Diese Leute können keine souveränen Staaten brauchen. Unsere Partner wollen sich nicht auf einen gleichberechtigten Dialog einlassen. Auch wenn sie es schaffen sollten, einen politischen Führer in Russland loszuwerden, wird das den Friedensprozess nicht beschleunigen oder zu einer Verbesserung der bilateralen Beziehungen führen. Dazu müssen beide der beteiligten Partner – und dazu zähle ich auch die Vereinigten Staaten – bereit sein, den jeweils anderen als gleichberechtigt anzusehen.

OS: *Gehen wir rein?*

WP: Können wir gern, wenn Sie wollen. Ich glaube zwar nicht, dass es da drinnen etwas Interessantes für Sie zu sehen gibt, aber wir haben hier keine Geheimnisse. Ich kann Ihnen alles zeigen – was wollen Sie sehen? Da drinnen ist mein Fitnessstudio.

OS: *Das würde ich gern sehen. Wie ich gehört habe, trainieren Sie fast täglich oder wenigstens fünfmal pro Woche.*

WP: Täglich.

OS: *7 Tage die Woche? Nein!*

WP: Ja.

OS: ***Das ist zu viel. Ich mag Tischtennis.***

WP: Wollen wir spielen?

OS: ***Ja, wenn Sie wollen. Sie sind sehr wettbewerbsorientiert, oder?***

WP: Ja, aber ich beherrsche das Spiel nicht – im Gegensatz zu Ihnen.

OS: ***Ich muss mich erst an den Tisch gewöhnen.***

[spielen während des folgenden Dialogs Tischtennis]

OS: ***Ich hatte zu wenig Schlaf. Und der Ball ist zu schwer.***

WP: Absolut richtig.

OS: ***Was ist, wenn ich gewinne?***

WP: Die Freundschaft siegt.

[hören zu spielen auf]

OS: ***Da ist das Fitnessstudio. Sehr schön. Kein Laufband? Hier stehen lauter Crosstrainer. Benutzen Sie die abwechselnd?***

WP: Ja, alle. Gefallen sie Ihnen?

OS: ***Ja. Hierher würde ich auch öfter gehen. Haben Sie einen Trainer?***

WP: Nein. Ich bin mein eigener Trainer.

OS: ***Sie werden sicher lange leben, wenn Sie so weitermachen.***

WP: Nur Gott weiß, wie lange ich leben werde.

OS: *Ja. Trotzdem: sehr schön hier. Erst Schwimmen, dann Fitnesstraining? Und dann Muskelentspannung. Wirklich ein wunderschönes Studio. Denken Sie beim Schwimmen nach, um neue Ideen aus Ihrem Unterbewusstsein zu holen? Finden Sie Schwimmen meditativ?*

WP: Nein, mir fällt beim Schwimmen nur absurdes Zeug ein.

OS: *Sie halten nicht viel von Träumen … Ist das für Badminton?*

WP: Nein, für Tennis.

OS: *Ich spiele Padel-Tennis. Spielen Sie kein Tennis?*

WP: Nein. Diese Statue zeigt den Erfinder des Judo-Sports. Gefällt sie Ihnen?

OS: *Sehr gut. Sehr schön gemacht. Jeden Tag Training? Das ist wirklich hart.*

WP: Ich bin daran gewöhnt.

OS: *Sehen Sie währenddessen fern?*

WP: Nein.

WP: Mögen Sie Pferde?

OS: *Ja, ich hatte früher eine große Ranch in Colorado, auf der es auch Pferde gab.*

WP: Wie viele?

OS: *Acht oder neun Pferde mit etwa 4 Quadratkilometer Grund. Das Reiten war wunderbar. Ich bin mit den Pferden im Trab und Galopp geritten, es war ein herrliches Gefühl der Freiheit.*

WP: Und welche Art Pferde waren das?

OS: ***Ich habe sie bei einer Versteigerung in Colorado gekauft – keine Rassetiere, Araberpferde oder so was. Sie waren einfach nur Reitpferde, nichts Besonderes. Mit Westernsattel.***

WP: Sehen Sie die Pferde hier?

OS: ***Ja. Araber?***

WP: Zum Großteil ja.

Religion

WP: Wollen Sie unsere Kirche sehen?

OS: ***Ja. Wenn Sie sie besuchen, wo sitzen Sie dann – wenn Sie überhaupt sitzen? Gibt es dort Stühle? Setzen Sie sich hin?***

WP: Nein, in einer russisch-orthodoxen Kirche gibt es keine Sitzgelegenheiten. Man nimmt im Stehen an der Messe teil.

OS: ***Ich verstehe.***

WP: Das gehört zu den Traditionen der russisch-orthodoxen Kirche.

OS: ***Die Gläubigen knien nicht beim Beten, sondern sie stehen.***

WP: Oh ja, sie knien schon, aber man sitzt während des Betens nicht. Wissen Sie, woher diese Ikone stammt? Ich habe sie aus den Vereinigten Staaten mitgebracht. Der Patriarch der Russisch-Orthodoxen Auslandskirche hat sie mir überreicht, als ich in Amerika war.

OS: *War eines der Hauptprobleme, das Sie mit dem Kommunismus hatten, dass er eine atheistische Ideologie war? Dass man nicht das Gefühl hatte, er wolle die Menschen ansprechen?*

WP: Ich glaube, für mich kam die Erkenntnis schlagartig, in einem bestimmten Augenblick. Es ging um die heilige Elisabeth. Sie war die Gemahlin des Generalgouverneurs von Petersburg. Sie gründete nach dem Tod ihres Mannes durch die Hand eines Terroristen ein Kloster und legte ihr Ordensgelübde ab. Nach der Revolution des Jahres 1917 wurde sie von den Bolschewiken hingerichtet und später von der russisch-orthodoxen Auslandskirche heiliggesprochen. Als ich die USA besuchte, bekam ich diese Ikone und nahm sie mit nach Hause. Und plötzlich verstand ich, dass ich die Heilige in ihre Heimat zurückgebracht hatte, weil sie ja auch einmal hier zu Hause gewesen ist.

OS: *Ich wollte eher etwas über die Gründe erfahren, warum Sie die orthodoxe Religion wieder ins russische Staatssystem aufgenommen haben. Dafür haben Sie sich ja sehr eingesetzt.*

WP: Das ist ganz einfach. Als ich noch ein Kind war, ließ meine Mutter mich taufen.

OS: *War das überhaupt erlaubt?*

WP: Sie haben in der Öffentlichkeit möglichst wenig darüber gesprochen. Aber es war auch damals gesetzlich erlaubt. Sie ging in eine Kirche und hat darum ersucht, mich zu taufen.

OS: *Sie sind bei einem großen Teil der Bevölkerung sehr beliebt, weil Sie die Religion zurückgebracht und ihr wieder eine so prominente Stellung verschafft haben, oder?*

WP: Es war nicht ich, der sie zu einem so zentralen Element machte. Das hat das russische Volk selbst geschafft.

OS: ***Gut, das verstehe ich. Aber es gibt eindeutig eine Renaissance der Religion.***

WP: Diese Renaissance ist darauf zurückzuführen, dass die kommunistische Ideologie verschwunden ist. Dadurch entstand eine Art ideologisches Vakuum, das nur durch die Religion gefüllt werden konnte.

OS: ***Okay, alles klar.***

WP: Weil wir über meine Taufe gesprochen haben – da hätte ich eine interessante Geschichte auf Lager. Vor Kurzem sprach ich mit Kyrill, dem Patriarchen von Moskau und der ganzen Rus, und fragte ihn, wie er zur Kirche gekommen ist. Er erzählte mir, dass sein Vater Geistlicher gewesen sei. Als ich ihn fragte, wo er sein Amt ausübte, antwortete er: »In Leningrad.« Ich fragte ihn, in welcher Kirche sein Vater tätig war, und erhielt auch darauf die Antwort, ebenso wie auf meine Frage, in welchem Zeitraum sein Vater Priester war. Wir kamen darauf, dass ich genau während dieser Jahre in dieser Kirche getauft worden war. »Wie hieß Ihr Vater?«, fragte ich, und er antwortete: »Nikolai.« »Gab es damals in dieser Kirche auch noch andere Nikolais neben Ihrem Vater?« »Nein.« Und dann sagte ich: »Wissen Sie eigentlich, dass ich von Ihrem Vater getauft wurde? Meine Mutter hat mir erzählt, dass mich ein Priester namens Nikolai getauft hat.«

OS: ***Das ist also Ihre Datscha, Ihre Ranch?***

WP: Es ist die offizielle Residenz des Staatsoberhaupts.

OS: ***Und hier halten Sie sich am Wochenende auf?***

WP: Ich wohne fast die ganze Zeit hier. Abwechselnd hier und im Kreml.

OS: ***Aha, ich verstehe. Wir sind 20 oder 25 Autominuten von Moskau entfernt.***

WP: Etwa 20 Minuten.

OS: *Haben Sie beispielsweise dieses Wochenende Besuch von Gästen?*

WP: Jetzt gerade?

OS: *Dieses Wochenende – nur zum Beispiel.*

Familie

WP: Momentan sind meine Töchter hier. Sie bleiben über Nacht, und wir haben vereinbart, nach dem Termin mit Ihnen gemeinsam zu Abend zu essen.

OS: *Das ist nett – nicht zu früh, hoffe ich. Ihre beiden Töchter sind verheiratet und bringen ihre Ehemänner mit. Sie werden am Wochenende also auch mit Ihren Schwiegersöhnen zusammen sein?*

WP: Ja, sie haben ihr eigenes Familienleben, und wir kommen natürlich zusammen.

OS: *Sind Sie eigentlich schon Großvater?*

WP: Ja.

OS: *Mögen Sie Ihre Enkel?*

WP: Ja.

OS: *Sind Sie ein guter Großvater? Spielen Sie mit Ihren Enkelkindern im Garten?*

WP: Leider viel zu selten.

OS: *Zu selten also. Streiten Sie mit Ihren Schwiegersöhnen? Vertreten die beiden andere Meinungen als Sie? Versorgen sie Sie mit Klatsch und Tratsch?*

WP: Nun ja, manchmal sehen sie etwas anders als ich, aber wir streiten nicht, sondern wir diskutieren quasi darüber.

OS: *Auch mit Ihren Töchtern?*

WP: Ja, auch mit ihnen.

OS: *Das ist schön.*

WP: Aber meine Töchter interessieren sich nicht für Politik und Wirtschaft, sondern für Wissenschaft und Bildung.

OS: *Sie haben beide studiert und einen Beruf erlernt.*

WP: Ja, sie haben ein Hochschulstudium absolviert und arbeiten derzeit an ihren Dissertationen.

OS: *Sie können sich glücklich schätzen – zwei brave Kinder.*

WP: Ja, ich bin stolz auf sie.

China

OS: *Sie haben viel darüber gesprochen, wie wichtig eine multipolare Welt ist. Ein Gleichgewicht der Kräfte. Aber Sie haben kein einziges Mal China erwähnt.*

WP: China kann für sich selbst sprechen.

OS: ***Aber es ist eine sehr bedeutende regionale Macht und mittlerweile auch Weltmacht.***

WP: Ja, darüber besteht kein Zweifel. Es ist eine Weltmacht.

OS: ***Gut. Und wenn die USA die vorherrschende Weltmacht sind, dann wird es früher oder später nicht nur mit Russland, sondern auch mit China Probleme geben.***

WP: Meiner Ansicht nach geht es immer um eine globale Führungsrolle, nicht um irgendwelche zweitrangigen regionalen Streitigkeiten. Der Wettbewerb findet in erster Linie zwischen den Weltmächten statt. Das ist ein Grundgesetz. Die Frage ist nur, nach welchen Regeln dieser Wettbewerb stattfindet. Mir wäre es sehr recht, wenn dabei auch der gesunde Menschenverstand eine Rolle spielte.

OS: ***Ich weiß, dass Russland und China einander nähergekommen sind. Da gibt es zum Beispiel Handelsabkommen ... ob es auch militärische gibt, weiß ich nicht.***

WP: Russland braucht keine speziellen Abkommen, um China näherzukommen. Russland und China sind Nachbarn. Wir haben die längste gemeinsame Grenze der Welt. Es ist also nur natürlich, dass wir gute nachbarliche Beziehungen anstreben, daran ist nichts Ungewöhnliches. Im Gegenteil, ich finde das sehr gut – sowohl für das russische als auch für das chinesische Volk. Und für die ganze Welt. Wir versuchen keine Militärblöcke aufzubauen.

OS: ***Ich verstehe.***

WP: Aber unsere Handels- und Wirtschaftsbeziehungen entwickeln sich dynamisch.

OS: ***China hat jedoch eindeutig klargestellt, dass es eine direkte Konfrontation mit den Vereinigten Staaten vermeiden will, so wie Russland.***

WP: Und das ist gut. Genauso soll es sein. Auch wir wollen Konfrontationen vermeiden. Wir wollen keine Konfrontation mit den Vereinigten Staaten, weil wir eigene Probleme haben, um die wir uns kümmern müssen.

OS: *Das verstehe ich – aber die Ukraine hat Sie doch vor einen direkten potenziellen Konflikt gestellt.*

WP: Das Problem dabei ist, dass nicht wir es waren, die diesen Konflikt ausgelöst haben. Wir sind nicht für die Organisation oder Unterstützung eines Staatsstreichs verantwortlich. Und man kann uns auch nicht dafür verantwortlich machen, dass ein Teil des ukrainischen Volkes damit nicht einverstanden war.

OS: *Könnte sich dahinter eine Strategie der USA verbergen? Eine Langzeitstrategie, die eventuell von der Überlegung ausgeht: »Wir wissen, dass China bald eine globale Wirtschaftsmacht sein wird, so wie Russland – können wir dieses Problem vielleicht angehen, indem wir Russland demontieren?«*

WP: Davon weiß ich nichts, da müssen Sie die Amerikaner fragen. Ich fände es schade, wenn das der Fall wäre. Zudem wäre es die falsche Methode. Die richtige Methode besteht darin, gleichberechtigte Beziehungen aufzubauen und einen Zustand gegenseitigen Respekts zu erreichen. Russland braucht keine flächenmäßige Ausdehnung. Unser Land hat ein gewaltiges Territorium, das größte der Welt. Wir haben ungeheuer viele Bodenschätze und wunderbare Menschen. Wir haben ein profundes System zur Entwicklung und Renovierung unseres Landes. Jede Art Konflikt würde uns nur von diesem strategischen Ziel ablenken.

OS: *Da bin ich voll und ganz Ihrer Meinung. Ich versuche nur die Alternativen zu sehen – zum Beispiel, dass China seine nuklearen Kapazitäten ausbaut.*

WP: Ja, und das werden die Chinesen auch weiterhin tun, weil es absolut logisch ist.

OS: *Mit russischer Hilfe oder ohne?*

WP: Wir arbeiten nicht im militärischen Nuklearbereich mit ihnen zusammen, sondern entwickeln nur gemeinsame Projekte im Zusammenhang mit der friedlichen Nutzung der Atomenergie, ausschließlich zu friedlichen Zwecken. Wir betreiben zwar auch eine sehr umfangreiche militärisch-technische Kooperation, doch dabei geht es nicht um Atomwaffen.

OS: *Ihnen ist aber klar, dass Snowden in China kein Asyl erhalten hätte?*

WP: Dazu kann ich nichts sagen. Da müssen Sie schon unsere chinesischen Freunde fragen.

OS: *Mir ist auch aufgefallen, dass sie RT – das russische Fernsehnetz – nicht in ihr Land lassen.*

WP: Darüber weiß ich nichts. Ich glaube auch nicht, dass Russia Today in chinesischer Sprache sendet, zumindest bislang nicht. Für mich ist das aber auch kein Problem in unseren bilateralen Beziehungen, sondern nur etwas, über das man diskutieren und verhandeln müsste.

OS: *Ich habe mit der RT-Chefredakteurin Margarita Simonjan gesprochen. Sie hat mir erzählt, dass China den Sender nicht ins Land lässt.*

WP: Dann wird es eben Verhandlungen dazu geben müssen. Für mich ist das eine rein geschäftliche Frage.

OS: *So wie das mit den Aprikosen aus Griechenland? Ich habe gehört, dass Sie Alexis Tsipras bei seinem Besuch hier keine Einfuhrgenehmigung für griechische Aprikosen gegeben haben.*

WP: Nein, so ist das nicht. Wir können für einzelne Länder der Europäischen Union keine Ausnahmen machen. Wir können nur allen Mitgliedern der EU eine Zusammenarbeit und die Gründung von Gemeinschaftsunternehmen anbieten. Und wenn diese Gemeinschaftsunternehmen auf russischem Boden gegründet werden, können die betreffenden Partner zum Teil auch Obst und Gemüse für ihre eigenen Zwecke importieren.

OS: *China hat angekündigt, die Seidenstraße durch Eurasien wieder ins Leben rufen zu wollen. Wir wissen, dass Russland einen sehr großen Vertrag über Erdöl und Erdgas mit China abgeschlossen hat. Es gibt also einen neuen wirtschaftlichen Aufschwung hier in Eurasien, an dem Russland, China und alle eurasischen Länder beteiligt sind.*

WP: Das ist nichts Neues.

OS: *Ich weiß.*

WP: Wir verfolgen dieses Ziel schon lange, und die sogenannten Sanktionen des Westens haben den Plan nur noch schneller vorangetrieben. Abgesehen von den Dingen, die Sie erwähnt haben, planen wir auch die Weiterentwicklung der sogenannten Transsibirischen Eisenbahn, der Baikal-Bahn. Das alles ist sehr gut auf die chinesischen Pläne einer neuen Seidenstraße abgestimmt. Insgesamt haben wir also eine sehr harmonische Beziehung und ergänzen einander recht gut.

OS: *Ja.*

WP: Sehen wir uns die Pferde an.

[gehen in den Stall]

OS: *Ah, schön! Wirklich sehr gut gemacht.*

WP: Gefällt es Ihnen hier?

OS: *Bis jetzt schon. Oh, das ist aber eine Schönheit! Ist das ein Rennpferd?*

WP: Da müsste ich fragen.

OS: *Wahnsinn – der sieht ja aus wie ein Rassehengst. Ist er einer? Er wirkt sehr schnell.*

WP: Ist er auch.

OS: *Reiten Sie all diese Pferde?*

WP: Leider nur selten.

OS: *Wenn eines von denen Sie abwirft … das sind ja große Tiere.*

WP: Ja, ich bin einmal gestürzt und über den Kopf des Pferds nach vorne geflogen.

OS: *Das ist gefährlich. Ich muss insgesamt fünf- oder sechsmal vom Pferd gefallen sein. Viele Gehirnerschütterungen … Aha, hier ist noch ein kleineres Tier!*

Bin Laden

OS: *Haben Sie vor Kurzem den Artikel von Sy Hersh gelesen? Das ist ein amerikanischer Enthüllungsjournalist, der in London arbeitet. Er hat einen wichtigen investigativen Durchbruch in Sachen Bin-Laden-Tötungseinsatz erzielt.*[77]

WP: Nein, den Artikel kenne ich nicht.

OS: *Eine faszinierende Geschichte, die mir auch sehr plausibel erscheint.*

WP: Worum geht es darin?

OS: *Hersh schreibt, dass der pakistanische Geheimdienst ISI den Einsatz überhaupt erst ermöglicht habe, indem er den Luftraum des Landes öffnete und die US-Soldaten hereinließ, um den Mann gefangen zu nehmen oder zu töten, was auch immer. Die einzige Bedingung war, dass die Beteiligung Pakistans nicht herauskommen durfte. Wie wir alle wissen, wurde der Einsatz als wahnsinnig heldenhafte Aktion inszeniert, aber in Wahrheit war es nicht viel mehr als ein Gnadenschuss. Und die Amerikaner trafen im Luftraum über Pakistan auf keinerlei Widerstand, obwohl sich das Land wegen des möglichen Kriegs mit Indien permanent im Alarmzustand befindet. Im Artikel werden auch noch etliche andere Beweise zitiert, die belegen, was in dieser Nacht wirklich passierte.*

WP: Wohin wollen wir uns setzen?

OS: *Da drüben, das sieht gut aus. Aber zurück zum Thema: Was halten Sie vom Militäreinsatz gegen bin Laden?*

WP: Ich weiß nichts darüber.

OS: *Aber wäre so etwas möglich?*

WP: Ja, ich halte es für möglich. Wenn die beiden Länder Partner sind, könnten sich der pakistanische und der amerikanische Geheimdienst ohne Weiteres auf eine solche Verfahrensweise einigen. Daran ist nichts Ungewöhnliches. Aber ansonsten kann ich den Fall nicht kommentieren, weil ich nichts darüber weiß.

OS: *Bin Laden soll sich bereits 2006 dort aufgehalten haben und irgendwann nicht mehr als ein Paria gewesen sein, ohne jede Führungsaufgabe. Er war ein Gast Pakistans.*

WP: Auch das ist möglich.

OS: *Und wir wussten schon eine Zeit lang davon. Aber erst 2012 konnten wir seinen Aufenthaltsort hundertprozentig verifizieren. Der Rest war dann ein Kinderspiel.*

Macht

OS: *Okay, Sie haben gesagt, dass Sie eine Weltmacht sind – also, dass Russland eine Weltmacht ist. Sie haben nicht von einer Regionalmacht gesprochen.*

WP: Gibt es da so strenge Definitionen? Fest steht, dass gewisse Probleme sich ohne Russland nicht lösen lassen. In dieser Hinsicht ist Russland also eine Weltmacht. Ohne Russland kann man zum Beispiel die internationale nukleare Sicherheit nicht garantieren. Auch energiepolitische Fragen lassen sich ohne uns nicht global beantworten; das macht Russland also ebenfalls zur Weltmacht. Russland ist ständiges Mitglied des Sicherheitsrats der Vereinten Nationen und hat – wie alle ständigen Mitglieder – ein Vetorecht. Das bedeutet, dass eine Reihe von entscheidenden Themen der internationalen Agenda ohne uns nicht vollständig geklärt werden können. Aber wir wissen sehr genau, dass wir seit dem Zusammenbruch der Sowjetunion 40 Prozent unserer Produktionskapazität eingebüßt haben.[78] Zudem war das sowjetische Erbe ein halb kaputtes und veraltetes System der Wirtschaftsführung mit veralteten Technologien. Gleichzeitig hatten wir in dieser Situation die Möglichkeit zu entschlossenen Schritten für die Wiederbelebung unserer Wirtschaft und unseres sozialen Bereichs. Aus diesem Grund wollen wir unsere Bedeutung auch nicht übertreiben oder einen Status als Supermacht herbeireden. Das brauchen wir auch gar nicht. Wenn man eine Supermacht ist, bringt das ja einiges an Bürden mit sich – vor allem in finanzieller und wirtschaftlicher Hinsicht. Warum sollten wir uns das wünschen, wenn wir es doch ganz und gar nicht brauchen können?

Demokratie und Freiheit

OS: ***In den vergangenen 2 Tagen haben Sie mehrmals erwähnt, dass Russland eine Demokratie ist. Ihre Kritiker in Amerika – und davon gibt es viele – würden einwenden, dass Russland keine Demokratie, sondern vielmehr ein ganz herkömmlicher autoritärer Staat ist. Sie würden auch meinen, dass das Parlament bei Ihnen keine wirklich grundlegenden Entscheidungen trifft; dass die Opposition einen beschränkten Zugang zum Fernsehen hat und Ihre Partei in den Medien dominiert; dass das Registrierungsverfahren für die Oppositionsparteien unnötig kompliziert ist; dass Homosexuelle keine Rechte haben und dass es keine wirklich unabhängige Justiz gibt – was aber, wie ich annehme, für Russland nichts Neues ist. Das sind die Kritikpunkte, die häufig gegen Sie geäußert werden. Es wäre schön, wenn Sie diese Chance nutzen und Stellung dazu nehmen würden.***

WP: Beginnen wir gleich mit dem technokratischen Charakter des russischen Staates. Dazu muss man sich die Geschichte unseres Landes ansehen, das fast 1000 Jahre lang eine Monarchie war. Dann kam es zur sogenannten Russischen Revolution, die Kommunisten gelangten an die Macht, und irgendwann war Stalin der Staatslenker. Damit wurde das Vermächtnis des Zarenreichs auch in der Sowjetzeit noch weitergeführt, obwohl das Etikett ein anderes geworden war. Erst Anfang der 1990er-Jahre ereigneten sich Dinge, die ein neues Zeitalter der russischen Entwicklung einläuteten. Natürlich konnten wir nicht sofort auf dasselbe Gesellschaftsmodell und dieselben Strukturen umsteigen, die über viele Jahrzehnte hinweg in den Vereinigten Staaten, in Deutschland und Frankreich entstanden sind. Das wäre eine unmögliche Aufgabe – und auch gar nicht nötig. Die Gesellschaft muss sich wie jeder lebende Organismus Schritt für Schritt entwickeln, das ist der normale Vorgang. Wenn Sie von einem Einparteiensystem sprechen, dann möchte ich Sie daran erinnern, dass die sowjetische Verfassung eine Bestimmung enthielt, der zufolge die Kommunistische Partei die absolute Führungsrolle innehatte. Das war in der Verfassung festgelegt. Die Kommunistische Partei war in dieser Ära daher die einzige politische Kraft. Das ist im heutigen Russland nicht mehr so, weil wir ein Mehrparteiensystem haben. Im Parlament sind heute vier Parteien vertreten.[79] Und Oppositionsparteien sind immer und überall unzufrieden. Darf ich im Gegenzug fragen, wie viele Parteien im US-Kongress vertreten sind? Wenn ich mich recht erinnere, sind es nur zwei. Ich hoffe, Ihnen ist klar, dass deshalb kein Mensch den Schluss zieht, dass die Vereinigten Staaten weniger demokratisch seien als Russland, weil es dort zwei Parteien weniger gibt als hier. Die amerikanische Verfassung sieht vor, dass das Staatsoberhaupt in zwei Schritten gewählt wird, die direkte Wahl des Präsidenten erfolgt durch Wahlmänner. Laut Verfassung kann somit ein Kandidat an die Macht kommen, für den mehr Wahlmänner gestimmt haben – auch wenn die eine Minderheit der Wähler vertreten. Das ist in der Geschichte der Vereinigten Staaten bisher zweimal passiert.[80] Heißt das etwa, dass die USA kein demokratisches Land sind? Ich glaube nicht. Aber das Problem liegt auf der Hand. Und so haben auch wir unsere Probleme, aber wir entwickeln uns weiter.

Sie haben auch den Zugang zu den Medien angesprochen. Natürlich wird jede Regierungspartei versuchen, sich gewisse Privilegien und Vorrechte zu verschaffen. Wissen Sie beziehungsweise Ihre Zuschauer eigentlich, dass die regierende Partei bei Parlamentswahlen immer einen Vorteil von 2 bis 3 Prozent genießt? Das liegt daran, dass die regierenden Parteien auf der ganzen Welt ihre Macht dazu nutzen, sich einen Vorteil zu verschaffen. Das trifft auf Länder in der ganzen Welt zu, auch auf Russland. Wir haben Hunderte Fernseh- und Radiosender, die vom Staat in keiner Hinsicht kontrolliert werden, weil das ohnehin unmöglich wäre. Das Problem mit den oppositionellen Kräften ist halt, dass sie nicht nur gegen die gerade Mächtigen – also die Regierung – antreten, sondern den Wählern auch zeigen wollen, dass ihr jeweiliges Parteiprogramm die Interessen des Volkes mehr und besser vertreten kann. Übrigens wird das Staatsoberhaupt in Russland direkt gewählt, also nicht so wie in den Vereinigten Staaten. Was das Mehrparteiensystem und das Registrierungsverfahren angeht, haben wir die Lage erst vor Kurzem grundlegend liberalisiert. Mittlerweile kann man seine Organisation oder Partei so einfach registrieren lassen, dass der Wähler vor einer neuen Schwierigkeit steht – weil er erst herausfinden muss, welche Gruppierung ihn am ehesten vertritt. Die Auswahl ist fast schon zu groß. In Sachen demokratische Institutionen sehe ich also keinerlei Probleme. Aber auch unser Staat ist ein lebendiger Organismus, der sich stetig weiterentwickelt.

Kommen wir nun zu den Rechten für sexuelle Minderheiten: In der Sowjetzeit war Homosexualität strafrechtlich verboten. Das ist heute nicht mehr der Fall, diesen Paragrafen im Strafgesetzbuch haben wir in den 1990er-Jahren gestrichen.[81] In den Vereinigten Staaten gibt es meines Wissens noch vier Bundesstaaten, in denen Homosexualität verboten ist und Homosexuelle automatisch als kriminell gelten – ich glaube, Texas und wahrscheinlich noch drei andere Staaten. Erst vor Kurzem nahm der Oberste Gerichtshof der Vereinigten Staaten den Beschluss an, dass LGBTs nicht mehr strafrechtlich verfolgt werden sollen.[82] Man weiß noch nicht recht, welche Folgen diese Entscheidung haben wird, weil derartige Bestimmungen im Zuständigkeitsbereich jedes einzelnen Bundesstaates liegen, soweit mir bekannt ist. Wie diese Gerichtsverfahren alle ausgehen werden, ist also noch unsicher. Warum aber wurde Russland in dieser Hinsicht so heftig kritisiert? Das liegt einzig und allein daran, dass in unserem Parlament ein Gesetz verabschiedet wurde, das die Propaganda für Homosexualität unter Minderjährigen untersagt.[83] Es wird aber niemand diskriminiert, weder wegen seiner Religion noch wegen der sexuellen Orientierung. Viele Mitglieder der russischen LGBT-Gemeinschaft machen große Karriere und erhalten sogar staatliche Auszeichnungen für ihre Leistungen. Sie werden also überhaupt nicht diskriminiert, ganz im Gegenteil. Das Gesetz hat nur den Zweck, Kinder zu schützen. Kinder sollen erst erwachsen und reifer werden, bevor sie selbst eine Entscheidung über ihre sexuelle Orientierung treffen. Wir wollen also nur, dass Kinder in Ruhe heranwachsen können. Dadurch wird absolut niemand diskriminiert. Umso mehr hat es mich gewundert, gerade aus den Vereinigten Staaten kritische Stimmen dazu zu hören, weil in Teilen der USA Homosexualität doch nach wie vor strafrechtlich verfolgt wird.[84] Aber ich glaube, das ist nur eine der Methoden, gegen Russland vorzugehen und der Welt vorzugaukeln, dass Russland angeblich so anders ist als alle anderen Länder und man daher mit anderen Mitteln vorgehen müsse, um Druck auf unser Land auszuüben. Die Frage ist nur, warum man so verfährt. Die Antwort darauf ist einfach, und ich habe sie schon gegeben. Man tut das alles nur, weil man so erreichen will, dass Russland bei anderen Themen – die absolut nichts mit Demokratie, den Rechten der LGBT-Gemeinschaft oder den Medien zu tun haben, sondern bei denen es um Geopolitik und Politik geht – leichter nachgibt. Das ist aber nichts anderes als ein Eingriff in unsere Souveränität, bei dem man zudem auf die falschen Mittel zurückgreift. Es gibt nur eine Methode, ausgewogene Entscheidungen zu treffen, nämlich den Dialog auf gleichberechtigter Basis mit gebührender Berücksichtigung beiderseitiger Interessen. Und das sind keine leeren Wörter oder hohle Phrasen. Hinter diesen Wörtern stehen die Interessen der Regierung, des Staates und des Volkes; hinter ihnen verbirgt sich die Lösung für wirtschaftliche Themen, Sicherheitsfragen und persönliche Probleme. Und dafür interessieren sich die Bürger der Russischen Föderation wirklich.

OS: *Sie haben gesagt, dass das Parlament ein Gesetz verabschiedet hat. Aber hat das russische Parlament in jüngerer Zeit eigentlich je irgendetwas Folgenschweres beschlossen, das sich gegen Sie oder Ihre Regierung richtete?*

WP: Wenn ich gegen das eine oder andere Gesetz bin, kann ich es einfach nicht unterzeichnen, dann gilt es als abgelehnt. Was das Gesetz zur Homosexualität angeht, so war dies aber nicht meine Initiative.

OS: *Können Sie mir irgendein wichtiges Thema nennen, bei dem das Parlament anderer Meinung war als Sie?*

WP: Wir haben es sogar ziemlich häufig mit Situationen zu tun, die eingehende Verhandlungen mit verschiedenen Fraktionen des Parlaments erforderlich machen. Und diese Beratungen sind oft sehr schwierig – am schwierigsten dann, wenn es um soziale oder wirtschaftliche Fragen geht. Momentan bemühen wir uns aktiv um das Budget für das kommende Jahr. Und auch da gibt es sehr viele Optionen und Auswahlmöglichkeiten.

Die Arktis

OS: ***Okay, mein Team drängt schon, also ersuche ich Sie um kurze Antworten. Gerüchten zufolge soll die Arktis der nächste Bereich sein, der von den USA und Russland heiß umkämpft werden wird.***

WP: In Bezug auf die Arktis gibt es drei wichtige Punkte. Ich bin kein Militärspezialist, aber ich glaube nicht, dass ich ein großes Geheimnis verrate, wenn ich Folgendes sage: Die Flugbahnen ballistischer Raketen, sowohl die der USA als auch die Russlands, führen über die Nordpolregion. Ich möchte daran erinnern, dass die strategischen Ziele der amerikanischen und russischen Raketen bedauerlicherweise Militäranlagen der jeweiligen Gegenseite sind. Und auf dem Weg dahin wären die Raketen eben über der Arktis unterwegs. In Anbetracht der Aufstellung von Raketenabwehrsystemen durch die Amerikaner – unter anderem des Aegis-Systems sowie der Systeme auf Militärschiffen und in der Nordsee – überlegen wir uns derzeit natürlich Möglichkeiten zum Schutz unseres Territoriums. Die Arktis hat eine enorme strategische Bedeutung, weil sie uns bei der Gewährleistung unserer Verteidigungsfähigkeit hilft und damit unser Land sicherer macht.

OS: ***Es geht also nicht um Erdöl oder Ähnliches?***

WP: Nein, absolut nicht. Der zweite Punkt sind Bodenschätze. Wir haben vor ein paar Jahren mit der Gewinnung fossiler Kohlenwasserstoffe in den arktischen Meeren begonnen. Es kann schon sein, dass darüber viel diskutiert wird, aber meiner Ansicht nach könnte und sollte man all diese Behauptungen und Polemiken im Rahmen des geltenden internationalen Rechts klären – und zwar im Speziellen des Seevölkerrechts. Wir haben uns beispielsweise lange Zeit mit Norwegen über bestimmte Abschnitte der Grenze auseinandergesetzt und konnten in allen strittigen Fragen eine Übereinstimmung erzielen. Der dritte Punkt ist die Schifffahrt. Durch die Klimaerwärmung kann dieser Bereich unseres Planeten nun über einen längeren Zeitraum im Jahr für den Schiffsverkehr genutzt werden. Früher war es nur möglich, Schiffe für 2 oder 3 Wochen im Jahr durch die Nordsee navigieren zu lassen, mittlerweile sind die Schifffahrtswege mehrere Monate lang offen. Das vermindert die Kosten für Transporte von Europa nach Asien sowie von Asien nach Europa und auch in die Vereinigten Staaten erheblich. Und deshalb ist es auch einer der Gründe, weshalb diese Region plötzlich solche Bedeutung erlangt hat. Es mag noch weitere Erwägungen geben, aber diese drei Elemente sind wohl die wichtigsten, warum so viele Länder – und nicht nur solche, die flächenmäßig an die Arktis grenzen – sich für die Region interessieren. Wir haben den Arktischen Rat und ein Instrumentarium für Kooperationen in der Arktis. Ich glaube, dass wir alle diese Instrumente benutzen und die wichtigsten Fragen in gegenseitigem Einverständnis beantworten werden.

Muslime

OS: *Ich war richtig schockiert, als ich erfuhr, dass der muslimische Bevölkerungsanteil in Moskau so hoch ist. Angeblich gibt es dort die größte muslimische Bevölkerung Europas, mehr als in jeder anderen Stadt.*

WP: Das stimmt so nicht ganz. Die Muslime machen etwa 10 bis 12 Prozent der russischen Gesamtbevölkerung aus. Das ist etwa so viel wie in Frankreich, glaube ich.[85]

OS: *Na gut, aber Frankreich ist dicht bevölkert. Sie selbst haben einmal gesagt, dass die Anzahl der ethnisch russischen Bevölkerungsgruppe zurückgeht.*

WP: Ich kann Ihnen mit Freuden mitteilen, dass es uns gelungen ist, diese Entwicklung umzukehren. Wir erleben nun schon im dritten aufeinanderfolgenden Jahr einen natürlichen Bevölkerungszuwachs, auch in den Regionen, in denen traditionell ethnisch russische Menschen leben.[86] Beziehungen zwischen den Volksgruppen waren immer und überall ein heikles Thema. Russland hat aber in dieser Hinsicht einige Vorteile. Wenn man das heutige Europa und die Vereinigten Staaten hernimmt, so kann man beobachten, dass Menschen mit anderer Religion dort zum Großteil Einwanderer sind. Russland ist da anders, die Menschen mit anderer Religion sind ebenfalls Russen. Russland ist ihre Heimat - sie haben keine andere. Russland war von Anfang an ein multireligiöses und multiethnisches Land. Wir pflegen seit mehr als 1000 Jahren eine Kultur der Völkerverständigung. Sogar die christliche Kirche ist in Russland die Ostkirche und enthält viele Elemente, die an den Islam erinnern. Wir haben ein gutes Verhältnis zueinander, und es gibt eine Verflechtung von Religion und Kultur. In den Regionen mit gemischter Population - also Christen und Muslime - kommt es oft vor, dass die Menschen einträchtig muslimische und christliche Feiertage begehen. Ich bin der Ansicht, dass wir aufgrund dieser sehr positiven Erfahrungen alle sensiblen und heiklen Probleme, die sich zwischen den Volksgruppen und Religionen ergeben könnten, sehr leicht lösen werden. Dennoch sollten wir diese möglichen Probleme stets aufmerksam verfolgen.

Kyoto-Protokoll

OS: *Sind Sie für das Kyoto-Protokoll – und werden Sie es unterzeichnen?*

WP: Wir haben das Kyoto-Protokoll bereits unterzeichnet. Die Vereinigten Staaten waren dagegen[87], und es war nicht leicht, eine Einigung mit unseren chinesischen Freunden oder mit Indien zu erzielen. Aber Russland hat das Kyoto-Protokoll von Anfang an unterstützt und es auch unterzeichnet. Natürlich führen wir diesbezüglich auch Gespräche; schließlich ist unser bewaldetes Gebiet die grüne Lunge der Erde. Wir erzeugen also nicht nur Emissionen, sondern nehmen auch Emissionen auf. Und wir finden, dass diese Tatsache bei den Diskussionen über einen abschließenden Beschluss berücksichtigt werden sollte.

OS: *Werden Sie zur nächsten Klimakonferenz im Dezember nach Paris reisen?*

WP: Das weiß ich noch nicht. Ich habe noch nicht darüber entschieden, auf welcher politischen Ebene Russland dort vertreten sein wird.

OS: *Mein Produzent Fernando meint, Sie sollten unbedingt hinfliegen und Russland dort auf höchster Ebene vertreten.*

Antiamerikanismus

OS: *Zum Abschluss möchte ich kurz noch etwas sagen. Sie haben zweimal erwähnt, dass ich antiamerikanisch sei und dass Sie da nicht mit reingezogen werden wollen. Ich will das erklären: Ich liebe mein Land. Ich liebe Amerika. Ich bin dort aufgewachsen, es ist wie meine Mutter. Man hat manchmal Meinungsverschiedenheiten mit seiner Mutter, aber man liebt sie. Das heißt, manchmal liebt man sie und manchmal hasst man sie. Mit der eigenen Heimat ist das ähnlich. Ich habe Meinungsverschiedenheiten mit meinem Land.*

WP: Schauen Sie, Sie können sich das erlauben. Sie können es sich leisten und haben das Recht dazu, die Handlungsweise der politischen Führung Ihres Landes zu bewerten, wie Sie das für richtig halten, weil Sie Amerikaner sind. Sie können auch sehr strenge Urteile abgeben. Wir hingegen pflegen partnerschaftliche Beziehungen – nicht nur mit Ihrem Land, sondern auch mit Ihrer Regierung. Deshalb müssen wir uns sehr vorsichtig verhalten. Und wie unterschiedlich die Ansichten auch sein mögen, so sehr müssen wir uns doch an bestimmte Regeln halten. Ansonsten ließen sich keine zwischenstaatlichen Beziehungen aufbauen.

OS: *Das verstehe ich, es ist mir auch völlig klar. Letztlich bin ich ja auch nicht antiamerikanisch eingestellt und auch nicht prorussisch, sondern* *einfach* pro Frieden. *Das ist sehr wichtig für mich. Ich möchte den Weltfrieden gern sehen, solange ich noch lebe. Und die aktuelle Situation macht mir Angst. Ich mache mir Sorgen um die Welt, weil ich mir Sorgen darüber mache, wie mein Land zum Frieden steht. Man scheint dort einfach nicht zu begreifen, wie sehr man den Einsatz erhöht hat. Und genau dieses Thema möchte ich auch mit meiner Dokumentation ansprechen.*

WP: Sie sind ein Mann des Friedens. Für Sie ist das einfach. Ich bin prorussisch. Für mich ist das alles schon viel schwieriger.

OS: *Ich danke Ihnen dafür, dass Sie uns in den vergangenen 3 Tagen gezeigt haben, wie hoch der Einsatz wirklich ist.*

Zweites Interview

Zweite Reise

6

Erster Tag
19. Februar 2016

OS: *Wie geht es Ihnen, Herr Präsident? Ich freue mich, Sie zu sehen. Ich habe mir gedacht, Sie könnten sich heute dort drüben hinsetzen, und ich sitze da. Und dann improvisieren wir ein wenig – wie Jazzmusiker.*

WP: Dafür sind aber ganz schön viele Leute da …

OS: *Sie hatten einen harten Tag. Und es ist lange her, dass wir einander gesehen haben; ich glaube, es war vergangenen Juni. Ich freue mich, Sie wiederzusehen.*

WP: Ja, es war im Juni.

OS: *Haben Sie mich vermisst? [Gelächter]*

WP: Ja, ich habe hin und wieder ein bisschen geweint, aber jetzt sind wir ja wieder zusammen.

OS: *Sie haben sicher über andere Dinge geweint. Ich bin oben eingeschlafen, als wir auf Sie gewartet haben. Der Jetlag hat mich eingeholt.*

WP: Ich beneide Sie.

OS: *Wie war Ihr Tag?*

WP: Ein Arbeitstag. Ich habe mit meinen Kollegen über Innenpolitik und Sicherheit diskutiert. Auch über wirtschaftliche Probleme – dazu habe ich einige Male mit dem Finanzminister und mit meinem Assistenten gesprochen. Ja, ich glaube, das war alles. So war mein Tag. Ich hatte auch noch Termine mit dem Parlamentspräsidenten, dem Verteidigungsminister und dem Innenminister.

OS: *Du meine Güte! Also gab es heute keine Kabinettssitzung?*

WP: Nein, heute nicht.

Arbeitszeitmanagement und nationale Sicherheit

OS: *Ich habe gehört, dass es eine Sitzung Ihrer Version des Nationalen Sicherheitsrats gegeben hat.*

WP: Ja, ich habe vor vielen Jahren eine kleine Gruppe von Entscheidungsträgern zusammengestellt, der die Geheimdienstchefs sowie Vertreter anderer Sondereinheiten und diverser Ministerien angehören. Wir nennen diese Gruppe den Sicherheitsrat der Russischen Föderation.

OS: *Verstehe. Gibt es eine Krise oder etwas Ähnliches?*

WP: Nein, es ist eine regelmäßige Sitzung, einmal pro Woche.

OS: *Ich frage das nur, weil wir für 15 Uhr verabredet waren … und das ist jetzt 6 Stunden und 40 Minuten her.*

WP: Ich wusste ja, dass Sie sich ausruhen und ein wenig Suppe essen müssen.

OS: *[lacht] Deshalb dachte ich auch an eine plötzliche Krise – irgendetwas, das den Terminplan durcheinandergebracht hat.*

WP: Nein, es gibt keine Krise. Nur die ganz normale Routinearbeit. Aber dabei führt eines zum anderen, wie bei einer Kettenreaktion. Wenn ein Termin mit 10 Minuten eingeplant ist, Ihr Gesprächspartner aber eine Frage nach der anderen stellt, dann kann aus den 10 Minuten leicht 1 Stunde werden. Es ist sehr schwierig, eine solche Ereigniskette zu beenden.

OS: *Ich habe den Eindruck, dass Sie sehr viel Wert auf Details legen.*

WP: Ich versuche es zumindest. Ich lese auch keine Zusammenfassungen von Berichten meiner Geheimdienste oder Fachdienste. Ich lese keine Zusammenfassungen.

OS: *Sie lesen die eigentlichen Berichte?*

WP: Ja, die Berichte selbst.

OS: *Das führt mich gleich zu meiner nächsten Frage. Mein Produzent Fernando, der heute auch hier ist, meinte vorhin, Sie seien ein großartiger CEO – Chief Executive Officer – eines Unternehmens. Russland ist Ihr Unternehmen.*

WP: Vielleicht. Es geht immer um die Koordination. Man muss nach Problembereichen und Fragen suchen, die einer Klärung bedürfen. Und dann machen wir uns daran, Methoden zur Lösung dieser Probleme zu erarbeiten.

OS: *Sie sind ein großartiger Firmenchef, wirklich. Sie sind neugierig und praktisch veranlagt. Sie gehen die Probleme an und versuchen sie sofort zu lösen.*

WP: Das könnte stimmen, ja.

OS: *Arbeitszeitmanagement ist ja ein Anliegen, das uns alle angeht. Manchmal kann es einem eben passieren, dass man zu sehr ins Detail geht und die Details immer mehr werden. Dann befasst man sich mit immer kleineren Details, die immer noch kleinere Details enthalten. Und plötzlich sieht man den Wald vor lauter Bäumen nicht mehr.*

WP: Ich versuche immer, es gar nicht erst so weit kommen zu lassen. Wenn ich merke, dass wir uns in die richtige Richtung bewegen, versuche ich nicht auf halbem Wege stehen zu bleiben und mich nicht zu sehr mit Details aufzuhalten. So akribisch bin ich auch wieder nicht. Ich reagiere nach Möglichkeit auf die bestehenden Probleme und beantworte die aktuellen Fragen – so schnell und präzise es geht. Das ist ein lebendiger Prozess.

OS: *Und es kann auch sehr lästig sein. Manchmal geht man abends zu Bett und kann nicht einschlafen, weil man dauernd an offene Fragen denken muss.*

WP: Ja, das passiert auch mir gelegentlich.

OS: *Schrecklich, so etwas.*

WP: Aber es ist auch sehr interessant.

OS: *In welcher Hinsicht? Weil man ein Problem im Schlaf unterbewusst lösen kann?*

WP: Ich finde den Prozess selbst interessant. Es geht nicht darum, dass manche Probleme ungelöst bleiben, sondern um den Prozess, wie man ein Problem angeht. Ich versuche das kreativ zu gestalten. Stellen Sie sich einen Maler vor, der gerade an einem Bild arbeitet und dann zu Abend essen will. Und nun lässt er sein Bild einfach stehen und setzt sich zum Essen hin. Aber genau das ist eben nicht der Fall. Der Maler wird sich vielmehr bemühen, ein bestimmtes Element in seinem Werk fertigzustellen, bevor er eine Pause macht. Was nicht heißt, dass ich mich mit einem Künstler vergleichen will …

OS: *Nehmen wir einfach ein altmodisches Beispiel: Sie betreiben eine Traktorenfabrik und stehen unter anderem vor dem Problem, dass Sie nicht genug Traktoren erzeugen. Es gibt mehrere Methoden, dieses Problem zu lösen. Entweder Sie stocken Ihr Personal auf oder Sie modernisieren Ihre Produktionsmittel, um mehr Traktoren erzeugen zu können. Eventuell überlegen Sie sich aber auch, ob die Verwaltung in Ihrer Fabrik richtig läuft. Ist der Manager vielleicht überfordert? Müssen Sie den Manager selbst treffen, um das zu beurteilen, oder vertrauen Sie dem Urteil eines Mitarbeiters, der das vielleicht selbst nur aus zweiter Hand weiß? Und dann stellt sich natürlich noch die Frage, ob überhaupt noch Traktoren gebraucht werden. Möglicherweise müssen Sie ja Ihr gesamtes Unternehmenskonzept umstellen. Das sind alles Fragen, die man nicht sofort beantworten kann.*

WP: Ja, sicher. Es geht vor allem um den Markt. Wenn das Produkt angefragt wird und notwendig ist, dann ist das eine Sache. Wenn Sie Ihre Produkte modernisieren müssen, geht es um etwas völlig anderes. Wir streben beispielsweise immer nach Modernisierung, um effizienter zu werden.

OS: *Gut – aber es ist trotzdem nicht immer einfach, das Kernproblem zu erkennen. Das ist ein chaotischer Prozess, bei dem sich nicht alle Fragen sofort beantworten lassen. Sie könnten ein Problem mit Ihrem Personal haben, aber vielleicht auch eines mit Ihrem Herstellungsverfahren oder eben das Problem: »Produziere ich überhaupt das Richtige?« Das kann eine durchaus vertrackte Angelegenheit sein.*

WP: Da haben Sie recht. Deswegen muss man auch immer über all diese Aspekte nachdenken. Und dann geht es natürlich auch um die Lösungswege – mit welchen Instrumenten und Werkzeugen machen Sie sich an das Problem?

OS: *Was uns zum übergreifenden Thema führt: Sie tun das nun schon seit 15 Jahren, als Präsident, Ministerpräsident und jetzt wieder Präsident. 15 Jahre! Ich nehme an, Sie kennen die Geschichte von Ronald Reagan, einem der Präsidenten, den Konservative in meinem Land am meisten bewundern. Er war berühmt dafür, sich strikt an seinen Zeitplan zu halten. Das heißt, er kam fast jeden Abend um 18 Uhr nach Hause ins Weiße Haus, nahm ein frühes Abendessen zu sich und saß dann mit seiner Frau vor dem Fernsehapparat. Und das schaffte er 8 Jahre lang.*

WP: Sie beschreiben mir hier einen glücklichen Mann. Gut organisiert und diszipliniert. Das war sicher eine große Leistung, die noch dazu vorteilhaft für ihn war.

OS: *Genau darum geht es mir. Er war ein Mensch, der viel lächelte. Er konnte perfekt Leute begrüßen und Hände schütteln. Reagan war sehr gut darin, anderen Menschen – wie soll man das ausdrücken? – das Gefühl zu geben, glücklich und zufrieden mit sich selbst zu sein. Man hat vielleicht über ihn gelacht, aber er schaffte es immerhin, 8 Jahre lang ein wunderbares Image zu projizieren. Und es funktionierte. Die meisten Menschen durchschauten ihn erst, als seine Amtszeit vorbei war. Er war perfekt darin, Gummibärchen zu essen und gute Witze zu erzählen.*

WP: Nun ja … Sie haben gesagt, dass ich mich seit 15 Jahren um dieselben Probleme kümmere, aber das stimmt so nicht.

OS: *Habe ich auch nicht gesagt. Ich sagte, dass Sie das nun schon seit 15 Jahren tun.*

WP: Das ja – aber es ging nicht immer um dieselben Dinge. Das Präsidentenamt ist etwas ganz anderes als das des Regierungschefs. Zumindest in Russland ist der schwierigste Beruf der des Regierungschefs der Russischen Föderation, da ich in dieser Rolle Probleme genau definieren und dann angehen kann. Das meiste, was man dabei tut, ist nicht öffentlich, weil es die Öffentlichkeit auch gar nicht interessiert. Doch es ist eine Tätigkeit, die für die Wirtschaft des Landes sehr wichtig ist. Es handelt sich großteils um Routinearbeit – und noch dazu um sehr viel.

OS: *Ich verstehe. Aber Reagan war ein großer Anhänger der Methode, Befugnisse an andere zu delegieren. Und das hat er auch höchst erfolgreich getan, nicht nur, weil er oft gar nicht wusste, worum es eigentlich ging. Er war jedenfalls erfolgreich darin. Ich erwähne dieses Beispiel nur, weil es zeigen soll, dass es auch eine andere Lebens- und Arbeitsweise gibt, wenn man gute Mitarbeiter hat, denen man vertraut.*

WP: Dazu muss man zwei Dinge sicherstellen: Erstens muss man die richtigen Leute dafür finden, und zweitens muss man dann auch wirklich Befugnisse an sie delegieren. Das sind die Grundregeln, und darauf sollte man hinarbeiten.

OS: *Mir scheint es aber so, als hätten Sie sich für die wesentlich schwierigere Methode entschieden.*

WP: Das kann schon sein. Aber ich verstehe, was Sie meinen, und strebe diesen Zustand ja auch an. Nur gibt es halt ein paar wichtige Unterschiede zwischen uns. Ronald Reagan war Staatschef der Vereinigten Staaten. Und mit welchen Schwierigkeiten er auch immer zu kämpfen hatte – sie sind nicht vergleichbar mit den Schwierigkeiten, die Russland gegen Ende der 1990er und in den ersten Jahren des neuen Jahrtausends bewältigen musste.

Die Wirtschaft

OS: *Reagan wäre da mit Sicherheit anderer Meinung. Er würde wahrscheinlich einwenden, dass Amerika damals vor dem Bankrott stand, dass er das Land reparieren musste, ein »neues Morgen für Amerika« schaffen sowie den Bürgern der USA Begeisterung und positive Energie einimpfen musste. Er schaffte es auch ziemlich gut, dieses Gefühl zu erzeugen. Und es war nichts anderes als ein Gefühl, eine Illusion.*

WP: Vor dem Bankrott stehen und wirklich bankrott sein – das sind zwei sehr unterschiedliche Dinge.

OS: *Manche Leute würden auch sagen, dass Reagan Amerika noch weiter in den Bankrott getrieben hat, weil die Staatsverschuldung enorm angestiegen ist.*

WP: Ja, das schon. Wie hoch ist sie derzeit? 18 Billionen Dollar?[88] Da haben Sie's.

OS: *Ja. Und wie hoch sind die russischen Schulden?*

WP: 12 Prozent des Bruttoinlandsprodukts.[89]

OS: *Also stehen 18 Billionen Dollar in den USA gegen eine Billion in Russland.*[90]

WP: Man muss hier immer den Anteil der Staatsverschuldung am Bruttoinlandsprodukt einbeziehen. In den Vereinigten Staaten liegt er bei 100 Prozent, in Russland bei 12 bis 13 Prozent. Ich will Ihnen hier nichts Falsches erzählen, aber es sind mit Sicherheit 12 oder 13 Prozent.

OS: *Wir haben ohnehin noch nicht genug über die Wirtschaft gesprochen, können das aber gleich tun. Also, die russische Wirtschaft … Wie steht* *es um die russische Wirtschaft? Das ist alles nicht so einfach, ich weiß. Möchten Sie jetzt darüber sprechen?*

WP: Sicher gibt es Schwierigkeiten. In erster Linie resultieren diese Schwierigkeiten aus der Tatsache, dass wir höhere Ölpreise brauchen. Man kann Wirtschaftsakteure nur schwer dazu bewegen, in neue Industrien zu investieren, die weniger profitabel sind als die Erdöl- und Erdgasbranche. Davon hing die Struktur unserer Wirtschaft ab, und wir haben uns bemüht, diese Struktur mit administrativen und finanziellen Mitteln zu ändern. Damit waren wir teilweise erfolgreich – aber nicht genug, um die Struktur wirklich entscheidend umzuwandeln. Dazu kommt, dass der Preis für Erdöl und Erdgas so stark gesunken ist, von mehr als 100 Dollar auf weniger als 30, also auf weniger als ein Drittel. Einerseits ist es schwierig, damit Haushaltseinnahmen in ausreichender Höhe zu erzielen, andererseits stimuliert der niedrige Preis Produktion und Landwirtschaft. Genau darauf setzen wir derzeit. Was die Preise angeht, so schadet der niedrigere Ölpreis der Kaufkraft der Bevölkerung. Zudem wirkt er sich auf manche Branchen wie Maschinenbau, Automobilbau, die Bauwirtschaft und ein paar andere aus. Jedoch bewegt er Wirtschaftsakteure dazu, in andere Branchen zu investieren, und genau das unterstützen wir. Als Allererstes versuchen wir, die Investitionen zu sichern. Wir fördern bestimmte Branchen, die gerade schwierige Zeiten durchmachen, so wie eben die Bauwirtschaft und den Automobilbau. Unabhängig davon arbeiten wir an der sogenannten Importsubstitution.

OS: *Was ist das?*

WP: Es ist eine Strategie, die Importe nicht abschaffen will, sondern versucht, die Hightech-Fertigung ins eigene Land zu verlegen. Früher konnten wir uns mit den Erdöleinnahmen alles kaufen. Aber dadurch schufen wir keine Anreize für die interne Entwicklung. Jetzt ist es so, dass die Regierung Hochtechnologie fördert, um sowohl die zivile als auch die Verteidigungsindustrie zu unterstützen. Ich muss sagen, dass wir in diesem Bereich recht erfolgreich sind. In der Landwirtschaft haben wir als Reaktion auf die Handlungsweise unserer Partner bestimmte Einfuhrbeschränkungen erlassen und so unseren Binnenmarkt für russische Agrarproduzenten frei gemacht. In den Hightech-Branchen haben unsere Partner jedoch Exportbeschränkungen eingeführt und damit für Russland den Anreiz geschaffen, ähnliche Herstellungsprozesse im eigenen Land zu erschaffen. Auch hier sind wir trotz eines leicht zurückgegangenen Bruttoinlandsprodukts erfolgreich. Wir haben einige makroökonomische Indikatoren erreicht, die uns berechtigten Grund zu der Annahme geben, dass wir nicht nur die Krise überwunden, sondern auch gute Zukunftsaussichten haben. Sie können sich die Zahlen selbst ansehen. Unser Budgetdefizit liegt bei nur 2,4 Prozent, obwohl wir mehr als 4 Prozent befürchtet hatten. Wir haben einen Handelsbilanzüberschuss und auch einen Leistungsbilanzüberschuss. Das heißt, dass wir mehr verkaufen, als wir einkaufen. Auch die Zahlungsbilanz unseres Budgets ist äußerst positiv. Gleichzeitig haben wir wesentlich höhere Devisenreserven als zuvor, nämlich derzeit 360 Milliarden Dollar. Das sind die Reserven der Zentralbank. Der Regierung stehen aber auch noch zwei weitere Rücklagenfonds zur Verfügung – 80 Milliarden und weitere 70 Milliarden Dollar. Damit können wir unser ohnehin geringes Budgetdefizit ausgleichen. Und so konnten wir die äußerst hohe Qualität der russischen Wirtschaft erhalten und dafür sorgen, dass die Grundlagen nach wie vor gut sind.[91] Noch wichtiger für uns ist aber, dass wir heute bereits Erfolge und Fortschritte sehen. So nimmt zum Beispiel der Beitrag des Landwirtschaftssektors zur Wirtschaft zu.

OS: *Und Sie bezahlen – korrigieren Sie mich, wenn ich mich irre – 83 Prozent des tschetschenischen Budgets?*[92]

WP: Es geht nicht nur um die tschetschenische Republik. Unsere Finanz- und Wirtschaftspolitik zielt darauf ab, Lebensstandard und Einkommen in allen Teilen der Russischen Föderation und für alle Bürger der Föderation – wo auch immer sie leben – anzugleichen. Das gelingt uns bisher sicher noch nicht in vollem Umfang. Es gibt Regionen, in denen der Lebensstandard höher ist, während er in anderen hinterherhinkt. Produktions- und Einkommensniveau schwanken ebenfalls, je nach Region. Aber wir versuchen, die Erträge aus jenen Regionen, denen es finanziell besser geht und die daher zum Bundeshaushalt beitragen können, in andere Regionen zu verlagern, denen es an Einnahmen fehlt. Wir wollen, dass sie in ihrer Produktionskapazität aufholen.

OS: *Die Lebensmittelpreise in Russland stiegen 2015 um 20 Prozent. Und die Inflation lag bei 13 Prozent.*

WP: 12,9 Prozent, um genau zu sein.

OS: *[lacht] Sie haben angekündigt, dass es 2016 besser laufen soll. Doch dann sank der Ölpreis im Januar auf unter 30 Dollar. Es wird also nicht so einfach sein, Ihr Versprechen zu halten.*

WP: Da haben Sie recht. Es gibt zwei grundsätzliche Methoden, hier weiter vorzugehen. Entweder hält man alle diese Versprechen, ohne an die Folgen zu denken, indem man die erwähnten Reserven nutzt. Oder man baut die Wirtschaftszweige aus, die nichts mit dem Rohstoffsektor zu tun haben, und erfüllt seine sozialen Verpflichtungen mittels der Erzeugungskapazität der eigenen Wirtschaft. Ich glaube, wir verfolgen hier einen ausgewogenen Ansatz. Wir versuchen, in erster Linie unsere Versprechen zu halten und unsere sozialen Verpflichtungen zu erfüllen. Das tun wir jedoch auf eine Art und Weise, mit der wir die Wirtschaft nicht gefährden oder zerstören. Gleichzeitig bemühen wir uns, jene Branchen zu unterstützen, die von der Krise am stärksten betroffen sind.

OS: *Unzufriedenheit unter den Werktätigen kann da natürlich zum Problem werden. In einigen Regionen konnten keine Löhne mehr ausbezahlt werden. Im Westen wurde viel darüber geschrieben, dass die Löhne oder Gehälter bis zu 3 Monate ausblieben.*

WP: Es gab technische Probleme, die zu diesen Zahlungsverzögerungen geführt haben, doch die kamen auch nicht so häufig vor. Ansonsten werden die Löhne und Gehälter korrekt ausbezahlt. Die wenigen bestehenden Probleme sind auf Verantwortungslosigkeit, Nachlässigkeit und zu langsame Entscheidungsprozesse zurückzuführen. Wirtschaftlich und im Hinblick auf das Budget gibt es aber absolut keine Probleme.[93] Wenn jemand darüber schreibt und behauptet, dass es sich dabei um ein tief greifendes Problem handelt, dann übt er sich wohl eher in Wunschdenken.

OS: ***Was tut die Bank Rossii alias Zentralbank der Russischen Föderation?***

WP: Die Zentralbank folgt einer sehr ausgewogenen Währungspolitik. Und sie handelt gemäß den Vorstellungen internationaler Finanzorganisationen wie des Internationalen Währungsfonds.

OS: ***Wie das? Ich habe geglaubt, Sie haben keine Schulden beim IWF.***

WP: Keine Schulden. Ich rede jetzt nicht von Schulden, sondern von unserer Währungspolitik. Wir stehen in Kontakt mit Christine Lagarde und unseren Kollegen vom IWF. Wir informieren sie über alles, was wir tun, und hören uns ihre Empfehlungen an. Mir ist bekannt, dass der IWF die Politik der russischen Zentralbank gut bewertet. Ja, die Bewertung ist positiv.[94] Das liegt unter anderem daran, dass die Zentralbank ausgewogene und fristgerechte Entscheidungen zur Regulierung unseres nationalen Währungskurses trifft. Ähnliches gilt für unseren Übergang zu einem marktorientierten Ansatz, was die Regulierung unseres Währungswechselkurses angeht. Wir sind erst vor Kurzem auf einen frei schwankenden Wechselkurs des Rubels umgestiegen. Das hat zu einer Abwertung des Rubels geführt, wodurch Importe nach Russland verteuert wurden. Für jene Unternehmen, die Produkte aus dem Ausland oder aus China kaufen wollen, ist das eher unangenehm. Leider – weil es hier um Firmen geht, die sich mit Importprodukten zu modernisieren versuchen.

So viel zur negativen Seite der Rubel-Abwertung. Aber es gibt auch eine positive Seite: Russische Hersteller genießen dadurch Vorteile auf dem Binnenmarkt. Außerdem wurde so ein günstigeres Umfeld für russische

Exporte aus der Landwirtschaft und aus Produktionsbetrieben geschaffen. Wenn man diese Vorteile den Nachteilen gegenüberstellt, wird man sehen, dass die Vorteile überwiegen. In dieser Hinsicht kann man die Politik der Zentralbank also als ausgewogen und gerechtfertigt betrachten. Dazu kommt, dass die Zentralbank die Situation auf dem Bankensektor aufmerksam beobachtet. Sie arbeitet konsequent an einer Verbesserung des russischen Bankwesens. Es ist sehr wichtig für uns, das Bank- und Finanzsystem noch zukunfts- und konkurrenzfähiger zu machen.

OS: *Sie reden nach wie vor so, als wäre der IWF ein Partner Russlands. Ich weiß ja so ungefähr, womit Sie zu kämpfen haben … aber Sie verhalten sich so, als wollte die Wall Street, dass Russland erfolgreich ist. Ich bezweifle das und frage Sie daher: Arbeitet die Wall Street im Interesse der USA aktiv daran, die russische Wirtschaft zu schädigen?*

WP: Ich rede jetzt nicht über die Wall Street. Wenn wir aber über die Regierung der Vereinigten Staaten sprechen wollen, dann steht fest, dass sie Russland vor allem in jüngster Zeit als Konkurrenten betrachtet. Wir hoffen trotzdem, dass internationale Institutionen wie der IWF, die Weltbank und einige andere die Aufgaben erfüllen werden, zu deren Erfüllung sie gegründet wurden. Sie sollen die Weltwirtschaft positiv beeinflussen. Im Übrigen betrachten wir sämtliche Empfehlungen, die man uns gibt, durchaus kritisch. Wir sind diesen internationalen Organisationen in keiner Weise verpflichtet. Dennoch nehmen wir ihre Empfehlungen respektvoll an und setzen die, denen wir vertrauen, auch um.

OS: *Wer ist »wir«? Ich glaube, das ist eine gute Frage – weil es im Lauf der Geschichte schon in vielen Ländern vorgekommen ist, dass die Regierung und die Banken diverse Ereignisse und die notwendigen Reaktionen darauf unterschiedlich interpretieren.*

WP: Wenn ich »wir« sage, meine ich die russische Führung. Ich persönlich hatte ein eher schwieriges Verhältnis zum IWF, als ich Ende 1999 russischer Regierungschef wurde.

OS: ***Aber das war eine andere Zeit.***

WP: Ja, damals wurden die Kriegshandlungen im Kaukasus wieder aufgenommen. Die Ursache dafür war ein Angriff der Tschetschenischen Republik auf Dagestan, der von internationalen Terroristenbanden geführt wurde. Ich muss noch einmal darauf hinweisen, dass wir niemanden angegriffen haben, sondern angegriffen wurden.[95] Aus diesem Grund kam es wieder zu Kriegshandlungen. In diesem Moment stellte sich uns die Frage, ob wir weiterhin Zinsen auf unsere IWF-Darlehen zahlen sollten. Ich war zu dieser Zeit Vorsitzender der russischen Regierung, und der IWF stellte uns vor eine sehr deutliche Forderung: Stellen Sie die Kampfhandlungen im Kaukasus ein, dann kommen wir Ihnen entgegen.[96] Wenn Sie die Kampfhandlungen nicht einstellen, gibt es keinen Kompromiss von unserer Seite. Unsere Antwort darauf war: Wie können Sie so etwas von uns fordern? Man hat uns immer gesagt, dass der IWF über der Politik stehe. Das war mein erstes Argument. Und das zweite kennen Sie schon: Wir haben niemanden angegriffen, sondern verteidigen uns gegen einen Angriff. Doch meine Gesprächspartner waren uneinsichtig, weil sie wahrscheinlich ihre Anweisungen hatten und diese ausführen mussten. Das schließt aber die Tatsache nicht aus, dass wir nach der Rückzahlung all unserer Schulden beim IWF nach wie vor eine Art Geschäftsbeziehung zu dieser Organisation haben, deren Expertengutachten wir sehr wertschätzen.

Übrigens hat nicht nur Russland seine Schulden an den IWF zurückgezahlt, sondern wir haben auch die Schulden aller früheren Sowjetrepubliken abbezahlt, einschließlich jener der Ukraine, die sich auf 16 Milliarden US-Dollar beliefen.[97] Wir hatten immer sehr gute Beziehungen zur Weltbank. Und ich stehe in einem sehr guten geschäftlichen und persönlichen Verhältnis zu Herrn Wolfensohn, dem Vorgänger des derzeitigen Weltbankchefs. Die Weltbank hat zahlreiche sehr gute und sehr nützliche Projekte realisiert, zu denen auch einige in Regionen der Russischen Föderation gehören. Bedauerlicherweise sind unsere Beziehungen zu ihr derzeit ausgesetzt. Ich kann nicht sagen, dass wir ein überaus starkes Interesse an einer Änderung dieses Zustands hätten oder ohne die Weltbank nicht lebensfähig wären. Wir hoffen aber, dass es zu einer Wiederaufnahme der Beziehungen kommt und wir wieder so fruchtbar zusammenarbeiten können wie vorher.

OS: *Wie gesagt, es war eine andere Zeit – schon deshalb, weil es lange vor Ihrer Münchner Rede aus dem Jahr 2007 war. Damals sagten Sie sinngemäß: »Sie – die Vereinigten Staaten – führen uns an den Abgrund eines Konflikts nach dem anderen. Politische Lösungen werden zu einem Ding der Unmöglichkeit.«*[98] *Das wirft die umfassende Frage auf: Wie sieht die Politik der USA aus? Welche Gesamtstrategie verfolgen die Vereinigten Staaten weltweit?*

WP: Ich werde offen und ehrlich auf diese Frage antworten, in allen Einzelheiten - aber erst, wenn ich in Rente bin.

OS: *Ich kann ja für Sie die Antworten geben, und Sie können mir widersprechen. Ich könnte zum Beispiel sagen, dass ich glaube – oder vielmehr, dass viele Menschen, viele gebildete und gut informierte Menschen glauben –, dass die derzeitige amerikanische Strategie eine Zerstörung der russischen Wirtschaft vorsieht. Man will Russland in die Knie zwingen, es wirtschaftlich auf das Niveau der 1990er-Jahre zurückwerfen und seine politische Führung austauschen. Man will Ihr Land zu einem neuen Verbündeten der Vereinigten Staaten machen, den man im Grunde genauso dominieren kann wie früher. Vielleicht hat man auch den Eindruck, nicht weit genug gegangen zu sein, weil man Ihnen Ihr Waffenarsenal nicht abgenommen hat.*

WP: Dieser Gedankengang ist durchaus vorstellbar. Wenn das alles aber wirklich der Fall sein sollte, dann halte ich es für eine verfehlte Politik. Das liegt daran, dass eine solche Sicht der Beziehungen zu Russland nicht zukunftsorientiert ist. Wer so denkt, der sieht nicht 25 oder 50 Jahre in die Zukunft. Andernfalls würden die Betreffenden nämlich sofort darangehen, ihre Beziehungen zu Russland neu zu gestalten und in einen anderen Rahmen zu stellen. Sie würden nicht versuchen, Russland zu einem Vasallenstaat zu machen, sondern zu einem Verbündeten oder wenigstens zu einem

Partner, mit dem man gemeinsam Probleme löst und Bedrohungen überwindet, zum Wohle aller. Das wäre vielleicht auch effizienter als die sinnlosen Versuche, Russland zu einem Satellitenstaat zu machen.

OS: *Ja, absolut. Es wäre ein Idealzustand. Aber wie Sie wissen, brauchen die Vereinigten Staaten immer Feinde.*

WP: Ja, vielleicht. Ich glaube allerdings, dass sie Partner und Verbündete dringender brauchen. Man kann seine Philosophie auch grundlegend ändern oder wenigstens versuchen, nach einem anderen Paradigma zu leben und zu handeln. Lew Tolstoi, ein berühmter Landsmann von mir, hat einmal gesagt – wobei ich nicht glaube, dass ich das präzise zitieren kann, aber ich versuche es: »Es gibt den Bereich des Möglichen und die Grenzen des Unzumutbaren. Man muss seine gesicherten Verhältnisse und Beziehungen im Bereich des Möglichen aufbauen und Beziehungen anstreben, in denen die Gefahr so gering wie möglich ist. Das ist das Mindeste, was erforderlich ist.« Ich wünschte, wir könnten nach diesem Prinzip handeln. Doch noch positiver wäre es sicher, nach Bereichen zu suchen, in denen wir unsere Kapazitäten und Bestrebungen kombinieren und damit die besten Resultate für alle Beteiligten herausholen könnten. Das wäre zum Beispiel im Kampf gegen Armut, Umweltverschmutzung, Terrorismus und die Verbreitung von Massenvernichtungswaffen wünschenswert. Bedauerlicherweise ist es uns jedoch bisher nicht gelungen, in den meisten dieser Bereiche zu sinnvollen gemeinsamen Initiativen zu gelangen.

OS: *Womit wir ja wieder auf dem Boden der Realität angelangt wären … und die sieht wesentlich schwieriger aus. Wir haben dieses Jahr Wahlen in den USA, und im Wahlkampf wurde kein einziges der von Ihnen angesprochenen Themen, ob Umwelt oder die Vereinbarung neuer Allianzen, auch nur ansatzweise diskutiert. Stattdessen bemüht sich jeder der Kandidaten in seinen Reden, noch mehr Härte zu zeigen als der andere. Das Militär muss gestärkt werden, wir müssen härter durchgreifen – so lauten ihre Forderungen. Und das gilt für beide Seiten, auch für Hillary Clinton, die sich total zu einer neokonservativen Kriegstreiberin gewan-*

delt hat. Sie fordert eine »entschlossenere« Politik gegenüber Russland, war gegen Obamas Nuklearabkommen mit dem Iran, für die militärische Intervention in Syrien und so weiter. Es besteht also kaum Hoffnung, dass sich in dieser Hinsicht etwas ändern wird. Dazu kommt, dass das Pentagon oder vielmehr ein neuer General vor Kurzem vermeldete, dass Russland die größte Bedrohung für die Vereinigten Staaten darstelle. Der Mann wirkt sehr deutlich und nachdrücklich bei solchen Erklärungen.[99]

WP: Ja, wir wissen davon. Und wir begrüßen es natürlich nicht. Umgekehrt sind wir in fast jedem Bereich gesprächsbereit. Dazu nur ein Beispiel: Sogar unter den derzeitigen Umständen und im Wissen um die aggressiven Phrasen, wie sie kurz vor einer Wahl gern gedroschen werden, haben unsere Frauenorganisationen Hillary Clinton nach Russland eingeladen, wie mir bekannt wurde. Ich weiß allerdings nicht, ob sie die Einladung annehmen wird. Leider ist es in letzter Zeit in den Vereinigten Staaten modern geworden, im Wahlkampf Vermutungen über die Russen-Frage anzustellen oder das Thema Russland zu politischen Zwecken zu missbrauchen. Danach heißt es dann immer: »Nehmt das doch bitte nicht so wichtig. Ihr müsst verstehen, dass das alles nur Wahlkampfrhetorik ist. Danach werden wir garantiert zu einer Einigung gelangen.« Ich halte es trotzdem für einen großen Fehler, eine Regierungszusammenarbeit und zwischenstaatliche Beziehungen auf dem Altar kurzfristiger politischer Überlegungen zu opfern.

OS: *Das verstehe ich. Und auch wenn Vertreter der Obama-Regierung Sie auf die erwähnte Art und Weise beruhigen wollten, hat Obama selbst – in Zusammenarbeit mit dem Pentagon – absolut fahrlässig das NATO-Engagement an den russischen Grenzen ausgeweitet. Und die Kosten dafür? Ich glaube, dieses Jahr wurde viermal so viel Geld in Osteuropa ausgegeben wie im Jahr zuvor.*[100] *Eine so starke Präsenz ausländischen Militärs an den russischen Grenzen hat es seit der Hitlerzeit nicht mehr gegeben. Ich finde das gerade unter einem Präsidenten Obama sehr überraschend.*

WP: Das stimmt – und es macht uns Sorgen. Genau darüber habe ich auch 2007 in München gesprochen. Ich hörte erst vor Kurzem von gewissen

Diskussionen vor der Wiedervereinigung Deutschlands. Egon Bahr – zu jener Zeit einer der führenden SPD-Politiker Deutschlands – legte in Gesprächen mit der damaligen sowjetischen Führung seine Ansichten zur Zukunft Europas näher dar. Ich finde seine Gedankengänge höchst interessant und seine Ideen faszinierend. Er war der Ansicht, dass die NATO nicht nach Osten vordringen sollte. Er sprach auch über die Notwendigkeit, einen neuen militärischen Block in Zentral- und Osteuropa zu schaffen, ein Militärbündnis, an dem die Vereinigten Staaten und Russland beteiligt sein sollten. Im Rahmen dieses Bündnisses würden sich alle Staaten Zentral- und Osteuropas sicher fühlen. Aber auch die Sowjetunion und die USA sollten Teil dieser Allianz sein. Würde man diese Frage nicht so lösen, so Bahr, dann wäre Russland irgendwann isoliert, und es würde neue Bruchlinien in Europa geben. Wie die Geschichte gezeigt hat, hatte er absolut recht. Die sowjetische Führung hat diese historische Chance verspielt. Es gibt noch ein weiteres Zitat von Bahr, das sehr interessant ist. Er sagte: »Für mich ist es ausgesprochen seltsam, dass ich so spät und in meinem Alter mehr für die Interessen der Sowjetunion eintrete als die sowjetische Führung selbst. Aber ich tue das ganz bewusst, damit in Zukunft ein stabiles Umfeld für die Entwicklung Europas existieren kann, ohne Bruchlinien und ohne Konflikte.« Und dann merkte er noch an: »Wenn Sie nicht auf mich hören und in dieser Frage nachgeben, dann gibt es keinen Grund mehr für mich, nach Moskau zu kommen. Und dann komme ich auch nie wieder hierher.«

OS: *Das klingt wieder sehr idealistisch. Aber auch das war 1991, also vor einem Vierteljahrhundert. Mittlerweile hat sich die Situation geändert. Die aktuelle Lage sieht – wie erwähnt – so aus, dass das Pentagon allein dieses Jahr etwa 3,4 Milliarden Dollar in NATO-Aktivitäten in Osteuropa steckt. Vergangenes Jahr waren es noch 789 Millionen Dollar, also nicht einmal ein Viertel davon.*[101] *Damit zwingt man Russland, schwere Waffen und taktische Kernwaffen noch näher an die Grenze zu Polen und zu den baltischen Staaten zu verlegen, wahrscheinlich auch näher an die Ukraine. Somit stehen wir vor einer Eskalation, anders kann man das nicht bezeichnen.*

WP: Und eine weitere Eskalation ereignet sich gerade, weil die Vereinigten Staaten ihr Raketenabwehrsystem in Osteuropa stationieren, obwohl wir mehrmals Alternativen und Kooperationsszenarien vorgeschlagen haben.[102] Es gab einen Moment, als wir glaubten, unsere amerikanischen Partner würden tatsächlich über eine Umsetzung unserer Vorschläge nachdenken. Im persönlichen Gespräch erläuterte ich diese Vorschläge während meines Besuchs beim 41. Präsidenten - wenn ich mich nicht irre - der Vereinigten Staaten. Ich unterhielt mich mit George W. Bush in seinem Haus außerhalb der Stadt und erörterte ihm unsere Vorschläge näher. »Ja, das klingt sehr interessant«, sagte er damals. Aber mehr kam nicht dabei heraus. Die Vereinigten Staaten haben sich für ihren eigenen Weg entschieden und beschlossen, ihr Programm unilateral umzusetzen. Heute gibt es bereits Raketenabwehrsysteme in Rumänien; unseren Informationen nach sollen sie auch bald in Polen und im Mittelmeerraum stationiert werden. Das ist eine gesonderte Frage, die zweifelsohne eine russische Reaktion erfordert.

OS: *Glauben Sie, dass man in den USA wirklich über die russische Kernwaffenkapazität informiert ist – und sie auch versteht?*

WP: Nein, das glaube ich nicht. Ich glaube vielmehr, dass unsere Partner früher einmal der Ansicht waren, Russland wäre nicht imstande, auf ihre Herausforderungen zu reagieren. Sie hielten unsere Wirtschaft für zu schwach, da bestimmte Wirtschaftsbereiche in Russland von staatlichen Unternehmen dominiert waren, und unsere wissenschaftliche Forschung für chronisch unterfinanziert. Es gab sicher noch weitere Erwägungen dieser Art. Aber wie ich meine, kann heute jeder selbst sehen, dass Russland nicht nur imstande ist, diese Herausforderung anzunehmen, sondern dies auch mit Sicherheit tun wird.

OS: *Andererseits sind die Vereinigten Staaten ziemlich intelligent. Amerika wird von modernster Technik und leistungsfähigen Computern unterstützt. Wie war es also möglich, dass sie das Risiko nicht erkannten? Oder glaubten die USA einfach, besser bluffen zu können als Russland?*

WP: Ich möchte noch einmal unterstreichen, dass die Amerikaner den Eindruck hatten, die russische Rüstungsindustrie stünde kurz vor dem Zusammenbruch. Einige Würdenträger in den Vereinigten Staaten äußerten sogar öffentlich die Vermutung, dass alle russischen Atomraketen demnächst verrosten würden. Das sagten sie tatsächlich.

OS: *Gut, aber das war damals. Wie sieht es jetzt aus?*

WP: Jetzt ist das Programm bereits gestartet, und angeblich kann man es nur unter größten Schwierigkeiten wieder stoppen. Unsere Partner sind einfach nicht bereit, in einer so sensiblen Angelegenheit zusammenzuarbeiten. Ich will Sie noch einmal daran erinnern, was das bedeutet. Bei einer Zusammenarbeit in diesem Bereich findet man gemeinsam heraus, aus welchen Richtungen Raketen kommen könnten. Man gründet ein gemeinsames Zentrum zur Entscheidungsfindung und erarbeitet eine Methodik, wie die notwendigen Entscheidungen zu treffen sind. Würden wir diesen Weg gehen, dann käme es in Teilbereichen sicher auch zu einem Technologieaustausch. Genau das beinhaltete unser Vorschlag beziehungsweise schon der Entwurf dazu. Und dieser Vorschlag blieb ohne Antwort.

OS: *Wir leben in sehr seltsamen Zeiten, darüber haben wir ja letztes Mal schon gesprochen. Ich bezog mich damals auf die Ära in den 1960er-Jahren, als sich die Vereinigten Staaten der Sowjetunion weit überlegen fühlten und dachten, dass genau jetzt die richtige Zeit zum Zuschlagen wäre. Ich zog den Vergleich mit* Dr. Seltsam, *worauf Sie sagten, dass Sie den Film nie gesehen hätten. Jetzt befinden wir uns an einem Punkt, wo die USA eine Menge Informationen über Russland besitzen. Die Amerikaner können einfach nicht so dumm sein, die erheblichen Verbesserungen in der russischen Nukleartechnologie nicht zu erkennen. Seit Sie an die Macht gekommen sind, sind die Abfangraketen, die Flugzeuge und die Interkontinentalraketen in Russland um einiges besser geworden. Es soll sogar eine Interkontinentalrakete geben, die so schnell ist, dass sie New York in nur 24 Minuten erreichen kann.*

WP: Und das ist noch lange nicht alles, was uns zur Verfügung steht. Unsere Partner wissen das einerseits garantiert. Aber andererseits glauben sie offenbar, dass der derzeitige Stand von Wissenschaft und Technik in den Vereinigten Staaten so hoch und ihre Rüstungsindustrie so weit entwickelt ist, dass irgendein uneinholbarer Durchbruch knapp bevorsteht. Während wir uns hier unterhalten, laufen gerade Gespräche im internationalen Komitee für Rüstungskontrolle. Dieses Komitee wurde in den 1950er-Jahren von den Vereinten Nationen eingerichtet und ist bis heute aktiv. Das internationale Komitee ist in Russland tätig und befasst sich derzeit mit der Frage, wie man die Militarisierung des Weltraums verhindern könnte. Leider haben unsere amerikanischen Partner auch diesen Vorschlag blockiert.[103] Was sagt uns das? Wie es scheint, wollen unsere Partner den Weltraum sofort für militärische Zwecke nutzen – nicht nur zur Aufklärung, sondern auch zu anderen Zwecken. Uns ist klar, in welche Richtung das geht. Es gibt auch noch andere Dimensionen im Bereich der Hochtechnologie, auf die unsere Partner ein Monopol zu haben glauben. Aber da irren sie sich.

OS: ***Ich glaube, Sie haben recht. In mancher Hinsicht herrscht vielleicht noch Unklarheit, aber es gibt meines Wissens viele sehr intelligente Offiziere im Militär. Da existiert sicher eine Kluft zwischen dem Pentagon der alten Schule, dem harten militaristischen Kern, und dem neuen Pentagon, das sich mehr an der Realität und den konkreten Notwendigkeiten orientiert.***

WP: Na ja, Sie müssen es wissen, weil Sie immerhin Amerikaner sind. Wir können nur von Vermutungen ausgehen, was sich in der Realität und Praxis abspielt. Nehmen wir nur ein Beispiel: Angeblich mussten Raketenabwehrsysteme in Europa stationiert werden, weil man damit einer vom Iran ausgehenden Bedrohung durch Atomraketen entgegenwirken wollte. Mittlerweile steht dank der Politik von Präsident Obama und unserer Unterstützung die nukleare Bedrohung durch den Iran nicht mehr auf der internationalen Tagesordnung.[104] Und ohne übertreiben zu wollen – das war trotz aller kritischen Stimmen aus dem In- und Ausland eine großartige Leistung der Regierung Obama und auch ein persönlicher Sieg für ihn.

Der Atomvertrag bringt etliche Vorteile mit sich – um deutlich mehr Vorteile als Nachteile. Aber warum muss weiterhin ein Raketenabwehrsystem in Europa stationiert werden, wenn vom Iran jetzt keine nukleare Bedrohung mehr ausgeht? Trotzdem macht man einfach weiter damit.

OS: *Ja, es ist erschreckend.*

WP: Da stellt sich natürlich die Frage, ob unsere Partner wenigstens in dieser Frage aufrichtig waren.

OS: *Es ist eine seltsame Geschichte, ein bisschen wie* Alice im Wunderland, *falls Sie dieses Buch kennen. Man könnte behaupten, dass den Vereinigten Staaten die Bedrohung für Europa einfach egal ist. Sie fürchten sich einfach vor der Existenz Russlands. Europa ist in Wahrheit kein Thema für sie, es dreht sich alles um die USA und Russland. Und wenn die Vereinigten Staaten Russland ausschalten wollen, müssen sie die Europäische Union am Laufen halten. Außerdem müssen sie alles dafür tun, damit die NATO das Gefühl hat, sie sei mächtig und hätte etwas zu sagen. Aber die USA sind meiner Ansicht nach auch sehr mächtig – und ihre Macht ist die, die wirklich zählt.*

Kommen wir auf die Politik der Vereinigten Staaten gegenüber Russland zurück. Von Anfang an, also seit der Revolution des Jahres 1917, war dies eine Politik, die von der Wall Street gesteuert wurde und den Kommunismus vernichten sollte. Sie wandte sich gegen die bloße Idee, dass die Arbeiterklasse eine Gesellschaft regieren könnte. Dabei darf man nicht vergessen, dass die Wall Street 1917 noch mindestens genauso mächtig war wie die amerikanische Regierung. Die Regierung erlangte erst durch Roosevelt mehr Macht.

WP: Sie haben mir jetzt keine Frage gestellt, sondern einfach nur gesagt, was Sie denken. Aber im Großen und Ganzen würde ich Ihnen zustimmen, abgesehen von der Sache mit der Machtergreifung durch die Arbeiterklasse. Wir wollen doch hier ganz offen sprechen … die Arbeiterklasse war in der Sowjetunion ganz sicher nicht die herrschende Klasse.

OS: *Ich habe mich auch auf die Vereinigten Staaten bezogen. Die Wall Street machte sich Sorgen, dass die Arbeiterklasse in den USA an Macht gewinnen könnte. Und damit wurde die Sowjetunion zum brauchbaren Feind für sie, und die USA stellten auf Kriegswirtschaft um. Der erste große Krieg war zwar der Erste Weltkrieg, aber erst mit dem Zweiten Weltkrieg wurden die Vereinigten Staaten ein militärisch-industrieller Komplex. Wir brauchten einen Feind, um all diese Waffen konstruieren zu können.*

WP: Ich glaube auch, dass es in Wahrheit nicht so sehr um ideologische Motive geht, sondern eher um eine geopolitische Rivalität. Der große Fehler ist, dass unsere Partner in den Vereinigten Staaten Russland bis heute so behandeln, als wären wir ihr größter geopolitischer Konkurrent. Dabei gibt es so viele Betätigungsfelder, in denen eine Kooperation zweifellos zu positiven Ergebnissen für Russland, die Vereinigten Staaten und die ganze Welt führen würde.

OS: *Stimmt schon. Aber wir haben über die Möglichkeit von Fehlern, Irrtümern und einer falschen Wahrnehmung gesprochen. Und darüber, dass viele Leute sich vielleicht gar nicht vergegenwärtigen, wie mächtig Russlands Atomwaffenarsenal ist. Die Vereinigten Staaten konzentrieren sich also in erster Linie auf die Zerstörung Ihrer Wirtschaft. Und wahrscheinlich denken einige Leute in meinem Land so: Wenn das Land erst einmal zerstört und seine politische Führung – und damit sind Sie gemeint, Herr Putin – ausgetauscht und durch eine formbarere Persönlichkeit ersetzt worden ist, können sie die Macht in Russland übernehmen. Und erst dann werden sie auch die russische Nuklearindustrie kaputtmachen oder für ihre eigenen Zwecke nutzen.*

WP: Vielleicht gibt es wirklich jemanden, der so denkt. Und ich kann sogar verstehen, dass wahrscheinlich eine Menge Leute solche Ziele anstreben. Trotzdem bin ich der Überzeugung, dass ein genereller Mangel an Verständnis für unser Land herrscht. Man scheint zu glauben, dass sich alles um gewisse Leute, bestimmte Persönlichkeiten und die Gegenwart dreht.

Dabei ist das Wichtigste in Russland das russische Volk und sein Selbstbewusstsein. Die innere Befindlichkeit des russischen Volkes, die Tatsache, dass das russische Volk nicht ohne Souveränität existieren kann und nur in einem souveränen Land leben will. Nur aus diesem Grund – und nicht wegen eines eventuell drohenden Atomkriegs – sollten unsere Partner sich dazu entscheiden, langfristige Beziehungen zu Russland aufzubauen. Dann müssten sie auch nicht mehr so viel Geld für ihren Verteidigungssektor ausgeben. Nur zum Vergleich: Im vergangenen Jahr hatten wir ein Verteidigungsbudget von umgerechnet 40 Milliarden Dollar, während die Vereinigten Staaten mehr als 460 Milliarden Dollar in diesem Bereich ausgaben, also mehr als das Zehnfache. Und dieses Jahr wird sich der Verteidigungshaushalt der USA auf mehr als 600 Milliarden Dollar belaufen. Das ist einfach zu viel – mehr als die Verteidigungsausgaben aller anderen Länder der Welt zusammengenommen.[105]

OS: *Da stimme ich voll und ganz mit Ihnen überein. In unserer Dokumentarserie* Oliver Stone – Die Geschichte Amerikas *haben wir diesem Thema, also der Seele des russischen Volkes im Zweiten Weltkrieg, viel Platz gewidmet. Mir ist klar, dass Russland nicht aufgeben, sondern bis zum Ende am bestehenden Wirtschaftssystem festhalten wird. Unter Stalin haben viele Russen ihren Schmuck und ihre persönlichen Besitztümer hergegeben, alles bis zum letzten Dollar, um die Regierung im Kampf gegen die Nazis zu unterstützen.*

WP: Es geht nicht um den letzten Dollar, es geht um das Leben. Unser Volk kämpfte bis zum letzten Atemzug – für sein Leben.

OS: *Aber die Zeiten ändern sich. Vielleicht denkt man in Amerika ja nur, dass auch schon andere große Reiche und mächtige Staaten unbedeutend geworden sind. Großbritannien, Frankreich und Deutschland waren sehr mächtig, blicken auf eine lange Geschichte zurück und herrschten über Imperien. Frankreich, die Heimat meiner Mutter, wo ich teilweise aufgewachsen bin, das britische Empire, das Deutsche Reich … wo sind sie heute?*

WP: Es gab zwei Weltkriege, also ist diese Entwicklung durchaus verständlich.

OS: *Das schon, aber worauf ich hinauswill, ist die Hypothese, dass der Materialismus zu funktionieren scheint. Nach dem Zweiten Weltkrieg wurden aus all diesen Ländern im Grunde amerikanische Satellitenstaaten, die im Wesentlichen nur mehr so handeln, wie Amerika es wünscht. Ich finde das erschreckend, weil es eine Entwicklung ist, die sich zu meinen Lebzeiten abgespielt hat. Ich erinnere mich noch an die Zeit, als Charles de Gaulle 1960 die amerikanische Machterweiterung in Europa ablehnte und die NATO-Mitgliedschaft Frankreichs beendete.*[106] *Er wollte die Vereinigten Staaten nicht mehr in seinem Land haben, das war eine sehr starke und deutliche Haltung. Wann haben wir seither in Europa etwas Ähnliches gesehen? Frau Merkel tut anscheinend immer genau das, was die Amerikaner wollen, so wie früher schon Adenauer, und auch England folgt grundsätzlich unseren Befehlen. Es macht mir Sorgen, dass ich in diesen Ländern kein bisschen Unabhängigkeit beobachten kann.*

Und ich befürchte, dass sich diese Entwicklung fortsetzen könnte. Der Materialismus wird sich im Lauf der Zeit überall einschleichen. Es war absolut erstaunlich, wie diese Nichtregierungsorganisationen dem Volk und den Politikern in der Ukraine einreden konnten: »Schließt euch Europa an, dann werdet ihr reich. Der Materialismus funktioniert. Wir wollen den American Way of Life.«[107] *Damit werben sie. Und ich fürchte, dass sie damit auch in Ihrem Land erfolgreich sein könnten, wenn sie mit ihren Kampagnen in den Mainstream-Medien und sozialen Medien das schöne Leben à la USA propagieren.*

WP: Meiner Ansicht nach gibt es ganz andere Dinge, die wir fürchten müssen. Wie abhängig die von Ihnen genannten Länder auch von ihrem Schirmherrn, den Vereinigten Staaten, sein mögen, sowohl in wirtschaftlicher Hinsicht als auch in Sachen Information, Politik und Sicherheit … in all diesen Ländern können wir eine stetige Bewegung zur Souveränität hin beobachten. Dieser Trend ist nicht zu leugnen.

Derzeit kann man in Europa noch eine Stärkung des amerikanischen Einflusses feststellen. Das ist zum Teil auf die osteuropäischen Länder zurückzuführen, die nach wie vor nach einem alten Paradigma leben, nämlich dem des Kampfes gegen eine beherrschende Kultur. Sie verhalten sich noch immer so, als müssten sie Widerstand gegen die dominierende Macht der Sowjetunion leisten. In einem gewissen Maße ist dies auch in Russland noch der Fall, aber das wird sich früher oder später legen. Und auch für die westlichen Staaten wird es sich bald als notwendig erweisen, eine neue Qualität von Beziehungen aufzubauen, die auf dem Respekt voreinander, vor den politischen Partnern, deren Interessen und deren Souveränität gründen.

Ich beziehe mich jetzt vor allem auf die Staaten, in denen es große amerikanische Militärstützpunkte gab. Ich will nicht behaupten, dass es sich dabei um Besatzungstruppen gehandelt hat, aber die Stationierung starker militärischer Einheiten eines fremden Landes auf eigenem Boden sagt einiges über die Innenpolitik dieser Staaten aus. Schon aus diesem Grund wäre es empfehlenswert, wenn die betroffenen Staaten beim Aufbau politischer Beziehungen darüber nachdächten, wohin sich die Lage in naher Zukunft entwickeln wird. Stattdessen lassen sie aber – soweit ich das beobachten kann – eher zu, dass unsere amerikanischen Partner ihre Verbündeten noch enger an sich binden. Leider setzt man dabei nicht auf eine neue Art politischer Beziehungen innerhalb der westlichen Welt, sondern versucht eine gemeinsame Bedrohung von außen zu konstruieren. Und diese Bedrohung wird so dargestellt, dass sich die erwähnten Länder nur sicher fühlen, wenn sie ihr Schicksal noch mehr mit dem der Vereinigten Staaten verknüpfen.

Man muss zugeben, dass unsere amerikanischen Partner mit dieser Methode einen gewissen taktischen Erfolg erzielt haben. Durch das Auslösen der Ukraine-Krise ist es ihnen gelungen, eine solche Stimmung gegen Russland zu erzeugen. Russland wird heute von vielen wieder als Feind und potenzieller Angreifer betrachtet. Und sie haben uns dazu gebracht, auf ihre Handlungen zu reagieren. Dennoch wird wahrscheinlich bald jeder erkennen, dass Russland keine wie auch immer geartete Bedrohung darstellt – weder für die baltischen Staaten noch für Ost- oder Westeuropa. Je größer das Missverständnis ist, desto stärker wird in diesen Ländern auch der Wunsch nach einer Bewahrung der eigenen Souveränität und einem Eintreten für die nationalstaatlichen Interessen des jeweiligen Landes werden. Ich spreche jetzt nur über die europäischen Staaten. Aber auch im Fernen Osten, zum Beispiel in Japan, reagiert man sehr sensibel auf jedes Anzeichen für eine mögliche Missachtung und Respektlosigkeit von anderer Seite. Japan ist eine Nation, die sehr auf Würde und Selbstachtung setzt.

Insgesamt kann ich Ihnen aber versichern, dass dieser ständige Druck für niemanden erfreulich ist. Früher oder später wird er Folgen haben, unweigerlich. Und es ist mit Sicherheit vorzuziehen, wenn wir diese Folgen in Form eines Dialogs klären können. Natürlich kann man weiterhin Nordkorea oder andere Länder heranziehen, um eine Bedrohungslage aufzubauen und die Spannungen zu erhöhen. Meiner Ansicht nach wäre es im Moment aber viel wichtiger, zu einem neuen Paradigma überzugehen, einer neuen Philosophie der zwischenstaatlichen Beziehungen.

OS: ***Ich wünsche Ihnen viel Glück dabei, aber …***

WP: Und dieses Paradigma sollte auf der Achtung vor den Interessen anderer Länder und vor der Souveränität anderer Völker aufbauen. Es nützt auf Dauer nichts, Menschen und Staaten mit einer künstlich aufgebauten Bedrohung von außen einzuschüchtern, derer man sich angeblich nur mithilfe der Vereinigten Staaten erwehren kann. Dieses Paradigma wird früher oder später einem neuen weichen müssen.

OS: ***Eine kurze Zwischenfrage: Warum hat der Iran beim Nuklearabkommen nachgegeben? Warum wollte man die USA unbedingt glücklich machen?***

WP: Das müssen Sie den Iran fragen. Die iranische Führung hat ja immer beteuert, dass ihr Atomprogramm den Bau von Kernwaffen nicht beinhaltet. Aber um ehrlich zu sein: Wir müssen die Grundlagen des Völkerrechts stärken, um die Sicherheit nicht nur der größten Länder, sondern auch kleinerer Staaten zu gewährleisten. Sonst wird es immer wieder Länder geben, die sich um jeden Preis schützen wollen, selbst durch den Bau oder die Beschaffung von Massenvernichtungswaffen. Aber der Iran hat nie behauptet, dass er eine Atombombe will. Es gab nie einen wirklich begründeten Verdacht in diese Richtung, weil keine konkreten Beweise vorlagen. Doch der Verdacht wurde öffentlich gemacht, und darum hat der Iran auch das Nuklearabkommen unterzeichnet. Man wollte damit wahrscheinlich nur die Beziehungen zu den Vereinigten Staaten und den anderen Ländern normalisieren, die wegen dieser Verdachtsmomente besorgt waren.[108]

OS: ***Was werden Sie mit dem Uran tun, das Sie vom Iran erhalten haben?***

WP: Wir werden es verarbeiten und daraus Kernbrennstoff machen, der zu friedlichen Zwecken eingesetzt wird.

OS: ***Ich weiß, dass Sie müde sind, daher möchte ich Ihnen jetzt nur noch eine letzte Frage stellen …***

WP: Ich bin nicht müde. Aber wenn es wirklich die letzte Frage ist, dann sollte es eine gute sein.

OS: ***Es ist eher eine, die Spaß machen soll. Was halten Sie von den Kandidaten bei den bevorstehenden US-Präsidentschaftswahlen?***

WP: Ich glaube, das amerikanische Volk wird sich für den Kandidaten entscheiden, der dieses Amt verdient hat.

OS: ***Nein, wir wollen hören, was Sie wirklich denken – ganz privat. Das sind ja wirklich Typen, von denen die meisten Leute fasziniert sind.***

WP: Ich kenne die Kandidaten nicht sehr gut, manche sogar überhaupt nicht, die sehe ich auch nur im Fernsehen. Wenn jemand in einen Kampf verwickelt ist, vor allem in einen Wahlkampf so kurz vor der Wahl, dann zeigt er einige seiner Qualitäten. Aber im Wahlkampf sieht man nicht alle

Eigenschaften einer Person. Für Routinearbeit – sei sie nun innen- oder außenpolitisch oder auf wirtschaftlicher Ebene – benötigt man nämlich ganz andere Qualitäten als für Diskussionen, Versammlungen oder Kundgebungen. Wir sind jedenfalls zur Zusammenarbeit mit der Person bereit, für die sich das amerikanische Volk entscheiden wird. Das habe ich schon zu mehreren Anlässen festgehalten, und das stimmt auch. Ich glaube, dass sich ohnehin nichts Grundlegendes ändern wird, egal wer an die Macht kommt.

OS: *Was halten Sie von Bernie Sanders? Wären Sie froh über ihn als Präsidenten?*

WP: Das ist nicht unsere Entscheidung. Es geht nicht darum, ob wir froh sein werden oder jemanden mögen. Ich kann nur das Folgende sagen – und ich habe einige Erfahrung im Bereich der Kommunikation: Die Bürokratie der Vereinigten Staaten ist sehr mächtig. Sie hat eine gewaltige Macht. Und es gibt vieles an den Kandidaten, das man erst wahrnimmt, wenn sie Präsident geworden sind. In dem Augenblick, wenn es an die eigentliche Arbeit geht, wird die betreffende Person erst merken, wie hoch die Belastung ist.

OS: *Meine Frage über Sanders haben Sie jetzt aber nicht beantwortet.*

WP: Sie können das, was ich gerade gesagt habe, als Antwort auf Ihre Frage werten.

OS: *[lacht]*

WP: Mein Kollege Obama hat versprochen, Guantanamo zu schließen. Er hat dieses Versprechen nicht gehalten.

OS: *Da ist was dran.*

WP: Ich bin aber davon überzeugt, dass er es wirklich tun wollte. Er will es noch jetzt, aber er hat es nicht geschafft. Man sollte also nie vergessen, was jemand vor den Wahlen verspricht. Aber man muss nicht unbedingt damit rechnen, dass es auch passiert.

OS: *Ist Ihnen eigentlich klar, welchen Einfluss Sie mit Ihrer Antwort ausüben könnten? Wenn Sie jetzt sagen, Ihnen ist Kandidat X lieber, dann würden sehr viele Amerikaner automatisch den Kandidaten Y wählen. Eine konkrete Aussage Ihrerseits würde ziemliche Wellen schlagen. Wenn Sie jemanden schätzen, reduzieren Sie damit ihre oder seine Chancen, gewählt zu werden. Nehmen wir nur einmal an, Sie würden sagen, dass Sie Donald Trump hassen oder fürchten, weil er ein Irrer ist, okay? Was würde passieren? Trump wäre der sichere Wahlgewinner. So viel Macht haben Sie in den USA.*

WP: Im Gegensatz zu vielen unserer Partner pflegen wir uns nicht in die innenpolitischen Angelegenheiten anderer Länder einzumischen. An dieses Prinzip halten wir uns sehr strikt bei unserer Arbeit.

OS: *Warum hasst man Sie dann in den USA so?*

WP: Diese Frage haben Sie am Beginn unseres Gesprächs bereits selbst beantwortet. Die herrschende Klasse ist davon überzeugt, Russland bekämpfen, einschränken und in seiner Entwicklung behindern zu müssen. Gehirnwäsche ist mit Sicherheit eines der Werkzeuge, mit denen das nötige politische Umfeld zum Erreichen dieser Ziele geschaffen wird. Aber diese Ziele sind ebenso falsch, wie diese Politik verfehlt ist. Ich hoffe, dass wir nach der Wahl eines neuen amerikanischen Präsidenten Beziehungen aufbauen können, die zu einem positiven Paradigmenwandel zwischen Russland und den Vereinigten Staaten führen werden.

OS: *Okay, vielen Dank! Wir sehen uns morgen wieder.*

Zweite Reise

6

Zweiter Tag
20. Februar 2016

OS: *Hallo, Herr Präsident! Wie geht es Ihnen heute?*

WP: Wie geht es Ihnen?

OS: *Ich bin ein wenig müde. Bis vor Kurzem habe ich da hinten noch geschlafen. Aber Sie sehen heute besser aus.*

WP: Sie waren wie ein Bär im Winterschlaf. [Gelächter]

OS: *Ja, in Russland ist eben alles anders. Ich gehe später schlafen, und ich wache später auf. Mein Körper weiß nicht mehr, ob es Tag oder Nacht ist.*

WP: Es ist sehr schwierig, das kann ich verstehen.

OS: *Aber Sie wirken heute besser gelaunt als gestern Abend.*

WP: Ja, gestern hatte ich auch abends noch viel zu tun.

OS: *Man hat es Ihnen angesehen.*

WP: Heute konnte ich mich mit wirtschaftlichen Dingen befassen. Das mache ich viel lieber.

Wirtschaftswissenschaft

OS: *Mögen Sie die Wirtschaftswissenschaft?*

WP: Ja. Es ist immer interessanter, wenn man sich mit konkreten Fragen befassen kann.

OS: *Aber Wirtschaftsfragen sind doch nie konkret.*

WP: Wenn es dabei um Finanzwirtschaft, die Finanzierung konkreter Programme und gesellschaftliche Probleme geht, dann schon. Es waren also sehr wohl konkrete Fragen.

OS: *Die Wirtschaftswissenschaft arbeitet immer mit Prognosen. Sie bezeichnet sich zwar als Sozialwissenschaft, liegt aber mit ihren Prognosen im Allgemeinen voll daneben. [Gelächter]*

WP: Na ja, wenigstens haben wir so ein paar Bezugsgrößen, an denen wir uns orientieren können. Aber Sie haben recht, es gibt da auch jede Menge Unsicherheiten und unbekannte Faktoren. Trotzdem müssen Entscheidungen getroffen werden. Für mich ist die Wirtschaftswissenschaft ja eher so etwas wie eine Kunst.

OS: *Mehr Kunst als Wissenschaft, meinen Sie?*

WP: Eine Wissenschaft ist sie natürlich auch, daran besteht kein Zweifel. Aber eine sehr komplizierte …

OS: *Die chinesischen Kaiser ließen jedes Jahr den jeweiligen Wirtschaftsminister köpfen, wenn seine Prognosen nicht eingetroffen waren.*

WP: Ja. [lacht]

OS: *Sergei Glasjew? Heißt er so – Ihr Stellvertreter?*[109]

WP: Derzeit ist er mein Berater.

OS: *Aha. Er hat jedenfalls ein paar sehr interessante Dinge gesagt. Wie eng arbeiten Sie mit ihm zusammen? Er ist Wirtschaftswissenschaftler, richtig?*

WP: Ja, Wirtschaftswissenschaftler. Er ist höchst talentiert, hat aber seine eigenen Ansichten zur Entwicklung der russischen Wirtschaft und der Weltwirtschaft. Deshalb liegt er auch dauernd im Streit mit dem wirtschaftlichen Teil der Regierung.

OS: *Ja, mit den Leuten von der Zentralbank. Ich habe gehört, dass er schockierende Dinge von sich gegeben hat, zum Beispiel, dass Russland Währungskontrollen einführen soll.*

WP: Ja, eine Kontrolle, ein paar Einschränkungen – eine Begrenzung der Kapitalbewegungen, also des Kapitalexports.

OS: *Aber Sie haben die meisten seiner Vorschläge nicht umgesetzt.*

WP: Wir haben diese Maßnahmen nicht getroffen und werden dies auch nicht tun. Aber es ist immer nützlich, sich Meinungen anzuhören, die den momentan herrschenden Ansichten widersprechen.

OS: *Er muss die Zentralbanker jedenfalls ziemlich verärgert haben.*

WP: Die Zentralbank ist nicht sehr glücklich mit ihm, und er ist nicht sehr glücklich mit der Zentralbank. Das ist normal.

OS: *Ist mir klar. Wir haben gestern Abend darüber geredet, aber ich habe etwas zu erwähnen vergessen. Ich kenne die brasilianische Präsidentin Dilma Rousseff. Bei ihr habe ich das Gefühl, dass ihre Regierung von den Zentralbankern Brasiliens in keiner Richtung unterstützt wird.*

WP: Darüber sollten Sie wahrscheinlich besser mit ihr reden. Sie ist eine sehr prominente Frau. Und eine gute Politikerin.

OS: *Gehen wir ein bisschen herum, damit die Kamera den Raum aufnehmen kann?*

WP: Wir befinden uns im Thronsaal. Dort in der Mitte steht der Zarenthron, daneben der Thron der Zarenmutter. Der Saal wird auch Andreassaal genannt – dort sehen Sie das Zeichen des heiligen Andreas, das auch den höchsten Orden des früheren russischen Reichs ziert.[110]

OS: *Sie wissen ja, dass man über Sie behauptet, Sie wollten Zar werden. Das steht sogar ganz groß auf Zeitschriften-Covers.*

WP: Ich glaube, das gefällt vielen Leuten … und deswegen sage ich es auch. [Gelächter] Sie können sich einfach nicht von diesen alten Klischees lösen.

OS: *Aber Sie haben im Interview mit Charlie Rose eine Bemerkung von ihm durchgehen lassen, die Sie meiner Meinung nach hätten korrigieren sollen. Er ist da einfach zu weit gegangen. Ich habe genau zugehört, er war sehr suggestiv und unterstellte Ihnen: »Sie haben die gesamte Macht, Sie können tun, was Sie wollen.« Das hat er deutlich ausgesprochen, und das ist es auch, was viele Amerikaner glauben – dass es hier kein demokratisches System gibt. Und Sie haben ihm nicht widersprochen.*[111]

WP: Die Frage ist ja auch gar nicht, wie viel Macht man hat, sondern ob man diese Macht auf richtige Art nutzt. Wenn jemand behauptet, dass es ihm in irgendeiner Hinsicht an Macht fehlt, ist das garantiert einer von den Menschen, die mit Macht sowieso nicht umgehen können. Diese Leute glauben dann, dass sie immer mehr Macht brauchen. Und sie schauen immer neidisch auf die Leute, die mehr Macht als sie haben. Oder zumindest mehr Macht, als sie bei sich selbst vermuten und mit der sie ohnehin nicht effizient umgehen können.

OS: *Dann sollten Sie vielleicht Ihren Dolmetscher erschießen lassen. [zu Sergei] Waren Sie das? Ich glaube nämlich, Sie haben die Frage nicht verstanden, zu der Sie Rose so suggestiv hingeleitet hat. Auf Englisch kam das nämlich so rüber, als wären Sie der Zar und nähmen das auch selbstverständlich hin. Das habe ich gemeint.*

WP: Er hat wahrscheinlich versucht, mich in eine Diskussion darüber zu verwickeln. Aber ich wollte nicht mit ihm diskutieren und darüber streiten, weil ich wahrlich genug zu tun habe.

OS: *Insgesamt lief das Interview aber positiv für Sie, glaube ich. Ich fand Sie ganz ausgezeichnet. Ein paar Sachen sind Ihnen entgangen, aber Charlie Rose ist wie ein Schachspieler. Er versucht Sie in eine Falle zu locken und dabei die Ansichten der amerikanischen Öffentlichkeit zu bekräftigen. So kommt es mir wenigstens vor.*

WP: Ich will gar nicht erreichen, dass mir jemand glaubt. Ich versuche nur, meinen Standpunkt zu bestimmten Themen so klar und deutlich zu vermitteln wie möglich. Die Leute müssen selbst zu dem Schluss gelangen, ob sie meine Handlungen für richtig halten und ob sie mir glauben oder nicht.

OS: *Das wäre ideal. Aber Sie müssen auch die amerikanische Medienlandschaft durchschauen, vor allem in diesem Wahljahr. Da geht es nur um Oberflächlichkeiten und den kleinsten gemeinsamen Nenner.*

WP: Das trifft leider auf alle Länder zu, fürchte ich.

OS: *Sie sind ein Mensch, der viel nachdenkt und sehr redegewandt ist. Sie können Ihre Argumente klar und deutlich präsentieren. Mein Produ-*

zent Fernando meinte, ich solle Ihnen unbedingt eine Frage stellen: Gibt es auch Momente, in denen Sie durchdrehen? Er sagt, Sie reagieren auf jede Frage so vernünftig – haben Sie nie einen schlechten Tag?

WP: Ich bin keine Frau, also habe ich keine schlechten Tage.

OS: *[lacht] Na bitte. Jetzt beleidigen Sie schnell noch 50 Prozent der amerikanischen Öffentlichkeit. Zumindest wird man das bei uns so sehen.*

WP: Ich will überhaupt niemanden beleidigen. Aber so ist es halt in der Natur.

OS: *Sie halten Frauen also für gefühlsbetonter – und Sie selbst wollen nicht, dass Ihre Gefühle sich plötzlich hineindrängen und Ihre Vernunft bestimmen.*

WP: Es gibt einfach bestimmte natürliche Zyklen. Wahrscheinlich gibt es die auch bei Männern, aber da sind sie weniger ausgeprägt. Ich glaube, jeder Mensch hat schwierige Tage und dann wieder Tage, an denen er besser funktioniert. Wir sind alle Menschen, also ist das ganz normal.

OS: *Und wie ist das nun bei Ihnen? Haben Sie auch schlechte Tage?*

WP: Ja, sicher. Es gibt Tage, an denen ich einfach in Arbeit untergehe. Manchmal erreiche ich ein bestimmtes Ziel nicht. Manchmal zweifle ich lange, bevor ich zur besten Lösung gelange. Aber im Großen und Ganzen ist es einfach ein Arbeitsprozess, ein Prozess, bei dem man Entscheidungen treffen muss. Und der ist durchaus positiv.

OS: *Aber wen schreien Sie am liebsten an? Dmitri? Lassen Sie es an Dmitri aus, wenn Sie einmal wütend sind?*

WP: Ich teile meine Bedenken mit meinen Mitarbeitern in jenen Bereichen, die sie direkt betreffen. Zum Beispiel, wenn ich eine Besprechung mit der

Leiterin der Zentralbank und meinem Berater in Wirtschaftsfragen habe. Oder mit den für die Wirtschaft zuständigen Mitgliedern der Regierung. Nach unserem Termin werde ich mich mit dem Verteidigungsminister und dem Chef des Geheimdiensts treffen.

OS: *Heute noch?*

WP: Ja, nach unserem Interviewtermin.

OS: *Warum sagen Sie die Besprechung nicht ab und verschieben sie auf Montag, damit Sie einen Tag freihaben?*

WP: Aus Respekt vor unseren amerikanischen Partnern.

OS: *Wie das?*

WP: Weil wir im Augenblick mit unseren amerikanischen Freunden in einem aktiven Dialog über eine ganze Reihe internationaler Fragen stehen, zu denen wir Entscheidungen treffen müssen.

Syrien

OS: *Bedeutet das, dass Sie gerade über Syrien sprechen?*

WP: Ja, unter anderem auch über Syrien.

OS: *Das sind aktuelle Neuigkeiten. Auch wir sollten über Syrien sprechen, weil wir gestern Abend nicht mehr dazu gekommen sind. Wo wird Ihrer Ansicht nach die Entwicklung in Syrien hinführen? Wo steht Russland in dieser Sache?*

WP: Ich glaube, dass wir auf dem richtigen Weg sind und auf eine annehmbare Lösung zusteuern. Es ist eine dieser Situationen, in der kein Land unilateral zu einer Lösung gelangen kann.

OS: *[zu Dmitri] Dmitri, schreit er Sie manchmal an?*

DP: Nein, nie.

WP: Ich schreie überhaupt nie. Wenn geschrien wird, hört man nämlich nicht gut. Und es ist wichtig, dass Gesprächspartner alles hören und verstehen. Wenn man schreit und die Stimme erhebt, ist es für andere oft schwer, den Sinn des Gesagten zu begreifen.

OS: *Also lassen Sie Ihre aggressive Energie morgens beim Judo oder beim Fitnesstraining heraus.*

WP: Ja, ich versuche es zumindest. Dazu braucht man auch Adrenalin.

OS: *Ja, und einen guten Gegner.*

WP: Richtig.

OS: *Haben Sie einen Trainer oder Judomeister?*

WP: Nein. Früher hatte ich einen, aber jetzt bin ich der Meister, glaube ich. Einen Trainer brauchen eher die Sportler, die an Wettbewerben teilnehmen und ihr Können verbessern wollen. Ich mache Judo nur wegen der körperlichen Betätigung. Außerdem betreibe ich den Sport seit meinem 13. oder 14. Lebensjahr regelmäßig. Da gab es nie eine Pause.

OS: *Kommen wir zurück zu Syrien. Können Sie uns erklären, warum Sie Truppen nach Syrien geschickt haben? Was war die Absicht dahinter? Würden Sie uns etwas über die Hintergründe und die aktuelle Lage erzählen?*

WP: Das ist ganz einfach zu erklären. Wir haben ja gesehen, was in einigen Ländern dieser Region geschehen ist. Ich beziehe mich hier vor allem auf den Irak und Libyen. Dem ägyptischen Präsidenten el-Sisi ist dieses Schicksal erspart geblieben, weil die Ereignisse in Ägypten anders abliefen. Andere Länder befinden sich derzeit ebenfalls in einer schwierigen Lage. Aber in Libyen und im Irak kam es zu Tragödien, weil man die dort herrschenden Regierungen mit Gewalt abgesetzt hat. Man hat sie nicht nur von der Macht verdrängt, sondern buchstäblich vernichtet und die politische Führung eliminiert.

Wir wollen nicht, dass etwas Ähnliches auch in Syrien passiert, weil ansonsten die gesamte Region ins Chaos stürzen würde. Darüber hinaus würde durch eine Wiederholung der Ereignisse, die sich in Libyen abgespielt haben, die Position radikaler, terroristischer Organisationen nicht nur in Syrien stark gefestigt. Die sind jetzt schon sehr mächtig, weil sie die Kontrolle über ungeheure Mengen des Erdöls haben, das in dieser Region gefördert wird.

OS: *Wer sind »die«? Terroristen?*

WP: Ja, Terroristen. Sie verkaufen Museumsschätze und wertvolle Kulturgüter, erhalten Hilfe aus dem Ausland und sind durch all das sehr mächtig geworden. Wir sollten verhindern, dass sie noch mächtiger werden, weil diese Leute ein Kalifat errichten wollen, das sich von Südeuropa bis Zentralasien erstreckt.

OS: *Okay. Und das ist in diesem Fall Ihre größte Sorge?*

WP: Es ist unsere größte Sorge. Wir haben aber auch einige pragmatische Ziele. Immerhin sind Tausende Kämpfer aus ehemaligen Sowjetrepubliken und Russland dort im Einsatz. Diese Leute könnten jederzeit nach Russland zurückkehren, und das wollen wir verhindern. Aus all den genannten Gründen haben wir die Maßnahmen ergriffen, die Ihnen ja schon bekannt sind. Gleichzeitig wissen wir sehr genau, dass die derzeitige politische Führung Syriens beim Aufbau von Beziehungen innerhalb ihres Landes bestimmte Fehler gemacht hat. Deshalb führten wir auch Gespräche mit Präsident Assad, bevor wir diese Entscheidung trafen. Er sagte uns, dass auch ihm die Probleme im eigenen Land bewusst seien. Er ist nicht nur bereit, das Gespräch mit oppositionellen Gruppen – sogar der bewaffneten Opposition – zu suchen, sondern will auch zusammen mit diesen Gruppen an der Ausarbeitung einer neuen Verfassung arbeiten.[112] Und er stimmt sogar vorgezogenen Präsidentenwahlen zu, die unter strenger internationaler Aufsicht durchgeführt werden sollen.

OS: *Tatsächlich?*

WP: Aber zuerst müssen sich alle Beteiligten auf eine neue Verfassung einigen, die dann auch verabschiedet wird. Das ist eine sehr schwierige Aufgabe und ein äußerst komplizierter Vorgang. Wenn Syrien das gelingt, können dort einige Zeit danach vorgezogene Wahlen stattfinden. Ich halte das für die beste Lösung – eine demokratische Methode zur Klärung strittiger Fragen und zum Aufbau eines neuen Regierungssystems.

OS: *Können wir noch einmal kurz auf die Fehler zurückkommen, die Assad begangen hat?*

WP: Ich glaube nicht, dass es mir zusteht, über die Fehler von Staatsoberhäuptern und anderen Regierungen zu sprechen, weil es sich dabei schließlich um meine Amtskollegen handelt. Doch welche Fehler er auch immer begangen haben mag, die Situation in Syrien hätte sich ohne äußere Einmischung nie so entwickelt. Wenn wir hören, dass Präsident Assad in Konflikt mit seinem Volk steht, so ist dies nicht die ganze Wahrheit. Wir wissen nur, was der IS behauptet, doch dieser Organisation gehören sehr viele Söldner an, die gar keine syrischen Staatsbürger sind. Da liegt der Gedanke schon viel näher, in Syrien eine politische Führung zu etablieren, die allen ethnischen und religiösen Gruppen das Gefühl gibt, am Staat teilzuhaben und an der Regierung beteiligt zu sein. Diese Gruppen sollten außerdem das Gefühl haben, unabhängig zu sein und keinem Druck von außen zu unterliegen. Und sie sollten sich auch sicher fühlen, das ist das Wichtigste.

OS: ***Meinen Sie Länder wie die Türkei, wenn Sie von äußerer Einmischung sprechen? Oder geht es um Saudi-Arabien? Oder Israel? Oder im Endeffekt auch um die Vereinigten Staaten, Frankreich und England?***

WP: Israel ist in geringerem Maße daran beteiligt. Nach dem zu urteilen, was wir sehen und wissen, geht es Israel in erster Linie darum, die Verbreitung radikaler Gruppierungen einzudämmen, die Israel schaden könnten. Als ich über Einmischungen von außen sprach, meinte ich damit jene Interessengruppen, die terroristische Organisationen finanzieren und mit Waffen versorgen, ihnen Öl abkaufen und sie dadurch noch reicher machen. Wer das ist? Das lässt sich sehr leicht feststellen, dazu braucht man kein Experte oder Geheimdienstler zu sein.

Die russischen Beziehungen zur Türkei

OS: ***Also – meinen Sie damit die Türkei?***

WP: Ich meine damit jene Länder, die ich als Förderer bezeichne.

OS: ***Die russischen Beziehungen zur Türkei sind durchaus angespannt und fallen von einem Extrem ins andere. Bis zu den Ereignissen in Syrien hielt ich die Türkei immer für einen wunderbaren Partner Russlands. Außerdem war ich der Ansicht, dass Sie gemeinsam die Seidenstraße in den Westen verlängern wollten.***

WP: Das war auch der Fall. Ich glaube nicht ohne Grund, dass ich sehr viel zu einer Verbesserung der Beziehungen zwischen Russland und der Türkei beigetragen habe. Die Türkei ist ein wertvoller Partner für uns, sowohl im Allgemeinen als auch im Hinblick auf das Schwarze Meer. Wir betreiben einen sehr regen Handel mit der Türkei. In letzter Zeit hat das Handelsvolumen zwar abgenommen, aber wir betrachten die Türkei nach wie vor nicht nur als Partner, sondern auch als befreundetes Land. Bis vor Kurzem haben noch jedes Jahr mehr als 4 Millionen russische Bürger ihren Urlaub in der Türkei verbracht.[113]

OS: ***Und im Moskau von heute hat man den Eindruck, dass die meisten neuen Gebäude von türkischen Baufirmen errichtet wurden.***

WP: Das stimmt auch. Das ist in Moskau so, das war in Sotschi bei den Vorbereitungen zur Olympiade so, und das gilt für ganz Russland.[114]

OS: ***Was ist da bloß geschehen? Hat Erdoğan plötzlich beschlossen, dass die Kurden-Frage wichtiger für ihn ist als die Beziehungen zu Russland? Was glauben Sie?***

WP: Es geht nicht um die Kurden. Die sind ein türkisches Problem, mit dem wir nichts zu tun haben. Ich kann die Frage, die Sie mir soeben gestellt haben, selbst nicht beantworten. Ich bin im November des vergangenen Jahres beim G-20-Gipfel in Antalya mit dem türkischen Staatspräsidenten zusammengetroffen.[115] Wir haben uns dort sehr ausführlich über unsere bilateralen Beziehungen und über Syrien unterhalten. Er brachte einige sehr sensible Themen aufs Tapet – Themen, die für ihn sensibel sind. Ich versicherte ihm daraufhin, dass ich bereit wäre, zu helfen und mit ihm zu kooperieren. Und als aus heiterem Himmel ein russisches Flugzeug in der Nähe der syrisch-türkischen Grenze abgeschossen wurde, kam das bei unseren Diskussionen nicht einmal zur Sprache.[116] Es wurde irgendetwas über angebliche Angriffe auf Turkmenen verlautet, aber auch darüber fiel in unseren Diskussionen kein Wort. Erdoğan sagte in Antalya absolut nichts zu diesen Themen. Darüber war ich ziemlich schockiert. Wir zeigten deutlich, dass wir zu einer Zusammenarbeit mit der Türkei bereit waren, um sie in sensiblen Fragen zu unterstützen – doch er fand es nicht der Mühe wert, diese anderen Themen zu erwähnen, die ihm offenbar auch sehr wichtig sind. Das war das Erste. Wesentlich wichtiger war aber noch die folgende Tatsache: Von Anfang an, seit dem Beginn unseres Militäreinsatzes in

Syrien, haben wir unseren türkischen Partnern vorgeschlagen, unsere Anstrengungen zu koordinieren. Die türkische Führung beantwortete diesen Vorschlag mit einem Ja und versprach, 2 Tage später ihren Verteidigungsminister und ihren Außenminister nach Moskau zu entsenden. Doch die beiden Herren tauchten nie auf. Wir haben bei mehreren Gelegenheiten versucht, unsere Arbeit auf bilateraler Basis zu koordinieren, blieben aber bei der Türkei immer erfolglos damit.

OS: *Ich möchte hier etwas präzisieren: In welchem Monat des vergangenen Jahres begann Russland seinen militärischen Einsatz in Syrien, um dort seinen Stützpunkt zu beschützen und seine Truppenanzahl aufzustocken?*

WP: Ich fürchte, ich könnte mich hier irren, wir sollten das nachprüfen – aber ich glaube, es war im Sommer.[117]

OS: *Also vor Ihrem Zusammentreffen mit Erdoğan im November?*

WP: Ja, mit Sicherheit.

OS: *Hat er über den russischen Militäreinsatz in Syrien mit Ihnen gesprochen?*

WP: Wir hörten nur, dass wir angeblich die falschen Ziele angegriffen hätten und dass es diese Tatsache sei, die der Lösung sämtlicher Probleme im Weg stünde. Doch darauf gab es eine sehr einfache Antwort: Legen wir gemeinsam fest, welche Gebiete nicht angegriffen werden sollen und welche schon. Wir hätten zusammen einen Koordinierungsmechanismus schaffen können, aber dazu ist es nie gekommen. Und aus diesem Grund gibt es heute eben keine Koordination und keinen Informationsaustausch.

OS: *Sie haben gesagt, dass Sie mit Ihren Angriffen Turkmenen im nördlichen, grenznahen Teil Syriens trafen. Ich weiß nicht, ob es sich dabei um Nomaden handelt, aber sie leben jedenfalls schon sehr lange in diesem Gebiet.*

WP: Das Seltsame war, dass Erdoğan dieses Thema nie angesprochen hat. Er hat kein einziges Wort darüber verloren.

OS: *Und was ist mit den Straßen, auf denen der IS Erdöl in die Türkei transportierte?*

WP: Eine der Routen führte eben genau durch das Territorium, in dem diese sogenannten Turkmenen leben. Es handelt sich um die beste Route für den Erdöltransport in die Türkei, weil es der kürzeste Weg ist, der noch dazu Zugang zu einem türkischen Mittelmeerhafen bietet. Dazu möchte ich noch anmerken, dass unsere Piloten aus der Luft – also aus einer Höhe, in der unsere Drohnen und die amerikanischen Drohnen unterwegs sind – alles sehr gut sehen können. Und außerdem haben der israelische und der griechische Verteidigungsminister öffentlich gesagt, darüber Bescheid zu wissen, dass der IS Öl in türkisches Territorium liefert.[118] Ich kann Ihnen versichern, dass davon wirklich jeder weiß. Umso mehr hat mich die Behauptung der USA enttäuscht, nichts davon zu wissen.

OS: *Haben Sie auch Erdoğan mit diesen Informationen konfrontiert?*

WP: Nein, das habe ich nicht.

OS: *Sie haben ihm also nicht gesagt, warum die Angriffe stattfinden?*

WP: Meinen Sie, das wäre meine Aufgabe gewesen? Warum denn, um Himmels willen? Es geht doch gar nicht um sein Land. Wir kooperierten mit den rechtmäßigen Behörden Syriens und dem syrischen Militär, indem wir gegen radikale Gruppierungen kämpften. Wenn Erdoğan das wichtig gewesen wäre, hätte er es wenigstens erwähnen sollen. Aber das hat er nicht getan.

OS: *Hätten Sie nicht auf diplomatische Art sagen können: Herr Präsident, wir besitzen glaubwürdige Information darüber, dass dieses Erdöl an Bestimmungsorten in der Türkei ankommt. Und wir glauben,* *dass es nahe der türkischen Grenze gewisse Elemente gibt, also Schmuggler, die mit dem IS zusammenarbeiten und das Öl in Ihr Land bringen. Und darüber sind wir sehr besorgt.*

WP: Es ist wirklich immer angenehm, mit Ihnen zu sprechen! Hören Sie mir zu: Während des G-20-Gipfels, als die Journalisten den Raum verlassen hatten, zog ich Fotos aus der Tasche – ungefähr so große – und zeigte sie von meinem Sitzplatz aus allen Anwesenden. Ich legte sie meinen Amtskollegen vor. Ich zeigte ihnen genau die erwähnte Route für die Erdöltankwagen. Und wir haben diese Fotos auch unseren amerikanischen Amtskollegen zur Verfügung gestellt, weil die Vereinigten Staaten ja die Koalition anführen, die zum Kampf gegen den IS angetreten ist. Wir haben unseren Amtskollegen diese Bilder einfach gezeigt. Jeder war über alles informiert. Es ist demnach völlig sinnlos, wenn man eine Tür aufzumachen versucht, die bereits geöffnet ist. Es handelt sich ohnehin um etwas absolut Offensichtliches. Und es geht auch nicht um einen einzelnen Lastwagen, sondern um Tausende, die auf dieser Strecke unterwegs sind. Das sieht aus wie eine mobile Pipeline.

OS: *Wer aus den USA war in diesem Raum anwesend?*

WP: Sie fragen mich da Dinge, über die ich mich wahrscheinlich nicht in der Öffentlichkeit äußern sollte. Wir haben unseren Partnern diese Fotografien gezeigt. Sie haben die Fotos gesehen. Und um ehrlich zu sein – sie hatten auch keine Zweifel, dass diese Bilder die Wahrheit zeigen, das kann ich Ihnen versichern. Schließlich haben amerikanische Piloten genau dasselbe beobachtet und dokumentiert.

OS: *Als John Kerry neulich sagte, dass Sie »legitime oppositionelle Gruppen angreifen«, was hat er damit gemeint?*[119]

WP: Er kann wohl nicht diese Öltransportrouten gemeint haben. Er fliegt doch jetzt nicht selbst über Syrien, oder? Aber er verfügt sicher über die Informationen seiner Piloten. Wahrscheinlich hat er nicht über diese Lkw-

Kolonnen gesprochen, die das Erdöl befördern. Er muss etwas anderes gemeint haben, irgendwelche anderen Einrichtungen. Aber unsere Partner sagen uns nie, worüber sie genau sprechen. Wir haben sie schon bei vielen Gelegenheiten darum gebeten, uns Informationen zu liefern, welche Ziele wir angreifen sollen und welche nicht – aber sie geben uns diese Informationen nicht. Auch das ist ein Grund, warum wir einen funktionierenden Mechanismus zur Zusammenarbeit entwickeln sollten; davon bin ich zutiefst überzeugt. Wir versuchen außerdem, solche Ereignisse nicht zu Propagandazwecken zu nutzen. Uns ist klar, dass es bei Kampfhandlungen immer wieder zu Tragödien kommen kann, wie zum Beispiel in Kundus, wo amerikanische Flugzeuge eine Klinik von Ärzte ohne Grenzen bombardiert haben.[120] Natürlich haben unsere Medien für ihr Publikum darüber berichtet, immerhin konnte man in diesem Fall ja auch konkrete Bilder von dem Vorfall zeigen. Aber wir haben nicht über die Tragödie spekuliert. Wir wissen auch darüber Bescheid, dass die amerikanische Luftwaffe Libyen angegriffen hat, dass serbische Diplomaten gefangen genommen oder getötet wurden. Das sind ja auch Tragödien.

OS: ***Oder die chinesische Botschaft in Belgrad.***[121]

WP: Das ist lange her. Auch das war einerseits sicher eine Tragödie, aber andererseits auch ein Unfall. Wir setzen so etwas nicht zu propagandistischen Zwecken ein. Wenn wir gemeinsam radikale islamische Extremisten bekämpfen wollen, müssen wir nach Gemeinsamkeiten suchen und darauf verzichten, solche Dinge gegeneinander zu verwenden.

OS: ***Greifen russische Piloten bei ihren Bombenangriffen falsche Ziele an?***

WP: Darüber weiß ich nichts. In den Berichten, die ich erhalte, ist mir so etwas jedenfalls nie untergekommen. Wir greifen generell niemanden leichtsinnig an und führen auch keine leichtsinnigen Luftschläge durch. Wir koordinieren unsere Aktionen mit den syrischen Streitkräften und Geheimdiensten. Im Vorfeld haben wir eine umfangreiche Untersuchung über die Einrichtungen durchgeführt, gegen die sich unsere Angriffe richten sollten.

So etwas ist nicht in 5 Minuten erledigt, sondern dauert mehrere Tage oder gar Wochen. Aber dann wissen wir auch ganz sicher, was dort vorgeht. Möglich ist alles – mir liegen jedoch keinerlei Informationen darüber vor, dass unsere Piloten Fehler begangen hätten oder sich eine Tragödie ereignet hätte. Es gibt keinen Beleg für diese Behauptung.

OS: ***Was ist da also passiert? Da schießt eines Tages aus heiterem Himmel eine türkische F-16 Ihre russische Su-40 ab – was war da los?***

WP: Es war eine Su-24, ein Bomber der vorigen Generation. Man könnte Abwehrsysteme in die Maschine einbauen, aber in diesem Fall war der Bomber nicht damit ausgestattet. Er hatte auch keinen Schutz durch unsere Düsenjäger. Das Flugzeug war nur in einer bestimmten Höhe unterwegs, um nicht von Stinger-Luftabwehrraketen getroffen zu werden. Niemand wäre je auf die Idee gekommen, dass eine türkische Düsenmaschine unseren Bomber angreifen könnte. Am schwersten wiegt jedoch die Tatsache, dass man unsere Piloten beschoss, nachdem sie mit dem Fallschirm abgesprungen waren.[122] Das gilt nach dem Völkerrecht eindeutig als Kriegsverbrechen. Wir wissen aber genau, dass jene Leute, die auf unsere Piloten geschossen haben, sich in der Türkei in Freiheit befinden und Interviews geben. Das sind übrigens keine Turkmenen, sondern türkische Staatsbürger, die ganz offen über die von ihnen begangenen Verbrechen reden.

OS: ***Was den Abschuss betrifft ... ich nehme an, dass das gesamte Gebiet unter NATO-Kontrolle steht. Viele Beobachter sind der Ansicht, dass die Amerikaner davon wussten oder die NATO sogar ein Vorwissen hatte.***

WP: Wir haben ein Abkommen mit unseren amerikanischen Amtskollegen. Da die USA ein Land sind, das eine Antiterrorkoalition anführt, tauschen wir auch zweimal täglich Informationen mit ihnen aus. Wir haben das amerikanische Militär informiert, bevor unsere Maschinen aufstiegen.[123] Sie wussten, wo unsere Piloten im Einsatz sein würden. Sie waren über die Region und die geplante Flugroute der Maschinen genau informiert.

OS: ***Irgendwelche Schlussfolgerungen Ihrerseits?***

WP: Welche Schlussfolgerungen kann man daraus ziehen? Das ist eigentlich ganz einfach, Sie müssen dazu nur formale Logik anwenden. Wir haben das US-Militär informiert, und unsere Maschine wurde abgeschossen. Da gibt es nur zwei mögliche Szenarien: Entweder man hat die Information an die türkische Seite weitergegeben, die dann den Angriff durchführte, oder die Information wurde nicht an die türkische Seite weitergegeben. Oder die Amerikaner gaben die Information weiter, ohne zu ahnen, dass die Türken so weit gehen würden. Es sind also drei Szenarien, aber mehr nicht.

OS: ***Haben Sie später mit Erdoğan oder Obama darüber gesprochen?***

WP: Ich erinnere mich jetzt nicht mehr, wie sich das Gespräch mit den Vereinigten Staaten über diese Affäre entwickelt hat. Mit der türkischen Führung haben wir nicht darüber gesprochen. Statt eine förmliche Entschuldigung auszusprechen und die Bereitschaft zu erklären, uns zu entschädigen und die Familien der getöteten Piloten finanziell zu unterstützen, hatte die türkische Führung ohnehin nichts Besseres zu tun, als öffentlich anzukündigen, dass man weiterhin so verfahren werde. Und dann eilten sie nach Brüssel, um dort in der NATO-Zentrale um Schutz zu ersuchen, was meiner Ansicht nach ein für die Türkei ziemlich demütigendes Verhalten ist. Sie haben den Schaden angerichtet und wollen sich dann von anderen beschützen lassen. Ansonsten kam von der politischen Führung der Türkei kein einziges Statement. Einmal gab der türkische Ministerpräsident bekannt, dass nicht der Staatspräsident, sondern er den Befehl zum Abschuss gegeben habe. Später haben wir erfahren, dass die Türken angeblich nicht gewusst haben, dass es sich um eine russische Maschine handelte. Nebenbei bemerkt: Wenn die amerikanischen Partner schon unbedingt Informationen darüber erhalten müssen, wo unsere Luftwaffe operieren wird, diese Informationen aber dann nicht an die andere Seite weiterleiten, stellt sich doch die Frage, wie geeignet sie als Anführer dieser Koalition sind und ob sie darin wirklich das Sagen haben.

OS: ***Sie informieren die NATO also zweimal täglich über Ihre geplanten Missionen?***

WP: Nicht die NATO, sondern das US-Militär. Im Austausch darüber erhalten auch wir Informationen.

OS: ***Dieselben Informationen?***

WP: Ja. Es sind Informationen von den Vereinigten Staaten darüber, wo ihre Truppen im Einsatz sind.

OS: ***Um eine größere Katastrophe zu vermeiden?***

WP: Um Zwischenfälle im Luftraum zu vermeiden.

OS: ***Die Situation ist also gefährlich.***

WP: Klarerweise, wenn sich in ein und demselben Luftraum gleichzeitig Maschinen verschiedener Länder befinden. Das kann immer ernste Folgen haben. Übrigens sind wir dort auf Einladung der syrischen Regierung aktiv – also rechtmäßig.[124] Und das bedeutet, dass wir in Übereinstimmung mit dem in der Charta der Vereinten Nationen festgelegten internationalen Recht handeln. Andere Streitkräfte dürften dort nur in Übereinstimmung mit dem geltenden Landesrecht fliegen, entweder auf Grundlage einer Entscheidung des Sicherheitsrats der Vereinten Nationen oder auf Einladung der Regierung des Landes.

OS: ***Die sind also illegal dort.***

WP: Das ist offensichtlich. Dennoch sind wir immer noch der Meinung, dass wir gemeinsame Ziele verfolgen, indem wir den internationalen Terrorismus bekämpfen. Daher sind wir zur Zusammenarbeit bereit.

OS: *Dort fliegen also französische Maschinen, britische und türkische Kampfflugzeuge und neuerdings auch Düsenjäger aus Saudi-Arabien herum. Ist das richtig?*

WP: Saudi-Arabien ist in der Region bisher nicht aktiv. Aber ansonsten sind dort Unmengen Flugzeuge unterwegs, auch solche aus Australien und Kanada.

OS: *Wirklich? Was ist mit dem Iran?*

WP: Nein, die Iraner fliegen dort nicht.

OS: *Trotzdem würde ich meinen, dass es sich um einen gefährlichen und heiß umkämpften Luftraum handelt.*

WP: Eher nicht. Sie müssen wissen, dass unsere Piloten im Durchschnitt 70 bis 120 Angriffe fliegen, wohingegen die internationale, von den Vereinigten Staaten geführte Koalition nur zwei, drei oder fünf Luftschläge täglich durchführt.[125]

OS: *Sie machen 70 bis 120 Luftschläge täglich? 7 Tage die Woche?*

WP: Ja. Jeden Tag.

OS: *Na zack! Da muss es ja schon zu irgendwelchen Fortschritten und Entwicklungen gekommen sein. Oder steuern wir hier auf eine Situation wie in Vietnam hin?*

WP: Es werden Fortschritte erzielt. Das ist für jeden erkennbar und wird meiner Ansicht nach auch von allen Beteiligten so gesehen. Es gibt mit Sicherheit noch enorm große Gebiete, die vom IS kontrolliert werden, aber etliche Territorien sind auch bereits IS-frei. Und dabei handelt es sich nicht etwa um irgendwelche Wüstengebiete, sondern um Regionen, die lebenswichtig für Syrien sind. Doch in unserem Einsatz geht es nicht nur darum.

Die Sache ist die, dass viele Gruppierungen und Stämme in Syrien, darunter auch die sunnitischen Stämme, sich bereit erklärt haben, gemeinsam mit uns gegen den IS zu kämpfen. Wir haben Kontakte zu diesen Gruppierungen geknüpft und auch Präsident Assad sowie die syrische Militärführung darüber informiert. Wir haben ihnen erklärt, dass wir die sunnitischen Gruppen unterstützen werden, die bereit sind, gegen den IS und die al-Nusra-Front zu kämpfen. Das syrische Militär und der syrische Präsident sind damit prinzipiell einverstanden. Die sunnitischen Gruppen kämpfen selbstständig – aber mit unserer Luftunterstützung gegen den IS und die al-Nusra-Front.

OS: ***Wie groß sind denn diese Terroristenorganisationen überhaupt? Wenn Sie seit mindestens 2 Monaten 70 bis 120 Luftschläge täglich durchführen, dann beläuft sich das in 60 Tagen doch auf etwa 2000 Angriffe.[126] Ich meine – wie groß ist die IS-Organisation? Wie groß ist diese Sache? Was tun diese Leute, um an ihr Erdöl zu kommen?***

WP: Laut Hochrechnungen beträgt die Anzahl der IS-Terroristen geschätzte 80 000 Personen. 30 000 davon sind ausländische Söldner aus achtzig verschiedenen Ländern weltweit.[127]

OS: ***Auch Tschetschenen?***

WP: Sie kommen aus 80 Ländern auf der ganzen Welt. Auch aus Russland.

OS: ***Ist es also doch so wie in Vietnam? Wird dieser Krieg je ein Ende haben? Kann man einer solchen Gruppierung überhaupt entscheidende Schäden zufügen? Oder wird sie immer mehr Unterstützung aus dem Ausland erhalten, weil man ihre Mitglieder dort als Märtyrer betrachtet?***

WP: In Vietnam kämpften die Vereinigten Staaten gegen die Regierung, während in dieser Region terroristische Organisationen die Regierung zu bekämpfen versuchen. Im Hintergrund steht jemand, der diese Terroristengruppen für seine Zwecke benutzen will, um mit ihrer Hilfe die syrische

Regierung zu entmachten. Ich bin zutiefst davon überzeugt, dass wir zur Lösung dieses Problems an einem Strang mit den Vereinigten Staaten ziehen müssen. Außerdem müssen wir uns auch mit jenen Ländern zusammentun, die der US-geführten Koalition beigetreten sind. Ich sehe, dass Sie auf meine Worte skeptisch reagieren. Aber es wird meiner Ansicht nach keine andere Möglichkeit geben, dieses Problem zu lösen.

OS: *Es gibt keine militärische Lösung durch Bombenabwürfe. Dieses Problem hatte schon Robert McNamara in Vietnam. Man kann so ein Ziel nicht durch Bombenabwürfe erreichen.*[128]

WP: Das ist richtig. Aber ich wiederhole: Um den Übergang in eine neue Phase zu schaffen, müssen Russland und die Vereinigten Staaten an einem Strang ziehen. Wir müssen die Initiative ergreifen. In einer solchen Konstellation müssten wir die syrische Regierung überzeugen, während die Vereinigten Staaten sich bemühen, ihre Koalitionspartner zu überzeugen. Und erst dann können wir gemeinsam zu einer politischen Lösung gelangen.

OS: *Ich nehme an, Sie überwachen die Straßen, die von Syrien nach Norden in die Türkei führen und auf denen das Öl transportiert wird, rund um die Uhr. Wechselt der IS die Zeiten ab, zu denen seine Tankwagen unterwegs sind? Wird er manchmal nur nachts aktiv, so wie die Vietnamesen seinerzeit auf die Bombenangriffe reagiert haben? Woher wissen Sie, dass Sie das Problem wirklich gelöst haben und die Terroristen das Erdöl nicht einfach auf eine andere Art und Weise an den Mann bringen?*

WP: Wir sind überzeugt, richtig zu agieren – und wir sehen auch, dass wir damit Erfolg haben. Das können wir bei Tag und bei Nacht beobachten. Ich schlage vor, wir legen jetzt eine kurze Interviewpause ein, damit ich Ihnen zeigen kann, wie wir den Erfolg unserer Angriffe beobachten und wie offensichtlich er ist. Zu Ihrer Frage mit den alternativen Routen kann ich nur sagen: Wahrscheinlich gibt es solche Routen, die wir nicht sehen. Wenn wir aber von einer Ölversorgung auf kommerzieller Ebene sprechen, dann kann ich Ihnen versichern, dass wir alles mitbekommen.

OS: *Das bedeutet also, dass Sie dem IS einen Schaden zufügen, außer er hat noch andere Einnahmequellen. Wenn Sie die Öltransporte beenden, kappen Sie ihm den finanziellen Nachschub. Kann er trotzdem weitermachen, dann bedeutet das, dass er von irgendeiner anderen Seite Hilfe erhält. Und das bedeutet wiederum, dass er Geld aus Saudi-Arabien bekommt.*

WP: Wir sollten wirklich nicht ein bestimmtes Land nennen, wenn wir keine Beweise für unsere Behauptungen haben. Außerdem muss es gar nicht um ein Land gehen, es können auch Förderer sein – reiche Förderer, die aus ideologischen Gründen tief in die Tasche greifen. Wir wissen es eben nicht genau. Ich kann Ihnen aber sagen, dass unsere Partner in Europa und den USA ganz genau wissen, dass wir der Erdölausbeutung durch den IS einen äußerst schweren Schlag zugefügt haben.

OS: *Was mich gleich zum nächsten Thema bringt: Ich würde sehr gern über die Beziehungen zwischen Saudi-Arabien und Russland sprechen. Das scheint mir nämlich eine sehr seltsame Geschichte zu sein.*

Saudi-Arabien

WP: Wir haben sehr viel Zeit und Mühe in unsere Beziehungen zu Saudi-Arabien investiert. Erst vor Kurzem feierten wir den Jahrestag der Aufnahme diplomatischer Beziehungen zwischen Russland und Saudi-Arabien, die in den 1930er-Jahren stattfand. Damals reiste der Gründer Saudi-Arabiens, der Vater des heutigen Königs, in die Sowjetunion.[129] In der Entwicklung unserer zwischenstaatlichen Beziehungen gab es unterschiedliche Perioden. Soweit ich erkennen kann, haben wir aber – trotz unserer Debatten über eine syrische Lösung – sehr gute und nach wie vor entwicklungsfähige Beziehungen.

OS: *Ja, aber könnten Sie etwas näher darauf eingehen? Ich weiß zum Beispiel, dass China ein enormes Geschäft mit Saudi-Arabien* *abgeschlossen hat, bei dem es um Milliarden Dollar geht. Das ist eine neue Entwicklung, weil die Saudis so etwas noch nie zuvor gemacht haben. Ach ja, Sie wollten mir doch etwas zeigen!*

[sieht sich auf dem Handybildschirm einen Drohnenangriff an]

WP: Schauen Sie – so arbeitet unsere Luftwaffe.

OS: *Und wer sind die am Boden?*

WP: Militante Islamisten. Diese Kämpfer sind schwer bewaffnet, nicht nur mit Maschinenpistolen, sondern auch mit Kriegsgerät, das sie zur Zerstörung von Militärfahrzeugen eingesetzt haben. Wie Sie sehen, trägt einer der Kämpfer so etwas bei sich.

OS: *Das sind die gleichen Leute, die schon in Afghanistan gegen Sie gekämpft haben.*

WP: Weiß der Himmel, wo die überall gekämpft haben! Es sind internationale Terroristen.

OS: *Wurden sie von Ihnen überrascht?*

WP: Ja. Sie kamen übrigens von der türkischen Seite der Grenze.

OS: *Diese Aufnahmen sind wie ein Anti-Anwerbungsplakat für den IS. Wer das sieht, will sich dem IS garantiert nicht mehr anschließen.*

WP: Man kann das Video im Internet finden.

OS: *Na gut. Was ich nicht ganz begreife: Sie haben also seit jeher gute Beziehungen zu Saudi-Arabien. Aber Saudi-Arabien hat doch immer eher mit den Vereinigten Staaten und zunehmend auch mit Israel kooperiert.*

WP: Die Welt ist nicht einfach …

OS: *Und Sie stehen ja auch im Wettbewerb mit den Saudis. Die Saudis haben ihre Fördermengen vielleicht nur erhöht, weil sie wegen des russischen Erdöls besorgt waren.*

WP: Einerseits existiert natürlich ein gewisser Wettbewerb, das ist unumgänglich. Wenn man jedoch über so große Ölländer wie Saudi-Arabien und Russland spricht, die ja beide auf demselben Markt tätig sind, geht es andererseits auch nicht ohne Koordination.

OS: *Ach ja, davon war in jüngster Zeit die Rede. Was ist daraus geworden?*

WP: Ich glaube, wir alle teilen die Ansicht, dass die Ölfördermenge auf dem bestehenden Niveau gehalten werden kann, wenn sie nicht ohnehin erhöht wird. Nur der Iran hat Probleme damit, sich dieser wirtschaftlichen Politik anzuschließen, weil die Fördermenge dort in den letzten paar Jahren abgenommen hat. Er hat versucht, auf den traditionellen Märkten Fuß zu fassen, wo er früher stark vertreten war. Das ist ein durchaus berechtigter Anspruch, und auch dafür müssen wir eine Lösung finden.

OS: *Es ist alles sehr kompliziert. Wie mir scheint, hatte Russland in den vergangenen Jahren eindeutig die beste Beziehung zum Iran. Womit ich nicht sagen will, dass Sie eine großartige Beziehung zum Iran hatten, sondern einfach nur eine gute. Großartige Beziehungen zwischen den Staaten gibt es ja heute auf der ganzen Welt nicht mehr … Sie unterhalten aber auch Beziehungen zu Saudi-Arabien, und China hat neue Beziehungen zu Saudi-Arabien aufgenommen. Sehen Sie irgendeine Möglichkeit, dass diese vier Länder gemeinsam die problematische Situation zwischen dem Iran und Saudi-Arabien klären können – sowohl die religiösen Probleme als auch die Erdölfrage zwischen den beiden Staaten?*

WP: Die Erdölfrage ist wirklich recht kompliziert, aber ich glaube, da werden wir eine Einigung finden, an der auch Russland beteiligt ist. Was die regionalen und religiösen Auseinandersetzungen angeht, so kann unsere Aufgabe nur darin bestehen, die Bedingungen für Kontakte zwischen den einzelnen Ländern der Region zu schaffen. Ansonsten sehen wir lieber davon ab, uns in die oft sehr komplizierten Probleme zwischen diesen Ländern einzumischen. Ich glaube, dass nur die betreffenden Länder selbst diese Probleme miteinander lösen können und sollten. Wir haben natürlich ein Interesse daran, dass all diese Schwierigkeiten beseitigt werden, weil wir uns in einer Region, von der wir geografisch nicht weit entfernt sind, Stabilität und eine nachhaltige Entwicklung wünschen. Sie sind unsere Partner, und wir haben gern stabile Partner, sodass wir auf angenehme Art mit dem einen oder anderen Land und am liebsten mit allen Ländern zusammenarbeiten können. Wenn wir mit einem Land zusammenarbeiten, wollen wir nicht, dass dadurch Probleme in unseren Beziehungen mit einem anderen Land entstehen. Aber wir haben die Freiheit, selbst unsere Entscheidungen zu treffen. Bislang unterhielten wir gute Beziehungen zu all den erwähnten Ländern, und wir schätzen diese Beziehungen sehr. In der alltäglichen Praxis berücksichtigen wir die Konflikte, die es zwischen diesen Ländern gibt, und versuchen, uns da herauszuhalten.

OS: *Aber wie tiefgehend ist die Beziehung zwischen den Saudis und Russland? Wenn man sich das politische Schachbrett ansieht, dann sind die Vereinigten Staaten und Saudi-Arabien so knapp nebeneinander aufgestellt, dass man oft gar nicht weiß, wer von den beiden das Sagen hat. Manche Amerikaner behaupten ja, dass die Saudis den USA diktieren, was sie im Nahen Osten zu tun haben. Ich würde mich ja fragen, ob sich Saudi-Arabien der Wirtschaftssanktionen gegen Russland und der Probleme, die sich daraus für Ihr Land ergeben, wirklich bewusst ist. Es stimmt schon, dass die Saudis ihre eigenen wirtschaftlichen Probleme haben, aber vielleicht werden sie von den Vereinigten Staaten dazu angespornt oder motiviert, ihre Politik fortzusetzen und es Russland damit noch schwerer zu machen. Immerhin wissen sie ja, dass Russland dem Iran hilft.*

WP: Wir versuchen uns aus den Beziehungen zwischen anderen Ländern herauszuhalten. Die Vereinigten Staaten wollen der ganzen Welt ihre Demokratie bringen. Ich glaube nicht, dass die Monarchien im Persischen Golf darüber sehr glücklich sind. Um ehrlich zu sein, würde ich mir an ihrer Stelle überlegen, was die USA als Nächstes vorhaben. Und ich glaube, genau in diese Richtung überlegt man dort auch bereits. Wenn die Vereinigten Staaten bei ihrem Demokratisierungsvorhaben konsequent bleiben, kann man sich gut vorstellen, was nach Syrien, Libyen und Ägypten der nächste Schritt sein wird ... Ich halte es für die beste Methode, die Traditionen, die Geschichte und die religiösen Eigenheiten dieser Länder zu berücksichtigen. Es ist sehr schwierig, staatliche Strukturen, die in einem Land funktionieren, in eine ganz andere Region zu exportieren. Besser wäre es, die bestehenden Strukturen mit größtem Respekt zu behandeln. Selbst wenn man gewisse gesellschaftliche und politische Entwicklungen fördern will, sollte man das sehr vorsichtig tun und einem Land nicht etwas von außen aufzwingen wollen.

OS: ***Manche Leute sind der Ansicht, dass sich das Problem mit Syrien am ehesten lösen ließe, wenn man das Land in vier oder fünf Teile aufteilte. Die Frage ist nur: Wie sollen diese Teile aussehen?***

WP: Es gibt da viele Varianten und Szenarien. Wir sind stets davon ausgegangen, dass die territoriale Integrität Syriens gewahrt bleiben sollte. Derzeit geht es nicht nur darum, in der Region wieder Frieden zu schaffen, sondern auch, in die Zukunft zu denken. Was würde bei einer Teilung Syriens passieren? Würde es danach nicht permanente Konflikte zwischen den einzelnen Teilen geben? Wir müssen also sehr vorsichtig sein und unser Bestes geben, damit alle Krieg führenden Parteien – abgesehen von den Terroristen natürlich – eine gemeinsame Plattform zur Zusammenarbeit finden.

OS: ***Haben die Sanktionen der USA dazu beigetragen, dass sich der Iran auf das Nuklearabkommen mit Kerry einließ?***

WP: Sie stellen mir oft Fragen, die nicht in meinen Zuständigkeitsbereich fallen.

OS: *Da haben Sie auch wieder recht.*

WP: Unsere amerikanischen Freunde sind jedenfalls davon überzeugt, dass ihre Sanktionen dabei eine Rolle gespielt haben. Die Iraner wiederum sagen, dass sie ohnehin nie ein Atomwaffenprogramm geplant hätten und dass es ihnen nur darum gegangen sei, die Bedenken der internationalen Gemeinschaft in dieser Hinsicht auszuräumen. Und so wurde das Abkommen schrittweise realisiert. Dabei bekamen die Iraner das, was sie eigentlich gewollt hatten, weil sie weiterhin Kernforschung durchführen durften. Und sie erhielten das Recht, ein friedliches Atomprogramm zu betreiben, mit einer bestimmten Menge angereicherten Urans. Mit dem Ergebnis dürfte jetzt jeder zufrieden sein.

OS: *Ihre Antwort ist eher zwiespältig. Anscheinend sind Sie nicht sicher, dass die Sanktionen funktioniert haben.*

WP: Die Iraner selbst behaupten, dass diese Sanktionen sie dazu angeregt hätten, bestimmte Wirtschaftszweige auszubauen. Ein paar Aspekte der auferlegten Beschränkungen waren wahrscheinlich eine Belastung für sie. Und sie wollten sicher ein Ende der Sanktionen herbeiführen.

OS: *Wie knapp standen wir am Rande eines Kriegs in Syrien, als Sie mit Assad und den Amerikanern über eine Zerstörung der syrischen Chemiewaffen verhandelten?*

WP: Sehr knapp, glaube ich. Die Gefahr eines Kriegsausbruchs war sehr groß – und ich bin überzeugt, dass Präsident Obama zu diesem Zeitpunkt die richtige Entscheidung getroffen hat. Er und ich schafften es, uns auf koordinierte Maßnahmen zu einigen.[130] Er hat sich als tatkräftiger politischer Führer profiliert, wie die Amerikaner gern sagen. Dank unserer konzertierten Aktion konnten wir eine Eskalation des Konflikts verhindern.

OS: *Einerseits neigten damals viele amerikanische Kongressabgeordnete dazu, die Überschreitung der »roten Linie« durch die Syrer mit Konsequenzen bestrafen zu wollen. Andererseits glauben sehr viele Leute, dass der Kongress dennoch mit »Nein« gestimmt hätte, wenn Obama für ein direktes militärisches Eingreifen der USA im Syrien-Konflikt gewesen wäre. Man sagt, dass sich ohne Ihre Intervention gezeigt hätte, wie entschlossen die Amerikaner wirklich waren, in Syrien Krieg zu führen.*

WP: Das ist ganz normal und zeigt nur, dass es unter vielen Menschen auch viele unterschiedliche Meinungen gibt. Aber nur ein Mensch hat die Verantwortung dafür, die letztgültige Entscheidung zu treffen. Das Schrecklichste ist es, immer nur zu reden – endlos zu diskutieren, ohne eine endgültige Entscheidung zu treffen.

OS: *Ich bin überzeugt, dass viele Kongressabgeordnete Ihr erneutes Auftauchen auf der Weltbühne, als Sie Obama die Haut retteten, zum Anlass dafür nahmen, Sie erneut ins Auge zu fassen und zum Angriffsziel zu machen. Ich meine natürlich die Neokonservativen.*

WP: Kann sein. Aber die sollen halt auch ihren Spaß haben …

OS: *Na ja, es war damals knapp und ist jetzt wieder knapp. Diese Amtsperiode als Präsident scheint sehr angespannt für Sie zu sein.*

WP: Wann war es denn je einfach? Die Zeiten sind immer schwierig. Wir müssen einfach Gott dafür danken, dass er uns Gelegenheit gibt, unserem Land zu dienen.

OS: *Da gab es viele Gelegenheiten für Sie … Und es ist bewundernswert, wie kühl und besonnen Sie unter diesem ungeheuren Druck geblieben sind. Ich glaube, dass viele Menschen – vielleicht Millionen – Ihnen ihr Leben verdanken, ohne es zu wissen.*

WP: Möglicherweise.

OS: ***Jetzt sind Sie sauer auf die Türkei und haben Sanktionen gegen sie verhängt.[131] Es werden immer mehr Sanktionen – Sie gegen die Türkei und die USA gegen Russland.[132] Ich hatte den Eindruck, Sie glauben nicht an Sanktionen.***

WP: Ich habe ja schon erwähnt, dass wir nicht nur ein partnerschaftliches Verhältnis zur Türkei hatten, sondern befreundete Länder waren. Es gab keine Visumspflicht zwischen uns. Allerdings machten wir unsere türkischen Partner mehrmals darauf aufmerksam, dass immer mehr radikale Elemente aus Russland in die Türkei einströmten. Und wir konnten beobachten, dass diese radikalen Elemente dort unterstützt wurden und Schutz erhielten. Danach hatten die Radikalen türkische Pässe und konnten wegen der fehlenden Visumspflicht in russisches Territorium einreisen, wo sie dann verschwanden. Wie sich zeigte, verfuhren die türkischen Behörden nicht nur mit Russland, sondern auch mit mehreren anderen Ländern so. Davon haben mir ausländische Amtskollegen berichtet – aber ich werde die Namen dieser Länder jetzt nicht nennen. Die Türkei hat uns einen wunderbaren Grund dafür gegeben, unsere Wirtschaftszweige noch stärker zu schützen, vor allem die Landwirtschaft. Dazu haben wir auch allen Grund, weil es um unsere nationale Sicherheit geht. Ich möchte aber darauf aufmerksam machen, dass wir trotz allem gegen keine bestehende Vereinbarung mit der Türkei verstoßen haben. Es kam zwar zu mengenmäßigen Beschränkungen, aber wir sind keine Vertragsbrecher. Hier sind Wirtschaftsakteure – also russische Unternehmen – am Zug.

OS: ***Ich verstehe ja, dass Sie auf einer Visumspflicht bestehen. Was ich nicht begreifen kann, ist gerade in diesen wirtschaftlich schwierigen Zeiten die Einschränkung der Handelsbeziehungen zur Türkei. Meiner Ansicht nach haben Sie auf den Abschuss der russischen Maschine durch die Türkei so gefühlsbetont reagiert wie nur selten zuvor.***

WP: Für russische Hersteller ist diese Entwicklung sehr lukrativ, weil sie sich auf die Preisgestaltung auswirken kann. Zwar nur auf kurze Sicht – aber die landwirtschaftlichen Erzeuger können so immerhin ihre Produktionsmengen erhöhen. Es werden neue Arbeitsplätze, neue Einkommensverhältnisse und neue technische Entwicklungen geschaffen. Und wir haben höhere Steuereinnahmen dadurch.

OS: *Ich finde die Entscheidung nach wie vor problematisch, weil Sie ja stets in aller Deutlichkeit dafür eingetreten sind, dass es keine Sanktionen geben sollte.*

WP: Stimmt auch. Sanktionen funktionieren im Verhältnis zu einem anderen Staat nicht, doch hier geht es um ein Land, das auf unserem Markt bereits aktiv war. Und dieses Land bereitet unseren landwirtschaftlichen Erzeugern gewisse Probleme. Aus diesem Grund können wir auf Sicherheitsprobleme auch aufmerksamer reagieren.

OS: *Aber Sie hätten doch auch eine Preisregulierung einführen können, das liegt ja im Ermessen von Regierungen. Ich glaube, es war Glasjew, der vorübergehende Preiskontrollen und Ähnliches vorgeschlagen hat.*

WP: Wir verfolgen eine liberale Wirtschaftspolitik und wollen die Preisgestaltung nicht durch behördliche Maßnahmen beeinflussen, sondern indem wir gefährdete wirtschaftliche Gruppen unterstützen.

OS: *Gut, letzte Frage: Gestern Abend sprachen wir über die Russische Revolution des Jahres 1917. Ich habe von den damaligen Befürchtungen der Wall Street geredet, dass die Arbeiterklasse in den Vereinigten Staaten den Reichen die Macht wegnehmen könnte. Sie antworteten, dass diese Angst sicher da war, es aber auch ein starkes geopolitisches Interesse an dieser Weltgegend gebe. Die geopolitischen Regionen, in denen es die meisten Bodenschätze gibt, sind der Nahe und der Mittlere Osten. Vor ein paar Jahren bezeichnete Dick Cheney, der damalige amerikanische Vizepräsident, bei einer Konferenz den Nahen und den Mittleren Osten als die »Schlüssel zum Königreich«.*[133]

WP: Sind Sie Kommunist?

OS: ***Nein, ich bin Kapitalist! Wenn es um die von Ihnen erwähnte Weltgegend geht, kommt unweigerlich Erdöl zur Sprache. Und ich höre immer wieder, dass Erdöl der Grund für alle Kriege der letzten Zeit ist. Wegen des Öls sind wir im Irak einmarschiert, wegen des Öls engagieren wir uns in Syrien und im Irak und so weiter und so fort. Russland ist logischerweise ein Hauptakteur im Ölgeschäft. Also sagen Sie mir: Welche Rolle spielt das Erdöl? Ist es wirklich ein bestimmendes Motiv für das Chaos, in dem wir uns derzeit befinden?***

WP: Es ist absolut richtig, dass Erdöl einer der Aspekte ist, die nicht nur für diese Region, sondern für die ganze Welt allergrößte Bedeutung haben. Ich glaube, dass beim Übergang unserer Welt zu einem neuen technologischen Gefüge – mit der Erschließung immer neuer alternativer Energiequellen – die Bedeutung des Erdöls abnehmen wird. Soweit ich mich erinnern kann, war es einer der Erdölminister Saudi-Arabiens, der einmal sagte: »Die Steinzeit ging nicht zu Ende, weil die Steine ausgingen.«[134] Der Grund war vielmehr, dass die Menschheit ein neues technologisches Niveau erreichte und neue Produktionsmittel hatte. Ich stimme mit dieser Ansicht voll und ganz überein. Mit dem Erdöl wird dasselbe passieren. Früher war Kohle eine der wichtigsten Energiequellen, dann kam Öl ins Spiel, danach folgten Erdgas und Kernenergie. Bald wird vielleicht Energie auf Wasserstoffbasis eine treibende Kraft sein. Heute ist jedoch immer noch Erdöl eines der entscheidenden Elemente der Weltwirtschaft und damit der globalen Politik. Irgendwann wird es diese Rolle verlieren. Ich weiß nicht, wann das der Fall sein wird, aber man sieht schon jetzt, dass neue Energiequellen auftauchen. Nur sind die bislang alle zu kostspielig. Viele Volkswirtschaften können einfach nicht voll und ganz auf diese neuen Energiequellen umsteigen, weil sie dann nicht mehr konkurrenzfähig wären. Doch der technische Fortschritt geht weiter.

OS: ***Sie sagten, dass »Erdöl einer der Aspekte ist«. Was ist der andere?***

WP: Der zweite Aspekt ist die geopolitische Lage der Region, die Kontroversen innerhalb der Region, die sich im gesamten Kontext internationaler Beziehungen widerspiegeln. Nehmen wir zum Beispiel den Konflikt zwischen Israelis und Palästinensern – auch er beeinflusst die ganze Bandbreite internationaler Beziehungen und Verbindungen.

OS: ***Haben die Vereinigten Staaten wegen des Öls oder aus geopolitischen Überlegungen im Irak Krieg geführt?***

WP: [lacht] Das müssen Sie sich selbst fragen. Sie sind ja der Amerikaner, nicht ich.

OS: ***Sie müssen in jedem Augenblick Staatsmann bleiben. Das ist ein Thema für einen Staatsmann. Sie sind nicht nur Präsident, sondern auch ein international anerkannter Staatsmann, der zum Friedensprozess beigetragen hat. Sie spielen eine außerordentlich bedeutende Rolle.***

WP: Sehen wir uns die größten und lukrativsten Ölförderungsverträge im Irak an. Wer hat die? Ich glaube doch, dass es amerikanische Unternehmen sind. Und das beantwortet Ihre vorige Frage zum Teil schon. Aber welche Motive unsere amerikanischen Partner auch haben mögen – ich finde trotzdem, dass militärische Gewalt der falsche Weg ist, Probleme zu lösen, seien diese nun geopolitischer oder wirtschaftlicher Natur. Das fängt schon damit an, dass man die Wirtschaft des Landes zerstört hat. Das ganze Land bricht zusammen. Hat sich die Lage im Irak etwa gebessert? Ich erinnere daran, dass es im Irak vorher überhaupt keine Terroristen gab. Die damalige Situation im Irak entsprach den Interessen der Welt oder zumindest Europas daher auf jeden Fall besser als die heutige. Es ist offenkundig, dass Saddam Hussein ein Diktator war. Aber vielleicht hätte man lieber jene Leute dort unterstützen sollen, die sich für den Aufbau eines demokratischeren Systems einsetzten.

OS: ***Das finde ich auch.***

WP: Diese Bemühungen hätte man sehr vorsichtig und von innen fördern sollen, nicht von außen. Und dann die Wirtschaft … Wussten Sie, dass der Irak kein Geld mehr hat, obwohl er ein Erdöl produzierendes Land ist?

Ich bin der Ansicht, dass die Vereinigten Staaten den Irak jetzt unterstützen sollten, auch in wirtschaftlicher Hinsicht. Aber sind die amerikanischen Steuerzahler etwa daran gewöhnt, dass ihr Geld in den Irak verschickt wird? Ich glaube nicht. Aus diesem Grund fordern wir die internationale Gemeinschaft auch immer wieder auf, die Rechtsstellung der Charta der Vereinten Nationen, des internationalen Rechts, zu erhöhen. Wir fordern sie dazu auf, sich beim Anpacken der dringendsten Probleme zu koordinieren. Wir fordern sie dazu auf, zu Kompromissen zu gelangen, auch wenn einzelne Mächte lieber unilateral handeln würden. Die Lage in der von Ihnen angesprochenen Region ist äußerst kompliziert – und es liegt an uns allen, sie gemeinsam einer Lösung zuzuführen.

OS: ***Zum Schluss möchte ich Ihnen noch eine besonders komplizierte Problemstellung in die Diskussion werfen. Denken Sie in Ruhe darüber nach, und wir reden nächstes Mal darüber. Mein Steuerberater ist politisch eher rechtsgerichtet und schaut regelmäßig Fox News. Er ist ein typischer Amerikaner und fest davon überzeugt, dass die Saudis den amerikanischen Erdölproduzenten schaden wollen. Seiner Ansicht nach ist das Verhalten Saudi-Arabiens einzig und allein auf das Wachstum der amerikanischen Ölindustrie durch Fracking zurückzuführen. Viele der Fracking-Unternehmen in den USA sind jetzt so gut wie bankrott, soviel ich weiß – Texas ist am Boden zerstört und so weiter. Richtet sich das geopolitische Interesse in diesem Fall nicht vielmehr gegen die Vereinigten Staaten? Wären die USA nicht besser beraten, ihre Beziehung zu Saudi-Arabien zu überdenken und neu auszurichten? Und sich zu fragen, wer in dieser Hinsicht ihr Partner ist und ihnen helfen könnte?***

WP: Ich glaube, dass diese Philosophie hinter der gesamten Politik der Vereinigten Staaten steht. Der Verwaltungsstruktur der Vereinigten Staaten ist es völlig egal, wer Treibstoff für den amerikanischen Markt liefert. Das Wichtigste ist, dass die USA diesen Treibstoff zum niedrigstmöglichen Preis erhalten. Wenn die amerikanischen Unternehmen, die heute mithilfe von Fracking Öl fördern, mit kostspieligen Verfahren arbeiten und daher ihr Erdöl zu teuer anbieten, während ein anderer Hersteller dasselbe Produkt billiger verkauft, dann hat der billigere Anbieter plötzlich alle Rechte. Das liegt daran, dass sich der niedrigere Preis positiv auf die amerikanische Wirtschaft als Ganzes auswirkt. Die Ölverbraucher haben die Möglichkeit, Erdöl billiger zu beziehen. Die Investoren, die in ein kostspieligeres Produkt investiert haben, wussten schließlich, welches Risiko sie eingehen. Jetzt müssen sie eben die Folgen tragen.

OS: *Versuchen wir uns einmal in Zynismus. Nehmen wir an, ich wäre die politische Führung der Vereinigten Staaten und hielte es jetzt für praktisch sinnvoll, einen Staatsstreich in Saudi-Arabien durchzuführen. Die neue Regierung in Riad sollte dann unter amerikanischer Kontrolle stehen. Wenn wir schon immer wieder Kriege führen, könnten wir doch auch gleich Saudi-Arabien übernehmen und hätten somit alle Probleme gelöst.*

WP: Warum?

OS: *Eine saubere Lösung.*

WP: Aber was wäre dadurch gelöst?

OS: *Zumindest, dass wir kein Öl mehr aus dem Irak und dem Iran brauchen.*

WP: Das sieht nur auf den ersten Blick nach einer einfachen Lösung aus.

OS: *Ich habe auch nur gescherzt.*

WP: Das verstehe ich schon. Aber wenn in Saudi-Arabien etwas Unvorhersehbares passiert, dann würde das den internationalen Energiemarkt so verunsichern, dass die Folgen für uns alle bedauerlich und besorgniserregend wären. Ich glaube, sowohl die Erdölproduzenten als auch die -konsumenten sind an einem stabilen und gerechtfertigten Preis interessiert. Niemand wünscht sich allzu heftige Marktschwankungen, weil es in den Wirtschaftsprognosen immer darum geht, die eigene ökonomische Entwicklung und den Energieverbrauch im Voraus abzuschätzen.

OS: *Also gut, kommen wir zu meiner wirklich letzten Frage: Gibt es Hoffnung für die kalte Fusion?*

WP: Das weiß ich nicht. Darüber müssen Sie mit den Experten sprechen.

OS: *Ich hatte gehofft, Russland hätte sich da schon etwas überlegt.*

WP: Dieser Forschungsbereich ist in Russland traditionellerweise recht gut aufgestellt. Ich glaube, ohne Übertreibung sagen zu können, dass unsere Wissenschaftler und Kernenergieexperten hier an vorderster Front tätig sind.

OS: *Es gibt also Hoffnung?*

WP: Hoffnung gibt es immer. Und ich bin überzeugt, dass wir früher oder später über Lösungen verfügen werden, die wir uns heute noch nicht einmal vorstellen können. Aber zugleich werden auch neue Probleme auftauchen, denen wir uns stellen müssen.

OS: *Sie sind also Optimist?*

WP: Ein vorsichtiger Optimist.

OS: *Immer. Danke, Herr Putin.*

WP: Noch etwas zur Lage im Nahen Osten und zu den komplexen Problemen, denen sich diese Region gegenübersieht: Der israelische Premierminister Ariel Scharon sagte einmal bei einem Staatsbesuch in seinem Land zu mir: »Herr Präsident, Sie befinden sich jetzt in einer Gegend, wo Sie niemandem trauen können, egal wann und in welcher Angelegenheit.« Ich vermute, dass er damals schon so viel durchgemacht hatte, so viele

Tragödien erlebt hatte, dass er nicht mehr an eine Änderung zum Positiven in dieser Region glauben konnte. Ich für meinen Teil glaube jedoch, dass früher oder später auch in dieser Region wieder Ruhe herrschen wird. Die Menschen werden einen Mittelweg finden, sodass sie gemeinsam in relativer Sicherheit leben können - so schwerwiegend und unüberwindbar die Probleme dort heute auch aussehen mögen.

OS: ***Oder Moskau wird ein Kalifat sein.***

WP: Das werden wir zu verhindern wissen. Passen Sie lieber auf, dass Washington nicht zum Kalifat wird.

Drittes Interview

Dritte Reise

6

Erster Tag
9. Mai 2016

OS: *Ich möchte zuallererst anmerken, wie aufregend es war, die Parade miterleben zu dürfen. Es war ein schöner und wunderbarer Tag.*

WP: Waren Sie das erste Mal bei der Parade?

OS: *Ja. Ich wäre gern schon vor einem Jahr gekommen, aber leider … Der Aufmarsch, diese Präzision, der Stolz – das alles war sehr eindringlich.*

WP: Die Leute haben sich 6 Wochen darauf vorbereitet.

OS: *Mir gefielen auch die Soldatinnen.*

WP: Es war das erste Mal, dass die Frauenbataillone an der Parade teilnahmen.

OS: *Schade, dass der amerikanische Botschafter nicht dabei war. Meine erste Frage bezieht sich gleich auf das vergangene Jahr, als Sie 2015 den 70. Jahrestag des russischen Siegs über Nazideutschland feierten. Wie sehen Sie die Sicherheit Russlands heute? Hat sich in den 12 Monaten etwas geändert?*

WP: Meinen Sie die innere oder die äußere Sicherheit?

OS: *Beides.*

Die Sicherheit Russlands

WP: Ich würde sagen, Russland ist umfassend geschützt. Wir haben ein Programm zur Neubewaffnung unserer Flotte und unserer Streitkräfte umgesetzt, sodass mittlerweile 70 Prozent unserer Waffen und Truppen modernsten internationalen Standards entsprechen sollten. Außerdem strukturieren wir unsere Streitkräfte gerade um. Die Anzahl der Berufssoldaten soll weiter zunehmen, heute sind die meisten unserer Soldaten ja noch Wehrpflichtige. Wir brauchen aber Profi-Berufssoldaten mit einem hohen Bildungsstand, die mit den neuen Waffensystemen umgehen können.

OS: *Damit folgen Sie ja eher dem Pentagon, das auch zunehmend mit Berufssoldaten und Militärfirmen zusammenarbeitet.*

WP: Bis zu einem gewissen Grad, ja, aber nicht vollständig. Es gibt immer noch eine Menge Wehrpflichtige, die bei den russischen Streitkräften dienen.

OS: *In Russland gibt es also noch eine Wehrpflicht?*

WP: Ja.

OS: *Das ist auch vor dem Hintergrund des 9. Mai wichtig, wenn Sie den Sieg feiern.*

WP: Ja, absolut. In unserem Land wird der Militärdienst seit jeher als Verantwortung und Pflicht, aber auch als heiliges Recht angesehen. Und je mehr sich die Kompetenz der russischen Streitkräfte erhöht, desto größer wird die Anzahl jener Menschen, die beim Militär dienen und in militärischen Einrichtungen oder Hochschulen ausgebildet werden wollen.

OS: ***Wie sieht es mit Ihrer Pazifik-Flotte aus?***

WP: Wir haben die Anzahl unserer dort stationierten Truppen weitgehend erhöht.

OS: ***Erhöht? Warum?***

WP: Die Mitgliederanzahl unserer Streitkräfte wurde insgesamt erhöht. Unser Ziel liegt bei einer Million neuer Soldaten. Derzeit dienen in Russland nur 1,2 Millionen Soldaten. Lediglich im Föderationskreis Ferner Osten haben wir die Anzahl der dort stationierten Truppen so weit wie möglich reduziert. In Anbetracht der Größe unseres Landes – Russland ist immer noch das größte Land der Welt – brauchen wir eine Streitmacht, die unsere Sicherheit an jedem Punkt unseres Staatsgebiets garantieren kann. Genau das versuchen wir mit unseren Maßnahmen zu erreichen. Deshalb entwickeln wir auch gerade ein Netzwerk aus Flughäfen und Luftwaffenstützpunkten, damit wir unsere Streitkräfte im Notfall so schnell wie möglich einsetzen können. Wir arbeiten auch an Weiterentwicklungen im Transportwesen, in der Luftfahrt – damit sind wir gerade befasst – und bei unserer Seekriegsflotte.

OS: ***Was halten die NATO und die USA von Ihren aktuellen Manövern?***

WP: Da müssen Sie sie fragen. Ich kann Ihnen nur beantworten, was wir von deren Aktionen halten. Was tun NATO und USA? Im vergangenen Jahr haben sie mindestens siebzig Manöver in unmittelbarer Nähe der russischen Grenzen durchgeführt. Da werden wir natürlich aufmerksam. Und das heißt, dass wir auch darauf reagieren müssen. Wir haben im vergangenen Jahr eine neue nationale Sicherheitsstrategie eingeführt. Sie enthält nichts Revolutionäres, sondern ist einfach nur ein Dokument, das uns bei der Einrichtung eines Sicherheitssystems helfen soll. Unsere Hauptziele sind weder Konfrontation noch Einschüchterung. Wir wollen stattdessen Bedingungen schaffen, die uns eine Kooperation in Sicherheitsfragen erlauben. Das betrifft vor allem jene durchaus anspruchsvollen Bereiche, die eine Bedrohung für uns und unsere Nachbarn darstellen.

Sie haben mich nach der NATO gefragt. Es ging nicht von uns aus, dass die NATO im Jahr 2014 bedauerlicherweise jede Zusammenarbeit im Rahmen des NATO-Russland-Rats mit uns abgebrochen hat.[135] Uns ist in den zurückliegenden paar Monaten immer wieder zu Ohren gekommen, dass Russland für diesen Schritt verantwortlich gewesen sei, aber das ist nicht wahr. Wir wollten diesen Kontakt nicht abbrechen und haben diesen Vorgang auch nicht initiiert. Erst vor Kurzem kam es auf Initiative der NATO wieder zu neuen Kontakten – auf Botschafterebene, glaube ich. Da müssen wir jetzt nachfassen und zu einer gemeinsamen Position gelangen. Es gibt so viele Konflikte, so viele Herausforderungen, die wir gemeinsam bewältigen könnten.

OS: ***Man hat mir erzählt, dass es vor 2 Tagen irgendwelche US-Manöver in Georgien gab … oder dass die Amerikaner dort Soldaten ausbildeten. Genaueres weiß ich allerdings auch nicht. Handelte es sich um NATO-Truppen?***

WP: Das ist schon möglich. Wir stellen an unseren Grenzen, ob dort oder anderswo, die ganze Zeit eine Verstärkung der militärischen Aktivitäten fest. Ich habe mich schon öffentlich zu diesen Fragen geäußert und auch mit meinen ausländischen Amtskollegen darüber gesprochen. Daher kann ich Ihnen ebenfalls ganz genau sagen, wie meine Einstellung zu den NATO-Aktivitäten ist. Für mich ist die NATO ein Restorganismus, der aus Zeiten des Kalten Kriegs übrig geblieben ist. Sie wurde eingerichtet, als es noch einen permanenten Konflikt zwischen dem Ostblock und dem Westen gab. Mittlerweile ist der Warschauer Pakt aber längst in Vergessenheit geraten. Es gibt keine Sowjetunion und keinen Ostblock mehr.[136] Da stellt sich doch die dringende Frage: Wozu gibt es die NATO überhaupt noch? In letzter Zeit habe ich den Eindruck, dass die NATO dauernd nach einem äußeren Feind sucht, um ihre Existenz zu rechtfertigen. Darum kommt es auch immer wieder zu Provokationen, um jemanden als Gegner hinstellen zu können. Ich erinnere mich noch an eines meiner letzten Treffen mit Ihrem Präsidenten Clinton [wie ich Ihnen ja bereits erzählt habe]. Dabei sagte ich zu ihm, dass ich die Möglichkeit eines NATO-Beitritts von Russland nicht ausschließen wollte. Und Clinton sagte: »Warum nicht?« Das machte die amerikanische Delegation sehr nervös. Warum? Weil sie einen äußeren Feind brauchen – und würde Russland sich der NATO anschließen, dann gäbe es keinen äußeren Feind und damit auch keinerlei Existenzberechtigung für die NATO mehr.

OS: ***Haben Sie sich für die Aufnahme beworben?***

WP: Ich will Ihnen erklären, warum die amerikanische Delegation auf die Möglichkeit eines russischen NATO-Beitritts so nervös reagierte. Erstens hätte Russland in diesem Fall ein Stimmrecht und müsste bei allen Entscheidungen berücksichtigt werden. Und zweitens gäbe es dann für die NATO absolut keinen Grund mehr, weiterhin zu existieren.

OS: ***Kann man der NATO beitreten und trotzdem unabhängige Streitkräfte beibehalten?***

WP: Ja, sicher. Die Streitkräfte der jetzigen NATO-Mitglieder sind ja auch nicht hundertprozentig integriert.

OS: ***Die Bewerbung um eine NATO-Mitgliedschaft wäre ein gewaltiger Publicity-Erfolg für Russland.***

WP: Unsere amerikanischen Freunde würden eine Aufnahme Russlands nicht einmal in Betracht ziehen. Ich glaube, wir müssen beim derzeitigen Stand der Dinge und in der heutigen Welt einen anderen Weg gehen. Und als Allererstes müssen wir die Blockmentalität hinter uns lassen. Wir sollten keine neuen Blöcke aufbauen – Ostblock, westlicher Block, NATO, Warschauer Pakt und so fort. Stattdessen sollten die Staaten in Sicherheitsfragen auf internationaler Basis und gleichberechtigt zusammenarbeiten können.

OS: ***Erfahren Sie eigentlich von solchen Zwischenfällen wie dem in Georgien, wo amerikanisches Militär Berater ausgebildet hat?***

WP: Natürlich wissen wir, was los ist. Ein bestimmtes Land demonstriert, dass es eines unserer Nachbarländer unterstützt. Aber wenn wir günstige Bedingungen für eine weltweite Sicherheitspolitik schaffen wollen, brauchen wir etwas ganz anderes als das. Wir brauchen keine Militärmanöver, sondern den Aufbau einer Atmosphäre des Vertrauens. Nur ein Beispiel: Herr Saakaschwili – der übrigens in schamloser Weise seiner Staatsangehörigkeit abgeschworen hat und heute als Gouverneur von Odessa fungiert[137], was ich völlig absurd finde – hat einfach angegriffen, als es ihm opportun erschien. Man hätte ihn davon abhalten sollen, diesen Schritt zu tun. Wir hatten generell und bei vielen konkreten Anlässen eine normale Beziehung miteinander, als er noch Präsident war. Und ich habe ihm oft gesagt, dass ich sehr gut verstehe, wie schwierig die Wiederaufnahme von Beziehungen ist, aber er müsse halt Geduld haben und dürfe nie auf die furchtbare Idee kommen, die Lage zu einem militärischen Konflikt aufzuschaukeln. Er antwortete stets mit »Ja« – das sei ihm alles bewusst und er würde nie auf eine solche Idee kommen. Dann hat er es doch getan. Als die Vereinigten Staaten hundertmal darüber redeten und ich ihnen sagte, dass wir alles tun müssten, um eine militärische Auseinandersetzung zu verhindern, und stattdessen die Situation bereinigen und diplomatische Beziehungen wiederherstellen sollten, hat man auch nicht auf mich gehört. Und dann passierte eben das, was passieren musste. Uns blieb gar nichts anderes übrig, als darauf zu reagieren, weil eine der ersten militärischen Aktionen der Georgier darin bestand, Mitglieder unserer Friedenssicherungstruppe zu ermorden[138] – darauf muss man reagieren. Wäre das alles nicht geschehen, dann bräuchten wir heute weder Provokationen noch Militärmanöver.

OS: ***Wo spielen sich die meisten dieser Aktivitäten ab? Ist der Großteil der russischen Verteidigungsstreitkräfte und Sicherheitskräfte im Norden oder im Süden stationiert?***

WP: Unsere Streitkräfte sind mehr oder weniger gleichmäßig stark über ganz Russland verteilt.

OS: *Abgesehen vom Föderationskreis Ferner Osten …*

WP: … ja, dort sind es ein paar weniger. Aber mittlerweile geht es ja gar nicht mehr darum, wo die Soldaten stationiert sind, weil die modernen Waffen an der Front keine Militärpräsenz mehr erfordern. Daher ist es auch nicht wirklich wichtig, wo in Friedenszeiten Truppen stationiert sind. Wichtig sind nur noch die Mittel der Kriegsführung – der Einsatz der Verteidigungs- und Angriffskapazitäten, die Art der militärischen Antwort. Wir werden eine neue Reform zur Stationierung unserer Streitkräfte umsetzen, damit die Soldaten und ihre Familien unter günstigeren Rahmenbedingungen leben können. So sollen ihre Kinder normale Schulen besuchen und in zivilisierten Verhältnissen leben können.

Syrien und Ukraine

OS: *Was gibt es von Ihrer Seite Aktuelles über Syrien und die Ukraine zu berichten? Aber da fällt mir noch etwas zur Sicherheit an den russischen Grenzen ein. Ich war von der klassischen Symphonie in Palmyra sehr beeindruckt[139] – aber können Sie mir kurz erzählen, wie die Situation in Syrien und in der Ukraine die russische Sicherheitspolitik beeinflusst?*

WP: Was in der Ukraine los ist, wissen Sie wahrscheinlich. Dort herrscht nach wie vor – wenn auch mittlerweile in etwas abgeschwächter Form – eine Krise. Ich glaube, der wichtigste Bestandteil des Minsker Abkommens[140] ist die politische Beilegung des Konflikts. Leider obliegt es aber den Behörden in Kiew, diesen Teil des Abkommens umzusetzen – und bisher ist nichts dergleichen passiert. Laut dem Maßnahmenkomplex hätten sie bis Ende 2015 eine Verfassungsreform durchführen sollen, das ist aber nicht geschehen. Sie hätten auch eine Amnestie für Straftaten im Zusammenhang mit dem

Konflikt erlassen sollen. Das entsprechende Gesetz wurde vom Parlament verabschiedet, aber vom Präsidenten nicht unterschrieben. Daher ist es bisher auch nicht in Kraft getreten. Noch ein Gesetz hätte verabschiedet und rechtskräftig werden sollen – das Gesetz über den Sonderstatus der nicht anerkannten Republiken. Die derzeitige politische Führung der Ukraine sagt dazu Folgendes: Da es in der Konfliktzone nach wie vor zu Zusammenstößen und Gewaltakten kommt, seien die Voraussetzungen für die politische Beilegung noch nicht gegeben. In meinen Augen ist das allerdings nichts als eine billige Ausrede. Man kann ja jederzeit dafür sorgen, dass es in der Konfliktzone zu einem Zusammenstoß kommt, und so setzt sich die Angelegenheit dann endlos fort. Das Wichtigste ist also nach wie vor die Umsetzung der politischen Beilegung. Unsere ukrainischen Amtskollegen fahren aber auch noch einen zweiten Kurs zur Erklärung ihrer Untätigkeit: Sie vertreten die Ansicht, dass die russisch-ukrainische Grenze, an der sich die nicht anerkannten Republiken befinden, geschlossen werden sollte. Tatsächlich sieht das Minsker Abkommen auch eine Schließung der russischen Grenze durch die ukrainischen Grenzbehörden vor – aber erst, wenn die wesentlichen politischen Beschlüsse umgesetzt wurden.

Bevor diese politischen Beschlüsse aber nicht gefasst und umgesetzt wurden, bevor die Menschen in diesen nicht anerkannten Republiken nicht sicher sind, kann die Schließung der Grenze nur eines bedeuten: Man wird die Menschen dort einkreisen und dann eliminieren. Wir haben in der langen Nacht, als wir das Minsker Abkommen aushandelten, darüber gesprochen, und zwar sehr ausführlich. Unsere ukrainischen Amtskollegen haben erst zugestimmt, aber derzeit sieht es wieder so aus, als hätten sie keine Ahnung, worum es eigentlich geht. Wir unterstützen zurzeit einen Vorschlag von Präsident Poroschenko, dem zufolge das Beobachterkontingent an der Kontaktlinie personell verstärkt werden soll. Er hat diesen Vorschlag aufgebracht, und ich unterstütze ihn. Der Vorschlag enthält auch die Forderung, dass die OSZE-Beobachter mit Waffen ausgestattet werden sollen. Auch das unterstützen wir. Das Problem wird allerdings noch dadurch verschärft, dass sich die wirtschaftliche und innenpolitische Situation in der Ukraine dramatisch verschlechtert hat. Zurzeit vertreten einige unserer Partner, deren Namen ich hier und jetzt nicht nennen werde, die Meinung, dass der ukrainische Präsident wegen der schwierigen innenpolitischen Situation in seinem Land nicht fähig sei, diese politischen Entscheidungen zu treffen. Vor einem Jahr habe ich vorgeschlagen, dass Präsident Poroschenko vorzeitige Neuwahlen abhalten und damit seine Position stärken sollte. Dann würde er auch, obwohl wir unsere Meinungsverschiedenheiten hatten, alle notwendigen politischen Entscheidungen durchdrücken können. Daraufhin teilten uns unsere amerikanischen und europäischen Freunde jedoch mit, dass der Ministerpräsident – das war damals Herr Jazenjuk – und Präsident Poroschenko an einem Strang ziehen und gemeinsam die Maßnahmen umsetzen müssten. Wir haben ja gesehen, was daraus geworden ist: Es gab eine Spaltung innerhalb der Regierung und eine neuerlich sehr schwierige politische Lage.[141] Wenn ich unsere Partner heute daran erinnere, zucken sie nur mit den Schultern. Und weiterhin bleibt die Frage offen: Welche Rolle soll Russland in dieser Sache spielen? Die Vereinigten Staaten und Europa lassen sich immer neue Anschuldigungen einfallen. Sie versuchen Russland alles Mögliche vorzuwerfen, weil sie nicht öffentlich zugeben können, dass sie selbst Fehler gemacht haben. Also gibt man einfach Russland die Schuld. Das erinnert mich immer an eine Fabel des berühmten russischen Dichters Iwan Krylow, in der ein Dialog zwischen einem Wolf und einem Lamm vorkommt. Das Lamm wehrt sich gegen alle Vorwürfe des Wolfs und weist erfolgreich die Schuld von sich. Als dem Wolf dann die Argumente ausgehen, beendet er die Diskussion, indem er sagt: »Liebes Lamm, deine einzige Schuld ist, dass ich dich verzehren will.« [Gelächter]

OS: ***Sollte es zum Schlimmsten kommen … Sie haben das Wort »eliminieren« benutzt, wenn ich mich recht erinnere. Was ist der schlimmste Fall, der eintreten könnte? Wie viele russische Ukrainer wären gefährdet?***

WP: Es geht eben gar nicht um die politische Führung dieser nicht anerkannten Republiken, sondern vielmehr um alle Menschen, die dort leben, insgesamt 3 Millionen Bürger. Sie haben an der Wahlkampagne teilgenommen, sind zu Abstimmungen gegangen und könnten daher – wenn kein Amnestiegesetz erlassen wird – alle als Separatisten verfolgt werden.

OS: ***Also sind 3 Millionen in größter Gefahr. Das könnte sich zu einer Situation wie damals in Serbien und Bosnien entwickeln.***

WP: So sieht es aus, ja. Wir erinnern uns natürlich auch an die Tragödie, die sich in Odessa abspielte, als man mehr als vierzig unschuldige und unbewaffnete Menschen einsperrte und verbrannte. Diejenigen unter ihnen, die einen Fluchtversuch unternahmen, prügelte man mit Eisenstangen zu Tode. Wer war dafür verantwortlich? Leute mit extremen, radikalen Ansichten. Und solche Leute könnten auch ins Territorium dieser Republiken eindringen und dort ähnliche Gräueltaten veranstalten. Wenn ich mit manchen meiner westlichen Partner über dieses Thema spreche und ihnen sage, dass es in diesem Gebiet zu massenhaften schweren Menschenrechtsverletzungen kommen könnte – was glauben Sie, was man mir dann antwortet? Man sagt mir, die Betroffenen müssen bei Menschenrechtsorganisationen um Schutz bitten. Sie sollen bei diversen internationalen Organisationen um Hilfe bitten. Denken Sie daran, was sich damals im Gewerkschaftshaus in Odessa abgespielt hat … wer wird sich denn nach einem solchen Massaker noch an irgendeine internationale Menschenrechtsorganisation wenden?!

OS: ***Ich kann mir nicht vorstellen, dass Russland da ruhig zusieht und nichts unternimmt.***

WP: Das werden wir auch ganz sicher nicht. Wir werden helfen, aber das kann keine unilaterale Aktion von uns sein. Die wesentlichen Entscheidungen müssen von den Behörden in Kiew getroffen werden.

Zu Ihrer Frage Syrien betreffend: Trotz all der militärischen Erfolge, die es dort gab, ist die wichtigste Aufgabe nach wie vor eine politische Einigung. Wir haben unseren Beitrag dazu geleistet, durch unseren Einsatz die staatlichen Institutionen wieder gestärkt und den internationalen Terroristen großen Schaden zugefügt. Aber wir dürfen nicht vergessen, dass Kämpfer aus achtzig verschiedenen Ländern zum IS gehören, wie ich bereits erwähnt habe. Und der IS erhebt nicht nur auf Syrien und den Iran Anspruch, sondern auch auf Libyen und andere Territorien, bis nach Medea, Mekka und Israel. Wir haben den IS-Organisationen schwer geschadet, aber Syriens Probleme sind nicht allein auf den internationalen Terrorismus zurückzuführen. Das Land leidet auch unter internen politischen Problemen, für die durch einen Dialog und eine Zusammenarbeit mit der Opposition eine politische Lösung gefunden werden muss. Soweit wir das beurteilen können, ist Präsident Assad zu einem solchen Dialog bereit, aber da muss auch die andere Seite mitspielen. Wir bekommen oft zu hören, dass Präsident Assad abgesetzt werden sollte. Wenn wir dann fragen: »Was kommt danach?«, weiß niemand eine Antwort. Es gibt auch keine Antwort darauf. Ich glaube, dass der beste, natürlichste und demokratischste Weg in die Zukunft der wäre, eine neue Verfassung zu verabschieden. Diesem Schritt hat auch Präsident Assad schon zugestimmt. Und, wie gesagt, diese neue Verfassung wäre dann die Grundlage für vorgezogene Wahlen.

OS: *Es ist traurig, wenn man da zuhört … Ich weiß nicht recht, wer überhaupt für Amerika spricht. Obama sagt etwas, dann sagt Kerry wieder etwas anderes, und dann sagt Obama: »Assad muss abtreten.« Es ist verwirrend.*

WP: Wenigstens haben Sie begriffen, was in den Vereinigten Staaten los ist. Aber auch der Umgang mit den Partnern ist sehr schwierig, weil es in der Region selbst so viele Streitigkeiten und unterschiedliche Ansichten gibt. Man muss eben versuchen, die Interessen all jener Parteien zu berücksichtigen, die an diesem Prozess mitgewirkt haben. Hauptsächlich muss man aber die Souveränität und territoriale Integrität Syriens und des syrischen Volkes sicherstellen sowie Voraussetzungen dafür schaffen, dass die Flüchtlinge in ihr Zuhause zurückkehren können.

OS: *Die Geschichte in Palmyra war eine feine Geste.*

WP: Das Konzert wurde auf Initiative des Dirigenten Waleri Gergijew veranstaltet.

OS: *Ich meine auch die Räumung der Landminen durch russische Soldaten. Das war ein ganz schönes Stück Arbeit.*

WP: Ja, das war es. Aber da waren auch noch etliche andere Dinge zu erledigen, wie zum Beispiel, die sichere Fahrt zum Flughafen in Palmyra zu garantieren. Wir mussten auch dafür sorgen, dass die Künstler dort übernachten konnten. Und dann mussten wir die Terroristen möglichst weit von der Stadt abdrängen. An manchen Stellen waren die Terroristen nur 25 Kilometer vom Veranstaltungsort entfernt. Die Musiker konnten das Artilleriefeuer hören. Dazu kam, dass die Temperatur mehr als 50 Grad Celsius in der Sonne betrug und die Instrumente daher nicht perfekt klangen. Dieses Konzert erforderte jedenfalls viel Mut und sehr große Anstrengungen.

OS: *Können wir ein paar Minuten über Sotschi reden? Wie stehen Sie persönlich zu Sotschi? Wie sieht Ihre Beziehung zu dieser Stadt aus?*

WP: Wissen Sie, bei der Vorbereitung der Olympischen Winterspiele in Sotschi hatten wir eigentlich geplant, die Stadt zu einer Art ganzjährigem Ferienort umzugestalten – einem Ferienort auf internationalem Niveau. Als wir dieses Vorhaben ankündigten, gab es viele Skeptiker, die dies für undurchführbar erklärten, weil die Verkehrs- und Energieinfrastruktur einfach noch nicht dafür bereit sei. Sie sprachen auch von Umweltaspekten, der Kanalisation und dem Mangel an Hotels. Von der Sportinfrastruktur, die damals noch überhaupt nicht vorhanden war, will ich gar nicht erst anfangen. Aber mittlerweile hat sich die Stadt wirklich zu einem ganzjährigen Ferienort gewandelt. Man kann im Winter dort Ski laufen und gleichzeitig in einem Strandhotel wohnen, weil eine Hochgeschwindigkeits-Zugstrecke das Skigebiet mit der Küste verbindet. Es gibt auch zwei Autostraßen, auf denen man 20 bis 30 Minuten unterwegs ist. Sotschi hat es tatsächlich geschafft oder beinahe schon geschafft, zu einem sehr attraktiven ganzjährigen Ferienziel auf internationalem Niveau zu werden.

OS: *Würden Sie dort wohnen wollen, wenn Sie sich je in einen friedlichen Ruhestand zurückziehen können?*

WP: Nein. Zu heiß.

OS: ***Angeblich hat Russland umgerechnet 51 Milliarden Dollar investiert. Ist das wahr?***

WP: Ich möchte Ihnen jetzt keine falschen Zahlen nennen, also werde ich darauf später antworten. Die wichtigere Frage ist ohnehin, wohin das Geld geflossen ist. Wir haben zwei Gaspipelines gebaut - eine unterseeische, die andere durch einen Berg. Wir haben ein Kraftwerk und ein Umspannwerk errichtet. Wir haben Brücken und Tunnels, Autobahnen durch die Berge und eine Bahnstrecke rund um die Stadt gebaut und dazu 40 000 Hotelzimmer.

OS: ***Ihre Kritiker werfen Ihnen vor, dass ein großer Teil dieser Gelder an Ihre Freunde ging – an befreundete Oligarchen.***

WP: [lacht] Das ist absurd, absoluter Unsinn! Wir haben unsere diesbezüglichen Beschlüsse rein leistungsorientiert getroffen. Und viel von dem Geld ging an ausländische Unternehmen, die als Auftragnehmer hier mehr als 1 Milliarde US-Dollar verdienten. Bei manchen Projekten waren es zum Beispiel internationale Teams, die Tunnels bauten. Auch Spezialisten aus Kanada waren für uns tätig.

OS: ***Ihre Befürworter sagen wiederum, dass 44 von den 51 Milliarden Dollar in die Infrastruktur geflossen sind.***[142]

WP: Ich kann mich jetzt nicht an die genauen Zahlen erinnern, aber das ist wahrscheinlich richtig.

OS: ***Okay, wir landen gleich. Sie müssen in Sotschi doch ein Kino oder einen Vorführraum haben ... ich würde Ihnen nämlich gern wenigstens 20 Minuten des Films*** **Dr. Seltsam** ***zeigen.***

WP: Wir werden eine Möglichkeit finden.

OS: *Es wäre wichtig für meine Dokumentation, weil Sie doch über einen »heißen« Atomkrieg gesprochen haben. Ich würde liebend gern Ihre Reaktion auf die sehr witzigen Szenen im War Room – der amerikanischen Kommandozentrale im Film – sehen. Ich weiß schon, dass Sie normalerweise keine Zeit für Filme haben, aber ich ersuche Sie sehr darum.*

WP: Lassen Sie mich in Ruhe über einen geeigneten Ort und eine Zeit nachdenken. Wie lange werden Sie in Sotschi bleiben?

OS: *Je nachdem ... mindestens bis Freitag.*

WP: Spielen Sie Eishockey?

OS: *Ich spiele nicht, aber wir wollen Sie dabei filmen. Meine Frau ist auch hier.*

[Das Flugzeug landet.]

OS: *Alles okay, Dmitri? [Gelächter] Das ist eine sehr lustige Szene – der Pressesprecher hält den Mikrofongalgen.*

WP: Ja, der muss eben auch von Zeit zu Zeit etwas arbeiten.

OS: *Ich habe gesehen, dass Herr Gorbatschow heute auch hier war. Sie sind aber nicht stehen geblieben und haben Hallo zu ihm gesagt. [Gelächter]*

WP: Es gehört zum Protokoll, dass er zu offiziellen Zeremonien eingeladen wird.

OS: *Ich weiß. Aber eigentlich habe ich gesagt, dass Sie nicht stehen geblieben sind und »Hallo« zu ihm gesagt haben.*

WP: Ich habe ihn gar nicht bemerkt. Ich habe ihn nicht gesehen. Wo saß er denn?

OS: *Auf der Tribüne, er war deutlich sichtbar. Sie wussten nicht, dass er da sein würde? Sehen Sie einander nie?*

WP: Ich habe ihn im Kreml in meinem Arbeitskabinett empfangen.

OS: *Vor vielen Jahren …*

WP: Vor ein paar Jahren.

OS: *Ich stelle mir halt vor, wenn er Ihnen sympathisch wäre, dann wären Sie doch einfach zu ihm rübergegangen und hätten »Hallo, Gorbi!« zu ihm gesagt.*

WP: Wir haben uns erst vor Kurzem bei einem Medien-Event gesehen.

OS: *Haben Sie einander begrüßt?*

WP: Ja, sicher.

OS: *Haben Sie als Erster gegrüßt?*

WP: Nein.

OS: *[lacht]*

WP: Ich hege keine Vorurteile gegen ihn. Gorbatschow hatte eine sehr schlechte Beziehung zum ersten russischen Präsidenten, Boris Jelzin.

OS: *Ja, das weiß ich.*

WP: Aber das wirkt sich nicht auf meine Beziehung zu ihm aus. Wir kennen uns und sehen einander gelegentlich. Ich habe kein Problem mit ihm.

OS: *In der NATO-Frage steht er jedenfalls auf Ihrer Seite.*

WP: Ja, in der NATO-Frage und auch in Sachen Krim, soviel ich weiß. Eine Zeit lang hat er die Opposition unterstützt, aber er hat eben seine eigenen Ansichten. Manchmal sind wir einer Meinung, dann wieder nicht. Als ehemaliger Präsident wird er vom Föderalen Dienst für Bewachung beschützt.

OS: *Das ist aber nett. Sie ließen Jelzin wahrscheinlich auch beschützen.*

WP: Ja, sicher. Wir haben Gesetze, und an die halten wir uns.

OS: *Vielleicht halten wir uns beim nächsten Gespräch wieder mehr an die geplante Reihenfolge.*

WP: Gut.

OS: *[lacht] Okay, vielen Dank!*

Dritte Reise

6

Zweiter Tag
10. Mai 2016

OS: *Das war ein gutes Spiel.*

WP: Wir hätten besser sein können, aber es war in Ordnung. Ich konnte mich vorher nicht aufwärmen, also war meine persönliche Leistung nicht besonders.

OS: *Sie sind einmal gestürzt. Waren Sie müde?*

WP: Ich bin nur gestolpert.

OS: *Sie haben mit 40 Jahren begonnen, Hockey zu spielen?*

WP: Nein, erst vor 2 oder 3 Jahren.

OS: *Vor 2 Jahren? Wirklich? Mit 50?*

WP: 60.

OS: *[lacht] Ich bilde mir immer ein, Sie wären 53 und nicht 63 Jahre alt. Das ist sehr cool – bewundernswert.*

WP: Vorher konnte ich gar nicht eislaufen.

OS: *Ja, das habe ich gehört. Ski laufen auch nicht.*

WP: Das ist sehr interessant für mich. Es ist immer interessant, wenn man etwas Neues lernt.

OS: *Und was haben Sie dann mit 70 vor?*

WP: Ich weiß es noch nicht. Bush senior ging Fallschirmspringen.

OS: *Waren Sie auch schon Tiefseetauchen?*

WP: Ja, das habe ich bereits hinter mir. Ich kann nicht behaupten, dass es mir besonders gefallen hätte, aber es war auch sehr interessant.

OS: *Ihre Gegner im Spiel waren nicht allzu brutal mit Ihnen, damit habe ich auch nicht gerechnet. Man könnte sich ja bei einem Bodycheck leicht etwas brechen, oder?*

WP: Na ja, das kommt vor. So ist es eben im Sport. Ich mache schon mein Leben lang Judo und wurde noch nie verletzt.

OS: *Aber das sind doch sehr harte Schläge, wie beim Football. Übrigens: Was wäre, wenn einer der Spieler im Team, egal auf welcher Seite, in Russland zugeben würde, schwul zu sein? Würde man das geheim halten?*

WP: [lacht] Ich habe wirklich die Nase voll von dem dauernden Gerede über Schwule und Lesbierinnen! Es gibt nur eines, was ich dazu sagen möchte: Bei uns existieren im Hinblick auf sexuelle Vorlieben keinerlei Einschränkungen und keine juristische Verfolgung. Solche Restriktionen haben wir in Russland einfach nicht. Außerdem gibt es eine Menge Leute, die ganz offen über ihre nicht herkömmliche sexuelle Orientierung gesprochen haben und zu denen wir weiterhin ganz normale Beziehungen unterhalten. Viele von ihnen sind und waren in ihrem jeweiligen Tätigkeitsbereich höchst erfolgreich und haben dafür sogar staatliche Auszeichnungen erhalten. Es gibt keine Restriktionen. Man hat nur den Mythos aufgebaut, dass sexuelle Minderheiten in Russland verfolgt würden.

OS: *Immerhin haben Sie das »Propaganda«-Gesetz.*

WP: Ja, es gibt ein Gesetz, das jegliche Propaganda für Homosexualität bei Minderjährigen verbietet. Und der Grund für dieses Gesetz ist der, dass wir unseren Kindern die Chance geben wollen, erwachsen zu werden, ohne dass ihr Bewusstsein beeinflusst wird. Ein Kind oder ein junger Heranwachsender kann noch keine eigenen Entscheidungen treffen. Solange man keinen Druck auf die betreffende Person ausübt, kann sie nach Erreichen der Volljährigkeit frei darüber entscheiden, wie sie ihr Leben gestaltet, einschließlich ihres Sexuallebens. Sobald jemand das 18. Lebensjahr erreicht hat, gibt es keinerlei Einschränkungen mehr.

OS: *Ich glaube Ihnen. Aber es gibt schon eine starke Macho-Tradition in Russland. Wenn einer dieser Eishockeyspieler die ganze Zeit heimlich schwul gewesen wäre, würde er sich dann trauen, seinen Teamkollegen das mitzuteilen? Ich glaube nicht.*

WP: Da mögen Sie bis zu einem gewissen Grad recht haben. Doch ist es in Russland auch nicht so wie in manchen islamischen Staaten, wo einem als Homosexuellem die Todesstrafe droht. Die russische Gesellschaft ist in hohem Maße liberal. Wenn jemand öffentlich seine Homosexualität kundtut, ist das auch keine Tragödie. Ich bin auch manchmal bei Veranstaltungen zu Gast, wo offen Homosexuelle anwesend sind. Und trotzdem unterhalten wir uns ganz normal und verstehen uns gut miteinander.

OS: *Gilt das auch fürs Militär?*

WP: Es gibt keinerlei Einschränkungen.

OS: *Auch im Militär nicht? Ich meine, wenn Sie im U-Boot duschen gingen und wüssten, dass der Mann neben Ihnen schwul ist – wäre das ein Problem für Sie?*

WP: [lacht] Na gut, ich würde lieber nicht mit ihm duschen. Warum sollte man ihn provozieren?

OS: *Das ist ja auch etwas traditionell Männliches. Manche Männer können nur schwer akzeptieren, dass der Typ in der Dusche, dessen Penis sie deutlich sehen, vielleicht ein Auge auf sie werfen könnte. Solche Dinge halt …*

WP: Sie wissen ja, ich bin Judomeister, also …

[Gelächter]

OS: *Mir ist auch aufgefallen, dass Lesben hier nicht … Die Russen finden Sex zwischen Frauen nicht gut, weil die traditionelle Lebensweise halt besagt, dass Kinder wichtig sind und daher möglichst viele Kinder zur Welt kommen sollten. Die Beziehung zwischen Mann und Frau gilt in Russland als natürlich und ist auch von der Bibel so gewollt. Und die Kinder, die daraus hervorgehen, sollen so viel Kraft und Vitalität haben, dass sie als Bürger zur Gesellschaft beitragen können. An Frauen, die sich nicht befruchten lassen wollen, hat man hier kein allzu großes Interesse.*

WP: Daran ist etwas Wahres. Es gibt diese Tradition bei uns. Und ohne jemanden beleidigen zu wollen – wir wissen es sehr zu schätzen, dass solche Traditionen noch existieren, sie sind uns lieb und teuer. Als Staatsoberhaupt kann ich Ihnen definitiv sagen, dass ich es als meine Pflicht betrachte, traditionelle Werte und die Rolle der Familie zu bewahren. Warum? Weil gleichgeschlechtliche Ehen keine Kinder hervorbringen, das ist von

Gott so bestimmt. Daher müssen wir uns um die Geburtenrate kümmern, wir müssen für die Gesundheit unserer Bürger und für die Familien sorgen. Wir müssen die Rolle der Familie stärken. Das ist eine völlig natürliche Haltung, die jede staatliche Instanz einnehmen sollte, wenn sie ihr Land stärken will. Gleichzeitig bedeutet es aber nicht, dass man irgendjemanden verfolgen sollte. Daher gibt es in Russland solche Verfolgungen nicht.

OS: *Darf ich darauf hinweisen, dass es auch in Gesellschaften mit diversen Problemen viele Waisen gibt – und dass manche dieser Waisen von gleichgeschlechtlichen Paaren adoptiert werden könnten?*

WP: Ja, das ist möglich. Ich könnte jetzt aber nicht behaupten, dass unsere Gesellschaft so etwas begrüßt, da will ich ganz ehrlich sein. Und ich weise auch darauf hin, dass sogar viele Homosexuelle dagegen sind, dass gleichgeschlechtliche Paare Kinder adoptieren dürfen. Wissen Sie, warum das so ist? Die Schwulen-Community ist sich in dieser Frage alles andere als einig. Ich glaube, dass ein Kind im Erwachsenenalter mehr Freiheiten hat, wenn es in einer traditionellen Familie aufgewachsen ist. Es hat mehr Auswahlmöglichkeiten.

OS: *Gutes Argument. Wir müssen zum Schluss kommen, weil unsere Zeit auf dieser Reise knapp bemessen ist. Am Donnerstag habe ich noch einen Termin mit Ihnen. Ich habe mir die bisherigen Aufnahmen angesehen und muss Ihnen einige Fragen noch einmal stellen, um manche Dinge zu präzisieren. Gelegentlich bin ich nämlich nicht so sicher, was Ihre Antworten angeht, und muss daher nachfragen. Und ich musste auch Bedenken äußern, die von der Zeitschrift* Foreign Affairs *vorgebracht wurden – das Blatt ist für mich nicht gerade Mainstream, gibt aber so etwas wie den offiziellen Standpunkt der amerikanischen Regierung wieder. Herausgeber ist der Council on Foreign Relations, eine sehr mächtige Organisation. Sie engagieren alle möglichen Experten, die für ihre Fachzeitschrift schreiben, natürlich auch über Russland. Einige meiner Fragen sind also eigentlich Fragen dieser Autoren.*

WP: Ach, wissen Sie, manche Leute träumen und wollen diese Dinge über mich glauben. Aber das sind nur Träume, vielleicht auch Wunschträume. Mit der Realität hat das alles nichts zu tun. Und das wissen die Leute auch, die solche Artikel schreiben.

OS: *Ich verstehe. Aber es handelt sich um einen offiziellen Standpunkt, auf den man in Washington hört. Das heißt, es ist etwas, mit dem Sie sich auseinandersetzen müssen.*

WP: Es gibt unterschiedliche Menschen in Europa und den Vereinigten Staaten – unterschiedliche Menschen mit unterschiedlichen Meinungen. Es gibt Leute, die 25 oder 30 Jahre in die Zukunft blicken und sich mit den Herausforderungen befassen, denen wir dann gegenüberstehen werden. Diese Leute denken ganz anders über Russland.

OS: *Dem möchte ich nicht widersprechen.*

WP: Und dann gibt es natürlich noch die Leute, die nur von einer Wahl zur nächsten existieren und nichts anderes im Kopf haben als ihre eigennützigen politischen Interessen.

Russische Überwachung

OS: *Um meine nächste Frage von vornherein in den richtigen Kontext zu stellen: Die meisten Amerikaner glauben, dass die Überwachungsmethoden Russlands mindestens genauso übel sind wie die der USA. Das liegt wohl am alten KGB.*

WP: Wir sind den Vereinigten Staaten in dieser Hinsicht sicher nicht voraus, weil wir ja gar nicht die entsprechenden Ressourcen besitzen, wie sie den USA zur Verfügung stehen. Hätten wir die, dann wären wir wahrscheinlich so gut wie sie. [lacht]

OS: *Ist das Ihr Ernst? Sie glauben wirklich, dass Sie technisch nicht gut genug sind? Ich rede jetzt nicht über Geld, sondern über die technische Kompetenz.*

WP: In den USA wird sehr viel Geld in die Funk- und Überwachungsdienste gesteckt, das können wir uns nicht leisten. Das gilt auch für die technische Ausrüstung, die zu diesen Zwecken entwickelt wurde. Bei uns herrscht seit der Sowjetära, seit der Zeit der total autoritären Herrschaft, außerdem eine gewisse Abneigung gegen solche Überwachungsdienste, wenn diese zu mächtig werden. Das mögen wir nicht. Das Volk empfindet große Abscheu davor, und darauf müssen die Behörden Rücksicht nehmen.

OS: *Führt Russland in irgendeiner Form eine Sammelerhebung des Daten- und Telefonverkehrs durch?*

WP: Nein, das kann ich Ihnen versichern.

OS: *Es werden also nur gezielt bestimmte Daten erfasst?*

WP: Richtig. Unsere Überwachungsdienste verfolgen einen zielgerichteten Ansatz, aber wir sammeln nicht massenweise Informationen, die wir dann nach dem jeweiligen Suchmuster durchforsten. Das ist bei uns nicht so.

OS: *Ich meine aber nur die Datensammlung, ohne die Daten zu lesen und auszuwerten. Nur die Sammlung über sämtliche Telefonsysteme und das Internet.*

WP: Nein, so etwas passiert bei uns nicht auf Massenbasis. Wir hätten auch gar nicht das Netzwerk dazu.

OS: *Es wäre so schön, wenn Sie das klarstellen und zu mir sagen könnten: »Nicht nur, dass es so was bei uns nicht gibt – wir haben noch dazu eine Methode entwickelt, Daten selektiv zu ermitteln und nicht massenhaft*

sammeln zu müssen, wie die USA das tun.« Mit anderen Worten: Wir haben das Problem technisch gelöst.

WP: Hier geht es aber gar nicht um die technische, sondern vielmehr um die operative Seite: Die Arbeit unserer Abhördienste konzentriert sich auf Personen, die wegen ihrer Kommunikationsverbindungen unter Verdacht stehen. Wir versuchen es bei der Suche nach Verdächtigen gar nicht erst mit Sammelerhebungen von Daten.

OS: ***15 Prozent der russischen Bevölkerung sind Muslime.[143] Zumindest hat man mir diese Zahl genannt. Und viele dieser Muslime leben in Moskau – werden auch bei ihnen keine Sammelerhebungen durchgeführt?***

WP: Nein. Das kann ich Ihnen mit hundertprozentiger Sicherheit garantieren. Sicher, Ende der 1990er-Jahre und Anfang der 2000er-Jahre kam es wegen der Ereignisse in Tschetschenien zu Gewaltakten. Aber im Großen und Ganzen war Russland von Anfang an ein multireligiöses Land. Wir haben eine Kultur, die das Aufrechterhalten von Beziehungen zwischen verschiedenen Religionen fördert, und diese Kultur wurde im Laufe vieler Jahrhunderte aufgebaut. Die tschetschenischen Völker haben – wie viele andere Völker der ehemaligen Sowjetunion – sehr unter den stalinistischen Verfolgungen gelitten. Aber sie litten nicht als Vertreter der islamischen Welt, sondern aus politischen Gründen. Bei uns gab es nie Konflikte zwischen Islam, Judentum und Christentum. Dieser positive Hintergrund ist ein großer Vorteil für uns. Außerdem sind die Mitglieder unserer islamischen Gemeinschaft alle Bürger von Russland. Sie haben keine andere Heimat, ihre Heimat ist Russland. Sie sind keine Migranten oder Nachkommen von Migranten.

OS: ***Darauf möchte ich nach der nächsten Frage noch zurückkommen. Können Sie mir sagen, wie viel Geld Russland für seine Geheimdienste ausgibt? Die Vereinigten Staaten haben die entsprechenden Zahlen veröffentlicht: Sie stecken 75 Milliarden Dollar jährlich in ihre Geheimdienste. 52 Milliarden davon sind für zivile Nachrichtendienste***

bestimmt*[144]*, also CIA, FBI und NSA, der Restbetrag geht an die militärischen Dienste.

WP: Würden die Vereinigten Staaten gute partnerschaftliche Beziehungen zu Russland aufbauen, vor allem im Kampf gegen den Terrorismus, dann könnten sie ihr Budget für die Nachrichtendienste zumindest halbieren. Und sie würden die Aktivitäten ihrer Geheimdienste damit um einiges effizienter machen.

OS: *Sie könnten ihr Budget halbieren?*

WP: Ja. Würden wir auf effizienter Grundlage zusammenarbeiten, dann müssten die USA nicht so viel ausgeben. Und ihre Aktivitäten wären bei Weitem effektiver.

OS: *Heißt das also, dass Russland umgerechnet 30 Milliarden Dollar jährlich ausgibt?*

WP: Es kommt gar nicht darauf an, wie viel Geld Russland für seine Geheimdienste ausgibt. Was zählt, ist die Tatsache, dass wir bei einer Zusammenlegung unserer Ressourcen und Aktivitäten viel effektiver arbeiten könnten.

OS: *Sie verraten mir den Betrag also nicht?*

WP: Nein, das ist Geheimsache. [lacht]

OS: *In Ordnung.*

WP: Es gibt zwar veröffentlichte Daten, doch ich weiß wirklich nicht genau, wie hoch der Betrag ist. Aber wie ich bereits erwähnt habe, geben wir für diese Zwecke wesentlich weniger aus als die Vereinigten Staaten. Und wie wir ebenfalls bereits besprochen haben: Die Vereinigten Staaten wenden dafür mehr Geld auf als alle anderen Länder der Welt zusammen.[145]

OS: *Und Russland gibt nur 10 Prozent davon aus.*

WP: 10 Prozent der einschlägigen Ausgaben der Vereinigten Staaten.

Tschetschenien

OS: *Das ist erstaunlich – in Anbetracht dessen, was Sie in dieser Hinsicht alles erreicht haben. Aber kommen wir kurz auf das Thema Tschetschenien zurück. Es gibt sehr viele Leute, die Ihre Meinung über diese Region nicht teilen, die doch seit nunmehr 20 Jahren ein Wespennest ist. Wir wissen, dass es radikale Elemente in Tschetschenien gibt, wir wissen über den Terrorismus Bescheid. Und dann gibt es auch noch ein sehr autoritäres Element in Tschetschenien, das von Ramsan Kadyrow angeführt wird – dem Präsidenten, der Ihnen gegenüber sehr loyal ist. Dem stehen auch viele Russen kritisch gegenüber. Ich habe selbst gesehen, dass etliche Autoren darüber geschrieben haben, nicht unbedingt Dissidenten, aber Leute, die über die Beziehung zu Kadyrow alles andere als glücklich sind. Er gilt zum Beispiel als Kriegsverbrecher. Darum fragen sich manche Leute auch: »Warum müssen so verrückte Länder zur Russischen Föderation gehören? Warum vereinigt die Russische Föderation nicht allein russische Menschen?« Ich weiß, dass Tschetschenien Ihrer Ansicht nach Teil des Heimatlands – »Rodina« – ist. Aber erzählen Sie mir bitte mehr darüber.*

WP: Was die Entwicklungen in Tschetschenien und im Kaukasus angeht, so kann ich Ihnen keine brandaktuellen Neuigkeiten liefern. Diese Entwicklungen begannen unmittelbar nach dem Zusammenbruch der Sowjetunion. Wenn sich ein großes Land auflöst, ist es nur natürlich, dass sich im gesamten Territorium eine Desillusionierung breitmacht. In Russland war dies nicht anders. Das war der erste Faktor. Und der zweite Punkt war, dass unsere Wirtschaft sowie unser sozialer Bereich ebenfalls zusammenbrachen. Die Menschen suchten nach einem Ausweg aus dieser Lage. In den

Grenzgebieten Russlands überlegten sie sich, wie sie ihr Leben verbessern und die Schwierigkeiten überwinden könnten, mit denen sie konfrontiert waren. Es gab in dieser Situation auch etliche Leute, nicht nur in der Tschetschenischen Republik, die separatistisches Gedankengut förderten. Das ist nichts Neues. Doch in der Tschetschenischen Republik war die Lage durch das Erbe der Stalin'schen Repressionen noch verschärft. Die Leute konnten sich noch sehr gut an das erinnern, was sie nach dem Zweiten Weltkrieg durchmachen mussten. Aus all diesen Gründen brach der Konflikt aus. Er weitete sich immer mehr aus und folgte dabei einem äußerst tragischen Szenario.

Wissen Sie, was der entscheidende Wendepunkt war? Das waren nicht nur die militärischen Erfolge der russischen Streitkräfte. Es ist ja bekannt, dass der Konflikt eskalierte und es zu Angriffen aus der Tschetschenischen Republik auf benachbarte Gebiete in Russland kam. Sogar Dagestan wurde attackiert, obwohl es ebenfalls eine Republik mit überwiegend islamischer Bevölkerung ist. Das dagestanische Volk wartete nicht auf Hilfe aus dem Zentrum der Föderation, sondern griff zu den Waffen, um sich selbst zu verteidigen. Aber der wahre Wendepunkt war die Erkenntnis der tschetschenischen Behörden und der Führung des Landes, dass eine tschetschenische Entwicklung als Teil Russlands wesentlich vielversprechender und für das Volk vorteilhafter war als die Bestrebungen nach einer sogenannten Unabhängigkeit. Zudem wollte sich der traditionelle Islam den islamischen Strömungen aus dem Nahen Osten, die von Außenseitern ins Land gebracht wurden, nicht unterwerfen. Es kam zu einer Auseinandersetzung zwischen den religiösen Führungspersönlichkeiten der Region – einer davon war Kadyrows Vater – und den neuen Religionsführern, die aus bestimmten Ländern nach Tschetschenien gekommen waren. Damals führte ich mein erstes Gespräch mit Kadyrow senior, bei dem er mir sagte, dass sie sich überlegten, eine Beziehung zu Russland aufzubauen. Das geschah einzig und allein auf seine Initiative hin, er war keinem Druck von irgendeiner Seite ausgesetzt. Das Ergebnis war jedenfalls, dass er der erste Präsident der Tschetschenischen Republik wurde. Sein Sohn, der derzeitige Präsident, kämpfte früher einmal zusammen mit seinem Vater gegen die Bundestruppen. Er begriff aber – so wie sein Vater – ebenfalls, dass die

Interessen des tschetschenischen Volkes untrennbar mit den Interessen Russlands verbunden sind. Natürlich gab es dort viele Leute – und es gibt sie heute noch –, die eine bestimmte Geisteshaltung mitbringen und sich für Helden halten. Dazu kommt, dass wir die Wirren und Beschwerlichkeiten eines blutigen Bürgerkriegs hinter uns haben.

Heute stellt man mir die Frage, warum Kadyrow oder jemand aus seinem Umfeld sich so kritisch über die Opposition äußert. Ich habe mehrmals mit ihm darüber geredet, und er hat mir versprochen, sich in seiner Ausdrucksweise zurückzuhalten. Warum er sich so äußert, kann er aber ganz einfach erklären. »Wir haben Blut und Tränen durchgemacht«, sagt er. »Wir wissen, wie ein Bürgerkrieg aussieht, und wir können es uns nicht leisten, dass uns irgendjemand wieder in diesen Zustand stürzt.« Ich halte diese Argumentation nicht für richtig und unterstütze sie auch nicht. Ich versuche nur, Ihnen seine Position zu erläutern und seine Erklärung dafür wiederzugeben. Aber ich bin der Meinung, dass er sich als Präsident der Tschetschenischen Republik in Zurückhaltung üben und an die russischen Gesetze halten muss. Und ich hoffe, dass dies auch der Fall sein wird. Wir sollten jedoch nicht vergessen, wie sein Leben vorher ausgesehen hat und welche Erfahrungen er machen musste.

OS: ***Sie alimentieren aber nach wie vor 80 Prozent des tschetschenischen Staatshaushalts. Das bezahlt alles Russland. Die genauen Budgetzahlen vergesse ich leider immer.***

WP: Das betrifft nicht nur das tschetschenische Budget. Es handelt sich um ein zielgerichtetes Konzept, das die russische Regierung verfolgt. Wir streben durch eine Umverteilung unserer Haushaltseinnahmen eine Angleichung der wirtschaftlichen Entwicklung in sämtlichen Föderationssubjekten der Russischen Föderation an. Das Endergebnis soll eine Situation sein, in der alle Volkswirtschaften der Föderation selbstständig sind und keine weitere Unterstützung mehr von uns benötigen. Aber noch einmal: Es geht hier nicht nur um Tschetschenien. Von den 85 Föderationssubjekten Russlands nehmen nur zehn mehr Geld ein, als sie ausgeben. Wir unterstützen mit unserem Bundeshaushalt daher auch noch viele andere Regionen: die Föderationskreise Nordkaukasus, Ferner Osten sowie Südrussland mit der Krim und noch ein paar andere. Die Tschetschenische Republik ist da keine Ausnahme.

OS: ***Waren am jüngsten Ukraine-Konflikt nicht auch tschetschenische Kämpfer beteiligt?***

WP: Das waren Freiwillige, Sie haben recht. Wir wissen darüber Bescheid.

OS: ***Na gut, wechseln wir das Thema. Sie haben ja schon einiges dazu gesagt, aber ich möchte es klarstellen: Warum haben Sie nach 2001 das militärische Vordringen der USA in Zentralasien geduldet?***

WP: Wir haben es nicht geduldet. Der amerikanische Präsident hat mich um Unterstützung gebeten, also habe ich mit einigen politischen Führern der zentralasiatischen Republiken gesprochen und sie ersucht, auf die Anfrage aus den Vereinigten Staaten positiv zu reagieren.[146] Das bedeutete unter anderem, dass diese Länder den USA gestatten sollten, Truppen, militärische Infrastruktur und Flughäfen auf ihrem Territorium zu stationieren beziehungsweise zu installieren. Ich ging davon aus, dass wir vor einer gemeinsamen Herausforderung standen – der Bedrohung durch den von Afghanistan ausgehenden Terrorismus. Und ich nahm an, dass wir zur Unterstützung der Vereinigten Staaten zusammenarbeiten müssten. Darüber hinaus versicherte mir der US-Präsident, dass sie nicht für immer dort bleiben wollten. Er erwähnte mit keinem Wort, dass sie vorhatten, diesen Zustand jahrzehntelang aufrechtzuerhalten.

OS: ***Er sagte, dass sie nicht für immer dort bleiben wollten?***

WP: Ja, genau das sagte er. Er bat uns darum, die USA für ein paar Jahre zu unterstützen. Und wir antworteten: »Ja, das werden wir tun, wir werden Sie unterstützen.« So sah unsere Reaktion aus.

OS: ***Und wann haben Sie gemerkt, dass Sie hinters Licht geführt wurden? Kennt man diesen Ausdruck in Russland? 2006 muss es schon so weit gewesen sein, oder? Bei Ihrer Rede im Jahr 2007 in München sahen Sie diese Beziehung bereits ganz anders, nehme ich an. 2008 kam es dann zum Georgien-Krieg. Zwischen 2002 und 2003 erfolgte die Besetzung des Irak, 2004 fand die »Orange Revolution« in der Ukraine statt. Was dachten Sie während der ukrainischen Revolution?***

WP: Es ist nichts passiert. Nichts hat sich verändert – das ist entscheidend. In meiner Münchner Rede sagte ich, dass sich Russland nach der Auflösung der Sowjetunion den Vereinigten Staaten und Europa zugewandt hat. Wir hofften auf Zusammenarbeit und darauf, dass man auch unsere Interessen berücksichtigen würde, um miteinander kooperieren zu können. Stattdessen mussten wir erleben, dass der Westen seine politische Macht und Einflusssphäre in jene Territorien ausdehnte, die für unsere globale strategische Sicherheit sensibel und wichtig waren.[147]

OS: ***Wenn die USA schon damals in die Ereignisse in der Ukraine involviert waren, wie war dann Ihre Haltung dazu? Wie dachten Sie darüber, dass die USA diese Unabhängigkeitsbewegungen gezielt förderten?***

WP: Darauf gibt es eine ganz einfache Antwort. Die Philosophie der amerikanischen Außenpolitik in dieser Region beruht einzig und allein auf der Notwendigkeit, mit allen zur Verfügung stehenden Mitteln eine Zusammenarbeit zwischen der Ukraine und Russland zu verhindern. Dessen bin ich mir völlig sicher. Die USA betrachten jede Annäherung zwischen unseren beiden Ländern als Provokation, weil sie fürchten, dass Russland dadurch an Macht gewinnen könnte. Deswegen tun sie alles, um eine solche Annäherung zu sabotieren. Ich bin der Meinung, dass die Ereignisse rund um die Ukraine von dieser Ideologie herrühren – und nicht etwa daher, dass man dem ukrainischen Volk die Freiheit bringen wollte. Unsere Partner in den Vereinigten Staaten und Europa handelten nur aus dieser Angst heraus. Sie unterstützten radikale nationalistische Elemente in der Ukraine, um in den Beziehungen zwischen Russland und der Ukraine eine Spaltung herbeizuführen, eine tiefe Kluft zu erzeugen. Würde Russland auf diese Provokation reagieren, dann könnte man es problemlos dämonisieren und aller möglichen Todsünden bezichtigen. Und plötzlich hätte der Westen wieder einen sichtbaren Gegner und könnte Verbündete auf seine Seite ziehen. Unter diesem Gesichtspunkt haben die Hintermänner ihre Ziele erreicht und dabei geradezu perfekt agiert. Wir haben jedoch eine umfassendere Betrachtungsweise, bei der es nicht um Konfrontation oder das Bedürfnis geht, Satellitenstaaten gegen eine äußere Bedrohung um sich zu scharen. Wenn man 25 Jahre in die Zukunft blickt und darüber nachdenkt, wie die Weltlage sich weiterentwickeln wird, dann muss man seine Philosophie und den Ansatz, den man in Bezug auf internationale Beziehungen verfolgt, einfach ändern. Und das betrifft natürlich auch die Beziehungen zu Russland.

OS: ***Aber irgendwann zwischen 2004 und Ihrer Münchner Rede 2007 wird plötzlich alles anders. Der Irak ist eine Katastrophe, Afghanistan ebenso. Und in dieser Zeit ändert sich Ihre Sichtweise.***

WP: In München sagte ich: Wie beurteilen wir die Lage? Die Sowjetunion ist zusammengebrochen. Es gibt somit keinen Feind mehr für die USA und die westliche Welt als Ganzes. Welchen Sinn hat es also, die NATO zu erweitern? Gegen wen? Trotzdem gab es nach Auflösung der Sowjetunion zwei Wellen der NATO-Erweiterung, die öffentlich von dem Mythos begleitet wurden, dass sich jedes Land selbst aussuchen könne, wie es für seine Sicherheit sorgt. Wir haben das zwar schon öfter gehört, aber dieser Mythos ist trotzdem purer Unsinn. Wenn man die Sicherheit mehrerer Länder garantieren will, die sich bedroht fühlen, muss man dazu nicht die NATO erweitern, sondern kann auch bilaterale Abkommen zur gegenseitigen Hilfeleistung und beiderseitigen Sicherheit schließen. Aber es ist nicht notwendig, das falsche Bild eines gemeinsamen Gegners zu erzeugen. Es hat zwei Erweiterungswellen gegeben, und dann traten die Vereinigten Staaten einseitig vom ABM-Vertrag zurück. Auch das spielt eine essenziell wichtige Rolle. Die Amerikaner lassen uns zwar wissen, dass wir uns dadurch nicht bedroht fühlen sollen, weil das alles keine Bedrohung für Russland darstelle, sondern sie angeblich nur wegen der vom Iran ausgehenden

Gefahr diesen Schritt getätigt hätten. Aber das Thema ist mittlerweile längst vom Tisch, weil ja ein Abkommen unterzeichnet wurde. Der Iran hat einem militärischen Atomprogramm hochoffiziell abgeschworen, und die USA haben dem zugestimmt und das Dokument unterzeichnet. Dennoch wird das neue Raketenabwehrsystem in Europa weiterentwickelt und soll in Teilen auch hier installiert werden. Gegen wen soll dieses Abwehrsystem gerichtet sein? In jedem Fall muss Russland auch darauf reagieren. Der bekannte Staatsmann Otto von Bismarck sagte in ähnlichen Situationen, dass nicht Gespräche wichtig seien, sondern Potenziale. Und hier wird ein Potenzial direkt an unseren Grenzen aufgebaut. Wie sollen wir darauf reagieren? Denken wir über diese Frage in Ruhe nach – wir können ja beim nächsten Mal darüber weiterreden.

OS: *Ja. Gute Nacht, Sir.*

WP: Danke. Hat Ihnen das Spiel gefallen?

OS: *Ja, sehr gut – hat Spaß gemacht. Ihre Muskeln müssen müde sein.*

WP: Nein, es geht schon. Ich versuche jetzt, etwas Schlaf nachzuholen.

Dritte Reise

6

Dritter Tag / Teil 1
11. Mai 2016

Vor der Vorführung von *Dr. Seltsam* in Sotschi

OS: *Hallo, Herr Präsident, wie geht es Ihnen heute?*

WP: Ganz gut. Und Ihnen?

OS: *Müde. Ich habe schlecht geschlafen.*

WP: Ich habe Eishockey gespielt, und Sie sind müde!

OS: *Ja. Dafür haben Sie auch einen Muskelkater. Und ich war mit meiner Frau im Park spazieren.*

WP: Sehr schön.

OS: *Ich überlegte mir, wie Sotschi wohl im vierten Jahrhundert vor Christus ausgesehen haben mag.*

WP: Sie wissen sicher, dass Odysseus das Goldene Vlies von hier geraubt hat?

OS: *Das habe ich ja gemeint. Man nimmt an, dass diese Legende im vierten oder fünften Jahrhundert vor Christus angesiedelt ist.*

WP: Als die Reisenden die Stelle erreichten, wo das Asowsche Meer mit dem Schwarzen Meer verbunden ist, nämlich die russische Halbinsel Taman, glaubten sie, dass hier der Eingang zu Tartaros – zur Unterwelt – sei. Es gab dort nämlich viele unterseeische Strömungen, Geysire und häufige Erdbeben. In den Vereinigten Staaten gibt es ein ganz ähnliches Tal, und ein weiteres befindet sich im russischen Föderationskreis Ferner Osten.

OS: *Ja, Jason und das Goldene Vlies, die Amazonen im Theseus-Mythos, die Reitervölker … eine sagenumwobene Gegend. Haben in Sotschi nicht auch einmal Amerikaner nach Erdöl gesucht?*

WP: Nein, das war nicht der Fall. Derzeit existieren bei uns jedoch Pläne, hier Kohlenwasserstoffe zu gewinnen. Dabei müssen wir aber vorsichtig sein, weil Sotschi und Umgebung ein traditionelles russisches Urlaubsgebiet sind. Nicht weit von hier, an der Küste, gab es eine ziemlich große Ölraffinerie. ExxonMobil hat Interesse an einer Nutzung und Wiederinbetriebnahme dieser Häfen gezeigt.

OS: *Wir sind gestern bis zu Ihrer Rede von 2007 in München gekommen.*

WP: Habe ich vergessen.

OS: *Macht nichts.*

Putins erste Präsidentschaft

OS: *Rekapitulieren wir also kurz noch einmal die Zeit von 2001, als Sie das Bündnis mit den USA eingingen, bis heute im Jahr 2016. Ich möchte das für unsere Leser noch einmal kurz nacherzählen und bitte Sie daher um etwas Geduld. Korrigieren Sie mich einfach, wenn ich mit der Zusammenfassung fertig bin. In den 1990er-Jahren waren Sie bereits politisch aktiv und haben die amerikanischen Maßnahmen im Kosovo und die Bombardierungen Belgrads garantiert mitbekommen, ebenso wie den Zerfall Jugoslawiens. Trotzdem boten Sie 2001 der US-Regierung ein Bündnis zur Zusammenarbeit sowie die Freundschaft Russlands an. Das Ergebnis waren dann logischerweise die Enttäuschungen und Misserfolge der US-NATO-Koalition in Afghanistan und im Irak. In dieser Zeit kam es auch zu einer Erweiterung der NATO, gefolgt von einer nochmaligen NATO-Erweiterung und dann dem Rücktritt der Vereinigten Staaten vom ABM-Vertrag aus dem Jahr 1972. Im selben Zeitraum des Jahres 2004 fand in der Ukraine die »Orange Revolution« statt, über die wir gestern Abend schon gesprochen haben. Diese Revolution haben Sie nicht als Bedrohung angesehen, nehme ich an, weil damals noch keine Gefahr bestand, dass die Ukraine sich von Russland loslösen würde. Daran dachte man nicht einmal. Die einzelnen Fraktionen in der Ukraine zerfielen, begannen zu streiten und einander zu bekämpfen. Es gab keine Gefahr und auch keine Angst davor, dass eine vereinte Ukraine je beschließen würde, aus der Russischen Föderation auszutreten.*

Ich schätze, zu dieser Zeit haben Sie auch ein wenig mit der Vorstellung kokettiert, eine Partnerschaft mit den Vereinigten Staaten einzugehen. Sie wurden von der Wall Street hofiert, man ermutigte ihre diesbezüglichen Ideen. 2004 sangen Sie zusammen mit Sharon Stone, daran möchte ich Sie jetzt gern erinnern. Komm her, Fernando, zeig ihm den Videoclip. Das Video ist sehr witzig. [Falsches Video wird abgespielt.] *Versuch es weiter – ich möchte unbedingt seine Reaktion darauf filmen.*

Dann ging ihre erste Amtszeit als Präsident zu Ende. Während dieser Amtszeit, das haben Sie mir bei meinem ersten Besuch erzählt, hatten Sie ein faszinierendes Gespräch mit Bush. Sie beklagten sich bei ihm darüber, dass die USA Terroristen in Zentralasien unterstützen. Eine sehr interessante Geschichte. Wenn ich mich recht erinnere, haben Sie gesagt, dass die CIA Ihren Geheimdiensten damals einen Brief schickte, in dem stand, dass sie tatsächlich die Terroristen in Zentralasien unterstützte – jedenfalls war es etwas in der Richtung. Habe ich recht?

WP: Das Gespräch haben wir wirklich geführt, aber es ging dabei nicht um Zentralasien, sondern um Folgendes: Wir erhielten Informationen, dass Beauftragte der Vereinigten Staaten Kontakt mit militanten Kämpfern in Aserbaidschan aufgenommen hatten. Davon habe ich dem US-Präsidenten erzählt, und er versprach mir, sich darum zu kümmern und sich die Sache anzusehen. Später erhielten wir über unsere Partnerkanäle einen Brief von der CIA, in dem es hieß, dass »unsere Kollegen davon ausgingen, dass sie das Recht haben, Kontakt mit allen Vertretern der Opposition zu halten, und dies auch weiterhin tun werden«. In dem Brief wurde sogar namentlich der Vertreter des US-Geheimdiensts genannt, der in der amerikanischen Botschaft in Baku tätig war.

OS: *All das ereignete sich, während Sie in Afghanistan am Krieg gegen den Terror beteiligt waren.*

WP: Ich kann mich nicht mehr an das genaue Jahr erinnern, aber das dürfte hinkommen, ja.

OS: *Es kommt mir jedenfalls wie ein sehr widersprüchliches und seltsames Verhalten vor.*

WP: Wir haben uns an solche Widersprüchlichkeiten gewöhnt. Aber auch schon zu der Zeit hielt ich die ganze Angelegenheit für recht widersprüchlich. Die Einstellung, dass man jemanden für seine eigenen Zwecke benutzen, aber nicht zur gemeinsamen Erreichung von Zielen mit Partnern kooperieren will, führt in jedem Fall zu gegenseitigem Misstrauen. Das sind nicht gerade günstige Bedingungen für eine effektive gemeinsame Arbeit.

OS: ***Ich nehme an, dass der besagte Brief unter »Streng geheim« fällt und wir ihn nicht sehen dürfen.***

WP: Das wäre unangebracht. Es genügt, dass ich Ihnen davon erzählt habe. Irgendwo in den Archiven wird dieser Brief garantiert aufbewahrt. Und wahrscheinlich kann sich auch George [Bush] noch an unser Gespräch erinnern. Wir trafen uns zu irgendeinem Anlass in einem anderen Land. Ich glaube, es war England, aber das weiß ich nicht mehr genau.

OS: ***Na gut, wir schreiben also 2008. In diesem Jahr kam es zu zwei bedeutenden Ereignissen. Eines davon war die Finanzkrise, die die westliche Welt zwar erschütterte, aber in Russland wirklich tief greifende Folgen hatte. Sie müssen sich gefühlt haben, als hätte man Ihnen plötzlich den Boden unter den Füßen weggezogen.***

WP: Ja, es war eine unruhige Zeit.

OS: ***Und die Wall Street ließ Russland damals wissen, dass es sein Verhalten ändern müsse …***

WP: So würde ich das nicht ausdrücken. Wir hatten nicht das Gefühl, dass man uns Vorschriften machen wollte. Es oblag uns, welche der Empfehlungen wir annehmen wollten. Ich war zu dieser Zeit Regierungschef der Russischen Föderation. Gemäß der russischen Verfassung ist die Regierung die oberste Exekutivbehörde und für die Steuerung der Wirtschaft des Landes verantwortlich. Aus diesem Grund handelten wir schnell und erstellten einen Plan zur Krisenbewältigung, um den anfälligsten Wirtschaftszweigen Hilfestellung zu leisten. Der Schwerpunkt lag auf der Unterstützung des Bankensektors, weil er das Herz-Kreislauf-System der Gesamtwirtschaft ist. Wir wollten die Voraussetzungen dafür schaffen, dass die Banken nicht nur von der Regierung und der Zentralbank der Russischen Föderation gestützt wurden. Es ging uns darum, dass die Banken auch ihre wichtigste Aufgabe erfüllen konnten – nämlich die Kreditvergabe an die Realwirtschaft. Das war sowohl für uns als auch für die Vereinigten Staaten und

Europa ein echtes Problem. Wir mussten trotz großer Risiken sicherstellen, dass der Finanzsektor zum Wohle der Realwirtschaft arbeiten konnte.[148]

Wir entwarfen also einen Sonderplan zur Bekämpfung der Arbeitslosigkeit und zur Schaffung neuer Arbeitsplätze. Dazu kamen noch Pläne zur Unterstützung der anfälligsten und am meisten angeschlagenen Sektoren unserer Wirtschaft. Damit meine ich im Besonderen die Automobil- und die Luftfahrtindustrie sowie einige andere Branchen. Eines unserer Hauptziele war die Sicherstellung unserer sozialen Verpflichtungen für die Bevölkerung. Wir mussten weiterhin Gehälter, Altersruhegeld und Sozialleistungen ausbezahlen.

OS: *Eine schwere Zeit …*

WP: Alles in allem schafften wir es jedoch, den Anforderungen gerecht zu werden.

OS: *Okay. Ich weiß nur noch, dass die Stimmung in der westlichen Welt beängstigend war. Und natürlich wurde – obwohl es die Privatbanken waren, die sich falsch verhalten hatten – wieder das bekannte Schreckgespenst hervorgeholt: »Sie müssen Ihre Wirtschaft diversifizieren.«*

WP: Da kann ich Ihnen nicht zustimmen. Mit dem Verhalten unserer Privatbanken war niemand unzufrieden. Man machte sich ziemliche Sorgen, dass die Banken wegen der wirtschaftlichen Veränderungen durch Margin Calls gefährdet waren. Sie waren zur Rückzahlung ihrer Kredite an die Banken im Westen verpflichtet, und man hatte Bedenken, ob sie dieser Pflicht nachkommen könnten. Alle wandten sich an die Regierung und forderten sie auf, die Privatbanken und jene Unternehmen, die Geld von ausländischen Banken geliehen hatten, zu retten. Genau das haben wir dann auch getan. Wir kamen ihnen mit verschiedenen Mitteln zu Hilfe, von der Direktfinanzierung bis zu halbstaatlichen Finanzorganisationen. Dabei haben wir alle schweren Fehler vermieden, wie ich rückblickend sagen kann. Und wir haben auch die Struktur der russischen Wirtschaft nicht zum Schlechteren geändert. Gewisse strukturelle Voraussetzungen müssen in Russland, den

Vereinigten Staaten und anderen Industrieländern einfach gegeben sein. Natürlich ist die Versuchung groß, den staatlich gelenkten Teil der Wirtschaft auszubauen, aber wir haben dieser Versuchung nicht nachgegeben. Die Eigentümer mancher Privatunternehmen kamen sogar zu mir als Regierungschef und baten mich inständig, ihre Unternehmen für einen symbolischen Betrag von einem Rubel durch die Regierung aufkaufen zu lassen. Diesen Preis boten sie mir an, weil sie sich dafür verantwortlich fühlten, ihre Schulden zurückzuzahlen und so viele Arbeitsplätze wie möglich zu erhalten.

OS: ***Waren das die Automobilfirmen?***

WP: Es waren verschiedene Firmen. Aber wir ließen uns ohnehin nicht darauf ein. Wir wollten einen anderen Weg gehen. Wir entschieden uns, den privaten Sektor zu unterstützen, und konnten dadurch eine ganze Menge privater Unternehmen retten. Doch auch die Geschäftswelt selbst bewies große Reife, was mich ehrlich gesagt überrascht hat. Die Unternehmer waren bereit, ihr Privatkapital, ihr eigenes Vermögen zu riskieren und Verantwortung zu tragen. Sie waren bereit, für ihre Firmen zu kämpfen – und so konnten wir ohne neue Verluste aus der Krise hervorgehen. Darüber hinaus schaffte es die Regierung, mit all diesen Maßnahmen und der Stützung des Bankensektors sogar noch einen Gewinn zu machen. Die Regierung hat den privaten Sektor nicht nur unterstützt, sondern auch noch Geld daran verdient. Und das gibt mir Grund für die Annahme, dass unsere Pläne und deren Umsetzung sich als äußerst effektiv erwiesen haben.

OS: ***Liege ich falsch mit der Behauptung, dass Ihr Werben um den Westen 2008 ein Ende gefunden hat? Die Zeit, als Sie mit Sharon Stone gemeinsam auftraten und als proamerikanisch galten, war anscheinend vorbei. Hat damals eine neue Phase für Sie begonnen, ein neuer Anfang?***[149]

WP: Wir waren nie per se proamerikanisch, sondern nahmen immer jene Haltung ein, die unseren nationalen Interessen am besten diente. Damals waren wir eben davon überzeugt, dass gute Beziehungen zu den Vereinigten Staaten notwendig seien. Das glaube ich übrigens auch heute noch, ich habe meine Meinung dazu nicht geändert. Es sind unsere Partner, die ihre Einstellung zu uns ändern müssen. Sie müssen begreifen, dass nicht nur ihre Interessen zählen, sondern auch unsere. Und wenn wir harmonische Beziehungen aufbauen wollen, ist dazu gegenseitiger Respekt nötig. Sie haben sich vorhin auf die Finanzkrise des Jahres 2008 bezogen. Abgesehen von der finanziellen Unterstützung unserer Unternehmen und der Hilfestellung für die Banken lieferte die russische Regierung auch allen anderen Unterstützung, ohne Ausnahme. Das schloss auch ausländische Anteilseigner und Finanzinstitute ein, die in Russland investiert hatten, selbst wenn es sich zu hundert Prozent um Kapital ausländischer Herkunft handelte. Und das trotz der Tatsache, dass diese Hilfe in manchen Ländern beim Kampf gegen die Finanzkrise auch von Unternehmen in Anspruch genommen wurde, die gar keinen Anspruch darauf hatten … Noch wichtiger war allerdings, dass wir trotz finanzieller Engpässe niemals den Kapitalverkehr einschränkten. Das hätten wir tun können, es gibt dazu etliche restriktive Maßnahmen – aber die kamen bei uns nie zum Einsatz. Letztendlich war das auch die richtige Entscheidung, wie ich glaube, weil es das Vertrauen der Investoren in die Regierung gestärkt hat.

OS: ***Na gut, ich will es etwas anders ausdrücken. Würden Sie sagen, dass die Wall Street Sie vor 2008 in gewissem Sinne hofierte? In deren Augen waren Sie eine Art Juniorpartner des amerikanischen Jahrhunderts. Und dann kam plötzlich diese Krise, und viele Menschen im Westen begannen an den Fundamenten der Wall Street und der westlichen Welt generell zu zweifeln. Wir reden jetzt nicht über Russland, sondern über das gesamte Wirtschaftssystem, das globale System. Ergibt es Sinn für Sie, was ich hier sage? Waren Sie damals naiv, als Sie an dieses System geglaubt haben?***

WP: Ich werde jetzt nicht über die Wall Street sprechen – und auch nicht darüber, wie man dort denkt und handelt oder wie man dort gedacht und gehandelt hat. Die Wall Street leidet ja selbst unter den falschen und fehlerhaften Maßnahmen, die die amerikanische Regierung in ihrer Außenpolitik trifft. Und ich meine jetzt die Wall Street im weitesten Sinne, nicht nur die finanztechnische Komponente der amerikanischen Wirtschaft. Ich kann guten Gewissens behaupten, dass sehr viele amerikanische Unternehmen nach wie vor gern in Russland arbeiten würden. Sie würden das sofort wieder tun, aber ihre Aktivitäten sind eingeschränkt. Ich halte das für einen großen Fehler der amerikanischen Regierung. Bei uns gibt es ein Sprichwort: Wenn ein Platz frei ist, wird ihn sich sicher bald jemand schnappen. Und auch diese Plätze werden sich die Mitbewerber der US-Unternehmen bald schnappen. Das wissen die Geschäftsleute von der Wall Street sehr genau. Wir haben dort sehr viele Freunde und Verbündete – deswegen muss ich die Leute ja auch gegen Sie verteidigen und vor Ihren Anschuldigungen schützen. [Gelächter]

OS: ***Ich würde nach wie vor gern wissen, ob und wie sich Ihre Denkweise verändert hat, aber Sie wollen jetzt anscheinend nicht darüber sprechen – also machen wir weiter.***

WP: In einem Punkt stimme ich mit Ihnen überein: Es gab tatsächlich eine gewisse Naivität, was die Beziehung zu unseren Partnern anging, das muss ich zugeben. Wir waren überzeugt, dass unser Land sich drastisch verändert hatte. Wir hatten entsprechende politische Maßnahmen von großer Tragweite getroffen. Wir hatten nach der Auflösung der Sowjetunion gewalttätige Maßnahmen verhindert. Wir hatten uns unseren westlichen Partnern gegenüber geöffnet. Ich erinnere daran, dass der ehemalige KGB-Vorsitzende unsere amerikanischen Partner über das gesamte Abhör- und Überwachungssystem in der US-Botschaft in Moskau informiert hat.[150] Er hat ihnen alles erzählt, weil er glaubte, die Vereinigten Staaten würden ihm im Gegenzug verraten, wie sie die russische Botschaft in den USA überwachten. Das war allerdings nicht gerade eine wohldurchdachte Entscheidung von ihm, weil aus den Vereinigten Staaten keinerlei Reaktion darauf erfolgte.

OS: ***Viele neokonservative Historiker legen die vorhandenen Fakten falsch aus, um damit ihren Standpunkt zu stützen. Es gab jede Menge Diskussionen über die alten Kreml-Akten aus dem Kalten Krieg. Manche Leute suchten auch nach neuen Beweisen zum Kennedy-Attentat. Ich kann***

mich noch gut daran erinnern, dass es um derartige Themen Mitte der 1990er-Jahre einen ziemlichen Wirbel gab.

WP: Ich kenne die Spekulationen über diese Tragödie – das Kennedy-Attentat – und die Versuche, die Sowjetunion nachträglich in die Sache zu verwickeln. Als ehemaliger Direktor des FSB kann ich Ihnen versichern, dass die Sowjetunion nichts mit dem JFK-Attentat zu tun hatte.

OS: ***[lacht] Das glaube ich Ihnen. Und ich nehme an, dass auch andere Leute Ihnen glauben.***

WP: Wenn man nach dieser Logik geht, könnte man die Schuld in vielen Fällen auf Russland schieben und behaupten, die Sowjetunion wäre an allen möglichen Attentaten beteiligt gewesen.

OS: ***Ich habe nie zu den Leuten gehört, die an diese Theorie glauben.***

Georgien, die Ukraine und die Krim

OS: ***Aus amerikanischer Sicht markiert das Jahr 2008 mit dem Georgien-Krieg die Rückkehr Russlands zu einer eigenständigen Haltung. Sie zeigten das erste Mal seit 1991 wieder militärische Stärke. Ist diese Sichtweise richtig?***

WP: Ja, in etwa. Wie ich Ihnen bereits erklärt habe, haben wir unsere Streitkräfte deutlich reduziert. Und wir haben vor, sie noch weiter zu reduzieren. Wir werden das mit Ruhe und Bedacht tun, sooft wir neues militärisches Gerät und neue Technik erhalten. Derzeit gibt es keine Pläne für unmittelbare Personalkürzungen, aber wenn wir neue Ausrüstung erhalten, wird sich auch an der Truppenstärke wieder etwas ändern.

OS: ***Das beantwortet meine Frage nicht. Ich bin davon ausgegangen, dass sich das Verhalten Russlands ab 2008 aus amerikanischer Sicht sehr deutlich von dem der vorangegangenen Jahre unterschied. Können Sie uns etwas über diesen Krieg erzählen? Was stand dabei auf dem Spiel? Warum haben Sie Truppen entsandt?***

WP: Zuallererst möchte ich anmerken, dass nicht ich es war, der diese Entscheidung traf, sondern Präsident Medwedew, der damalige russische Präsident. Ich kann aber auch klar und deutlich sagen, dass ich über die Entscheidung informiert war. Außerdem hatten wir während meiner zweiten Amtszeit als Präsident bereits über mögliche Aktivitäten dieser Art in Georgien nachgedacht. Wir hatten jedoch gehofft, dass sich Georgien nicht dazu hinreißen lassen würde. Erinnern wir uns daran, wie dieser Konflikt ausbrach. Präsident Saakaschwili befahl seinen Truppen den Angriff auf südossetisches Territorium. Gleich bei ihrem ersten Militärschlag zerstörten sie das Areal, auf dem sich die Friedenstruppe aufhielt – die russische Friedenstruppe. Bei diesem Angriff kamen zehn oder fünfzehn Menschen ums Leben. Die georgischen Soldaten griffen mit mehreren Raketenabschusssystemen an, und unsere Leute schafften es einfach nicht rechtzeitig aus ihren Kasernen. Danach startete Georgien einen militärischen Großangriff.

Fragen Sie doch einmal die Vertreter anderer Länder, was die tun würden, wenn bei einem Militärschlag alle Angehörigen ihrer Friedenstruppe umgebracht worden wären. Wir leisteten Südossetien also Hilfestellung, aber wir erfüllten auch unsere Pflicht als Friedenssicherungskräfte – das möchte ich besonders betonen. Und abgesehen davon erlitten wir durch eine unprovozierte Attacke schwere Verluste. Das hätten wir auch als direkten Angriff auf die Russische Föderation auffassen können. Mehrmals und immer wieder habe ich an die USA, unsere europäischen Partner und die georgische Führung appelliert, eine Eskalation dieses Konflikts zu verhindern.[151] Ich möchte auch darauf aufmerksam machen, dass ich in meiner Zeit als Präsident mit den Führungsriegen der damals nicht anerkannten Republiken Ossetien und Abchasien zusammengetroffen bin. Ich habe diese Politiker getroffen, weil wir uns überlegt hatten, dass wir diesen seit Jahrzehnten schwelenden internen Konflikt möglicherweise mit friedlichen

Mitteln lösen könnten. Ich rede jetzt nicht davon, was diese Republiken hätten erreichen können, ob territoriale Integrität oder eine Vereinigung miteinander, ich rede nur von einer friedlichen Beilegung. Doch stattdessen beschloss Präsident Saakaschwili, diesen Akt der Provokation zu begehen. Ich sprach zu dieser Zeit mit etlichen meiner Amtskollegen aus anderen Ländern über ihn, und sie sagten nur: »Was haben Sie denn erwartet? Der Mann ist ein Irrer.«[152] Es waren übrigens Politiker aus der westlichen Welt, die das gesagt haben.

OS: ***Aha. Sie unterhielten sich also mit Ihren Amtskollegen aus dem Westen, und die gaben Saakaschwili die Schuld an den Vorfällen?***

WP: Ja, das war gleich in den ersten Tagen des Konflikts. Ich antwortete darauf nur: »Ja, wahrscheinlich ist er wirklich ein Irrer – aber er tötet unsere Leute. Entweder ihr haltet ihn auf, oder wir müssen selbst handeln.« Doch niemand war bereit, ihn aufzuhalten; vielleicht waren sie auch nur nicht dazu imstande. Deshalb mussten wir reagieren. Ich weise aber noch einmal darauf hin, dass wir nicht gleich zurückschlugen, sondern erst einige Tage nach dem Beginn der Aggressionen. Bis dahin rechneten wir noch damit, dass jemand sich einmischen und ihn dazu bringen würde, seine Truppen aus Südossetien abzuziehen und die kriegerischen Handlungen zu beenden. Aber nichts dergleichen passierte. Aus unserer Sicht hatte sich also nichts geändert. Sie hatten einen Punkt ohne Wiederkehr überschritten, und das konnten wir nicht zulassen. Man hatte uns eindeutig zu unserer Reaktion provoziert.

OS: ***Glauben Sie, dass die USA oder die NATO Saakaschwili dabei in irgendeiner Weise unterstützt oder ihn darin bestärkt haben, dass er es ruhig auf diese Art versuchen sollte?***

WP: Ich habe keine hundertprozentigen Beweise dafür, dass jemand anders ihn dazu angestiftet hätte. Das weiß ich einfach nicht. Ich glaube nur, dass er nie so mutig gewesen wäre, auf eigene Initiative zu handeln. Und auf alle Fälle hat niemand versucht, ihn aufzuhalten.

OS: ***Im Zuge dieser Ereignisse zögerte Präsident Medwedew auch 1 oder 2 Tage lang. Sie haben ihn dazu gedrängt, dem Abkommen gemäß einzumarschieren.***

WP: Das ist richtig. Aber die Entscheidung wurde so oder so getroffen. Russland übte Zurückhaltung und war geduldig – sogar dann, als ein bewaffneter Angriff auf unsere Friedenstruppe erfolgte und unschuldige Menschen getötet wurden. Ich wiederhole: Wir haben erst danach zurückgeschlagen, als sich herausstellte, dass niemand diesen Agent Provocateur aufhalten wollte. Letztlich hat Präsident Medwedew die richtige Entscheidung getroffen.

OS: ***Mir ist zu Ohren gekommen, dass die russische Regierung erst nach diesem kurzen Krieg – nennen wir es halt einen Krieg – erkannt hat, dass sie ihre Streitkräfte modernisieren musste. Die Leistung Ihrer Truppen war nicht sehr überzeugend.***

WP: Sie haben sich recht gut geschlagen und waren sehr effektiv. Wie sich zeigte, waren eine Modernisierung und Neuanpassungen aber wirklich notwendig. Wir sahen, dass wir dieses Vorhaben nicht mehr aufschieben durften, weil das Ablaufdatum unseres militärischen Geräts näher rückte.

OS: ***Verstehe. Und wie sah es damals mit Ihren Kernwaffen aus? Wie war da der Stand der Dinge?***

WP: Seit damals haben wir eine Menge Arbeit geleistet, um unser Nuklearpotenzial zu modernisieren.

OS: ***Sie haben erst nach dem Georgien-Krieg damit begonnen?***

WP: Es gab schon vorher Pläne und Projekte, die wir nach dem vorgesehenen Zeitplan realisierten. Aber nach der Entwicklung in Georgien und Südossetien wurden wir in der Durchführung dieser Pläne sehr viel disziplinierter, vor allem in finanzieller und technischer Hinsicht. Unsere nuklearen Abschreckungswaffen sind in einem sehr guten Zustand. Sie sind der modernste Bestandteil der russischen Streitkräfte – und das gilt auch für die Systeme, die zur Überwindung der Raketenabwehr eines potenziellen Gegners konzipiert wurden.

OS: *Okay, springen wir in der Zeit nach vorne, von 2008 zur Ukraine-Krise. Wir haben schon einmal darüber gesprochen, bei meinem ersten Besuch, als wir auf der Terrasse saßen. Ich habe mir das Band in der Zwischenzeit noch einmal angehört und festgestellt, dass ich einige Dinge zu fragen vergessen habe. Also würde ich das Thema gern noch einmal mit Ihnen durchgehen, um alles klarzustellen. Dieses Thema wird nämlich für die Leute, die meine Doku sehen oder diese Abschrift lesen, besonders wichtig sein.*

WP: Kein Problem. Es ist auch wirklich nicht einfach, das alles genau darzulegen. Das liegt daran, dass Ihre Kollegen, die westlichen Journalisten, höchst begabte Menschen sind. Sie haben es geschafft, ihr Publikum davon zu überzeugen, dass schwarz weiß ist und umgekehrt. Nur ein Beispiel: Diese tragischen Ereignisse, der Angriff auf Südossetien – Herr Saakaschwili gab öffentlich bekannt, dass er seinen Truppen befohlen hat, diese Aktion zu starten. Einer seiner hohen Beamten trat sogar im Fernsehen auf und sagte das Gleiche. Als ich später hörte, wie die Medien Russland beschuldigten, mit den Kampfhandlungen begonnen zu haben, war ich fassungslos. Und Millionen von Fernsehzuschauern auf der ganzen Welt glaubten das auch noch! Diese Fähigkeit Ihrer amerikanischen und europäischen Journalisten ist wirklich erstaunlich. Sie sind alle sehr talentiert, wirklich. Aber wenn unsere Journalisten es wagen, sich in ihren Beiträgen für russische Interessen einzusetzen, wenn sie eindeutig Stellung beziehen, dann bezeichnet man sie sofort als Sprachrohr für die Kreml-Propaganda – sehr zu meinem Leidwesen.

OS: *Da herrscht eine Doppelmoral. Ich würde sehr gerne eine persönliche Diskussion zwischen Herrn Saakaschwili und Ihnen miterleben. Es wäre toll, Sie beide in einem Raum zu sehen.*

WP: Wir haben uns mehrfach getroffen.

OS: ***Sind Sie der Meinung, dass er immer noch verrückt ist?***

WP: Das habe ich nie gesagt.

OS: ***Haben Sie nicht gesagt, dass der Mann ein Irrer ist?***

WP: Nein, meine Amtskollegen aus dem Westen haben gesagt, dass er ein Irrer ist. Ich könnte es mir gar nicht leisten, etwas Derartiges auf dem politischen Parkett zu äußern, weder dem derzeitigen Amtsinhaber noch seinen Vorgängern gegenüber.

OS: ***Wann haben Sie ihn das letzte Mal gesehen?***

WP: Daran kann ich mich nicht erinnern. Aber es war sicher vor der Krise in Südossetien.

OS: ***Nach dem Krieg nicht mehr?***

WP: Nein. Aber ich habe bei etlichen Gelegenheiten zu ihm gesagt: »Micheil Nikolajewitsch, tun Sie bitte alles, um Blutvergießen zu verhindern. Wenn Sie die Beziehungen zu diesen Teilen Georgiens wiederherstellen wollen, müssen Sie sehr vorsichtig sein.« Diese Unstimmigkeiten und Differenzen haben ihre Wurzeln tief in der Vergangenheit. Sie reichen zwar keine Jahrhunderte zurück, aber immerhin bis ins Jahr 1919, als das russische Zarenreich zerfiel. Die zur Diskussion stehenden Teile Georgiens gehörten dem Reich übrigens als unabhängige Staaten an, bevor Georgien Teil des Zarenreichs wurde. Damals erklärten diese Territorien schon, dass sie nach wie vor zu Russland gehören wollten. Man ging deswegen sehr hart gegen sie vor und ergriff militärische Maßnahmen gegen sie. Die lokale Bevölkerung betrachtet diese Maßnahmen bis heute als Völkermord und Massenausrottung. Um diese zeitlich so weit zurückreichenden Schwierigkeiten zu überwinden, wären also viel Geduld und die Kunst der Diplomatie notwendig gewesen.

OS: *Ich verstehe.*

WP: Und beides war anscheinend nicht vorhanden. Die damalige politische Führung Georgiens war weder geduldig noch diplomatisch. Sogar die derzeitige georgische Führung ist überzeugt, dass Saakaschwilis Handlungsweise in erster Linie ein furchtbares Verbrechen gegen das georgische Volk war, weil sie so schwerwiegende Folgen hatte.

OS: *Ich war erschüttert, als sich Schewardnadse – der Name lässt sich schwer aussprechen – plötzlich der NATO anschließen wollte und Gerüchten zufolge korrupt wurde.*[153] *Als er noch Gorbatschows Außenminister war, habe ich ihn wirklich respektiert. Er war in den 1980er-Jahren eine sehr angesehene Persönlichkeit.*

WP: Nun ja – alles geht vorüber, alles ändert sich.

OS: *Das stimmt. Gut, gehen wir schnell weiter. Obama ist seit 2008 im Amt, und in Sachen Ukraine-Krise ist nichts Größeres oder Dramatisches passiert, wenn ich mich recht erinnere, abgesehen von der Snowden-Affäre im Jahr 2013.*[154] *Sie haben Snowden in Russland Asyl gewährt, was die Amerikaner ziemlich verärgerte. Können Sie sich an noch etwas anderes aus dieser Zeit erinnern, irgendeinen Vorfall zwischen Ihnen und den USA, der die Lage verschärfte und über den diskutiert wurde?*

WP: Wie können Sie behaupten, dass in diesem Zeitraum nichts Größeres passierte? Als Präsident Kutschmas Amtszeit zu Ende war – ich weiß jetzt nicht genau, in welchem Jahr –, fanden in der Ukraine Präsidentschaftswahlen statt. Herr Janukowytsch ging aus diesen Wahlen als Sieger hervor, aber das gefiel der Opposition nicht. Es kam zu Massenunruhen. Diese Unruhen wurden aktiv von den Vereinigten Staaten angeheizt. Das Ergebnis war ein dritter Wahlgang, eine Wiederholung der Stichwahl, die gegen die Verfassung des Landes verstieß. Das kann man per se schon als Staatsstreich bezeichnen. Danach kamen prowestliche Politiker an die Macht –

Herr Juschtschenko und Frau Tymoschenko. Ich kann nicht behaupten, dass ich diese Art des Regierungswechsels begrüßt habe. So etwas ist in keinem Land der Welt angemessen, aber gerade im postsowjetischen Raum sollte man nicht gegen die Verfassung verstoßen. Zum Glück kam es in diesem Fall zu keinem Blutvergießen.

OS: *Haben Sie mit Obama wegen dieser Angelegenheit telefoniert?*

WP: Das war vor dem Amtsantritt Obamas. Wir setzten trotz allem die Zusammenarbeit mit der ukrainischen Führung, also Juschtschenko und Tymoschenko, fort. Ich besuchte Kiew, sie statteten mir einen Gegenbesuch in Moskau ab, und wir trafen uns auch in Drittländern. Wir setzten all unsere Kooperationspläne um, aber ihre Politik war beim ukrainischen Volk nicht besonders beliebt. Aus diesem Grund gewann nach dem Ende der Amtszeit von Präsident Juschtschenko wieder Herr Janukowytsch die Wahl – mit einem Ergebnis, das diesmal von allen Seiten anerkannt wurde. Aber anscheinend war seine Art des Regierens auch nicht die beste. Wirtschaftliche und soziale Probleme untergruben das Vertrauen in die neue Regierung weitgehend. Was hätte man tun sollen, um die Missstände zu bereinigen? Richtig – Neuwahlen anberaumen. Dabei hätte sich das Volk für Politiker mit anderen Ansichten zu Wirtschaft und sozialen Problemen entscheiden können. Und diese Politiker hätten ihrerseits versuchen können, wieder an die Macht zu kommen. Auf jeden Fall aber hätten alle Beteiligten versuchen müssen, eine Eskalation zu verhindern, damit es nicht zu Blutvergießen kommt. Niemand hätte diese blutigen Vorfälle in irgendeiner Weise unterstützen dürfen.

OS: *Wir reden aber jetzt schon vom Jahr 2014, da haben Sie einen Zeitsprung gemacht.*

WP: Ja, 2014.

OS: *Aber zwischen 2008 und 2014 gab es diese Wahl, von der Sie gerade gesprochen haben – das war 2012, oder?*

WP: Ich weiß es nicht mehr.

OS: *Da gab es so viele Wahlen! Die Ukraine war für uns ... wir haben ihr nicht allzu viel Aufmerksamkeit geschenkt.*

WP: Das mag für Sie persönlich gelten – aber die CIA war hundertprozentig sehr aufmerksam.

OS: *Ich weiß. Es war jedenfalls alles sehr verwirrend. Gegen Anfang des Jahrhunderts gab es ja auch noch diesen Mann, dessen Gesicht durch eine Vergiftung entstellt wurde.*

WP: Ja, das war Juschtschenko – er behauptete, man habe ihn während des Wahlkampfs vergiftet.[155] Er wurde dann doch ins Amt gewählt und fungierte als Präsident. Ich habe ihn damals häufig getroffen. Aber warum musste es zu dieser Gewaltanwendung kommen? Das verstehe ich bis heute nicht. Ich habe ja schon mehrmals erwähnt, dass 2014 Präsident Janukowytsch im Amt war und eine Vereinbarung mit der Opposition unterzeichnet hat. Darin stimmte er all ihren Forderungen zu.

OS: *Das war in den letzten Tagen der Krise?*

WP: Ja. Er erklärte sich sogar zu vorgezogenen Neuwahlen bereit. Warum war dann also dieser Staatsstreich notwendig? Das kann ich nicht begreifen.

OS: *Na gut. Wir alle erinnern uns – zumindest ich kann mich noch sehr lebhaft daran erinnern – an Ihren Fernsehauftritt, ich glaube, es war bei Charlie Rose, bei dem Sie sagten, dass es eine Menge Beweise gibt. Sie haben dabei gelächelt. Eine Menge Beweise ... das klingt nach einem Staatsstreich, der von den berühmten tausend Augen beobachtet wurde. Es war ein Staatsstreich in Zeitlupe. Und was da wirklich passierte, war für die Russen ziemlich klar und offensichtlich.*

WP: Mit Sicherheit.

OS: ***Sie haben das zwar im Fernsehen gesagt, aber ich nehme an, dass es für Amerikaner trotzdem schwer nachzuvollziehen ist. Möglicherweise könnten wir die amerikanische Öffentlichkeit überzeugen, wenn wir über die konkreten Beweise sprechen und sie auch zeigen. Dann merken die Leute vielleicht, dass sie von der westlichen Version der Ereignisse irregeführt wurden und dass wir es hier wirklich mit einem Staatsstreich zu tun haben.***

WP: Das ist ganz einfach – man muss sich nur die Abfolge der Ereignisse genauer ansehen. Nachdem Janukowytsch angekündigt hatte, dass er die Unterzeichnung des Assoziierungsabkommens mit der Europäischen Union aufschieben müsse, interessierte es niemanden, was die Gründe dafür waren. Kein Mensch fragte nach Fristen oder Zeitplänen; stattdessen brachen sofort nach dieser Ankündigung die Massenunruhen aus, die unter anderem zur Besetzung seiner Amtsräume führten.[156] Dabei hatte Janukowytsch noch am Vorabend dieser Geschehnisse ein Abkommen mit der Opposition zur friedlichen Beilegung der Differenzen und zur möglichen Abhaltung vorgezogener Wahlen unterzeichnet. Drei Außenminister aus europäischen Ländern hatten ihre Unterschrift unter dieses Dokument gesetzt. Was geschah mit diesen Zusicherungen, wo sind sie hingekommen? Als der Präsident die zweitgrößte Stadt des Landes besuchte, um dort an einer Politveranstaltung teilzunehmen, drangen bewaffnete Männer in seine Amtsräume ein und besetzten sie. Stellen Sie sich vor, so etwas würde in den USA passieren! Wie würde man es wohl nennen, wenn Bewaffnete das Weiße Haus besetzen? Man würde es als Staatsstreich bezeichnen – und nicht etwa als Besuch von freundlichen Herren, die nur den Boden fegen wollten. Man hat auf den Generalstaatsanwalt geschossen, es gab jede Menge Schießereien und Gewalt.

OS: ***Ich habe Herrn Janukowytsch interviewt, also kenne ich seine Version der Ereignisse. Aber die US-Presse stellte es so dar, als hätte Janukowytsch Kiew verlassen, weil er fürchtete, die Menschenmassen würden ihn in Stücke reißen.***

WP: Ja, das ist die Version, mit der man die Unterstützung für den Staatsstreich rechtfertigen möchte. Herr Janukowytsch hat sich nicht ins Ausland abgesetzt, sondern hielt sich in der Ukraine auf, als seine Amtsräume besetzt wurden.[157] Erst einen Tag danach reiste er mit unserer Hilfe auf die Krim. Damals war die Krim noch Teil der Ukraine. Janukowytsch hielt sich dort 10 Tage oder wenigstens 1 Woche auf, weil er hoffte, dass es noch eine Chance gäbe und dass die Unterzeichner seiner Vereinbarung mit der Opposition wenigstens versuchen würden, diesen Konflikt auf zivilisierte, demokratische und legale Weise beizulegen. Aber so weit kam es nie. Bald wurde klar, dass diese Leute ihn umbringen würden, sollten sie ihn in die Hände bekommen. Und erst dann setzte sich Janukowytsch nach Russland ab. Aber natürlich kann man alles verdrehen und verfälschen, wenn man ein Medienmonopol hat, das Millionen Menschen in die Irre führt. Im Endeffekt ist für einen objektiven, unparteiischen Beobachter aber ganz offensichtlich, was dort passiert ist: ein Staatsstreich.

Das wäre ja auch nicht so schlimm gewesen, wenn dieser Staatsstreich dem Land positive Veränderungen gebracht hätte – aber er hat im Gegenteil zu einer weiteren Verschlechterung der Lage geführt. Die Ukraine hat einen Teil ihres Territoriums eingebüßt, und zwar nicht wegen irgendwelcher Handlungen Russlands, sondern weil die auf der Krim lebenden Menschen ihre Wahl getroffen haben und nicht mehr unter dem Banner von Nationalisten leben wollten. Im Südostteil der Ukraine, im Donbass, brach ein Bürgerkrieg aus. Danach kam es zu einem schrecklichen Rückgang des Bruttoinlandsprodukts, die größten Industrieunternehmen mussten schließen, und die Arbeitslosigkeit stieg. Die Realeinkommen der Bevölkerung, ihre Gehälter und Löhne, sanken ins Bodenlose. Die Inflation betrug 45 oder 47 Prozent. Kein Mensch hatte eine Ahnung, wie man diese Probleme lösen sollte – oder dass sie durch eine innenpolitische Krise noch weiter verschärft werden würden. Es kam nämlich zu einer Auseinandersetzung zwischen dem Präsidenten und dem Ministerpräsidenten, die schließlich zum Rücktritt von Ministerpräsident Jazenjuk führte. Jazenjuk hatte während der gesamten Krise die US-Regierung aktiv unterstützt und war auch von ihr unterstützt worden.

Und was passierte dann? Die Europäische Union öffnete ihre Grenzen zur Ukraine und senkte den Zoll für ukrainische Waren auf null. Trotzdem nahm der ukrainische Handel mit der Europäischen Union um 23 Prozent und der mit Russland um 50 Prozent ab. Auf den europäischen Märkten ist die Nachfrage nach Produkten aus ukrainischer Produktion recht niedrig – und jetzt hat das Land keinen Zugang mehr zum russischen Markt. Der Export landwirtschaftlicher Produkte, die die Ukraine in Westeuropa früher erfolgreich an den Mann bringen konnte, ist mittlerweile durch Importquoten eingeschränkt. Es waren die Europäer, die diese Quoten eingeführt haben – und das Kontingent war 2 Monate nach Unterzeichnung des Assoziierungsabkommens bereits ausgeschöpft. Zurzeit kämpft die Ukraine darum, ihren Bürgern einen visafreien Reiseverkehr zu ermöglichen. Und wissen Sie, warum? Weil man möchte, dass die Leute problemlos das Land verlassen und woanders Arbeit finden können. Aber auch damit legt man das Volk wieder herein. Selbst wenn die Ukrainer keine Visa mehr bräuchten, dürften sie deswegen noch lange nicht im Ausland arbeiten.

OS: *Ohne Visum nach Russland?*

WP: Nein, ohne Visum in die Europäische Union. Man hat den Leuten eingeredet, sie könnten sich in einem anderen Land Europas ansiedeln und dort arbeiten. Dazu möchte ich noch etwas anmerken: Als Teil der Sowjetunion war die Ukraine noch ein Industrieland. Und jetzt kann man als Ukrainer oder Ukrainerin nur mehr davon träumen, einen Job als Altenpfleger, Gärtner oder Kindermädchen irgendwo in Europa zu kriegen, während es zu einer völligen Deindustrialisierung des eigenen Landes kommt. Wozu hatten sie das alles nötig? Ich kann es mir einfach nicht erklären.

OS: *Anscheinend wollen Sie damit aber auch sagen, dass Russland die Ukraine nicht braucht.*

WP: Russland ist ein autarkes Land. Wir brauchen überhaupt niemanden, aber zur Ukraine bestehen Tausende Verbindungen. Ich habe das schon oft gesagt und wiederhole es auch jetzt noch einmal: Ich bin zutiefst überzeugt, dass das ukrainische und das russische Volk nicht nur eng miteinander verwandt, sondern fast identisch sind. Natürlich muss man die unterschiedliche Sprache, Kultur und Geschichte respektieren. Wir brachten der Ukraine auch Respekt entgegen, als wir noch ein und dasselbe Land waren. Und es sagt wohl einiges aus, dass die Sowjetunion jahrzehntelang von Persönlichkeiten gelenkt wurde, die aus der Ukraine stammten. Das beweist wirklich schon sehr viel.

OS: ***Aber wirtschaftlich gesehen sind Sie autark, wie Sie sagen. Die Ukraine gehört nicht mehr zu Ihnen, also überlassen Sie sie doch ihren Problemen. Das wird Ihrem Land nicht schaden.***

WP: Nein, nicht im Mindesten.

OS: ***Ich habe einen weiteren Punkt aus unseren früheren Gesprächen auf Lager, über den ich gern noch einmal sprechen würde. »Was ist mit dem russischen U-Boot-Stützpunkt auf der Krim?«, habe ich damals gefragt. Ich glaube, der war in Sewastopol. Sie haben geantwortet, dass dieser Stützpunkt nicht mehr so bedeutend für Sie sei, weil Sie schon einen neuen Flottenstützpunkt auf der anderen Seite des Schwarzen Meers eingerichtet hätten – irgendwo hier in der Gegend. Das heißt, auch der Verlust des ursprünglichen Stützpunkts wäre keine echte Bedrohung für Sie gewesen. Das haben Sie damals zumindest gesagt.***

WP: Der Verlust des Stützpunkts brachte schon eine Bedrohungslage mit sich, aber keine allzu empfindliche. Zu dieser Zeit hatten wir schon … also, im Moment nehmen wir bereits eine neue Militärbasis in Betrieb, die sich tatsächlich hier in der Nähe befindet, in Noworossijsk.[158] Was uns eher Schwierigkeiten machte, war der Abbruch der Verbindungen zwischen unseren Rüstungsunternehmen. Die Rüstungssektoren der Ukraine und Russlands waren in der Sowjetära nämlich ein einziges zusammenhängendes System. Eine Auflösung dieser Beziehungen hätte sich mit Sicherheit negativ auf unsere Rüstungsindustrie ausgewirkt. Aber wir haben ein System der Input-Substitution – so nennen wir das – ausgearbeitet. Damit schaffen wir es derzeit, die genannten Probleme aktiv zu überwinden. Wir gründen völlig neue Unternehmen, und diese Unternehmen stellen die neue Generation militärischer Ausrüstung her. Währenddessen stirbt die ukrainische Rüstungsindustrie, die früher an Russland liefern konnte, einfach ab. Damit meine ich die Raketen- und die Luftfahrtindustrie, aber auch die Motorenherstellung.

OS: ***Ich verstehe. Mit anderen Worten: Es ist den USA also gelungen, einen Staatsstreich herbeizuführen und – wie so oft im Lauf der Jahre – damit den Sieg davonzutragen. Und für Sie war es ein Verlust, aber kein allzu schwerer.***

WP: So könnte man es ausdrücken. Wenn ich aber noch einmal auf die neu gegründeten Unternehmen zurückkommen darf, die uns dabei behilflich sind, ein neues technisches Niveau zu erreichen – dazu zitiere ich gern folgendes Beispiel: Alle unsere Hubschrauber waren mit Motoren bestückt, die in der Ukraine gebaut wurden. 100 Prozent unserer Hubschrauber. Als die Lieferungen aus der Ukraine aufhörten, bauten wir ein neues Werk, und jetzt wird bald die nächste Fabrik fertiggestellt sein. Sämtliche russischen Helikopter sind nun voll funktions- und flugfähig und mit Motoren der nächsten Generation ausgestattet. Wie man an den Leistungen unserer Luftwaffe in Syrien erkennen kann, sind wir in militärtechnischer Hinsicht ganz gut aufgestellt.

OS: ***Selbst wenn die NATO zu einer Vereinbarung mit der Ukraine gelangen sollte, wird das also dank Ihrer neuen Waffen keine allzu große Gefahr darstellen?***

WP: Ich sehe da schon eine Gefahr. Immer wenn die NATO ein neues Land aufnimmt, kann weder die politische Führungsebene des Landes noch die Bevölkerung die Entscheidungen der NATO beeinflussen. Das gilt auch für jene Entscheidungen, die mit der Stationierung militärischer Infrastruktur zu tun haben. Dabei kann es auch um sehr sensible Waffensysteme gehen, inklusive Raketenabwehrsystemen. Und das würde dann bedeuten, dass wir in irgendeiner Weise darauf reagieren müssen.

OS: ***So wie wahrscheinlich auf all die Waffen, die wir in den baltischen Staaten stationiert haben?***

WP: Ich spreche hier von strategischen Raketenabwehrsystemen. Es gibt nur zwei solche Einrichtungen in Europa: eine in Rumänien und eine in Polen. Allerdings existieren auch Pläne, solche Anlagen auf Schiffen im Mittelmeer zu stationieren. Außerdem laufen aktuell Verhandlungen über eine Stationierung in Südkorea. Natürlich stellt all das eine Bedrohung für unser nukleares Abschreckungssystem dar. Ich erinnere an dieser Stelle noch einmal daran, dass ich unseren amerikanischen Partnern vorgeschlagen habe, gemeinsam an solchen Systemen zu arbeiten. Eine solche Kooperation würde beinhalten, dass wir die Bedrohungen durch Raketen zusammen definieren und ein gemeinsames System zur Verwaltung der Raketenabwehr erstellen. Weiterhin würden wir auch technische Informationen austauschen. Aus meiner Sicht könnte das in Sachen nationale Sicherheit zu radikalen, einschneidenden Änderungen auf der ganzen Welt führen. Ich möchte jetzt nicht allzu sehr ins Detail gehen. Und unsere amerikanischen Amtskollegen haben diesen Vorschlag ja ohnehin abgelehnt [wie ich bereits mehrmals erwähnt habe].

OS: ***Ja, natürlich. Alles klar. Wie mir scheint, passt sich Russland aber an die Einrichtung dieser Raketenabwehrsysteme an. Oder liege ich da falsch?***

WP: Wir besitzen diese Fähigkeiten und verbessern sie auch ständig. Als wir mit unseren amerikanischen Amtskollegen gesprochen haben, ließen wir sie wissen, dass wir die Stationierung ihrer Raketenabwehrsysteme als Bedrohung einstuften. Doch sie entgegneten immer nur, dass diese Systeme nicht gegen uns gerichtet seien, sondern gegen die Bestrebungen des Iran, Atomraketen zu bauen. Jetzt hat man ja erfreulicherweise eine Vereinbarung mit dem Iran getroffen – doch die Bereitstellung der Systeme geht trotzdem noch weiter. Was sagt uns das? Dass wir recht hatten. Als wir seinerzeit über das Thema diskutierten, kündigten wir Gegenmaßnahmen an, die zum Teil auch der Verbesserung unserer Angriffskapazitäten dienen sollten. Wir erhielten darauf die folgende Antwort: Die Amerikaner behaupteten, ihre Raketenabwehrsysteme seien nicht gegen uns gerichtet. Dafür würde man auch unsere Maßnahmen – das heißt, die Verbesserung unserer Angriffskapazitäten – nicht als gegen die Vereinigten Staaten gerichtet ansehen. Darauf haben wir uns dann geeinigt.

OS: *Sie wissen ja, dass auch die Indianer Verträge mit der amerikanischen Regierung abschlossen und dann zu den Ersten gehörten, die das verräterische Handeln dieser Regierung am eigenen Leib zu spüren bekamen. Sie sind also nicht die Ersten, denen das passiert.*

WP: Wir wollen aber auch bestimmt nicht die Letzten sein. [Gelächter]

OS: *In diesem Zusammenhang möchte ich Ihnen gleich einen Ausschnitt aus Stanley Kubricks Film* Dr. Seltsam *zeigen. Er spielt im War Room der Vereinigten Staaten. Schauen wir uns erst mal eine Szene an, und wenn Sie wollen, danach noch eine andere. Aber zuvor sollten wir das Thema Ukraine abschließen. Meine letzte Frage dazu: Bereuen Sie die Annexion der Krim im Nachhinein? War sie ein Fehler? Immerhin hat Sie diese Aktion ja enorm viel gekostet, man denke nur an die Sanktionen und die Feindschaft der gesamten EU. Ihr Handeln wurde in der Nachkriegswelt der internationalen Verträge als rechtswidrig angesehen. Das soll jetzt nicht heißen, dass dies der erste Vertragsbruch überhaupt war, aber … egal. Es hat Sie jedenfalls viel gekostet. Vielleicht haben Sie sich in dieser Sache verrechnet und angenommen, man würde Ihr Handeln in gewisser Weise akzeptabel finden. Haben Sie Ihre Entscheidung rückblickend je anders gesehen als damals?*

WP: Wir haben die Krim nicht gezwungen, Russland beizutreten, sondern die auf der Krim lebenden Menschen haben abgestimmt und ihre Entscheidung getroffen. Wir haben diesen Schritt sehr vorsichtig und in voller

Übereinstimmung mit dem Völkerrecht und der Charta der Vereinten Nationen gemacht. Zuallererst passierte damals auf der Krim etwas, das gar nichts mit uns zu tun hatte, sondern nur mit den Einwohnern der Region: Das rechtmäßige und nach den Gesetzen der Ukraine gewählte Parlament der Krim kündigte ein Referendum an. Und nach Abhaltung dieses Referendums wurde im Parlament der Krim mit überwältigender Mehrheit der Anschluss an Russland beschlossen.

Mir fällt zu einer solchen Frage gar kein demokratischeres Verfahren ein, als das Volk seinen freien Willen äußern zu lassen. Und dieser freie Wille äußerte sich darin, dass eine überwältigende Mehrheit für die Unabhängigkeit von der Ukraine und den Anschluss an Russland stimmte.[159] Insgesamt waren es mehr als 90 Prozent der Menschen, die abgestimmt haben. Wenn Ihnen eine bessere oder demokratischere Methode einfällt, ein solches Problem anzugehen, dann verraten Sie sie mir bitte. Heute bekommt man ja nur mehr die Meinung zu hören, dass unsere Handlungsweise in Bezug auf die Krim nicht korrekt gewesen sei. Das liegt aber einfach daran, dass sie der Zentralverwaltung in Kiew nicht gepasst hat, daher kommt die ganze Aufregung. Ich erinnere an dieser Stelle noch einmal daran, dass bei der Entscheidung über die Unabhängigkeit des Kosovo der Internationale Gerichtshof Folgendes entschied: Wenn es um Fragen der Unabhängigkeit oder Selbstbestimmung geht, muss es keine Zustimmung vonseiten der Zentralbehörden des einen oder anderen Landes geben. Ich ersuche Sie auch, für die Zuschauer Ihres Films [oder die Leser dieser Abschrift] noch einmal zu erwähnen, dass das Außenministerium der Vereinigten Staaten in dieser Angelegenheit sogar einen Brief an den UN-Sicherheitsrat geschrieben hat, in dem es hieß, dass man die Entscheidung des Kosovo voll und ganz unterstütze.[160] Andere Länder äußerten sich in gleicher Weise dazu. Daher verstehe ich auch nicht ganz, warum die Kosovaren diese Rechte haben sollen, während man sie Russen, Ukrainern und Krim-Tataren, die auf der Krim leben und sich in einer ähnlichen Lage befinden, verweigern will. Ich halte es für absolut unannehmbar, solch unterschiedliche Maßstäbe anzulegen.

Also nein, wir bedauern nichts. Es geht hier nicht nur um die Zukunft der ex-sowjetischen Territorien, sondern um die Zukunft von Millionen Menschen. Da blieb uns gar keine andere Wahl. Wir konnten nur die Entscheidung treffen, dem Ansuchen der Krim-Bewohner zur Wiedervereinigung mit Russland stattzugeben. Ach ja – es waren tatsächlich russische Truppen dort, aber die haben keinen einzigen Schuss abgegeben, sondern ausschließlich Voraussetzungen dafür geschaffen, dass die Wahlen und das Referendum durchgeführt werden konnten. Ich betone also noch einmal, wie schon zu so vielen Anlässen zuvor, dass es im Zuge dieser Ereignisse kein einziges Todesopfer gegeben hat.

OS: *Na gut, dann stelle ich die Frage anders. Haben Sie denn damit gerechnet, deshalb von den Europäern exkommuniziert zu werden?*

WP: Ja, ich habe eine solche Reaktion erwartet. Doch bevor wir unsere Entscheidung trafen, haben wir eine sehr tief greifende repräsentative Umfrage in Russland durchgeführt. Die überwältigende Mehrheit der russischen Bürger – um die 80 Prozent oder mehr – bejahte dabei die Frage, ob sie es für möglich hielten, die Krim mit Russland wiederzuvereinigen, obwohl es dadurch zu einer Verschlechterung der Beziehungen mit dem Westen und anderen Ländern kommen könnte. Ich ließ mich also bei meiner Entscheidung nicht von den Vorlieben meiner Amtskollegen in anderen Ländern leiten, sondern von der Stimmung des russischen Volkes.

OS: *Und wie geht es den Krim-Bewohnern bisher damit? Sind sie dankbar oder sauer?*

WP: Es gibt eine Menge Probleme auf der Krim, aber im Großen und Ganzen stehen die Menschen dort nach wie vor zu der Entscheidung, die sie getroffen haben. Der beste Beweis dafür war eine Meinungsumfrage, die vor Kurzem durchgeführt wurde, weil die Behörden in Kiew die Energieversorgung der Halbinsel blockieren wollten. Und auch hier bekräftigte die überwältigende Mehrheit der Befragten – etwa der gleiche Prozentsatz wie beim Referendum – die Entscheidung, sich Russland anzuschließen.

OS: *Und der Donbass? Der ist ja nun ein echtes Problem – so etwas wie der Stachel, den Sie nicht aus dem Fleisch kriegen. Wie wollen Sie das lösen?*

WP: Ich bin nach wie vor der Überzeugung, dass das Minsker Abkommen umgesetzt werden muss.

OS: *Es scheint aber nicht so, als hätte Kiew die Absicht, das zu tun.*

WP: Ich habe sämtliche Pläne auf Lager, die gesamte russische Führung hat diese Pläne. Aber die wesentlichen Bestandteile des Minsker Abkommens sind die politischen. Und die wichtigste Komponente darin ist die Verfassungsreform. Die hätte längst durchgeführt werden sollen, bis Ende 2015 – und zwar nicht von uns, sondern von den Behörden in Kiew. Außerdem muss ein Amnestiegesetz verabschiedet werden und in Kraft treten. Verabschiedet wurde es schon, aber noch nicht vom Präsidenten erlassen. Und dann muss noch ein Gesetz zum Sonderstatus des Donbass durchgesetzt werden. Auch dieses Gesetz wurde verabschiedet, und das ukrainische Parlament hat darüber abgestimmt, aber es wurde noch nicht durchgesetzt. Diese Aufgabe können wir der Ukraine nicht abnehmen. Aber ich hoffe, dass diese offenen Punkte im Endeffekt doch noch realisiert werden und der Konflikt ein Ende findet.

OS: *Gut, sehen wir uns jetzt den Filmausschnitt an? Wir stellen das Licht anders ein und verdunkeln den Raum. Sie können einfach hier sitzen bleiben, und wir unterhalten uns nachher über den Film, okay?*

Dritte Reise

6

Dritter Tag / Teil 2
11. Mai 2016

OS: *Danke, dass Sie mir den Gefallen getan haben, sich mit mir* Dr. Seltsam *anzusehen. Ich fand den russischen Premier im Film richtig gut.*

WP: Ich danke Ihnen. Es gibt wirklich einiges in diesem Film, das zum Nachdenken anregt. Obwohl die Ereignisse auf der Leinwand der Fantasie entsprungen sind, geht es doch um ernste Themen, zu denen einem als Zuschauer reale Herausforderungen und Bedrohungen aus dem wirklichen Leben einfallen. Aus technischer Sicht hat der Regisseur vieles vorhergesehen.

OS: *Die Vorstellung vom »nuklearen Winter« und vom Weltuntergang bezieht sich auf die Wasserstoffbombe. Es gab etliche Wissenschaftler, die eine solche Katastrophe befürchteten, aber Truman führte seine Atombombentests trotzdem fort. In dem Film geht es vor allem um Kommunikation, glaube ich. Die Russen haben eine Weltvernichtungsmaschine konstruiert, die USA treiben ihren unilateralen Angriff weiter voran – und als alle Bomber zurückgerufen werden, kann ein Pilot weiterfliegen, weil er schlau genug war, unter dem Radar zu bleiben.*

WP: Das wahre Problem ist ja, dass sich in Wirklichkeit bis heute nicht viel geändert hat. Der einzige Unterschied zur Entstehungszeit des Films ist, dass unsere Waffensysteme heute ausgeklügelter und komplexer sind. Aber die Idee eines Vergeltungsschlags und die Unfähigkeit, all dieser technischen Dinge Herr zu werden – das ist durchaus auch heute noch von Bedeutung. Und die Lage wird in Zukunft sicher noch schwieriger und gefährlicher werden.

OS: *Das glaube ich auch. Wollen wir mit unserem Gespräch zu einem Ende kommen? Die nächste Frage besteht allerdings aus mehreren Teilen. Sie hat mit der Wirtschaft und den Oligarchen zu tun. Unter Ihnen hat sich der allgemeine Lebensstandard in Russland fraglos stark erhöht. Dennoch gibt es viele kritische Stimmen aus den USA, die Ihnen vorwerfen, ein zentralistisches und autoritäres System anzuführen, in dem ein angeblicher »oligarchischer Staatskapitalismus« herrscht, der dem alten Regierungsstil des Zarismus und Kommunismus ähneln soll. Mit dem Russland der 1990er-Jahre war man in Amerika interessanterweise wiederum sehr zufrieden. Dort durften nämlich, bevor Sie an die Macht kamen, die Oligarchen tun und lassen, was sie wollten. Dann setzten Sie diese Leute außer Gefecht oder brachten sie zu Fall. Sie haben mir die Geschichte bei unserem ersten Treffen erzählt – wie Sie sich mit den Oligarchen an einen Tisch gesetzt haben und ihnen deutlich zu verstehen gaben, dass sie eine Verantwortung gegenüber dem Volk und dem Staat hatten.*

Die westliche Elite behauptet nun, dass Sie in den vergangenen 15 Jahren Ihre eigenen Oligarchen an die Macht gebracht hätten, während die alten Oligarchen an Orten wie London im Exil sitzen. So wird die Lage im Westen dargestellt. Dazu muss ich sagen, dass ich Freunde in London habe, die ich oft besuche und von denen ich unglaubliche Geschichten höre. Viele der Oligarchen, die sich nun in England aufhalten, erzählen dort von ihrem gewaltigen Reichtum und behaupten, dass sie diesen Reichtum nur Ihnen zu verdanken hätten und dass Sie bei diesen Machenschaften selbst auch reich geworden seien. Es ist offensichtlich, dass diese Leute von sich selbst ablenken und jemand anderem die Schuld zuschieben wollen. Aber ich finde es erstaunlich, dass meine durchaus

intelligenten Bekannten in London im Lauf der Jahre immer mehr an die Story glauben, dass Sie der reichste Mensch der Welt sind.[161] Ein Krösus, wie es ihn seit Rockefeller, Morgan oder Onassis nicht mehr gegeben hat … [Putin lacht.] Sie lachen, und das verstehe ich auch. Aber gibt es für Sie als politische Führungspersönlichkeit, der man wie Chavez oder Castro oder vielen anderen Korruption vorwirft, keine Möglichkeit, Ihr privates Vermögen offenzulegen?

WP: Um ehrlich zu sein: Ich bin längst nicht so vermögend, wie man mir nachsagt. Aber ich möchte zuerst einmal das Phänomen der Oligarchie verdeutlichen. Dazu muss man sich an die Verhältnisse in Russland Anfang der 1990er-Jahre erinnern. Nach dem Zusammenbruch der Sowjetunion wurde die Demokratie bedauerlicherweise von vielen Leuten missbraucht, die über politische Macht an Geld kommen wollten. Die Demokratie wurde als ein Zustand betrachtet, in dem alles erlaubt war. Ich weiß noch, wie ich nach meinem Umzug aus Sankt Petersburg nach Moskau erstaunt und schockiert feststellen musste, wie viele dieser Leute sich in Moskau versammelt hatten. Ihr Benehmen war so verblüffend, dass ich mich nicht daran gewöhnen konnte. Diese Leute kannten überhaupt keine Skrupel. Was ist Oligarchie? Es ist das Zusammenwachsen von Geld und Macht – mit der Absicht, politische Entscheidungen zu beeinflussen, und dem Endziel, immer noch mehr Reichtum anzuhäufen.

Damals sprachen wir in Russland von den sieben Bankern.[162] Die meisten dieser Leute behaupteten, dass die russische Wirtschaft zu klein für weitere Marktteilnehmer sei. Sieben bis zehn seien genug, sagten sie. Diese Situation wurde auch von vielen im Westen als korruptes System wahrgenommen. Einige der Oligarchen, die heute in Moskau oder in anderen Teilen der Welt leben, durften nicht einmal in westliche Länder einreisen – sie bekamen kein Visum. Sobald wir begannen, die Oligarchen zu bekämpfen, schlossen sie sich aber zu einer Art interner Opposition zusammen. Und plötzlich kam es auch zu einer drastischen Änderung der westlichen Haltung ihnen gegenüber. Auf einmal unterstützte man diese neue herrschende Klasse. Man gewährte ihnen Asyl im Ausland, wenn sie es forderten, auch wenn sie zum Teil schwere Verbrechen begangen hatten.

Ich weiß nicht, wer von sich behauptet, mit meiner Hilfe zu Geld gekommen zu sein. Wenn das wirklich der Fall gewesen wäre – was machen diese Leute dann in London? Aber wahrscheinlich ist das alles nicht so einfach. Eine der Leitfiguren der Oligarchenszene war ein Mann, der heute nicht mehr unter uns weilt: Herr Beresowski. Gegen Ende seines Lebens schrieb er mir einen Brief, in dem er mich um Verzeihung bat und um die Chance ersuchte, nach Russland zurückzukehren.

Ein Gespräch reichte jedenfalls nicht aus, egal mit wem von diesen Leuten. Wir mussten an einer konsequenten und harten Politik festhalten, um jene Persönlichkeiten, die sich mithilfe der Macht bereichert hatten, daran zu hindern, diese Macht zu beeinflussen. Und genau das habe ich getan, Schritt für Schritt. Es war eine konsequente Politik. Lassen Sie mich ein Beispiel anführen, damit Sie sehen, dass ich diese Politik von Anfang an verfolgt habe. Der Leiter eines der größten Unternehmen unseres Landes trat an einen der Mitarbeiter der Regierung des damaligen Präsidenten heran, sobald dieser sein Amt angetreten hatte. Der Firmenchef ließ den Beamten wissen, dass er ab sofort das Sagen habe und ihn sowohl in Verwaltungsangelegenheiten als auch in seiner privaten Finanzsituation unterstützen werde. Und manche dieser Leute verstecken sich heute tatsächlich im Ausland.

Meine Aufgabe bestand darin, einen Unterschied zwischen Macht und Geld herzustellen. Außerdem musste ich gewisse Leute davon abhalten, mit verfassungswidrigen Mitteln Einfluss auf die Macht – sei sie nun politischer oder wirtschaftlicher Natur – zu nehmen. Ich glaube, das ist mir auch ganz gut gelungen. Es gibt aber natürlich auch Personen, die im vergangenen Jahrzehnt sehr viel Kapital angehäuft haben. Mit einigen von ihnen war ich befreundet, bevor ich Präsident wurde, andere wieder lernte ich in meiner Dienstzeit als Präsident oder Ministerpräsident kennen. Alle aber sind ehrlich und fair an ihr Geld gekommen. Sie haben keine Verbindungen zur Staatsmacht und können auch keine politischen oder gesamtwirtschaftlichen Entscheidungen beeinflussen. Das ist meiner Ansicht nach auch das zentrale Element im Kampf gegen das oligarchische Machtsystem. Das Wichtigste aber ist, dass unsere Volkswirtschaft seit dem Jahr 2000 fast doppelt so groß geworden ist. In dieser Zeit hatten viele Unternehmen, auch private, einen Anteil an diesem Erfolg. Nun legt man das Hauptaugenmerk logischerweise auf jene Leute, die ich persönlich kenne – aber hauptsächlich zu dem Zweck, die öffentliche Meinung zu manipulieren und politische Ziele zu forcieren. Dahinter stecken genau jene Personen, die mittlerweile keinen Zugang zur Macht mehr haben. Das soll aber nicht bedeuten, dass wir alle Probleme im Zusammenhang mit Machtmissbrauch und Korruption gelöst hätten. Daran müssen wir auch in Zukunft noch arbeiten.

Zurzeit mache ich mir keine Sorgen wegen der Oligarchen. Wir werden schon dafür sorgen, dass sie dort bleiben, wo sie hingehören. Das oligarchische System, das es früher in Russland gab, ist längst abgeschafft. 2008 sagte ich, dass viele Unternehmer, die ich vorher gar nicht kannte, zu meiner Überraschung große Qualitäten bewiesen. Sie übernahmen die Verantwortung für den Zustand unserer Unternehmen und die Sicherung der Arbeitsplätze ihrer Mitarbeiter. Sie waren sogar bereit, dafür finanzielle Risiken einzugehen. Ich hoffe, dass sich unsere Privatwirtschaft – natürlich immer im Einklang mit den Gesetzen – so positiv weiterentwickeln wird.

Insgesamt ist das Thema Oligarchen und Macht also längst nicht mehr so akut wie in den 1990er-Jahren. Wir stehen derzeit vor einer viel wichtigeren Aufgabe, nämlich der Einkommensschere zwischen den Reichen und den Leuten, die wenig verdienen. Die Ungerechtigkeit liegt in dieser Kluft zwischen Arm und Reich, die wir unbedingt überbrücken müssen. Sie ist der Grund dafür, dass sich viele Menschen über den aktuellen Stand der Dinge in unserer Hemisphäre beklagen. Wir müssen dafür sorgen, dass es weniger russische Bürger gibt, die unterhalb der Armutsgrenze existieren. Mitten in der Wirtschaftskrise, in der Russland gerade steckt, ist das nicht gerade ein einfaches Vorhaben. Aber immerhin haben wir es zwischen dem Jahr 2000 und heute schon geschafft, die Anzahl derer, die unterhalb der Armutsgrenze leben, um 50 Prozent zu reduzieren. 2000 waren es noch 40 Millionen Menschen; jetzt sind es immer noch viele, aber eben nur noch etwa die Hälfte.

Die Oligarchen betrachte ich mittlerweile nicht mehr als echtes Problem. Die großen Unternehmen wissen, wo sie hingehören und welche Aufgaben sie zu bewältigen haben. Im Gegenzug behandeln wir unsere Industriekapitäne respektvoll. Alle Themen, über die wir während der Entscheidungsfindung innerhalb der Regierung beraten, werden auch in einem Unternehmerforum diskutiert. Das geschieht auf transparente und offene Art statt hinter verschlossenen Türen und mit dem Ziel, Entscheidungen im Interesse dieser oder jener Unternehmens- oder Finanzgruppe zu treffen. Obwohl es, das muss ich zugeben, hier Lobbyistengruppen gibt, wie wir manchmal beobachten können. Aber wir wissen davon, kämpfen schon länger dagegen an und werden dies auch weiterhin tun.

OS: *Es gibt also keinen oligarchischen Staatskapitalismus. Wie würden Sie Ihre Wirtschaft dann beschreiben?*

WP: Ich glaube, wir haben eine Marktwirtschaft, daran kann nicht der geringste Zweifel bestehen. Andernfalls hätten wir es ja auch gar nicht geschafft, die Standards der Welthandelsorganisation zu übertreffen. Aber es gibt da noch einige Fragen im Zusammenhang mit der großen Rolle, die der Staat in der Wirtschaft spielt. Fest steht, dass wir den staatlichen Anteil in bestimmten Sektoren unserer Wirtschaft schrittweise reduzieren wollen. Dabei werden wir jedoch vorsichtig vorgehen und berücksichtigen, dass bestimmte Wirtschaftsbereiche auf der ganzen Welt relativ stark monopolisiert sind. Da geht es zum Beispiel um die Energiewirtschaft, die Strombranche, Eisenbahnen, Raumfahrt, Luftfahrt – diese Bereiche sehen in unterschiedlichen Ländern zwar anders aus und entwickeln sich auch anders, aber sie sind überall monopolisiert. Es gibt überall direkte Verbindungen zur Regierung sowie Subventionen durch die Regierung. Das beobachten wir und verstehen es sehr gut. Wir wollen die wirtschaftliche Struktur unseres Landes dahingehend verbessern, dass Großunternehmen und -industrien nicht zerstört und aufgelöst werden können.

OS: *Na gut, Sie haben also keine Geheimkonten auf Zypern …*

WP: Nein, die hatte ich auch nie, das ist purer Unsinn. Wenn das der Fall wäre, hätte man sicher schon viel früher davon erfahren, glauben Sie nicht?

OS: *Was hielten Sie von den Panama Papers, die vor Kurzem veröffentlicht wurden?*[163] *Die brachten Sie ja wieder einmal in die Schlagzeilen.*

WP: Wir wussten schon im Voraus, dass ihre Veröffentlichung bevorstand. Da wir aber noch keine Einzelheiten kannten, warteten wir gespannt auf ihr Erscheinen. Die Sache ist die: Mein Name taucht in diesen Papieren gar nicht auf. Sie finden zwar die Namen einiger meiner Freunde und Bekannten darin, aber die haben wiederum nicht das Geringste mit der Regierung zu tun. Und sie haben auch gegen kein Gesetz verstoßen, weder in Russland noch in anderen Ländern. Aber mir war klar, dass man schon irgendeine Verbindung zu meinem Namen herstellen würde. Man würde alles andere im Dunkeln lassen, meinen Namen jedoch in die Schlagzeilen bringen. Das ist auch nur wieder ein Versuch, mit einem solchen Instrument Einfluss auf die russische Innenpolitik zu nehmen. Doch die russischen Bürger sind ziemlich belesen und intelligent genug, um solche Dinge richtig einordnen zu können, da mache ich mir überhaupt keine Sorgen. Sie erkennen sehr gut, wer da was tut und welche Interessen dahinterstecken. Und dafür bin ich unseren Bürgern dankbar. Sie sehen nämlich auch, dass ich und meine Kollegen versuchen, unsere Wirtschaft, unser gesellschaftliches Leben und nicht zuletzt auch die Verteidigungsfähigkeit unseres Landes zu stärken.

OS: ***Aus meiner Sicht kann ich nur sagen, dass ich garantiert viel mehr Spaß hätte, wenn ich reich wäre.***

WP: Ach, wissen Sie, ich glaube nicht, dass Reichtum allein glücklich macht. Während einer Krise wie der aktuellen würden Sie sich beispielsweise dauernd überlegen, was Sie mit Ihren Vermögenswerten tun sollen, wie Sie sie retten und anlegen könnten. Das würde Ihnen nur Kopfschmerzen bereiten. Sie sind ohnehin viel wohlhabender als die Leute, die eine Menge Geld auf dem Konto haben. Sie haben eine eigene Meinung, Sie sind talentiert und haben die Möglichkeit, Ihr Talent auch anderen zu beweisen, und Sie haben die Chance, der Nachwelt ein großartiges Vermächtnis zu hinterlassen. Diese Art Glück kann man mit Geld nicht kaufen. Wenn Sie einmal im Sarg liegen, können Sie Ihr Geld ohnehin nicht mitnehmen.

OS: ***Falls Sie 2018 wieder zur Wahl antreten und siegen, werden Sie weitere 6 Jahre an der Macht sein, bis 2024. Damit wären Sie als Prä-***

sident und Ministerpräsident 24 Jahre lang an der Macht – länger als Roosevelt mit seiner Amtszeit von 15 Jahren, aber weniger als Castro, der es fast 50 Jahre schaffte. Und fast so lange wie Stalin mit plus/minus 30 Jahren oder Mao mit 27 Jahren. Macht Ihnen das nicht Angst, dass Sie sich eventuell zu sehr an die Macht gewöhnen könnten? Verzerrt das nicht Ihre Sicht auf die Dinge? Haben Sie den Eindruck, Russland bräuchte Sie so dringend? Kann es innerhalb dieses Systems keinen gesunden Wettbewerb um Ihre Nachfolge geben? Das chinesische Einparteiensystem wäre so ein Beispiel für Wettbewerb innerhalb der Partei. Die Leistung der Nachfolger, die viele Jahre als Parteimitglieder in verschiedenen Provinzen tätig sind, wird dort lange und ausführlich überprüft.

WP: In der Sowjetunion wurden Amtsträger auch auf diese Art jahrelang getestet – und trotzdem ist das System zusammengebrochen.

OS: *Das ist wahr.*

WP: In Ihrer Frage geht es also nicht um die Auslese der geeigneten Kandidaten, sondern darum, ob Russland wirklich so dringend jemanden braucht. Diese Entscheidung liegt einzig und allein bei Russland. Man kann sie nicht von außen erzwingen, und es ist sehr schwierig, sie zu beeinflussen. Die Menschen in Russland hatten das Gefühl, selbst eine Entscheidung treffen zu dürfen – und dieses Recht werden sie sich nicht wegnehmen lassen. Natürlich muss es zu Machtwechseln kommen. Es steht auch fest, dass es dabei einen gesunden Wettbewerb geben sollte. Aber dieser Wettbewerb sollte unter unseren Leuten stattfinden, denen es um die Interessen unseres Landes geht. Wir müssen an die Interessen des russischen Volkes denken. Und ich möchte noch einmal betonen, dass die endgültige Entscheidung bei der Wahl im Jahr 2018 bei den russischen Bürgern liegt. Ansonsten bringe ich auch jetzt wieder den Einwand vor, dass ich 4 Jahre lang nicht Präsident war. Damals war ich Regierungschef, und Herr Medwedew war der Präsident. Die Behauptung seiner und meiner politischen Gegner, dass er nicht unabhängig gewesen sei, stimmt einfach nicht. Er war der wahre Präsident der

Russischen Föderation. Er kam nach mir an die Macht und hatte keine Probleme damit, an der Macht zu bleiben. Und er wurde den höchsten Ansprüchen gerecht. Wenn Sie also die Jahre zusammenzählen, in denen ich an der Macht war, ist es nicht korrekt, diese Periode miteinzubeziehen. Zu der Frage, was bei der Wahl im Jahr 2018 sein wird, kann ich nur sagen, dass manche Dinge spannend und geheimnisvoll bleiben sollten. Daher werde ich diesen Teil Ihrer Frage nicht beantworten.

OS: ***Ich verstehe, deswegen habe ich ja auch »falls« gesagt …***

WP: Aber Sie wissen doch, dass wir uns in der Politik nicht auf den Konjunktiv einlassen sollten.

OS: ***Herr Putin, ich zweifle keinen Augenblick an Ihrer Liebe zu Russland und Ihrem Stolz, diesem Land dienen zu dürfen. Es ist offensichtlich, dass Sie ein Sohn Russlands sind und sehr viel für Ihr Land getan haben. Aber ich glaube, wir alle kennen den Preis der Macht. Wenn man zu lange an der Macht ist, bekommt man das Gefühl, die Menschen bräuchten einen. Gleichzeitig hat man sich selbst verändert, vielleicht sogar, ohne es zu merken.***

WP: Ja, dieser Zustand ist wirklich sehr gefährlich. Wenn ein Machthaber das Gefühl hat, die innige Verbindung zu seinem Land und der breiten Masse der Bürger verloren zu haben, ist es Zeit für ihn, zu gehen. Aber letztendlich, das habe ich schon gesagt und wiederhole es auch gerne wieder, entscheidet der Normalbürger und Wähler über die Zukunft der Mächtigen. Aber es ist schon so, dass Macht eine große Last bedeutet und viele Opfer erfordert.

OS: ***Es kann aber auch etwas Schönes und Inspirierendes sein, die Macht abzugeben. Aus der Geschichte sind viele Männer und Frauen bekannt, die erfolgreiche Politiker oder Herrscher waren und irgendwann keine Lust mehr hatten, weiterzuregieren – also ließen sie jemand anderen ans Ruder.***

WP: Diese Zeit kommt ohnehin für jeden.

OS: *Und natürlich ist die Demokratie selbst, mit welchem Namen man sie auch bezeichnen mag, auch nicht vollkommen. Das amerikanische System ist alles andere als perfekt. Wir wissen zum Beispiel, dass man sich in den USA mit Geld Macht erkaufen kann. Russland hat mit Sicherheit ebenfalls ein unvollkommenes System, wie von außen immer wieder festgestellt wird. Man kann nicht gerade behaupten, dass im russischen System der Wählerwille voll zum Ausdruck kommt. Die russische Wählerschaft ist sicher in vielerlei Hinsicht gespalten, das könnte bei Wahlen zum Chaos führen. So etwas ist gefährlich. Und angesichts der kurzen Geschichte des demokratischen Experiments in Russland, das Ihren Worten nach erst seit 1991 oder 1992 läuft, ist es recht unwahrscheinlich, dass die nächste Wahl den Rest der Welt davon überzeugen wird, dass Ihr Land eine funktionierende Demokratie ist. Das würde sich nur ändern, wenn Sie Wahlbeobachter ins Land lassen, wie Herr Chavez das in Venezuela getan hat. Erst dann wäre die Wahl ein wirklich transparenter Prozess.*

WP: Glauben Sie wirklich, wir wollten irgendjemandem etwas beweisen? Was wir wollen, ist, unser Land stärker zu machen, es lebenswerter und attraktiver zu gestalten, seinen wirtschaftlichen Wert zu erhöhen und es in ein Land zu verwandeln, das schnell auf die Herausforderungen unserer Zeit reagieren kann. Wir wollen Russland vom innenpolitischen Aspekt her stärker machen, unsere außenpolitische Haltung verstärken und uns besser positionieren. Das sind die Ziele, die wir verfolgen. Wir versuchen bestimmt nicht, es anderen recht zu machen.

OS: *Das ist aber ein recht gefährliches Argument, weil es sich auf zwei Arten auslegen lässt. Wer sich des Machtmissbrauchs schuldig macht, behauptet ja auch gern, dass es eine Frage des Überlebens ist.*

WP: Wir reden nicht vom Überleben, und wir brauchen uns auch vor niemandem zu rechtfertigen. Sprechen Sie davon, dass es in Notlagen eine funktionierende Regierung geben muss? Wir befinden uns derzeit nicht in einer Notlage. Also geht es nur darum, für eine stabile und nachhaltige Entwicklung des Landes zu sorgen. Die negativen Aspekte, von denen Sie gesprochen haben, das Erbe der Sowjetunion und des Zarenreichs, gehören der Vergangenheit an. Aber wir müssen auch über das positive Erbe nachdenken, das uns hinterlassen wurde. Russland wurde über 1000 Jahre hinweg aufgebaut. Es hat seine eigene Tradition. Wir haben unsere eigenen Vorstellungen davon, was gerecht und ungerecht ist. Wir haben unsere eigene Auffassung darüber, wie eine effiziente Regierung funktionieren sollte. Als ich sagte, dass das Russland der Zukunft sehr mobil sein, schnell auf die Herausforderungen unserer Zeit reagieren und sich effizient anpassen muss, meinte ich damit, dass wir das Vorhandene als Grundlage benutzen, aber dabei stets in die Zukunft blicken sollten. Hier geht es nicht darum, dass sich jemand leichter an die Macht klammern oder ich selbst an der Macht festhalten kann, sondern um die Sicherung des Wirtschaftswachstums, die Aufrechterhaltung der Wachstumsrate, die Verbesserung der Lebensqualität und die Aufstockung unserer Verteidigungskapazität. Das alles sollte in normalen Zeiten passieren, also nicht während einer Krise oder einer Zeit politischer Probleme. Es gibt nur ein Kriterium, das uns in Bezug auf die Macht unterstützen kann: Wir müssen uns an die Gesetze und die Verfassung halten. Wenn jemand gegen die Verfassung verstößt oder ihre Bestimmungen verdreht, damit sie den Interessen der einen oder anderen Gruppe oder eines Individuums entgegenkommt, ist das nicht annehmbar. Halten wir uns aber an eine demokratisch angenommene Verfassung, dann muss man auch unsere politischen Aktivitäten mit Respekt behandeln.

OS: *Ich zweifle gar nicht daran, dass die russische Verfassung eine sehr gute ist – das Problem ist immer nur, was man damit macht. Ich habe auch kein Problem mit den asiatischen Volkswirtschaften, den »Tigerstaaten«. Lee Kuan Yew, der Staatschef von Singapur, hatte zum Beispiel angekündigt, ein autoritäres Regime errichten zu wollen, das funktioniert und in dem die Wirtschaft die wichtigste Rolle spielt. Das ist sehr pragmatisch. Ähnliches gilt auch für Südkorea, bis zu einem gewissen Grad für Japan, sicher für Taiwan und im Endeffekt auch für*

China. In China ist die Partei sehr stark, das Land ist eine Weltmacht, aber das System ist definitiv nicht demokratisch. Ich bin mir also gar nicht so sicher, ob man sich wirklich hinter dem Begriff Demokratie verstecken muss.

WP: Wir haben weder etwas zu verbergen, noch müssen wir uns hinter etwas verstecken. Aber es gibt eben Grundsätze wie die russische Verfassung, von der ich gerade gesprochen habe. Diese Verfassung wurde nie infrage gestellt; sie gilt bis heute allgemein als Verfassung einer demokratischen Gesellschaft, eines demokratischen Landes. Und das war von Anfang an so – schon, als die Verfassung ausgearbeitet wurde. Kein Mensch konnte je Mängel daran feststellen, derentwegen man die russische Gesellschaft als undemokratisch bezeichnen könnte. Würde man versuchen, diese Verfassung zu verbiegen, um damit den Interessen eines Individuums oder einer Gruppe zu dienen, dann könnte ein solcher Verdacht sicher entstehen. Solange dem aber nicht so ist, hat man die Verhältnisse respektvoll zu betrachten.

OS: *Okay. Wie spät ist es eigentlich?*

WP: Spät genug.

[Gelächter]

OS: *Vielen Dank.*

WP: Sind Sie noch nie geschlagen worden?

OS: *Oh doch, oft.*

WP: Dann wird das für Sie ja nichts Neues sein – weil Sie für das, was Sie vorhaben, garantiert einiges einstecken werden müssen.

OS: ***Ich weiß, aber das ist es wert … schon wegen des Versuchs, der Welt etwas mehr Frieden und Bewusstheit zu bringen.***

WP: Ich danke Ihnen ganz herzlich.

[Stone überreicht Putin die DVD-Hülle.]

OS: ***Vielleicht wollen Sie sich das bei Gelegenheit ansehen.***

[Putin bedankt sich bei Stone, winkt den Anwesenden noch zu, öffnet im Weggehen die DVD-Hülle und sieht, dass sich nichts darin befindet. Alle lachen.]

WP: Ein typisch amerikanisches Geschenk!

[Rob nimmt die DVD aus dem Player und gibt sie Putin.]

Viertes Interview

Vierte Reise

6

Erster Tag
10. Februar 2017

OS: *Hallo, meine Herren! Herr Putin, Sie werden hier sitzen, bitte. Ich sitze da. Sie erinnern sich sicher noch an Anthony von unserem ersten Dreh – Anthony Dod Mantle. Er wird heute unser Kameramann sein. Wir wollen damit beginnen, dass Sie durch diese Tür hereinkommen.*

[Putin betritt den Raum.]

OS: *Mir wäre lieber, Sie kämen von da hinten. Ich komme Ihnen auf halbem Weg entgegen.*

WP: Ich kann auch die Treppe vom Balkon heruntersteigen.

OS: *Nein, ich fände es besser, wenn Sie von dort kämen. Das verleiht Ihnen eine gewisse Tiefe. Da hinten ist auch eine Theke, wenn Ihnen das lieber ist. … Weiter zurück … noch weiter! Gut so. Alle fertig? [lächelt] Und jetzt tun Sie so, als würden wir einander nicht kennen – oder vielmehr, als hätten wir einander monatelang nicht gesehen. Okay. Action! [Pause] Action! Wo ist mein Regieassistent? Sagen Sie auf Russisch*

»Action« zu ihm. Oh nein! Jetzt ist er sicher schon zu seinem nächsten Termin verschwunden!

Dolmetscher: Er holt Ihnen Tee.

[Putin kommt aus dem Nebenzimmer und bringt zwei Tassen Kaffee mit.]

WP: Kaffee, Herr Stone?

OS: *Danke.*

WP: Ist »schwarz« in Ordnung?

OS: *Ja, sehr gut …*

WP: Zucker?

OS: *Danke, Herr Präsident. Wie geht es Ihnen? Es ist lange her.*

Die US-Wahlen 2016

OS: *Es war ziemlich viel los in den zurückliegenden paar Monaten. In meinem Land, Amerika, gab es Wahlen.*

WP: Gratuliere!

OS: *Donald Trump hat gewonnen. Er ist mittlerweile Ihr vierter US-Präsident, stimmt's? Clinton, Bush, Obama und jetzt der vierte.*

WP: Ja, das stimmt.

OS: *Was ändert sich dadurch?*

WP: Fast nichts.

OS: ***Empfinden Sie das wirklich so? Gilt das für diese vier Präsidenten oder meinen Sie …***

WP: Na ja, das Leben selbst ändert so manches. Aber insgesamt ist es wohl weltweit – und vor allem in den Vereinigten Staaten – so, dass die Bürokratie sehr stark ist. Und in Wahrheit regiert die Bürokratie die Welt.

OS: ***Die Bürokratie regiert die Welt. In jedem Land?***

WP: In vielen Ländern.

OS: ***Wir haben schon voriges Mal darüber gesprochen … Es gibt da ein System, das wir in Amerika den militärisch-industriellen Sicherheitskomplex nennen.***

WP: Ja, wir haben ein ähnliches System. Das gibt es auch überall.

OS: ***Manche nennen es auch den »Deep State« oder den Staat im Staate.***

WP: Man kann es nennen, wie man will. Das ändert nichts an der eigentlichen Bedeutung.

OS: ***Gibt es mit Trump eine Möglichkeit, eine Hoffnung, dass sich daran etwas ändern wird?***

WP: Hoffnung gibt es immer – bis man uns auf den Friedhof bringt, um uns zu begraben.

OS: ***[lächelt] Oh, das war ja jetzt sehr russisch. Sehr Dostojewski.[164] Man hat an der US-Präsidentschaftswahl heftige Kritik geübt. Der Legende zufolge, die derzeit im Westen dazu kursiert, soll sich Russland zugunsten von Herrn Trump in die Wahl eingemischt haben.***

WP: Ach, wissen Sie, das ist eine ausgesprochen blöde Behauptung. Sicher mochten wir Präsident Trump. Und wir mögen ihn auch heute noch, weil er immerhin öffentlich geäußert hat, dass er bereit und willens wäre, die amerikanisch-russischen Beziehungen wiederherzustellen. Als Journalisten aus verschiedenen Ländern mich dazu befragten, versuchten sie mir sozusagen ein Bein zu stellen. Und ich stellte immer die Gegenfrage: »Sind Sie denn gegen gute Beziehungen zwischen den USA und Russland?« Und sie alle antworteten: »Nein, wir wünschen uns gute Beziehungen zwischen den beiden Ländern, dafür setzen wir uns ein.« In Russland wäre es absolut lächerlich, eine Wiederaufnahme der Beziehungen nicht zu begrüßen. In dieser Hinsicht sind wir also froh darüber, dass Donald Trump die Wahl gewonnen hat. Jetzt müssen wir natürlich abwarten, wie sich die Beziehungen zwischen unseren beiden Ländern tatsächlich in der Praxis entwickeln werden. Präsident Trump sprach von einer Wiederaufnahme der wirtschaftlichen Beziehungen und einem gemeinsamen Kampf gegen den Terrorismus. Wäre das nicht positiv?

OS: ***Oh ja, das wäre es. Aber warum haben Sie dann Ihre Hacker auf die US-Präsidentschaftswahl losgelassen?***

WP: Wir haben überhaupt nichts gehackt. Es ist auch kaum vorstellbar, dass irgendein Land – selbst ein Land wie Russland – dazu imstande wäre, einen Wahlkampf oder gar ein Wahlergebnis entscheidend zu beeinflussen. Es gab zwar ein paar Hacker, die Probleme innerhalb der Demokratischen Partei aufdeckten, aber ich glaube nicht, dass deren Erkenntnisse einen ernsthaften Einfluss auf den Wahlkampf oder das Ergebnis hatten. Dazu kommt, dass diese unbekannten Hacker nur bestehende Probleme ans Licht gebracht haben. Sie haben keine Lügen verbreitet, wollten niemanden täuschen oder hinters Licht führen. Die Tatsache, dass die Vorsitzende des Exekutivkomitees der Demokratischen Partei zurücktrat, ist praktisch ein Eingeständnis, dass die veröffentlichten Vorwürfe stimmen. Und wenn die Fakten zutreffen, kann man das wirklich nicht den Hackern vorwerfen. Es handelt sich vielmehr um interne Probleme der Vereinigten Staaten. Jene Leute, die versucht haben, die öffentliche Meinung zu beeinflussen, hätten

Russland nicht zum Feindbild machen dürfen. Sie hätten sich stattdessen bei der Wählerschaft entschuldigen sollen, aber das haben sie nicht getan. Jedoch lenkt das ohnehin alles nur vom Hauptproblem ab: Wie die Ereignisse gezeigt haben, hat das amerikanische Volk nur darauf gewartet, dass es zu gravierenden Veränderungen kommt.

Ich beziehe mich hier vor allem auf sicherheitsrelevante Angelegenheiten, den Kampf gegen die Arbeitslosigkeit und die Notwendigkeit der Schaffung neuer Arbeitsplätze. Ich spreche aber auch vom Schutz traditioneller Werte, weil die USA ein weitgehend puritanisches Land sind, zumindest im Inneren des Landes. Donald Trump und sein Team haben ihren Wahlkampf auf sehr intelligente Art geführt. Sie wussten und verstanden, wo ihre Wähler zu Hause waren, in welchen Bundesstaaten sie die meisten Sympathisanten hatten. Und sie wussten, was die Menschen in diesen Bundesstaaten hören wollten, sie wussten, wie sie die Mehrheit der Wahlmänner gewinnen konnten. Ich habe mir Trumps Ansprachen im Wahlkampf angesehen und mir gedacht, dass er darin manchmal etwas zu weit ging. Wie sich zeigte, hat er aber das Richtige getan. Er verstand es, die Mentalität seines Volkes direkt anzusprechen, und konnte die Herzen der Menschen gewinnen. Ich glaube, dass es niemandem gelingen wird, das Wahlergebnis anzufechten. Es wäre ohnehin intelligenter, wenn die Verlierer die Konsequenzen zögen und sich überlegten, was sie getan haben und wie sie an ihre Aufgaben herangegangen sind. Das ist jedenfalls gescheiter, als die Schuld an ihrem schlechten Abschneiden einem äußeren Einfluss zuzuschreiben. Meiner Ansicht nach hat die scheidende Mannschaft Obamas dem neuen Präsidenten und seinem Team ein echtes Minenfeld hinterlassen. Sie hat ein Umfeld geschaffen, das es dem neuen Präsidenten erschwert, die Versprechen zu halten, die er dem Volk gegeben hat. In Wirklichkeit erwarten wir uns aber so oder so nichts Revolutionäres. Wir warten gespannt darauf, dass die Regierungsbildung abgeschlossen und die neue Regierung bereit ist, in einen Dialog mit Russland, China, Asien und all den anderen Ländern einzutreten. Erst dann werden wir wissen, wie es die Regierung Trump mit den wichtigsten Fragen auf der internationalen Agenda und mit den bilateralen Beziehungen zu uns hält.

OS: ***Aber Sie wissen schon, dass sogar Trump behauptet hat, die Russen hätten die Wahl gehackt – das ist ein nachweisbares Zitat.[165]***

WP: Ich weiß nicht, was er mit der Aussage »Russland hat die Wahl gehackt« überhaupt meint. Ich habe aber auch Wortmeldungen von ihm gehört, in denen er betont hat, dass beim heutigen Stand der Technik ein Hacker-Angriff von jedermann und von jedem Ort der Welt ausgehen könne, sogar von jemandem, der mit seinem Laptop im Bett liegt.[166] Und man kann es auch so aussehen lassen, als kämen die Hacker-Angriffe von ganz woanders. Es ist sehr schwierig, so eine Attacke zu ihrem wahren Ursprung zurückzuverfolgen.

OS: ***Trotzdem halte ich das alles nach wie vor für ein Ereignis von enormer historischer Tragweite. Es ist noch nie vorgekommen, dass die zwei führenden politischen Parteien der Vereinigten Staaten – die Demokraten und die Republikaner – zusammen mit den Geheimdiensten FBI, CIA und NSA sowie der politischen Führung der NATO an eine Geschichte wie die glauben, dass Russland die amerikanischen Wahlen gehackt habe. Das ist wahrlich gigantisch.***

WP: So ist es aber nicht ganz. Sie haben ja wahrscheinlich die relevanten Dokumente gelesen, diese Analyse, die auch veröffentlicht wurde.

OS: ***Haben Sie die gesamten 25 Seiten des Berichts studiert?***

WP: Ja, das habe ich. Ein Geheimdienst sagt aus, dass die Wahrscheinlichkeit einer Einmischung Russlands sehr hoch sei. Ein anderer Geheimdienst hält die Wahrscheinlichkeit und Gewissheit für niedriger. Dann ziehen sie ein paar Schlussfolgerungen, die auf ihrer Analyse beruhen. Aber es gibt keinerlei konkrete Beweise, nichts Eindeutiges. Sehen Sie, was ich meine? Ich weiß nicht, ob es sich hier um eine angemessene Reaktion handelt. Es erinnert mich eher an eine Ideologie, an den Hass einer bestimmten ethnischen Gruppe gegenüber, so ähnlich wie im Antisemitismus. Wenn Antisemiten etwas nicht selbst schaffen, wenn sie unfähig sind, das eine oder andere

Problem zu lösen, dann schieben sie immer den Juden die Schuld an ihrem Versagen zu. Sie machen die Juden zum Sündenbock. Und genau dieselbe Einstellung bringen diese Leute den Russen entgegen – sie geben Russland die Schuld an allen möglichen Ereignissen. Das liegt daran, dass sie sich ihre eigenen Fehler nicht eingestehen wollen, sondern lieber jemand anderen beschuldigen – in diesem Fall eben wieder uns.

OS: ***Wie es scheint, hat zum Beispiel Senator McCain gestern oder vorgestern ein Veto des US-Senats gegen jede Aufhebung der Sanktionen durch Trump vorgeschlagen – schon im Voraus.***

WP: Nun ja, es gibt in den Vereinigten Staaten leider eine ganze Menge Senatoren, die so denken. Vielleicht nicht gerade eine ganze Menge, aber doch einige. Und um ehrlich zu sein, mag ich Senator McCain ganz gerne. Bis zu einem gewissen Grad.

OS: *[lacht] Okay.*

WP: Nein, das ist kein Witz. Ich mag ihn wegen seines Patriotismus und kann auch die Konsequenz nachvollziehen, mit der er sich für die Interessen seines Landes einsetzt. Im alten Rom gab es einen Staatsmann namens Marcus Porcius Cato der Ältere, der all seine Reden mit den Worten »Im Übrigen bin ich der Meinung, dass Karthago zerstört werden muss« beendete. Aber die alten Römer hatten auch allen Grund, Hannibal zu hassen, weil der im Zweiten Punischen Krieg gegen Rom gezogen und dabei ziemlich weit gekommen war, bis auf etwa 110 Kilometer vor die Stadt. Wir und die USA waren nie in einen solchen direkten Konflikt verwickelt wie Karthago und Rom. Letztendlich ging Rom aus diesem Krieg als Sieger hervor, und Hannibal nahm sich das Leben, wie aus der Geschichte bekannt ist. Etwa 400 Jahre später wurde Rom dann von den Barbaren zerstört. Daraus kann man bestimmte Schlüsse ziehen und bestimmte Lektionen lernen. Hätten die beiden Städte einander nicht bekämpft, sondern sich darauf geeinigt, gegen einen gemeinsamen Feind anzutreten, dann hätte der eine [Hannibal] nicht Selbstmord begehen müssen, und die anderen [das Römische Reich] hätten ebenfalls überlebt. Menschen mit solchen Überzeugungen wie der von Ihnen erwähnte Senator leben immer noch in der alten Welt. Sie wehren sich mit Händen und Füßen dagegen, in die Zukunft zu blicken, und wollen einfach nicht erkennen, wie rasant sich die Welt ändert. Sie erkennen die wahre Bedrohung nicht, weil sie immer noch in der Vergangenheit festhängen und sich von ihr zurückhalten lassen.

Wir haben die Vereinigten Staaten in ihrem Krieg um die Unabhängigkeit ihres Landes unterstützt. Wir waren im Ersten und im Zweiten Weltkrieg ihre Alliierten. Und derzeit stehen wir gemeinsamen Bedrohungen wie dem internationalen Terrorismus gegenüber. Wir sollten die weltweite Armut bekämpfen und etwas gegen die Umweltzerstörung tun, die die gesamte Menschheit bedroht. Dazu kommt noch, dass wir insgesamt derart viele Atomwaffen angehäuft haben, dass auch dadurch eine globale Bedrohung entstanden ist. Für uns alle wäre es gut, darüber einmal intensiv nachzudenken. Es gibt viele Probleme, die einer Lösung bedürfen.

OS: ***Jedenfalls hat man Russland jetzt eines gewaltigen Verrats bezichtigt. Es handelt sich um eine bedeutende Anschuldigung, die von den Medien immer aufs Neue wiederholt wird und mittlerweile schon in die allgemeine Begriffswelt der Vereinigten Staaten eingegangen ist. Man nimmt es als gegebene Tatsache hin. Heute kann jeder einfach behaupten, Russland habe die Wahl gehackt und der Kreml habe Trump in der Tasche und würde sich diese Schulden von ihm zurückzahlen lassen. Sie sehen ja, wohin das führt – es wird dadurch unmöglich, die Beziehungen zu Russland zu normalisieren. Zumindest wäre es für Herrn Trump enorm schwierig, das zu versuchen, wenn er es denn je wirklich vorgehabt haben sollte.***

WP: Ich kann nur wiederholen, was ich ohnehin schon gesagt habe: Alle Theorien über eine Beeinflussung des Wahlergebnisses in den Vereinigten Staaten durch Russland sind Lügen. Wir erkennen natürlich, dass diese Kampagne zur Informationsmanipulation eine ganze Reihe von Zielen hat: Erstens will man damit infrage stellen, dass Trump auf rechtmäßige Art

Präsident geworden ist. Zweitens will man ein Umfeld schaffen, in dem es uns unmöglich ist, unsere Beziehungen zu den USA zu normalisieren. Und drittens will man damit eine weitere Waffe für eine innenpolitische Schlacht in die Hand bekommen. Die Beziehungen zwischen Russland und den USA sind in diesem Zusammenhang nichts als ein weiteres Werkzeug für diese innenpolitische Schlacht.

OS: *Viele Leute sind aber sehr frustriert über all das. Ich habe mit etlichen Bekannten in den USA gesprochen, die den Hacker-Vorwurf ebenfalls für Blödsinn halten. Er ist reiner Betrug. Viele glauben Julian Assange von WikiLeaks, dass er die durchgesickerten Daten aus dem Democratic National Committee nicht von einer staatlichen Stelle erhalten habe. Darauf hat er geschworen – und bis jetzt hat er sich stets als zuverlässig erwiesen, soviel ich weiß. Er hat seit seiner Gründung von WikiLeaks im Jahr 2006 immer sehr offen über seine Methoden gesprochen. So viel zur Einleitung, jetzt komme ich endlich zu meiner Frage … Viele Amerikaner sind frustriert darüber, dass Russland nicht mehr Anstrengungen unternommen hat, sich zu verteidigen. Sie hätten ja zumindest an der PR-Front diesen 25 Seiten starken Bericht hernehmen und jede Einzelheit darin widerlegen, auf Ungenauigkeiten hinweisen können und so weiter. Russland hätte seine Einwände an die Öffentlichkeit tragen und den Beschuldigungen widersprechen sollen. Warum haben Sie das nicht getan?*

WP: Ganz einfach, weil wir uns nicht in innenpolitische Angelegenheiten der Vereinigten Staaten verstricken wollen. Viele amerikanische Bürger halten die Vorwürfe über Hacker-Angriffe ohnehin für Betrug, wie Sie richtig sagen. Wir freuen uns, dass es auch solche Menschen gibt. Allerdings gibt es auch die Leute, die immer wieder mit dieser irren Theorie hausieren gehen, sich öffentlich dazu äußern und sie als Mittel des politischen Kampfs einsetzen wollen. Davon werden sie sich auch durch unsere Gegenargumente nicht abhalten lassen, im Gegenteil – sie werden jede Widerlegung von unserer Seite als zusätzliche Waffe in ihrem Kampf einsetzen. Wir kennen schließlich all ihre Tricks.

OS: *Aber gerade dann, wenn Sie die Tricks dieser Leute kennen, hätten Sie doch irgendein Statement zur Cyber-Kriegsführung abgeben und sich im Detail dazu äußern können, warum die Anschuldigungen gegen Sie absurd sind, weil man andernfalls ja wenigstens eine elektronische Spur entdeckt hätte. Es gäbe so viele unterschiedliche Ansatzpunkte! Aber so hat man den Eindruck, Russland habe gar kein Interesse daran, sich gegen die Vorwürfe zu verteidigen. Da wird eine Beschuldigung nach der anderen vorgebracht – und Russland tut so, als wäre weiterhin alles ganz normal.*

WP: Sie haben ja recht. Uns kümmern diese Vorwürfe wirklich nicht besonders, weil sie uns nicht beunruhigen. Es handelt sich um eine interne Angelegenheit der Vereinigten Staaten. Und ich sage es noch einmal, weil ich gern gehört werden möchte: Wer auch immer die Hacker waren, sie können den Verlauf des Wahlkampfs und den Ausgang der Wahl nicht entscheidend beeinflusst haben. Und wenn sie etwas enthüllt haben, dann waren es nur die Probleme, die es in der amerikanischen Politik tatsächlich gibt. Sie haben nicht gelogen und nichts erfunden. Die politischen Kräfte in den USA müssen mit diesen Problemen selbst fertigwerden, statt die Schuld auf die Hacker zu schieben, die ja nur die Wahrheit offengelegt haben. Da ist es auch völlig egal, woher diese Hacker kommen – aus Russland, aus Lateinamerika, aus Asien, vielleicht sogar aus Afrika.

OS: *Gibt es irgendwelche Beweise im Cyberspace, die Russland zu seiner Verteidigung vorbringen könnte?*

WP: Es gibt zumindest keine Beweise dafür, dass wir die Schuldigen sind. Und das ist der beste Beweis und die beste Verteidigung, die wir haben. In den Berichten von der NSA und der CIA, die Sie erwähnt haben, finden sich absolut keine konkreten Fakten. Die Geheimdienste verlassen sich hier einzig und allein auf ein paar Einflüsterungen und präsentieren ansonsten nichts als Mutmaßungen und Beschuldigungen.

OS: *Das mag ja alles sein, doch ich glaube trotzdem, dass es eine wirkungsvollere Antwort gegeben hätte. Ich sehe ein, dass so etwas nicht leicht ist, aber der russischen Reaktion scheint es an Kraft gefehlt zu haben. Es wäre wesentlich plausibler, wenn Sie aufgebracht und wütend gewesen wären. In einer solchen Situation wäre es auch angemessen gewesen, sich möglichst erwachsen zu präsentieren und eine Antwort zu geben, die der amerikanischen Bevölkerung Russlands Standpunkt etwas näherbringt. Aber auch eine derartige Antwort ist mir nicht aufgefallen.*

WP: Das ist doch genau das, was ich in diesem Interview tue. Ich spreche die Dinge klar und deutlich aus.

OS: *Ich wünschte, Sie hätten das öfter getan. Während Sie sich im Abwarten üben, hat Herr Trump nämlich mehr als einmal eine massive Erhöhung des amerikanischen Verteidigungsbudgets gefordert, sowohl für Nuklearwaffen als auch für konventionelle Waffen. Für mich ergibt das keinen Sinn. Wie kann Amerika noch mehr für Rüstung ausgeben, als es das ohnehin schon tut? Aber genau davon ist die Rede – von einer Erhöhung des Militärbudgets.*

WP: Darüber haben wir bereits gesprochen, glaube ich. Die USA geben mehr für ihre Landesverteidigung aus als alle anderen Länder der Welt zusammengenommen – mehr als 600 Milliarden US-Dollar.[167]

OS: *Machen Sie sich keine Sorgen, weil Herrn Trumps Forderung nach noch mehr Geld etwas infantil wirkt?*

WP: Die Erhöhung der Militärausgaben in anderen Ländern, einschließlich der Vereinigten Staaten, bereitet uns immer Sorgen. In einem solchen Fall müssen wir immer analysieren, wie sich das auf unsere eigene Sicherheit auswirken wird. Ich glaube aber, dass auch die amerikanischen Steuerzahler darüber nachdenken sollten. Wie effizient werden diese Mehrausgaben sein? Wie stimmen sie mit der aktuellen wirtschaftlichen Lage überein? Schließlich gibt es ja nicht nur das Militär, für das man Geld ausgeben kann, sondern auch ein paar andere Bereiche wie das Gesundheitswesen, das Bildungswesen oder die Rentensysteme. Es gibt auch noch eine Menge anderer Probleme – soziale Fragen, die zu klären sind, oder die Rückzahlung der Staatsschuld, die mittlerweile fast 20 Billionen US-Dollar beträgt. All diese Probleme gilt es zu lösen. Das Militär ist immer unzufrieden mit dem Geld, das es vom Staat erhält, es will immer noch mehr. Glauben Sie mir, bei uns gibt es dieselben Streitereien zwischen den zivilen Behörden, dem Verteidigungsministerium und dem Finanzministerium. Das ist auf der ganzen Welt nicht anders.

OS: ***Bestehen Hoffnungen auf ein Treffen zwischen Ihnen und Herrn Trump in den nächsten Monaten?***

WP: Ich glaube schon, dass wir einander irgendwann treffen werden, aber wir wollen nichts überstürzen. Die amerikanische Regierung ist noch im Aufbau begriffen und erst dabei, ihre Standpunkte zu Schlüsselfragen auszuarbeiten. Wir verstehen sehr gut, dass Präsident Trump zusammen mit seinen Verbündeten und Partnern eine eigene Position zu den wichtigsten Themen beziehen wird. Er muss mit den Geheimdiensten, dem Außenministerium und dem Militär zusammenarbeiten. Er wird mit den Republikanern und den Demokraten zusammenarbeiten und viel Rücksicht nehmen müssen. Da gibt es viel zu planen und zu bedenken. Sobald seine Regierung aber dazu bereit ist, die praktische Arbeit anzugehen, sind wir bereit.

OS: ***Und wie, glauben Sie, wird er mit den Geheimdiensten zusammenarbeiten, wenn die ihm erzählen, dass Russland die Wahlen gehackt hat? Das ist doch eine Sackgasse.***

WP: Nein, das ist keine Sackgasse, sondern einzig und allein eine Personalfrage.

OS: ***Er könnte natürlich auch alle Geheimdienstunterlagen über die Ukraine und Syrien freigeben oder sie wenigstens genau studieren, damit er***

sieht, wie die Probleme wirklich entstanden sind. Besteht eine Möglichkeit, dass er seine Denkweise dazu in einigen Punkten ändert?

WP: Ja, das halte ich für möglich. Aber ich betone noch einmal, dass er nur innerhalb eines gewissen Rahmens arbeiten kann. Wir sind alle erwachsen und wissen genau, was los ist. Aber ich hoffe sehr, dass er irgendwann zum Kern der Sache vordringen und die Ereignisse dann auf seine eigene Art betrachten wird.

OS: ***Ich hoffe, dass Sie damit recht haben.***

WP: Ich auch. Ich hoffe sehr, dass wir eine gemeinsame Basis finden und ein gegenseitiges Verständnis erreichen werden.

OS: ***Wann findet der nächste G-20-Gipfel statt?***

WP: Im Sommer, glaube ich – im Juli.

OS: ***Im Juli also. Das wäre dann die erste Möglichkeit für ein Zusammentreffen, oder?***

WP: Ja, vielleicht.

OS: ***Ich schätze, Sie haben zweimal mit ihm telefoniert.***

WP: Ja. Ein Telefongespräch fand vor seiner Amtseinführung statt, das andere danach.

OS: ***Und ich nehme an, Ihr Gespräch hat sich zumindest zum Teil um den Terrorismus gedreht.***

WP: Wir haben über den Krieg gegen den Terrorismus gesprochen, das Thema Nordkorea gestreift und auch über die nukleare Abrüstung geredet. Auch auf die Ukraine kam das Gespräch kurz. Und wir waren uns darin einig, dass wir im Hinblick auf die Beziehungen zwischen Russland und den USA eine neue Seite aufschlagen müssen.

OS: *Beim Thema Terrorismus werden die Geheimdienste der Vereinigten Staaten meiner Meinung nach aber ebenfalls nicht mit der russischen Haltung zum Terrorismus konform gehen. Mir scheint, dass die US-Geheimdienste mittlerweile ziemlich politisiert wurden.*

WP: Wussten Sie eigentlich, dass wir mit der Regierung Obama beinahe zu einem Übereinkommen in der Syrien-Frage gelangt wären?

OS: *Beinahe?*

WP: Ja, beinahe. Wir sprachen über eine Koordination unserer Aktivitäten zum Schutz und zur Sicherung unserer Militärmaschinen, die die Region überfliegen, aber das war leider auch schon alles. Weiter kamen wir nicht. Wir waren bereit, uns auf gemeinsame Aktivitäten zu einigen. Eine solche Kooperation hätte auch beinhaltet, vor Ort auf Grundlage unserer und ihrer Daten den Aufenthaltsort von Terroristengruppen zu bestimmen. Meiner Ansicht nach wäre es wünschenswert gewesen, gemeinsam Angriffsziele festzulegen. Wir hätten auch gemeinsame Luftschläge vereinbaren können. Wir standen kurz davor, diese Vereinbarung offiziell zu machen. Doch dann gaben unsere amerikanischen Partner das Projekt im letzten Moment auf, wahrscheinlich aus politischen Gründen.

OS: *Herr Trump hat in seinen Reden gegenüber dem Iran auf »hart und kompromisslos« geschaltet. Er ist nur ein Beispiel dafür, dass viele Amerikaner der offiziellen Lesart folgen und glauben, dass der Iran die größte Terrororganisation der Welt ist. Sie, Herr Putin, sind ganz und gar nicht dieser Ansicht. Andere wieder halten die saudi-arabische Regierung für die weltweite Terrororganisation Nummer eins. Im Endeffekt läuft das alles wieder auf den Konflikt zwischen Schiiten und Sunniten hinaus. Viele Amerikaner sind auf der Seite der Sunniten und damit gegen die Schiiten, während andere die Sunniten für die Ursache all der*

Probleme halten und finden, dass wir unsere Loyalitäten ändern sollten. Doch sowohl Saudi-Arabien als auch Israel genießen eine sehr solide amerikanische Unterstützung. Solange sich daran nichts ändert, besteht hier ein grundsätzlicher und wesentlicher Widerspruch – auch, was den russischen und den amerikanischen Standpunkt angeht.

WP: Ich glaube ja, dass keine Weltreligion die Quelle allen Übels ist. Auch im Islam gibt es viele Glaubensrichtungen und Strömungen, deren bekannteste eben die Schiiten und die Sunniten sind. Zwischen diesen zwei Gruppierungen lassen sich tiefe Gräben beobachten, die aber früher oder später unbedingt überbrückt werden sollten. Wir haben sehr gute freundschaftliche Beziehungen zu sämtlichen islamischen Staaten und außerdem seit 2003 Beobachterstatus bei der Organisation für Islamische Zusammenarbeit. Immerhin bekennen sich circa 15 Prozent aller russischen Bürger zum Islam – sie sind Muslime. Ich war einmal zu Gast beim Gipfeltreffen der Organisation für Islamische Zusammenarbeit. Wir wissen, dass unsere Unterstützung der rechtmäßigen Regierung Syriens bei einigen Leuten die Hoffnung geweckt hat, dass wir uns damit gegen die Sunniten wenden und es zu Konflikten mit dieser Gruppierung kommen könnte. Das war aber bisher nicht der Fall. Darauf kann ich noch näher eingehen, wenn es Sie interessiert. Was die unterschiedlichen Herangehensweisen an die iranische Nuklearfrage angeht, so müssten wir mit den USA erst einmal substanzielle Gespräche auf der Ebene der Außenminister, der Geheimdienste oder der Nationalen Sicherheitsräte führen, um die jeweiligen Standpunkte klar zu definieren. Öffentliche Erklärungen sind da sicher nicht ausreichend, weder von unserer noch von amerikanischer Seite. Wir wollen die Argumente hören, die von amerikanischer Seite direkt vorgebracht werden können – und nicht jene, die für die Öffentlichkeit geeignet sind. Wir wünschen uns einen konstruktiven, professionellen Dialog mit den Vereinigten Staaten, in dem auch unser Standpunkt Gehör findet. Mit der vorigen Regierung sind wir in diesen Fragen zu vielen Vereinbarungen gelangt. Das schließe ich auch mit der neuen Regierung keineswegs aus, wir werden auch mit ihr gemeinsame Grundlagen finden. Aber dazu benötigen wir einen konkreten, inhaltsbezogenen Dialog.

OS: *Alles klar, ich verstehe. Gab es eine Einmischung der USA in die russischen Wahlen des Jahres 2012?*

WP: Es gab sowohl 2000 als auch 2012 Einmischungen, wobei die im Jahr 2012 besonders aggressiv waren.[168]

OS: *Können Sie das etwas näher erläutern?*

WP: Ich will da nicht allzu sehr ins Detail gehen, aber wir haben mit unseren amerikanischen Partnern darüber gesprochen, und sie wissen sehr gut Bescheid. Ich habe sowohl Barack Obama als auch John Kerry darüber berichtet. Es wäre früher kaum vorstellbar für uns gewesen, dass Diplomaten in einem fremden Land – in diesem Fall Russland – sich so aggressiv in einen Wahlkampf einmischen können, wie das in diesem Jahr der Fall war. Sie mobilisierten die oppositionellen Kräfte, finanzierten Kundgebungen und Oppositionsgruppen. Das ist ganz sicher nicht die Aufgabe eines Diplomaten. Eine diplomatische Vertretung soll gute Beziehungen zwischen Ländern pflegen. Nichtregierungsorganisationen können unabhängig von Land und Herkunft andere Methoden anwenden. Sehr häufig ist es aber der Fall, dass Nichtregierungsorganisationen über Strukturen des US-Außenministeriums finanziert oder auch indirekt gesteuert werden.

OS: *So wie in der Ukraine?*

WP: Nicht nur in der Ukraine. Wir können das im gesamten postsowjetischen Raum in Osteuropa, aber auch in vielen Ländern Afrikas und Lateinamerikas beobachten.

OS: *Ja.*

Cyber-Kriegsführung

OS: *Hat man sich auch auf elektronischem Wege in die russischen Wahlen des Jahres 2012 eingemischt?*

WP: Ich achte nicht besonders auf solche Angelegenheiten, wenn ich ehrlich sein soll. Wir haben schließlich eigene Themen und Probleme, um die wir uns kümmern müssen. Ich glaube, viele unserer Partner leben in ihrer eigenen Welt und bekommen nicht ganz mit, was sich in anderen Ländern wie Russland wirklich abspielt.

OS: *Ich würde dieses Thema aber trotzdem noch gern behandeln, weil die Cyber-Kriegsführung seit einigen Jahren ja nicht mehr aus der Realität wegzuleugnen ist. Die Vereinigten Staaten geben das zwar nicht zu, aber es ist allgemein bekannt, dass es uns 2010 gelungen ist, den Stuxnet-Virus auf den Iran loszulassen.*[169]

WP: Wir wissen das. Wir wissen spätestens seit Snowdens Bekenntnissen auch, wie die NSA arbeitet. Dazu möchte ich anmerken, dass all das, was wir von Herrn Snowden wissen, auch aus den Medien bekannt ist. Er gibt die entscheidenden Daten nämlich an die Medien weiter und benutzt dazu das Internet. Solche Dinge erleben wir mittlerweile auf der ganzen Welt. Wir wissen Bescheid über die Überwachung des Privatlebens, übrigens auch des Privatlebens von politischen Führungskräften. Das sind sehr üble Praktiken.

OS: *Aber Cyber-Kriegsführung ist etwas ganz anderes als Überwachung. Sie ist aus dem heutigen Leben – wie leider auch die Überwachung – nicht mehr wegzudenken. Edward Snowden erzählte mir für meinen Film* Snowden[170] *seine Geschichte. Er war in den Jahren 2007 und 2008 in Japan stationiert, wo die NSA die japanische Regierung aufforderte, ihre eigene Bevölkerung auszuspionieren. Die Japaner lehnten das ab, aber die NSA begann trotzdem mit der Überwachung. Und das war noch nicht alles: Sobald wir das japanische Kommunikationssystem kannten,* *verseuchten wir die zivile Infrastruktur des Landes mit Schadprogrammen, nur für den Fall, dass die Japaner einmal nicht mehr unsere Verbündeten sein würden. Ähnliches hat Snowden aus Brasilien, Mexiko und vielen europäischen Ländern berichtet. Ich finde es ziemlich überraschend, dass wir so mit unseren Bündnispartnern umspringen.*

WP: Na ja, die Amerikaner müssen sich eben um sehr viele Dinge kümmern und auf alles Mögliche aufpassen. Sie müssen auf der ganzen Welt aktiv sein. Die 600 Milliarden Dollar, die das Pentagon ausgibt, sind wohl längst nicht die gesamte Summe, die in Sicherheit und Landesverteidigung investiert wird.

OS: *Ach, kommen Sie, das ist eine ernste Sache … Sie spielen hier den Unschuldigen, aber ich bin überzeugt, dass auch Russland weiß, was man mit Cyber-Kriegsführung erreichen kann und was die Amerikaner in diesem Bereich tun. Wenn ich schon weiß, dass sie die japanische Infrastruktur mit Schadsoftware infizieren, um gegebenenfalls Kraftwerke und Eisenbahnen zerstören, das Land vom Rest der Welt abschneiden und Blackouts erzeugen zu können, dann gehe ich davon aus, dass der Wissensstand Russlands erheblich größer ist. Sie müssen doch erkannt haben, wie groß die Gefahr ist, und alles unternommen haben, um sie von Russland abzuwenden. Immerhin ist Russland einer der offensichtlichen Feinde der Vereinigten Staaten.*

WP: Sie werden mir das vielleicht nicht glauben, aber ich erzähle Ihnen jetzt trotzdem etwas sehr Seltsames: Wir gehen seit Anfang der 1990er-Jahre davon aus, dass der Kalte Krieg vorbei ist. Russland ist ein demokratischer Staat geworden. Russland war aus eigenem Antrieb dabei behilflich, den ehemaligen Sowjetrepubliken ihre Eigenstaatlichkeit zu verschaffen. Es war Russland, das diesen Prozess angestoßen und vorgeschlagen hat, den früheren Sowjetrepubliken die Souveränität zu gewähren. Aus diesem Grund waren wir auch davon überzeugt, keine zusätzlichen Schutzmaßnahmen treffen zu müssen, weil wir uns selbst als integralen Bestandteil der Weltgemeinschaft sahen. Unsere Unternehmen, unsere staatlichen

Institutionen und Verwaltungsbehörden kauften sowohl Hardware als auch Software ein. Wir haben viele unserer technischen Geräte und unserer Elektronik aus den USA und aus Europa bezogen, und wir setzen diese Geräte auch ein, sogar bei den Geheimdiensten und im Verteidigungsministerium. Das Risiko, das wir damit eingehen, wurde uns erst vor Kurzem bewusst. Daher überlegen wir uns auch erst seit wenigen Jahren, wie wir unsere technische Unabhängigkeit und Sicherheit gewährleisten können. Wir denken reiflich darüber nach und treffen dann die entsprechenden Maßnahmen.

OS: ***Na ja, aber wenn Snowden berichtet, dass die USA das schon 2007 und 2008 in Japan getan haben, dass sie also bei ihren eigenen Verbündeten Schadprogramme installieren – wissen Sie, was ich damit sagen will? Was tun sie dann erst in Ländern wie China, Russland, dem Iran und so weiter? Da kann ich doch sicher davon ausgehen, dass Russland bereits 2007 genau gewusst haben muss, dass die USA andere Länder mit Schadsoftware infizieren. Gab es in den Jahren 2005 bis 2007 schon Cyber-Attacken in Russland?***

WP: Wir haben zu dieser Zeit wirklich nicht darauf geachtet. Es gab damals sogar amerikanische Beobachter in unseren Atomkraftwerken und in den Fabriken, die unsere Atomwaffen herstellten.

OS: ***Bis wann war das der Fall?***

WP: Ich glaube, das ging bis 2006 so, aber ich weiß es nicht mehr genau. Jedenfalls brachte Russland den Amerikanern beispielloses Vertrauen und größte Offenheit entgegen.

OS: ***Gut. Und was war dann?***

WP: Die USA wussten das leider nicht zu schätzen. Sie wollten es nicht zur Kenntnis nehmen und würdigen.

OS: *Wann hat Russland mit dem Ausbau seiner Cyber-Kapazitäten begonnen?*

WP: Das war einerseits ein sehr langwieriger Prozess, weil wir ja viel aufzuholen hatten. Aber andererseits haben wir sehr gute Grundlagen. Bei uns ist das Bildungsniveau sehr hoch, und unsere mathematischen Fakultäten sind ausgezeichnet. Viele russische Wissenschaftler arbeiten in den Vereinigten Staaten und erbringen dort exzellente Leistungen. Manche unserer Unternehmen fingen vor 4 oder 5 Jahren bei null an und setzen heute bereits etwa 7 Milliarden Dollar jährlich um. Sie sind auf dem Softwaremarkt wettbewerbsfähig geworden und auch im Hardwarebereich höchst aktiv. Mittlerweile werden bei uns sogar Supercomputer gebaut. Es gibt also eine rasante Entwicklung auf diesem Sektor, und zwar nicht nur in den Bereichen Sicherheit und Landesverteidigung, sondern auch in Wissenschaft und Wirtschaft.

OS: *Aber Snowden sagt, dass die Amerikaner im Grunde genommen auch schon Cyber-Attacken gegen China durchführten, so etwa in den Jahren 2008 und 2009. Ich kann mir gut vorstellen, dass er über die Situation bezüglich Russland nicht so gut informiert war, aber meiner Ansicht nach befindet sich Russland sowieso in einem Dauerkonflikt mit den Vereinigten Staaten. Es ist ein geheimer Konflikt, bei dem auch Cyber-Kriegsführung zum Einsatz kommt. So stelle ich mir das zumindest vor. Ich nehme auch an, dass die Vereinigten Staaten Ihrem Land mit solchen Mitteln Schaden zufügen wollen. Und Russland verteidigt sich und versucht, es den Vereinigten Staaten mit gleicher Münze heimzuzahlen. So sieht meiner Auffassung nach die Praxis aus – ich erfinde das nicht einfach, sondern es scheint mir logisch.*

WP: Vielleicht, weil es auf jede Aktion eine Reaktion gibt.

OS: *Sie verhalten sich so komisch, seit es um dieses Thema geht – wie der Fuchs, der sich gerade aus dem Hühnerstall schleicht. [Gelächter]*

WP: Aber leider waren keine Hühner im Hühnerstall.

OS: *Vor ein paar Wochen habe ich auf RT, dem russischen Auslandssender, einen Bericht gesehen. Der wurde später nicht weiterverfolgt, sondern verschwand nach 1 oder 2 Tagen – aber in diesem Bericht hieß es, dass zwanzig oder mehr Länder an einem Botnet-Angriff auf das russische Bankensystem oder vielmehr auf sechs Großbanken beteiligt gewesen seien.*[171] *Das wurde von RT berichtet. Eine Attacke dieser Größenordnung riecht verdächtig nach einer Aktion der USA – und zwar einer, die nach der Präsidentschaftswahl gestartet wurde. Es könnte also einen amerikanischen Angriff auf das russische Bankensystem gegeben haben. Mir erscheint so etwas durchaus plausibel. Aber die Story ist wieder verschwunden. Ich bin überzeugt, Sie wissen davon, aber warum ist die Story weg, falls sie der Wahrheit entsprochen hat?*

WP: Nein, die Story ist nicht verschwunden. Es gab tatsächlich Berichte darüber, dass ein solcher Angriff vorbereitet wurde. Wir waren nicht hundertprozentig sicher, dass er tatsächlich stattfinden würde, aber die Banken verständigten vorsichtshalber schon einmal die Medien. Sie informierten auch ihre Kunden, die einfachen russischen Bürger, über die Möglichkeit derartiger Attacken in allernächster Zukunft. Man rief die Kunden auf, Ruhe zu bewahren, sich nicht verwirren zu lassen und vor allem nicht die Banken zu stürmen, um ihr ganzes Geld abzuheben. Die Banken gaben an, alles unter Kontrolle zu haben, es bestehe kein Grund zur Nervosität. Sie wollten die Bevölkerung nur wissen lassen, dass es sich bei dem möglichen Vorfall um einen Hacker-Angriff handelte, der das Finanzsystem Russlands destabilisieren sollte. Wir behaupten nicht, dass die USA dahinterstecken, dafür hätten wir auch gar keine Beweise.

OS: *Okay. Jedenfalls ist das eine ziemlich große Angelegenheit. Vor allem, da Herr Biden als Allererster geäußert hat: »Wir werden Russland auf dieselbe Art angreifen, wie es uns bei diesen Wahlen angegriffen hat.*[172] *Wir werden es auf dieselbe Art tun – und zu einem Zeitpunkt unserer Wahl.« Irgendwas in der Art … Und Herr Obama sekundierte ihm noch,* *indem er sagte, dass wir auf den Wahl-Hack, oder wie immer er es nannte – die Attacke eben –, reagieren werden. Das sind eigentlich ausgesprochen skandalöse Bemerkungen, aber wenn sie vom Vizepräsidenten und dann vom Präsidenten der Vereinigten Staaten kommen, muss man sie schon ernst nehmen. Irgendwas ist also vor der Amtseinführung passiert.*

WP: Wenn jemand von so hohem politischen Rang derartige Beschuldigungen ausspricht, bedeutet das mit Sicherheit nichts Gutes. Und Sie haben recht, es war von »einem Zeitpunkt unserer Wahl« die Rede. Diese Aussagen haben zwei Gründe: Erstens wollten sie das Wahlergebnis infrage stellen. Die Politiker sprachen von einem Zeitpunkt ihrer Wahl, aber der Regierung Obama blieb damals ohnehin keine Zeit mehr. Ich will ja niemanden kränken oder beleidigen, aber die Ereignisse der letzten paar Tage erinnern mich sehr an die Verhaltensweise des Politbüros der Kommunistischen Partei der Sowjetunion, vor allem, wenn man einander dort mit Orden auszeichnete. Das war auch sehr witzig.

OS: *Ich verstehe den Vergleich nicht ganz …*

WP: Wir haben gesehen, dass Präsident Obama seinem Vizepräsidenten eine Auszeichnung verliehen hat, irgendeine Medaille. Und das hat mich eben an die Mitglieder des Politbüros der Kommunistischen Partei der Sowjetunion erinnert. Die verliehen sich auch untereinander dauernd Sterne, Medaillen und Orden. Als ich das in den USA wiederholt sah, wusste ich, dass dieser Regierung keine Zeit mehr für irgendwelche ernsthaften Entscheidungen blieb.

OS: *Gut, Sie nehmen das jetzt auf die leichte Schulter. Wenn man aber bedenkt, wie viel Geld wir in die Cyber-Kriegsführung und unser Cyber Command investiert haben, dann sieht mir das schon nach einer ernsten Drohung aus. Ich habe den Eindruck, Sie spielen das nur so herunter, weil in Wahrheit doch etwas geschehen ist, über das Sie wegen der sensiblen zwischenstaatlichen Beziehungen nicht sprechen wollen.*

WP: Sind Sie ernsthaft enttäuscht, weil die USA etwas nicht getan haben? Oder tut es Ihnen nur um das Geld des amerikanischen Steuerzahlers leid, das bereits für Cyber-Kriegsführung ausgegeben wurde?

OS: *Nein, ich glaube vielmehr daran, dass aus der Cyber-Kriegsführung ein heißer Krieg werden kann. Es sind Ereignisse aus der Vergangenheit, die mich zu diesem Glauben bringen. Der Stuxnet-Virus hätte fast ein gewaltiges weltweites Chaos ausgelöst. Ich finde das alles sehr, sehr gefährlich – und bin der Ansicht, dass wir mit dem Feuer spielen.*

WP: Es ist auch wirklich sehr gefährlich.

OS: *Ich weiß. Und es ist offensichtlich, dass Sie bestimmte Informationen besitzen, die Sie nicht öffentlich machen wollen.*

WP: Ja, es ist ein großes Geheimnis. Streng geheim.

OS: *[lacht] Ich weiß. Aber werden wir in der Lage sein, mit den Möglichkeiten dieser neuen Technologie umzugehen? Ich habe den Eindruck, dass das, was im Iran passierte, auf seine Art so schwerwiegende Folgen haben könnte wie das, was sich 1945 in Hiroshima und Nagasaki ereignete. Damals begann ein neues Zeitalter.*

WP: Mit den Waffen, die in Hiroshima und Nagasaki zum Einsatz kamen, wurde eine tragische Seite in der Geschichte der Menschheit aufgeschlagen. Sie haben einen schrecklichen Geist aus der Flasche befreit. Unsere Militärfachleute sind der Ansicht, dass es militärisch gesehen keinen Sinn hatte, Atomwaffen gegen Japan einzusetzen, weil das Land ohnehin schon so gut wie am Boden zerstört war. Trotzdem halte ich den Vergleich zwischen Stuxnet und der Atombombe für übertrieben. Sollten wir es aber nicht schaffen, uns auf einen bestimmten Verhaltenskodex in diesem Bereich zu einigen, dann könnte diese Handlungsspirale schwerwiegende und sogar tragische Folgen haben. Da stimme ich Ihnen zu.

OS: *Mir kommt das Ganze wie ein Geheimkrieg vor, von dem niemand weiß, wer ihn eigentlich begonnen hat. Niemand weiß, ob es ein Stellvertreterland war oder ob wirklich Nordkorea die Sony-Server gehackt hat – man hört nur Gerüchte. Aber wenn in Russland die Lichter ausgingen oder ein Teil des Stromnetzes über Nacht ausfiele, würde das in Ihrem Land eine furchtbare Angst auslösen. In den Vereinigten Staaten wäre es ebenso. Und niemand wüsste, wer dahintersteckt. Ein Geheimkrieg.*

WP: Es ist fast unmöglich, dem russischen Volk Angst einzujagen.

OS: *[lacht] Oho!*

WP: Das ist das Erste, was ich dazu anmerken wollte. Zweitens sind technisch hoch entwickelte Volkswirtschaften natürlich anfälliger für solche Attacken. So oder so handelt es sich aber um eine bedrohliche Entwicklung, eine sehr gefährliche Methode der politischen Konkurrenz. Hier brauchen wir dringend Regeln, die uns leiten.

OS: *Ein Abkommen.*

WP: Das wollte ich eigentlich gar nicht sagen, aber Sie ziehen mir die Informationen so richtig aus der Nase. Sie bringen mich dazu, alles auszusprechen! Vor eineinhalb Jahren, im Herbst 2015, legten wir unseren amerikanischen Amtskollegen einen Vorschlag vor. Der besagte, dass wir die genannten Themen gemeinsam durcharbeiten und dann zu einem Abkommen gelangen sollten, einer Vereinbarung über die in diesem Bereich einzuhaltenden Regeln. Einen ähnlichen Vorschlag legten wir auch den Vereinten Nationen vor. Die Amerikaner reagierten nicht darauf, sondern hüllten sich in Schweigen – keine Antwort. Erst gegen Ende der Regierungszeit von Präsident Obama fragten wir noch einmal im US-Außenministerium nach und erhielten den Bescheid, dass man dort bereit wäre, noch einmal über dieses Thema zu verhandeln. Unser Außenministerium wandte dann allerdings ein, dass wir die Verhandlungen aus Zeitmangel wohl besser gleich mit der neuen Regierung aufnehmen sollten. Jedenfalls geht es um ein äußerst wichtiges Thema, das wir in naher Zukunft weiter behandeln werden.

OS: *Vielleicht ist es ja etwas, das Herr Trump und Herr Putin gemeinsam angehen könnten und das zu einem Riesenerfolg wird.*

WP: Das ist aber nur eines der Themen, die wir gemeinsam angehen werden, wenn auch ein sehr wichtiges, da haben Sie recht. Aber wie gesagt: Unser Vorschlag liegt auf dem Tisch, doch unsere amerikanischen Partner haben bisher keinen Kommentar dazu abgegeben. Wir haben ihnen den Vorschlag unterbreitet, bevor der Wahlkampf in den USA in seine aktive Phase trat.

[Nach einer Pause spazieren Putin und Stone gemeinsam mit dem Dolmetscher durch die Korridore des Kreml.]

OS: *Sie haben hier einen ziemlich großen Laden. Wie beheizt man so was? Nein, sagen Sie es mir nicht.*

WP: Ja, Sie hätten mich wirklich etwas Einfacheres fragen sollen. Irgendwie wird es halt immer warm ... Aber ich kann Ihnen versichern, dass wir nicht mit Holz heizen.

OS: *Kommen wir ein letztes Mal auf die Cyber-Kriegsführung zurück. Vor ein paar Wochen wurde hier in Moskau ein ranghoher Mitarbeiter des Inlandsgeheimdiensts FSB verhaftet. Man führte ihn mit einem Sack über dem Kopf direkt aus einer Versammlung ab.*

WP: Er war Mitglied einer Hacker-Gruppe.

OS: *Aber er war Beamter, ein hoher Regierungsbeamter.*

WP: Nein, nein, nein, er ist eine Privatperson. Ein Hacker.

OS: *Drei Personen wurden beschuldigt, und sie sollen Gerüchten zufolge möglicherweise mit den Amerikanern kooperiert haben.*

WP: Davon weiß ich nichts. Ich weiß nur, dass es um eine Hacker-Gruppe ging. Sie führte Angriffe auf die Konten von Privatpersonen und Firmen durch, bei denen sie die Betroffenen um viel Geld brachte.

OS: *Sie glauben also, dass es sich hier um keine Staatsaffäre, sondern um etwas Privates gehandelt hat. Gibt es keinen Zusammenhang mit der amerikanisch-russischen Situation? … Gehen Sie diese langen Korridore manchmal einfach entlang, um sich zu bewegen?*

WP: Nein, ich habe einen kleinen Trainingsraum hier im Haus.

OS: *Fühlen Sie sich nachts nie einsam, wenn Sie durch diese Gänge gehen?*

WP: Ich gehe nachts nie durch diese Gänge.

OS: *Als wir uns letztes Mal getroffen haben, sprachen wir über Massenüberwachung. Sie waren mit mir einer Meinung, dass es sich dabei um eine sinnlose Aktivität handelt, weil sie unwirksam ist. Seit damals wurde ein neues Gesetz verabschiedet, das Sie meines Wissens auch schon unterschrieben haben. In Russland nennt man es das »Großer-Bruder-Gesetz«[173], weil es genau die Art von Überwachung ermöglicht, die Sie an den Methoden der Vereinigten Staaten so missbilligt haben.*

WP: Nein, genau so ist es nicht. Ich werde Ihnen darüber Auskunft geben – es ist ja auch kein Geheimnis.

OS: *Bei unserem damaligen Gespräch über Überwachung oder vielmehr Massenüberwachung hatte ich den Eindruck, Sie seien dagegen und würden die amerikanischen Methoden verurteilen. Gegen den Terrorismus ist sie ja ohnehin unwirksam, und wie wir in unserem Film* Snowden *gezeigt haben, eignen sich selektive Überwachungsmaßnahmen viel*

besser dazu, Terroristen zu schnappen. Seither ist aber dieses neue Gesetz erlassen worden, und Sie haben es unterzeichnet. Das überrascht mich. Snowden hat sich deutlich gegen dieses russische Gesetz geäußert. Ich bin sehr überrascht. Wie denken Sie darüber?

WP: Fangen wir einmal damit an, dass dieses von Ihnen erwähnte Gesetz keineswegs eine Vollmacht für weltweite Überwachungsmaßnahmen darstellt, also für eine Überwachung aller Menschen, ohne jedes Auswahlkriterium. Darum geht es ganz und gar nicht, dieses Gesetz befasst sich mit etwas völlig anderem. Weil Sie Herrn Snowden erwähnt haben: Er hat aufgedeckt, dass die NSA und die CIA Bürger in aller Welt überwachen, auch politische Entscheidungsträger und die eigenen Verbündeten. Bei dem in Russland angenommenen Gesetz geht es jedoch um Vorratsdatenspeicherung, das heißt, die Informationen müssen über einen längeren Zeitraum hinweg aufbewahrt werden. Zuständig dafür sind die Unternehmen, die Internet- und Telefondienste anbieten. Auf private und wesentliche Informationen haben nur Geheimdienste oder Strafverfolgungsbehörden Zugriff – und auch das nur nach einem richterlichen Beschluss. Dem Gericht muss eine schlüssige Begründung vorgelegt werden, und erst dann entscheidet der Richter, ob die Strafverfolgungsbehörden oder Geheimdienste Zugriff auf persönliche Daten erhalten. Geheimdienste dürfen diese Daten aber nicht direkt von Privatunternehmen beziehen. Ein solches Gesetz gibt es auch in den Vereinigten Staaten, in Kanada, in Australien und vielen anderen Ländern. Ich halte es für gerechtfertigt und im Kampf gegen den Terrorismus auch für notwendig. Wenn diese Daten einfach gelöscht würden, hätte man ja praktisch keine Möglichkeit zur Verfolgung von Strafverdächtigen mehr.

OS: *Aber warum? Warum tun Sie das? Meines Wissens gab es doch keine ernste terroristische Bedrohung für Russland. Dieses Gesetz kommt mir eher vor wie eine Möglichkeit zur Rasterfahndung unter den Russen selbst.*

WP: Noch einmal: Die Strafverfolgungsbehörden und Geheimdienste haben nur nach einem richterlichen Beschluss Zugriff auf solche Informationen. Das Gesetz verpflichtet Privatunternehmen, also Internet- und Telefonianbieter, Daten länger aufzubewahren und zu speichern. Es gibt den Geheimdiensten jedoch nicht automatisch Zugriff auf diese Informationen und verlangt auch nicht, dass die Privatunternehmen von selbst Informationen an die Geheimdienste weiterleiten. Warum ist dieses Gesetz wichtig? Dazu braucht man sich nur ein wenig umzusehen – wir haben ja schon über Syrien gesprochen. Derzeit halten sich dort bedauerlicherweise 4500 russische Bürger auf, die sich Daesch und anderen terroristischen Organisationen angeschlossen haben, um dort zu kämpfen. Dazu kommen weitere 5000 Bürger aus zentralasiatischen Ländern, ehemaligen Sowjetrepubliken. Diese Leute haben Verbindungen nach Russland und bereiten Terroranschläge vor.[174] Vergangenes Jahr haben unsere Geheimdienste 45 solcher Anschläge vereitelt. Zum Glück haben wir es also nicht mit ernsthaften terroristischen Aktivitäten zu tun, aber das liegt nicht etwa daran, dass die Terroristen uns nicht bekämpfen würden, sondern nur an der erfreulichen Tatsache, dass unsere Geheimdienste so gut arbeiten. Doch Russland wurde bereits häufig von Terroristen angegriffen, das ist bekannt. Wir haben sehr hohe Verluste erlitten und müssen unser Volk – unsere Bürger – schützen.

OS: ***Hat das auch mit der Arbeitsweise von Google zu tun beziehungsweise mit Befürchtungen oder der Paranoia wegen Google, das in Europa so allgegenwärtig ist?***

WP: Ob es Paranoia ist, weiß ich nicht. Ich weiß nur, dass die Terroristen über solche Kanäle miteinander kommunizieren. Manchmal benutzen sie auch nicht öffentliche Kommunikationskanäle.

OS: ***Soweit ich gehört habe, ist das neue Gesetz auch eine große Belastung für die betroffenen Unternehmen, weil die erweiterte Datenspeicherung viel Geld kostet.***

WP: Das ist stark übertrieben. Angeblich sollen dabei Kosten von mehreren Billionen Rubel anfallen. Fachleute haben jedoch ermittelt, dass dieser Betrag bei einer ordentlichen Maßnahmenplanung durch die Behörden auf 100 Milliarden Rubel gesenkt werden kann.

OS: *Uff!*

WP: Als ich das Gesetz unterzeichnete, habe ich die Regierung angewiesen, eine Reihe von Maßnahmen zur Reduktion der finanziellen Auswirkungen für die Firmen auszuarbeiten.

OS: *Das wäre wirklich nicht schlecht.*

Internationale Beziehungen

OS: *Die USA und China haben gerade große Probleme miteinander, bei denen es um Gebietsansprüche im Südchinesischen Meer geht. Das muss auch in Russland eine gewisse Besorgnis erregen. Haben Sie mit dem chinesischen Ministerpräsidenten darüber diskutiert?*

WP: Nein. Wir haben das Thema vielleicht kurz gestreift, aber eher allgemein. Unser Standpunkt dazu ist bekannt und sieht so aus: Sämtliche regionalen Streitigkeiten müssen in Gesprächen mit den Ländern der betroffenen Region ausgehandelt werden. Einmischungen von außen sind in solchen Fällen immer kontraproduktiv. Soviel ich weiß, führt China zurzeit derartige Gespräche mit den regionalen Mächten.

OS: *Wobei die regionalen Mächte allerdings das Gefühl haben, sie seien zu klein – und sich daher an die USA wenden und unter deren atomaren Schutzschirm flüchten wollen.*

WP: Da bin ich mir nicht so sicher. Ich glaube, die Philippinen wollen das inzwischen nicht mehr.

OS: *Ja. Sie haben jedenfalls andere Ansichten dazu.*

WP: Sie wissen aber, dass diese Auseinandersetzung mittlerweile beim Ständigen Schiedshof gelandet ist, oder? Und sie ging von den Philippinen aus.

OS: *Okay. Aber ist das jetzt eine Lösung?*

WP: Ich glaube nicht – und ich werde Ihnen auch meine Gründe dafür verraten. Damit eine solche Entscheidung von allen Beteiligten anerkannt wird, müssen mehrere Bedingungen erfüllt sein. Erstens müssen sich alle Streitparteien an dieses Gericht wenden – und das hat China nicht getan. Die zweite Bedingung ist, dass das Gericht alle Streitparteien anzuhören hat. China wurde aber nicht vorgeladen und konnte seinen Standpunkt nicht darlegen. Daher halte ich die Gerichtsentscheidung für alles andere als rechtskräftig. Ich wiederhole jedoch noch einmal, dass die derzeitige politische Führung der Philippinen nicht auf diesem Gerichtsurteil bestanden hat. Die Philippinen setzen aktuell auf einen Dialog mit China. Das halte ich ohnehin für den besten Weg.

OS: *Japan und Südkorea sind zwei riesige Länder … sehr westlich und in gewissem Sinne auch sehr kapitalistisch orientiert. Sie haben äußerst kapitalistische Volkswirtschaften, und in Japan gibt es die weltweit zweithäufigsten US-Militärstützpunkte. Aber in Südkorea ist ebenfalls amerikanisches Militär stationiert – daher wird die Affäre plötzlich auch für die Amerikaner zu einem Thema.*

WP: Das glauben sie zumindest. Aber ich möchte noch einmal betonen, dass man bei diesen Auseinandersetzungen und Widersprüchen nicht noch Öl ins Feuer gießen sollte. Sie sollten nicht vor Gericht verhandelt und nicht dazu benutzt werden, die Position irgendeiner beteiligten Partei in der Region zu sichern. Man sollte im Gegenteil versuchen, die Sache voranzubringen, indem man einen normalen, positiven und konstruktiven Dialog aufnimmt, in dem sich alle bemühen, Lösungen für die offenen Fragen zu finden.

OS: *In Russland gibt es, so wie in jedem Land der Welt, Reaktionäre und politische Hardliner. Solche Leute findet man in Amerika, Russland –*

einfach überall. Würden Sie sagen, dass diese Nationalisten und Hardliner in Russland Druck auf Sie ausübten, in diesen Fragen eine härtere Haltung einzunehmen?

WP: Ich würde nicht so weit gehen, zu sagen, dass man Druck auf mich ausgeübt hat, aber natürlich habe ich es mit Menschen zu tun, die unterschiedliche Ansichten haben. Manche von ihnen sind sehr einflussreich, vor allem, was die öffentliche Meinung angeht. Und natürlich muss ich auch die Meinung dieser Leute berücksichtigen, ebenso wie die Meinung von Leuten mit liberaleren Ansichten. Das ist Teil meiner Arbeit. Ich muss unterschiedliche Positionen in Betracht ziehen und eine für alle annehmbare Lösung finden.

OS: *Wo sind wir hier?*

WP: Das ist eines der Büros, in dem meine Kollegen und ich Videokonferenzen abhalten. Wir können Videokonferenzen mit verschiedenen russischen Regionen, verschiedenen Behörden und Ministerien durchführen, damit die Teilnehmer nicht persönlich hier erscheinen müssen. Das spart Zeit.

OS: *Über zehn oder elf Zeitzonen hinweg?*

WP: Es sind elf, glaube ich.

OS: *Können wir uns hier weiter unterhalten? Ich würde mich gern auf diese Seite setzen, das sieht sicher gut aus. Die Landkarte gefällt mir sehr. Ist das eine Art Lagezentrum?*

WP: Ja, ist es.

OS: *Werden von hier aus Kommandounternehmen und Ähnliches organisiert?*

WP: Nein. Reden Sie über meine Aufgaben als Oberbefehlshaber und von wo aus ich diese Aufgaben erledigen kann? Nun, wir können das auch von hier aus tun, die erforderlichen Kommunikationsmittel stehen zur Verfügung, und wir haben eine direkte Verbindung zum Verteidigungsministerium. Übrigens können Sie sich hier die russischen Zeitzonen ansehen. Es beginnt im Westen, ganz links, mit Kaliningrad. Und auf der anderen Seite sehen Sie den östlichsten Punkt. Man bezeichnet Japan als Land der aufgehenden Sonne, aber Neuseeland liegt östlich von Japan. Und noch weiter im Osten liegt die Tschuktschen-Halbinsel, eine russische Region. Und davor, zwischen der Tschuktschen-Halbinsel und Alaska, liegt die Beringstraße, die nur circa 90 Kilometer breit ist. Die Tschuktschen-Halbinsel ist der östlichste Teil von Eurasien, also würde ich eher sie das Land der aufgehenden Sonne nennen.

OS: *Gut, kommen wir jetzt auf Ihr Militärbudget zurück. Sie haben gesagt, dass das amerikanische Militärbudget 600 Milliarden Dollar beträgt und Ihr jährliches Budget laut russischen Statistiken umgerechnet 66 Milliarden, also etwa ein Zehntel des amerikanischen. Die Chinesen geben im Jahr 215 Milliarden Dollar für ihre Landesverteidigung aus, die Saudis 87 Milliarden – da haben wir ja Saudi-Arabien schon wieder! Russland liegt mit seinen 66 Milliarden also an vierter Stelle. Stimmen diese Zahlen?*

WP: Ja, so ungefähr.

OS: *Also hat Saudi-Arabien ein höheres Militärbudget als Sie?*

WP: Ja. Wie sich zeigt, gibt man dort tatsächlich mehr für diese Zwecke aus als bei uns.

OS: *Wie schaffen Sie das? Sie haben ja ein ziemlich großes Militär und einen ebensolchen Geheimdienst. Was ist Ihr Geheimnis? Liegt es daran, dass bei Ihnen keine Lobbys arbeiten? Kommen Sie ganz ohne Bestechung und Korruption aus?*

WP: Nein, die gibt es bei uns genauso wie in jedem anderen Land. Aber wir folgen der Auffassung, dass das Wichtigste in unserem Land eine gut funktionierende, leistungsfähige Wirtschaft ist. Aus diesem Grund müssen wir unsere Zielsetzungen, Bedürfnisse und Möglichkeiten auf dem militärischen Sektor auch möglichst gut koordinieren. In der russischen Landesverteidigung gibt es bestimmte Traditionen, die uns von unseren Vorgängern überliefert wurden. So hat zum Beispiel Alexander Suworow, der berühmte Generalissimus und Stratege, schon gesagt, dass es notwendig sei, »nicht nach Zahlen, sondern nach Können zu kämpfen«. Die Streitkräfte müssen kompakt, aber auch hochmodern und effizient sein. Unsere Ausgaben sind hoch genug. Damit meine ich das Verhältnis unserer Militärausgaben zum Bruttoinlandsprodukt, das etwas mehr als 3 Prozent beträgt. Für Russland reicht das völlig aus. Dieses Jahr haben wir es geschafft, bei der Erstellung unseres Haushaltsplans durch eine Kürzung der Militärausgaben sogar noch zu sparen. Auf diese Weise wollen wir das Militärbudget in den kommenden Jahren schrittweise auf 2,7 oder 2,8 Prozent des BIP senken.

OS: ***Die USA geben in letzter Zeit sehr auffällig mit ihren neuen Raketenabwehrsystemen an. Haben Sie Grund zur Annahme, dass es in diesem Bereich einen technischen Durchbruch gegeben hat?***

WP: Bis jetzt gibt es keinen Durchbruch, aber die Möglichkeit besteht natürlich immer. Deshalb müssen wir so etwas auch immer einberechnen. Wir arbeiten daran, unsere Sicherheit mittel- und langfristig zu gewährleisten.

OS: ***Aber sie haben einen Plan, sie streben die nukleare Erstschlagsfähigkeit an. Ich habe das Gefühl, daran arbeiten sie wirklich. Sie glauben, sich einen Vorteil verschaffen zu können, wenn sie im Bereich der Raketenabwehr einen Durchbruch erzielen.***

WP: Ich glaube auch, dass das der Fall ist. Ich glaube auch, dass es ein Fehler war, den ABM-Vertrag einseitig aufzukündigen. Jetzt wollen die Amerikaner einen sicheren Schutzschirm errichten, aber das führt in Wahrheit nur zu einem weiteren Wettrüsten. Ich nenne als Beispiel nur das neue Raketenabwehrsystem in Rumänien.[175] Gehen wir davon aus, dass sie dort ein bodengebundenes System einrichten, das für Marschflugkörper mittlerer

Reichweite gedacht ist, die eigentlich vom Meer aus gestartet werden sollten. Die USA verfügen über solche Raketen, die auch in keinem existierenden Vertrag verboten sind. Die erwähnten Marschflugkörper können dort stationiert und eingesetzt werden. Man braucht dazu nur ein Computerprogramm neu zu konfigurieren, das dauert wenige Stunden. Wir werden davon nichts bemerken. So läuft das zurzeit. Sollte dieses System je voll einsatzfähig sein, dann müssen wir ernsthaft darüber nachdenken, wie wir diesen Schutzschirm durchdringen können. Wir können es überwinden und den Standort unserer bodengebundenen Atomwaffen verlegen. Das fiele uns in der heutigen Situation sogar leicht, weil wir ohnehin gerade dabei sind, die bodengebundenen Systeme neu auszurüsten und zu modernisieren. Die Veränderungen sind aus technischer Sicht notwendig. Und deshalb werden wir jetzt genau das tun, vor allem angesichts der aktuellen Situation und der neuen Raketenabwehrsysteme, die von den Amerikanern stationiert werden.

OS: *Gibt es irgendwelche neuen Entwicklungen in Bezug auf die US/NATO-Manöver an den russischen Grenzen? Haben Sie wegen dieser Kriegsspielchen Ihre Strategie geändert, zum Beispiel in Polen?*

WP: Ich würde sagen, nein. Das hat alles eher einen psychologischen als einen militärischen Effekt. In militärischer Hinsicht interessiert uns das nicht. Aber es untergräbt das Vertrauen in den politischen Prozess, der uns eine gedeihliche Zusammenarbeit ermöglichen könnte. So gesehen ist es nicht gerade positiv, sondern schadet unseren Beziehungen.

OS: *Interessant.*

Syrien und Verteidigung

OS: ***Können wir noch einmal kurz auf Syrien zurückkommen? Dort scheint sich die Lage ja mittlerweile etwas beruhigt zu haben. Die Rückeroberung von Aleppo wurde in vielen westlichen Medien als barbarisch dargestellt. Auf RT habe ich Berichte aus einer anderen Perspektive über die Ereignisse in West-Aleppo gesehen. Da merkte man, dass die Medien in den USA einige der Gräueltaten, die sich in Aleppo ereigneten, völlig ignoriert haben.***

WP: Das ist alles Teil eines Medienkriegs. Die Mächtigen benutzen die Medien, so viel steht fest. Wenn sie ihr Publikum einseitig informieren, schaden sie damit im Endeffekt nur sich selbst. Irgendwann stellt sich halt zwangsläufig die Frage: Müssen wir aufhören, Terroristen zu bekämpfen, sobald die Terroristen Geiseln nehmen? Soll eine Geiselnahme ein Freibrief für jeden weiteren Terror sein? Die Frage, ob die Terroristen selbst die Wurzel allen Übels sind oder die Leute, die gegen den Terror kämpfen, taucht immer wieder auf. Schauen Sie, früher ist viel darüber geredet worden, dass Aleppo sofortige humanitäre Hilfe bräuchte. Jetzt ist Aleppo von den Terroristen befreit – und plötzlich spricht kein Mensch mehr über humanitäre Hilfe für die Stadt, obwohl dort jetzt für Schutz und Sicherheit garantiert werden kann.

Viele meiner Partner und Amtskollegen haben mir gesagt, dass sie bereit und willens wären, diese Art Hilfe zu leisten, aber bislang ist überhaupt nichts geschehen. Es gab immer schon Beobachter, die behaupteten, dass wir früher oder später in einen Konflikt mit der sunnitischen Welt geraten würden. Für mich ist eine solche Feststellung eine klare Provokation. Viele in der arabischen Welt und der Türkei verstehen unsere Absichten sehr gut, manche denken aber auch anders als wir. Doch unser Standpunkt ist eindeutig: Wir wollen die rechtmäßigen Behörden dabei unterstützen, den Zerfall des syrischen Staates zu verhindern, weil ansonsten aus dem Land ein zweites Libyen oder – schlimmer – vielleicht ein neues Somalia werden könnte.

Unser zweites und für uns ebenso wichtiges Ziel ist der Kampf gegen den Terrorismus. Wie gesagt, unseren Informationen zufolge sind 4500

Personen aus Russland und etwa 5000 Bürger aus zentralasiatischen Ländern – den ehemaligen Sowjetrepubliken – dort im Kampfeinsatz. Wir sehen es als unsere Aufgabe, ihre Rückkehr zu verhindern. Dennoch behandeln wir die Anliegen unserer Partner in der Türkei und den arabischen Ländern mit Respekt. Was ist bis jetzt bei unseren Bemühungen herausgekommen? Zum einen gab es im letzten Stadium der Befreiung Aleppos keine Feindseligkeiten, sondern es gelang uns, die Streitkräfte beider Seiten voneinander zu trennen und einen Teil der bewaffneten Opposition aus Aleppo zu evakuieren. Wir haben das ermöglicht und organisiert – und danach haben alle so getan, als hätten sie nichts davon bemerkt. Zum anderen wurde darüber spekuliert, dass es nach der Befreiung zu ethnischen oder religiösen Säuberungen kommen würde. Wissen Sie, was ich getan habe? Ich habe entschieden, ein Bataillon russischer Militärpolizei nach Aleppo zu beordern – durchweg Soldaten aus dem Nordkaukasus, vor allem aus der Tschetschenischen Republik[176] und ein paar anderen Republiken dieser Region. Und zufälligerweise handelt es sich bei all diesen Leuten um Sunniten.

OS: *[lacht] Ich verstehe.*

WP: Sie wurden von der ortsansässigen Bevölkerung sehr freundlich empfangen, man sieht sie dort als Beschützer an. Natürlich haben wir unsere Maßnahmen nach den Anliegen und mit Unterstützung von Präsident Assad getroffen. Er sagte, dass er einen Dialog zwischen den religiösen Gruppierungen fördern wolle. Und wissen Sie, wozu das geführt hat? Ich werde Ihnen jetzt etwas erzählen, von dem noch niemand weiß – aber wahrscheinlich wird die Öffentlichkeit davon erfahren, bevor Ihr Film ausgestrahlt wird. Die Vertreter der bewaffneten Opposition in einem der Außenbezirke Aleppos haben uns gebeten, die Anzahl unserer Militärpolizisten zu erhöhen. Sie wollen, dass in den von ihnen kontrollierten Regionen mehr russische Militärpolizei im Einsatz ist.

Vor einer Woche habe ich daher beschlossen, ein weiteres Bataillon Militärpolizei dorthin zu entsenden. Und das ist noch nicht alles – die Soldaten sind auch noch in Begleitung eines tschetschenischen Muftis dorthin gekommen. Der Mann ist ebenfalls Sunnit und spricht dort mit unserem Militär ebenso wie mit der örtlichen Bevölkerung. Wir haben kein Interesse daran, noch mehr Öl ins Feuer zu gießen. Ganz im Gegenteil: Wir wollen den Dialog fördern, um die territoriale Integrität dieses Landes zu erhalten – und das ist gar nicht so unkompliziert. Einiges, was wir dort beobachten können, macht mir große Sorgen. Es kommt zu einer Art Trennung der verschiedenen religiösen Gruppierungen, die Menschen siedeln sich in anderen Landesteilen an. Das bedeutet, dass sich diese religiösen Gruppierungen voneinander isolieren und absondern. Das ist sehr gefährlich, weil es zu einer Teilung des Landes führen könnte. Allerdings kann ich Ihnen auch mit Freuden mitteilen, dass wir mit unseren Bestrebungen erfolgreich sind. Wir haben die direkte Unterstützung der türkischen Führung und auch der des Iran. In derart komplizierten Angelegenheiten gelangt man nicht leicht zu einer Übereinkunft. Wir stehen jedoch in direktem Kontakt mit unseren Partnern im Iran und in der Türkei. Das gibt uns Hoffnung, und deswegen betrachten wir unsere Arbeit als Erfolg. Als Sie einleitend sagten, dass sich die Lage in Syrien beruhigt hat, hatten Sie recht. Die Feindseligkeiten zwischen den bewaffneten Oppositionsgruppen und den Streitkräften der Regierung haben fast aufgehört. Nur gegen Daesch, den Islamischen Staat, wird weiterhin gekämpft.

OS: ***Wie würden Sie das Resultat der militärischen Intervention Russlands in wenigen Worten umreißen?***

WP: Das kann ich problemlos zusammenfassen. Zum Ersten haben wir die rechtmäßigen Behörden unterstützt. Zum Zweiten haben wir einen Versöhnungsprozess angestoßen und es geschafft, die bewaffnete Opposition und die Regierung an den Verhandlungstisch zu bringen. Und zum Dritten waren wir an der Aufnahme eines trilateralen Dialogs beteiligt, an dem auch die Türkei und der Iran teilnehmen. Aber wir brauchen die Unterstützung der Vereinigten Staaten, ebenso wie die von Saudi-Arabien, Jordanien und Ägypten. Wir werden äußerst vorsichtig vorgehen, sodass jeder Schritt das absichert, was beim vorigen Schritt erzielt werden konnte – statt es zu untergraben.

OS: *Wie weit sind Damaskus und Moskau noch einmal voneinander entfernt? Sie haben mir irgendwann die Kilometeranzahl gesagt …*

WP: Ich habe sie nie gezählt. Ich glaube, es sind 3000 Kilometer. 2000 bis Sotschi und weitere 1000 bis Istanbul. Irgendwo zwischen 3500 und 4000 Kilometer.[177]

OS: *Okay. Eine kurze Frage noch: Ihren Worten entnehme ich, dass Herr Erdoğan in der Türkei das Gefühl hat, die CIA sei irgendwie in den versuchten Putsch gegen ihn verwickelt gewesen.*

WP: Hat er Ihnen das gesagt?

OS: *Nein. Aber er hat Dinge gesagt, die in diese Richtung gehen.*

WP: Darüber ist mir nichts bekannt. Aber ich kann die Logik hinter einem solchen Gedanken nachvollziehen. Herr Gülen, den er verdächtigt, den Putsch organisiert zu haben, lebt schließlich seit mehr als 9 Jahren in Pennsylvania.[178]

OS: *Und Erdoğan hat nie mit Ihnen darüber gesprochen – nicht einmal andeutungsweise?*

WP: Nein, er sagte nur, dass er Gülen und dessen Organisation oder Bewegung unter Verdacht hat, den Putsch organisiert zu haben. Aber über die Rolle der Vereinigten Staaten hat er nie ein Wort verloren. Wie gesagt, ich verstehe seine Logik – man kann es sich ja auch denken. Wenn Herr Gülen tatsächlich an dem Putschversuch beteiligt war, worüber ich allerdings nichts weiß, dann ist es nur sehr schwer vorstellbar, dass die Geheimdienste der USA nicht wenigstens davon gewusst haben. Das ist die eine Sache. Die andere ist, dass die in der Incirlik Air Base stationierte Luftwaffe an dem Putschversuch beteiligt war – und das ist genau der Stützpunkt, an dem sich auch der Großteil der in der Türkei stationierten amerikanischen Air-Force-Kräfte befindet.

Wir sind darüber etwas besorgt. Warum? Weil die USA in der Türkei auch taktische Atomwaffen stationiert haben. Angesichts so dramatischer Ereignisse fragt man sich dann doch, was mit den Atomsprengköpfen alles passieren könnte.

OS: *Nun, wenn die Armee Erdoğan die Treue hält, wäre ich mir nicht so sicher. Immerhin haben viele von ihnen mit den Vereinigten Staaten zu tun.*

WP: Das wissen Sie wahrscheinlich besser als ich.

OS: *Er ließ jedenfalls eine Menge Militärangehörige verhaften.*

WP: Wissen Sie, Herr Erdoğan war nur einen kleinen Schritt davon entfernt, einem Attentat zum Opfer zu fallen. Er verließ das Hotel, in dem er sich aufgehalten hatte. Dort befanden sich auch einige seiner Sicherheitsleute. Die Spezialeinheit der Armee, die an dem Putschversuch beteiligt war, lieferte sich ein Feuergefecht mit den Sicherheitsleuten und tötete zwei von ihnen. Man kann also guten Gewissens behaupten, dass Erdoğan auch ums Leben gekommen wäre, wenn er das Hotel nicht verlassen hätte. Das sind aber nur nackte Tatsachen, aus denen ich keine wie immer gearteten Schlüsse ziehe. Genauso hat es sich abgespielt. Was Erdoğan danach getan hat, möchte ich weder analysieren noch irgendwie bewerten. Wir wissen jedoch, welche historische Rolle die Streitkräfte in der Türkei spielen – sie waren der Garant für eine säkulare Entwicklung des Landes. Aber wir haben eine goldene Regel, an die wir uns halten: Wir mischen uns nie in die innenpolitischen Angelegenheiten eines Landes ein.

OS: *Nicht einmal in die US-Wahlen?*

WP: Nein, nie. Das Volk des Landes entscheidet.

OS: *Ich glaube Ihnen.*

WP: Wir haben irgendwann einmal halb scherzhaft erwähnt, dass die amerikanische Verfassung nicht perfekt ist.

OS: *Das Wahlmännerkollegium.*

WP: Absolut richtig. Weil in den Vereinigten Staaten eben keine Direktwahlen stattfinden. Da gab es eben auch das von Ihnen erwähnte Wahlmännerkollegium. Als wir aber darüber sprechen wollten, bekamen wir immer nur zur Antwort: »Das geht Sie nichts an, wir kümmern uns schon selbst darum.« Also mischen wir uns nicht ein, weder in die innenpolitischen Angelegenheiten der USA noch in die eines anderen Landes. Und wir haben uns auch in der Türkei nicht eingemischt.

OS: *Wie knapp sind Sie diesmal einem Krieg entgangen? Die Vereinigten Staaten ließen Syrien wissen, dass es 2013 die rote Linie überschritten habe. Und Ihr Verteidigungsminister General Schoigu gab an, dass die Syrer innerhalb von 24 Stunden einen Großangriff mit 624 Marschflugkörpern starten würden. Die Souveränität des syrischen Staates war wahrscheinlich schon unmittelbar gefährdet, als Obama das mit der roten Linie bekannt gab. Dann schritten Sie ein, machten der Gefahrensituation ein Ende und ließen die Giftgase und Chemiewaffen aus Syrien entfernen. Wie knapp war es? Waren Sie besorgt, dass die USA Damaskus angreifen könnten?*

WP: Ich weiß es wirklich nicht. Ich glaube, Sie müssten die Regierung Obama befragen, wie knapp sie vor dieser Entscheidung und damit am Rand eines Krieges stand. Zum Glück wurde dann ja doch noch anders entschieden.

OS: *Und das ist auch Ihnen zu verdanken.*

WP: Ich hatte damit zu tun, ja. Beim G-20-Gipfel in Sankt Petersburg haben Präsident Obama und ich über dieses Thema gesprochen. Wir kamen überein, Maßnahmen zur Beseitigung der Überreste von chemischen Waffen aus Syrien zu ergreifen.

OS: ***Sie sagen das so locker dahin, das kommt mir nicht wie eine angemessene Reaktion vor. Ich meine, wenn Schoigu von 24 Stunden sprach, dann muss Ihnen das doch Sorgen gemacht haben. Immerhin ging es um einen Ihrer Verbündeten.***

WP: Nun ja, auch hier geht es ja sozusagen wieder um den Konjunktiv. Aber wie dem auch sei – Präsident Obama und ich einigten uns damals auf eine Zusammenarbeit, die dann glücklicherweise von Erfolg gekrönt war.

OS: ***Auch wenn Sie das so nebenbei sagen – haben Sie sich damals keine Sorgen darüber gemacht, dass Ihr Verbündeter von der Landkarte verschwinden und der IS vielleicht binnen kürzester Zeit bis nach Damaskus vordringen könnte? Waren Ihnen die möglichen Konsequenzen nicht bewusst?***

WP: Natürlich waren wir besorgt. Deshalb haben wir ja darüber gesprochen, wie wir das Problem mit anderen Mitteln lösen könnten. Und das haben wir ja dann auch geschafft.

OS: ***Sie scheinen jetzt sehr gelassen damit umzugehen, aber ich kann mir vorstellen, dass die Lage zu der Zeit sehr angespannt war.***

WP: Was passiert ist, ist passiert. Heute haben wir dort ein sehr gutes und leistungsfähiges System zur Luftverteidigung stationiert.

OS: ***Aha!***

WP: Wir haben die S-400 mit einer Reichweite von mehr als 300 Kilometern, die S-300, ebenfalls mit 300 Kilometern Reichweite, und das sogenannte DEBO-System mit 60 Kilometern Reichweite. Und dann gibt es noch ein paar andere Abwehrsysteme, die auf kürzere Entfernungen wirksamer sind. Wir können also auf einen mehrstufigen Plan zur Luftverteidigung zurückgreifen. Zudem sind vor der Küste Schiffe stationiert, die ebenfalls mit diesem Luftabwehrsystem ausgestattet sind.

OS: *Sie hätten den Angriff also zurückschlagen können?*

WP: … und zwar mit den fortschrittlichsten Luftabwehrsystemen, mit einer Reichweite von 300 Kilometern.

OS: *Das muss ja ein interessantes Gespräch gewesen sein, das Sie da mit Obama geführt haben. Sie konnten ihm sagen, dass die russischen Waffen die amerikanischen abschießen würden – und dass Sie es dann mit einer internationalen Krise zu tun hätten. Eine ziemlich verzwickte Lage … Das Pentagon hätte da sicher durchgedreht, oder? Das ist schon sehr nahe am Krieg.*

WP: Damals hatten wir ja diese Raketen nicht in Syrien.

OS: *Ach so, dann habe ich das falsch verstanden.*

WP: Unsere Raketen waren zu dieser Zeit noch nicht in Syrien stationiert.

OS: *Sie haben seit den 1970er-Jahren eine langfristige Allianz mit Syrien?*

WP: Ja, aber wir waren nie aktiv in die Angelegenheiten des Landes involviert. Wir gaben den Syrern nur medizinische und militärtechnische Hilfestellung und unterstützten sie auch finanziell.

OS: *Wäre das Assad-Regime geschwächt worden, hätte Russland dann helfend eingegriffen, um einen IS-Vormarsch nach Damaskus zu verhindern?*

WP: Und wieder einmal sind wir im Konjunktiv gelandet. Das lässt sich nur schwer sagen, weil man dazu unzählige Faktoren einkalkulieren müsste.

OS: *Reden wir noch über eine andere kriegerische Lage, wenn wir uns schon im Lagezentrum aufhalten. Etwas Aktuelleres. Als das Referendum auf der Krim kurz bevorstand, war der mit Tomahawk-Raketen*

bewaffnete US-Zerstörer Donald Cook auf dem Weg ins Schwarze Meer. Korrigieren Sie mich, falls ich hier falschliegen sollte, aber ich habe eine Dokumentation gesehen … Jedenfalls kündigte die NATO Manöver im Schwarzen Meer an, und der russische Marinekommandant sprach in dieser Doku darüber, wie knapp Russland davorgestanden habe, sein eigenes Raketensystem für die Küstenverteidigung einzusetzen. Das amerikanische Schiff Donald Cook fuhr anscheinend direkt ins Schwarze Meer ein, machte dann eine Wende um 180 Grad und führte seinen Auftrag nicht aus.[179] Das erinnert einen irgendwie an die Kuba-Krise, in deren Rahmen sich etwas Ähnliches ereignete: 1962 näherte sich ein Schiff der Demarkationslinie und wendete dann abrupt, weil es von der U. S. Navy bedroht wurde. Wo waren Sie damals, als das mit der Donald Cook stattfand? Hat Sie diese Situation nervös gemacht?

WP: Denken Sie an den Ablauf der Ukraine-Krise. [Wir haben darüber gesprochen.] Die drei Außenminister der europäischen Länder fungierten als Bürgen für eine Vereinbarung zwischen der Opposition und Präsident Janukowytsch. Alle waren damit einverstanden, der Präsident stimmte sogar der Abhaltung vorgezogener Wahlen zu. Zu diesem Zeitpunkt sagte man uns auf Veranlassung der Vereinigten Staaten von Amerika: »Wir ersuchen Sie, Präsident Janukowytsch vom Einsatz seiner Streitkräfte abzuhalten.« Dafür versprachen sie ihrerseits, alles in ihrer Macht Stehende zu tun, um die Opposition von den öffentlichen Plätzen und Verwaltungsgebäuden fernzuhalten. Wir antworteten: »In Ordnung, das ist ein guter Vorschlag, wir werden unser Bestes tun.« Und wie Sie wissen, hat Präsident Janukowytsch nicht auf die Streitkräfte zurückgegriffen. Aber schon am nächsten Tag fand der Staatsstreich statt, mitten in der Nacht. Es gab kein Telefonat, man rief uns nicht an – wir mussten einfach zusehen, wie sie [die Amerikaner] die Verursacher des Staatsstreichs aktiv unterstützten. Und wir konnten nur die Achseln zucken. Ein Verhalten, wie es die Amerikaner hier an den Tag legten, ist selbst unter Privatpersonen völlig inakzeptabel. Sie hätten uns zumindest danach mitteilen können, dass die Situation außer Kontrolle geraten war. Sie hätten uns versichern können, dass sie alles tun würden, um die Putschisten wieder auf einen verfassungskonformen Weg zu bringen. Aber das alles haben sie nicht getan. Stattdessen fingen sie an, Lügen zu erzählen, wie zum Beispiel die von der Flucht Janukowytschs. Und sie unterstützten die Putschisten. Wie können wir solchen Partnern trauen?

OS: ***Eine Zwischenfrage – war das der Moment, in dem Victoria Nuland, Assistant Secretary of State im amerikanischen Außenministerium, in ihrem Telefonat mit dem US-Botschafter für die Ukraine den berühmten Ausspruch »Scheiß auf die EU!« tat?***[180]

WP: Das spielt ehrlich gesagt keine Rolle. Es war am 21. Februar oder vielleicht auch schon am 20. Der Staatsstreich fand einen Tag später statt. Seit die Krim ein vollwertiger Teil der Russischen Föderation ist, hat sich auch unsere Einstellung zu ihr drastisch geändert. Sobald wir eine Bedrohung unseres Territoriums wahrnehmen, werden wir es – wie das jedes andere Land auch tun würde – mit allen Mitteln beschützen müssen. Ich würde da lieber keinen Vergleich mit der Kuba-Krise ziehen, weil die Welt damals am Rand der nuklearen Apokalypse stand. Diesmal eskalierte die Lage glücklicherweise nicht so sehr, obwohl wir unsere modernsten und technisch fortschrittlichsten Systeme zur Küstenverteidigung einsetzten.

OS: ***Aber die Bastion ist eine ganz schön große Rakete. Und der Zerstörer Donald Cook ist mit Tomahawk-Raketen ausgerüstet.***

WP: Ja, sicher. Aber gegen Raketen, wie wir sie auf der Krim stationiert haben, wäre ein Schiff wie der Zerstörer Donald Cook ziemlich schutzlos.

OS: ***Wahrscheinlich hat er deshalb auch gewendet.***

WP: Ich vermute, der Kapitän war ein intelligenter und verantwortungsbewusster Mensch. Das soll nicht heißen, dass er schwach ist …

OS: ***Nein, nein.***

WP: … er hat einfach begriffen, womit er es zu tun hatte, und beschlossen, nicht in seiner Handlungsweise fortzufahren.

OS: ***Hatte Ihr Kommandant eine Feuererlaubnis?***

WP: Unsere Kommandanten sind stets dazu autorisiert, die notwendigen Mittel zur Verteidigung der Russischen Föderation einzusetzen.

OS: ***Dennoch war das ein potenziell recht großer Zwischenfall.***

WP: Ja, sicher. Er hätte böse Folgen haben können.

OS: ***Hat man Sie benachrichtigt?***

WP: Ja, sicher. Wo ist das Schiff üblicherweise stationiert – diese Donald Cook? Auf welchem Stützpunkt?[181]

OS: ***Im Mittelmeer, nehme ich an.***

WP: Ja. Aber ich glaube, sein Heimathafen, wo es auch registriert ist, befindet sich irgendwo in den Vereinigten Staaten, also viele 1000 Kilometer entfernt. Aber selbst wenn der Heimathafen irgendwo im Mittelmeer wäre, vielleicht in Spanien, dann wären es immer noch Tausende Kilometer bis zum Schwarzen Meer. Und wir sind fest entschlossen, unser Territorium zu schützen.

OS: ***Verstehe. Aber hatten Sie damals Zeit, sich darum zu kümmern und …?***

WP: Wer hat da wen provoziert? Was hatte dieser Zerstörer so nahe an unserem Land zu suchen?

OS: ***Ich verstehe. Aber hat man Sie damals kontaktiert? In welchem Zeitrahmen haben Sie diese Herausforderung erlebt?***

WP: Wenn ich mich recht erinnere, war es in Echtzeit. Als man den Zerstörer lokalisiert und erfasst hatte, erkannte man das Bedrohungsszenario. Und auf dem amerikanischen Schiff merkte man schnell, dass man in die Zielerfassung unserer Raketensysteme geraten war. Ich weiß nicht, wer der Kapitän war – aber der Mann bewies auf jeden Fall viel Zurückhaltung. Ich halte ihn für einen verantwortungsbewussten Menschen und obendrein für einen mutigen Offizier. Er hat meiner Ansicht nach die richtige Entscheidung getroffen, indem er beschlossen hat, die Lage nicht weiter eskalieren zu lassen. Das heißt jetzt überhaupt nicht, dass unsere Raketen ihn tatsächlich angegriffen hätten. Aber wir mussten demonstrieren, dass unsere Küste durch die Raketensysteme geschützt war.

OS: *Hat man ihm eine Warnung geschickt?*

WP: Der Kapitän sieht sofort, wenn sein Schiff in die Zielerfassung von Raketensystemen gelangt, dazu gibt es spezielle Geräte. Er hat die nötige Ausrüstung, um solche Situationen unmittelbar zu erkennen.

OS: *Und das spielte sich alles in welchem Zeitrahmen ab? 2 Minuten, 30 Minuten, 50 Minuten?*

WP: Ich weiß es nicht mehr, das könnten Ihnen eher die Experten beantworten. Aber ich glaube, es war eine Sache von ein paar Sekunden.

OS: *Und passiert so was die ganze Zeit? Ich frage das nur, weil Sie das Thema relativ entspannt behandeln.*

WP: Es passiert manchmal. Deshalb haben unsere amerikanischen Amtskollegen auch vorgeschlagen, ein System zum Informationsaustausch über die im Einsatz befindlichen Flugzeuge einzurichten, damit es zu keinen Zwischenfällen kommen kann. Wenn nämlich ein Flugzeug von der Zieleinrichtung einer anderen Maschine erfasst wird, gilt das schon als ernster Zwischenfall.

OS: ***Das würde ich auch so sehen.***

WP: Es ist immer ein schwerwiegender Zwischenfall.

OS: ***Heißt das, dass es ähnliche Ereignisse gegeben hat, von denen wir bisher gar nichts wissen?***

WP: Ich habe keine Ahnung. Es sind dauernd NATO-Maschinen ohne Transponder – das sind die Identifikationssysteme für Flugzeuge – über der Ostsee unterwegs. Als Reaktion darauf haben auch unsere Maschinen die Transponder abgeschaltet. Kaum haben wir damit angefangen, gab es auch schon einen Mordskrawall, und man beschwerte sich allerorten darüber, dass wir keine Transponder benutzen. Ich erklärte dann öffentlich, dass die Anzahl der betreffenden Flüge um ein Vielfaches geringer ist als die der entsprechenden NATO-Flüge. Danach legte sich der Krawall wieder ein wenig. Der Präsident Finnlands hat angeregt, dass wir gemeinsam zu einer Entscheidung gelangen sollten, die alle Länder und deren Flugzeuge zum Einsatz von Transpondern verpflichtet, damit man die Maschinen orten und identifizieren kann. Wir stimmten diesem Vorschlag sofort zu, doch unsere NATO-Partner waren dagegen. Daran sieht man wieder einmal, dass wir keine neuen Provokationen brauchen, sondern nur einen Dialog.

OS: ***Ich verstehe. Die ganze Sache ist sehr beängstigend. Sie haben damals eine meiner Meinung nach sehr starke Rede gehalten, in der Sie sich direkt an die NATO wandten. Sie sagten: »Historisch gesehen gehört dieses Territorium zu uns. Hier leben russische Menschen, die sich derzeit in Gefahr befinden. Wir können sie nicht im Stich lassen. Es waren nicht wir, die diesen Staatsstreich inszeniert haben. Dahinter steckten Nationalisten und Personen mit rechtsextremen Ansichten. Sie haben diese Leute unterstützt – aber Sie leben 8000 Kilometer weit weg. Wir leben jedoch hier, und das ist unser Land. Wofür wollen Sie hier kämpfen? Das wissen Sie selbst nicht, oder? Aber wir wissen es. Und wir sind bereit dazu.«***

WP: Ja, wir wurden sozusagen an den Abgrund gedrängt.

OS: *Der Abgrund – das geben Sie selbst zu?*

WP: Ja, sicher. Und darauf mussten wir irgendwie reagieren.

OS: *Na endlich geben Sie es zu!*

WP: Wir waren offen für einen positiven Dialog. Wir haben alles unternommen, um eine politische Lösung herbeizuführen. Aber nein – sie mussten diese verfassungswidrige Machtübernahme unterstützen. Ich frage mich bis heute, warum sie das eigentlich tun mussten, weil es doch der erste Schritt zu einer weiteren Destabilisierung des Landes war. Und dieser Vorgang hält bis heute an. Erst übernimmt man die Macht, und dann versuchen die Leute, die auf diese Weise an die Macht gekommen sind, alle Personen mit anderer Meinung so weit zu bringen, das neue Regime als Tatsache hinzunehmen. Genau das spielt sich nämlich derzeit im südlichen und östlichen Teil der Ukraine ab. Statt einen politischen Dialog aufzunehmen, was durchaus im Bereich des Möglichen läge, versuchen sie es mit solchen Methoden.

OS: *Genau aus diesem Grund sollten Sie ja darauf hinarbeiten, dass auch Ihre Version der Ereignisse öffentlich verbreitet wird. Nicht nur auf RT – und möglichst in Kombination mit Geheimdienstinformationen, Bildern und Filmaufnahmen, die Ihre Seite der Geschichte erzählen. Sie müssen das einfach öffentlich machen und Ihre Informationen ins System der Medien einschleusen.*

WP: Aber Sie wissen doch, dass es unmöglich ist. Unser Standpunkt wird von der weltweiten Medienlandschaft völlig ignoriert. Und wenn das der Fall ist, wenn bestimmte Perspektiven nicht gleichrangig mit anderen präsentiert werden, dann wird so gut wie niemand davon erfahren. Deshalb können unsere Gegner auch so leicht die Legende vom bösen Russland aufbauen und weiterverbreiten …

OS: *Ich würde trotzdem nicht aufgeben, sondern mich weiter bemühen. Sie müssen zurückschlagen. Sie machen das ohnehin schon sehr gut, aber es muss noch mehr und besser werden.*

WP: Ich werde daran denken. Ihre Kritik ist durchaus berechtigt, nehme ich an.

OS: *[scherzt] Nein, Dmitri ist schuld, der hat seinen Job nicht ordentlich gemacht.* [Es geht um Putins Pressesprecher und Vertrauten.]

WP: Nein, es liegt nicht an ihm. Das wäre auch nicht seine Aufgabe.

OS: *Weiß ich doch.*

WP: Seine Funktion besteht darin, Informationen zur Verfügung zu stellen und mich bei meinen täglichen Aufgaben zu unterstützen. Nein, das wäre mein Job – und den habe ich anscheinend nicht allzu gut erledigt.

OS: *Sie machen das wunderbar, aber Sie arbeiten einfach zu viel. Entspannen Sie sich einmal, machen Sie Urlaub. Vielleicht in Palm Beach … einfach entspannen, am Strand sitzen, Golf spielen, plaudern.*

WP: Ich verstehe die Anspielung. Und ich kann diesen Herrn nur beneiden.

Souveränität

OS: *Kommen wir zu den abschließenden Worten. Sie haben einen russischen Staat übernommen, der gegen Ende des vergangenen Jahrhunderts kurz vor dem Kollaps stand. Sie kamen mehr oder weniger zufällig ins Amt und waren mit Menschen konfrontiert, die im Elend lebten. Man hatte nicht das Gefühl, dass die Geschicke des Landes von einer zentralen Macht gesteuert würden. Dabei wäre es wichtig gewesen, Russland neu*

aufzubauen, damit es nicht zu einem neuerlichen Zusammenbruch kommen konnte. Herrn Gorbatschows Konzept einer Umstrukturierung ließ sich nicht realisieren. Der Westen förderte in gewisser Hinsicht die Unordnung in Ihrem Land. Sie sagten, dass es in Russland nie wieder so sein dürfe. Und dann sagten Sie, dass Souveränität der Schlüssel sei. Souveränität ist der Schlüssel zu allem. Einmal haben Sie, glaube ich, auch gesagt, dass ein Staat, der als solcher bestehen und souverän sein will, unter anderem auch die Verpflichtung habe, die Renten seiner älteren Bürger zu bezahlen. Habe ich das richtig verstanden?

WP: Ja, so ist es. Im Allgemeinen – und vor allem heute – kann ein Land seine Souveränität nur gewährleisten, wenn es ein gutes Wirtschaftswachstum sicherstellt, und nicht nur das, sondern auch eine wirtschaftliche Entwicklung. Und obwohl Sie mir für meine Arbeit sozusagen eine gute Note gegeben haben, glaube ich, dass ich und meine Kollegen noch besser hätten sein können. Jedoch wäre das auch wieder immens schwierig gewesen, weil wir permanent vor einem Dilemma standen. Wir mussten zwischen einer schlechten Entscheidung und einer noch schlechteren Entscheidung wählen. Aber das ist seit Menschengedenken auf der ganzen Welt nicht anders. Man steht immer vor der Wahl und muss sich entscheiden. Liberal gesinnte Menschen sind der Ansicht, dass wir härtere und strengere Maßnahmen hätten ergreifen sollen. Ich war aber überzeugt, dass die Härte der Maßnahmen dem allgemeinen Lebensstandard entsprechen müsse, weil wir der Bevölkerung ja helfen wollten. Wir mussten einen Schritt nach dem anderen tun, um das Leben der Menschen zu verbessern.

Im Jahr 2000 lebten noch 40 Prozent unserer Bevölkerung unterhalb der Armutsgrenze. Das Sozialversicherungssystem lag in Trümmern, und unsere Streitkräfte existierten praktisch nicht mehr. Separatistisches Gedankengut hatte sich allerorten breitgemacht. Ich möchte darauf jetzt nicht näher eingehen, sondern nur erwähnen, dass die russische Verfassung nicht mehr in allen Landesteilen galt und im Kaukasusgebiet ein Krieg tobte – ein Bürgerkrieg, der von radikalen Elementen aus dem Ausland angezettelt worden war. Dieser Bürgerkrieg entartete letztendlich zum Terrorismus. Die Lage war also sehr schwierig. Doch das russische Volk und alle

Völker Russlands haben eine sehr bedeutende Eigenschaft: Sie lieben ihr Land und ihre Nation. Sie erkennen Gefahren, sie zeichnen sich durch Mitgefühl aus, und sie sind bereit, für die Interessen ihres Landes Opfer zu bringen. Nur durch diese Eigenschaften des russischen Volkes und anderer Völker Russlands haben wir es geschafft, diese schwere Zeit zu überstehen. Aber das sind keine Eigenschaften, auf die man sich unbegrenzt lange verlassen kann. Wir wollen ein besseres Leben für unsere Bevölkerung. Liberale Ökonomen finden, wir hätten mehr sparen sollen oder die Gehälter, Löhne und Altersbezüge nicht erhöhen dürfen. Aber der Lebensstandard in Russland ist bis heute sehr, sehr bescheiden. Ich will, dass ganz normale Bürger, ganz normale Familien am eigenen Leib spüren, dass es unserem Land besser geht, dass wir uns erholen. Trotz allem betreiben wir aber eine sehr vorsichtige und zurückhaltende Wirtschaftspolitik.

OS: ***Kommen wir auf das Thema Souveränität zurück, bitte.***

WP: Wir versuchen, die Einnahmen aus Erdöl und Erdgas zu nutzen. Dieses Geld sparen wir, aber wir verwenden die Erlöse aus anderen Sektoren. Das ist eine sehr schwierige Aufgabe für uns. Wie Sie sehen, haben wir das Realeinkommen unserer Bevölkerung um ein Vielfaches erhöht. Nur vergangenes Jahr sank das Realeinkommen wegen der hohen Inflationsrate wieder ein bisschen, doch zum Jahresende hin erholte es sich erneut. Vergangenes Jahr gelang es uns, die Inflationsrate auf ein historisches Tief zu senken – ich glaube, es waren 5,4 Prozent oder so, wobei wir eigentlich auf 6,2 Prozent abgezielt hatten. Wir werden uns dieses Themas weiterhin annehmen und hoffen, die Inflationsrate auf 4 Prozent senken zu können. Zusätzlich haben wir eine relativ niedrige Arbeitslosenrate von circa 5,4 Prozent. Trotz aller politischen Restriktionen konnten wir unsere Reserven halten und unsere Wirtschaft stabilisieren. Ich bin zuversichtlich, dass wir in diesem Jahr ein weiteres, wenn auch bescheidenes Wirtschaftswachstum erleben werden.[182] Unsere Geldpolitik ist sehr ausgeglichen und wird sowohl von der Zentralbank als auch von der Regierung umgesetzt.

OS: *Sie sollten sich bei Obama bedanken. Die Sanktionen waren anscheinend gut für Sie.*

WP: Unsere landwirtschaftlichen Erzeuger schulden der Regierung Obama Dank, weil wir Maßnahmen gegen die über Russland verhängten Sanktionen treffen mussten. Diese Gegenmaßnahmen hatten in erster Linie damit zu tun, dass wir unseren Markt für ausländische Agrarprodukte geschlossen haben. Dadurch hatten unsere Landwirte die Chance, ihre Produktion jährlich um mehr als 3 Prozent zu erhöhen. Im vergangenen Jahr gab es Rekordernten bei Weizen und anderen Getreidesorten. Und da ich weiß, dass Sie Russland lieben, darf ich Ihnen die freudige Mitteilung machen, dass Russland der weltweit größte Weizenexporteur ist.

OS: *Ich liebe Brot. Schwarzbrot mag ich am liebsten.*

WP: Früher mussten wir Getreide und Weizen importieren.

OS: *Aus Kanada, ja.*

WP: Mittlerweile produzieren wir zwar weniger als die USA oder Kanada oder China, aber in diesen Ländern wird auch mehr verbraucht. Im Hinblick auf die Pro-Kopf-Produktion stehen wir sehr gut da.

OS: *Das glaube ich Ihnen. Aber Souveränität hat ja nicht nur mit der Wirtschaft zu tun. Ich möchte Ihnen eine kurze Geschichte erzählen, die sich gestern Abend zugetragen hat. Das russische Volk ist wirklich mutig … Gestern wurde in Ihrem TV-Kanal 1 – glaube ich jedenfalls – zur Hauptsendezeit um 20 Uhr eine Serie ausgestrahlt. Es ging um die Deutschen und die Russen, eine sehr interessante Geschichte. Sie war in russischer Originalsprache, deswegen habe ich nicht alles verstanden, aber ich bekam so ungefähr mit, worum es ging. In der Geschichte verhielten sich die Russen wieder einmal sehr mutig und waren heldenhafte Kämpfer, die die Nazis austricksten. Es war zwar alles nur Fernsehen, aber sehr gut gemacht und spannend, mit großartigen Schauspielern.*

Auf eine bestimmte Art und Weise war es auch schrecklich anzusehen, aber gewollt – ein düsterer Film eben.

Ich war sehr beeindruckt und erinnerte mich daran, wie ich Ihr Land während der Regierungszeit Breschnews besucht habe. Damals wurden im Fernsehen oft diese sowjetischen Schwarz-Weiß-Filme gezeigt. Ich weiß noch, dass ein sehr ähnlicher Film kam, in dem die Sowjets ebenfalls gegen die Nazis kämpften. Und 34 Jahre später stellte ich endlich die Verbindung her: Das russische Volk hat einen gewissen Mut, der sich immer wieder aufs Neue manifestiert – und es vergisst nie etwas. Schon wenn man sich diese alten Filme ansieht und an die Tradition denkt, sich an die Geschichte erinnert, ist das ein wichtiger Schritt, um die Souveränität zu bewahren.

WP: Ja. Das ist sogar sehr wichtig. Aber es ist auch wichtig, neben diesem starren Traditionsgefüge für Neues bereit zu sein, für Neuerungen und den Fortschritt.

OS: *Zum Beispiel Cyber-Kriegsführung! Aber jetzt will ich Sie nicht länger belästigen. Ich werde ohnehin alle Hände voll zu tun haben, wenn ich diese 25 bis 30 Stunden Filmmaterial schneiden will. Keine Fragen mehr, versprochen. Aber ein länderübergreifender Händedruck … das wünsche ich mir zumindest von ganzem Herzen. Sie haben sich gut geschlagen, wirklich gut.*

WP: [bei einem warmen Händedruck] Und wenn man Sie dafür schlägt, dann können Sie jederzeit wieder hierher nach Russland kommen. Wir machen Sie gesund.

OS: *Wir werden ja sehen. Ich bin stolz auf den Film. Sie haben Gelegenheit, Ihre Seite der Geschichte zu erzählen. Mehr kann ich nicht tun.*

WP: Ich weiß nicht, ob sich irgendjemand dafür interessieren wird.

OS: *Das kann natürlich auch sein. Gute Nacht, Herr Putin.*

Ende

Endnoten

1. **Hintergrundinformation:**
Als Leningrader Blockade bezeichnet man die 872 Tage dauernde Belagerung Leningrads (heute Sankt Petersburg) vom 8. September 1941 bis zum 27. Januar 1944. Während dieser Belagerung konnten die Nazis Leningrad einkreisen und von praktisch jedem Nachschub – einschließlich Lebensmitteln – abschneiden. Allein im Jahr 1942 starben dadurch 650 000 Bewohner der Stadt. *https://www.britannica.com/event/Siege-of-Leningrad*

2. **Hintergrundinformation:**
Die tatsächliche Anzahl der Todesopfer, bezogen auf die Zahl der im Ersten Weltkrieg einberufenen Männer, ist erschreckend. Bei den alliierten Truppen betrug sie 52 Prozent, bei den Mittelmächten 67 Prozent. Siehe: Trueman, Chris: »First World War Casualties auf The History Learning Site«, 17. April 2015, abgerufen unter: *https://www.historylearningsite.co.uk/world-war-one/world-war-one-and-casualties/first-world-war-casualties/*
Die in Truemans Aufstellung genannten Zahlen werden durch die Angaben in der *International Encyclopedia of the First World War* bestätigt. Siehe: Prost, Antoine: »War Losses«, 8. Oktober 2014, abgerufen unter: *https://encyclopedia.1914-1918-online.net/article/war_losses*

3. **Hintergrundinformation:**
Die Perestroika war, wie die amerikanische Kongressbibliothek es ausdrückt, »Michail Gorbatschows [1986 begonnenes] Programm einer wirtschaftlichen, politischen und sozialen Umgestaltung, [das] unbeabsichtigt zum Auslöser für den Zerfall« des Sowjetstaats wurde. Library of Congress: »Revelations from the Soviet Archive«, abgerufen unter:
https://www.loc.gov/exhibits/archives/pere.html

4. **Hintergrundinformation:**
Der August-Coup des Jahres 1991 war eine kurzlebige Verschwörung von – wie der Westen es bezeichnete – »Hardliner-Kommunisten«, die einen letzten Versuch unternahmen, die durch Gorbatschows Perestroika ins Chaos abrutschende Sowjetunion zu retten. Der Putsch dauerte nur wenige Tage, und am bekanntesten wurden dabei wahrscheinlich die Entführung Gorbatschows und die Bestrebung, in der Sowjetunion wieder eine kommunistische Herrschaft einzuführen. Das Komplott scheiterte kläglich und machte einen Helden aus Boris Jelzin, der öffentliche Proteste gegen den Putsch anführte und damit den Zusammenbruch der UdSSR beschleunigte. Siehe: Sebestyen, Victor: »The K.G.B.'s Bathhouse Plot« in *New York Times* vom 20. August 2011, abgerufen unter:
https://www.nytimes.com/2011/08/21/opinion/sunday/the-soviet-coup-that-failed.html

5. **Hintergrundinformation:**
Die *New York Times* schreibt: »Anatoli Sobtschak, der frühere Bürgermeister von Sankt Petersburg und demokratische Reformer … führte den heute amtierenden Präsidenten Wladimir W. Putin ins politische Leben ein.« Sobtschak war auch nach dem gescheiterten Putsch vom August 1991 noch Bürgermeister und benannte Leningrad wieder in Sankt Petersburg um. Bohlen, Celestine: »A. A. Sobchak, Dead at 62; Mentor to Putin«, 21. Februar 2000, abgerufen unter: *https://www.nytimes.com/2000/02/21/world/aa-sobchak-dead-at-62-mentor-to-putin.html*

6. **Hintergrundinformation:**
Die französischen Vertreter des Frühsozialismus oder utopischen Sozialismus glaubten an eine gerechte, egalitäre Gesellschaft, die durch kleine »Modellgemeinschaften, die der Welt Beispiele für harmonische Zusammenarbeit geben« eingeführt werden sollte. Der marxistische Sozialismus hingegen, vor allem in der bei Gründung der Sowjetunion manifestierten Form, war der Ansicht, dass der Sozialismus durch den »Klassenkampf« entstehen und irgendwann zu einem Arbeiterstaat führen würde, in dem vorerst die Diktatur des Proletariats herrscht. Mit anderen Worten handelte es sich dabei um das Bild eines Sozialismus, der nicht allmählich oder behutsam, sondern notwendigerweise durch den revolutionären Kampf der Arbeiter (die russischen Revolutionäre schlossen hier auch die Bauern ein) herbeigeführt werden sollte. Die revolutionären Kräfte sollten zuerst einen starken Staat schaffen, um die ehemalige herrschende Klasse aus Industriellen und Landbesitzern zu unterdrücken. Siehe zum Beispiel: Ball, Terence und Dagger, Richard: »Socialism in Encyclopedia Britannica«, abgerufen unter:
https://www.britannica.com/topic/socialism

7. **Hintergrundinformation:**
Mehr darüber, was die Perestroika an wirtschaftlichem Chaos sowie sozialen Verwerfungen anrichtete und wie sie schließlich zum Zusammenbruch der UdSSR führte, erfährt man aus diesem Buch: Cohen, Stephen F.: *Soviet Fates and Lost Alternatives: From Stalinism to the New Cold War,* Columbia University Press, 2011.

8. **Hintergrundinformation:**
Der Erste Tschetschenien-Krieg wurde von Präsident Boris Jelzin geführt und dauerte von 1994 bis 1996. Moskau führte diesen Krieg, um die Kontrolle über die Republik Tschetschenien – die sich für unabhängig erklärt hatte und von der Russischen Föderation lösen wollte – wiederzuerlangen. Der Zweite Tschetschenien-Krieg, der auf russischer Seite vom neuen Präsidenten Wladimir Putin begonnen wurde, diente der Verteidigung der politischen Führung Tschetscheniens gegen radikale islamische Extremisten. Viele der tschetschenischen Separatisten waren aus dem Ausland eingeschleust worden und wollten die Regierung des Landes stürzen. Dieser Konflikt, der oft auch als »Russlands Vietnam-Krieg« bezeichnet wird, forderte auf beiden Seiten tausende Menschenleben. Russland erklärte seinen Sieg im Zweiten Tschetschenien-Krieg erst im Jahr 2009. Siehe: Mirovalev, Mansur: »Chechnya, Russia and 20 years of conflict« auf Al Jazeera, 11. Dezember 2014, abgerufen unter:
https://www.aljazeera.com/indepth/features/2014/12/chechnya-russia-20-years-conflict-2014121161310580523.html
Eine Chronologie dieser Konflikte finden Sie unter »Chechnya and Russia: timeline« in *The Guardian,* 16. April 2009, abgerufen unter:
https://www.theguardian.com/world/2009/apr/16/chechnya-russia-timeline

9. **Hintergrundinformation:**
Boris Beresowski war ein umstrittener Milliardär und Oligarch, der – wie viele andere auch – reich wurde, indem er im Zuge der Privatisierung der russischen Wirtschaft kurz vor und nach dem Zusammenbruch der UdSSR zahlreiche Industriebetriebe übernahm. Er starb 2013 unter mysteriösen Umständen. Die Zeitschrift *Forbes Magazine* ist der Ansicht, dass Beresowski für den Mord am russischen *Forbes*-Chefredakteur Paul Klebnikov verantwortlich gewesen sein könnte. Behar, Richard: »Did Boris Berezovsky Kill Himself? More Compelling, Did He Kill Forbes Editor Paul Klebnikov?« auf *Forbes,* 24. März 2013, abgerufen unter:
https://www.forbes.com/sites/richardbehar/2013/03/24/did-boris-berezovsky-kill-himself-more-compelling-did-he-kill-forbes-editor-paul-klebnikov/#694a3a766729

10. Behauptung: »Es wird allgemein anerkannt, dass Sie in Ihrer ersten Amtszeit sehr viel Gutes getan haben. Sie setzten der Privatisierung ein Ende. Sie bauten Industrie- und Wirtschaftszweige aus – Elektronik, Maschinenbau, Petrochemie, Landwirtschaft und viele andere. Sie waren ein echter Sohn Russlands, darauf sollten Sie stolz sein. Sie sorgten für ein Anwachsen des Bruttoinlandsprodukts, erhöhten die Einkommen, reformierten das Militär und beendeten den Tschetschenien-Krieg.«
Bekräftigung: In der Londoner Zeitung *Guardian* heißt es, dass das russische Volk sich wohlwollend an Putin erinnert, weil er »ein Zeitalter noch nie dagewesenen Wohlstands einleitete … in dem das Realeinkommen sich zwischen 1999 und 2006 verdoppelte« und das BIP von 2006 bis 2014 um das 2,7-Fache anstieg. Luhn, Alec: »15 years of Vladimir Putin, 15 ways he has changed Russia and the World« in *The Guardian*, 6. Mai 2015, abgerufen unter:
https://www.theguardian.com/world/2015/may/06/vladimir-putin-15-ways-he-changed-russia-world

11. Behauptung: »2004 waren Sie äußerst beliebt und wurden mit 70 Prozent der Stimmen wiedergewählt.«
Bekräftigung: Oliver Stone hat recht damit, dass Putin die Präsidentschaftswahl 2004 mit etwa 70 Prozent der Stimmen gewann. Siehe: Teague, Elizabeth: »Russia in 2014« in *Encyclopedia Britannica;* nicht mehr abrufbar (April 2018).

12. Hintergrundinformation:
Nach seinem ersten Amtsantritt als 32. US-Präsident wurde Franklin Delano Roosevelt, der Kandidat der Demokratischen Partei, zu vier Amtszeiten gewählt – das ist Rekord. Seine vierte Amtszeit konnte er jedoch nicht mehr beenden. 2 Jahre nach seinem Tod, am 21. März 1947, brachte der Kongress der Vereinigten Staaten den 22. Zusatzartikel zur amerikanischen Verfassung ein, der die Amtszeit des Präsidenten auf maximal zwei Amtsperioden begrenzt. Der Zusatzartikel wurde 1951 ratifiziert. Siehe: »FDR nominated for unprecedented third term« auf History, abgerufen unter:
https://www.history.com/this-day-in-history/fdr-nominated-for-unprecedented-third-term

13. Behauptung: »Ich kann Ihnen versichern, dass Präsident Medwedew alle seine Aufgaben völlig unabhängig durchführte. Die russische Verfassung sieht hier eine Aufgabenteilung vor. Ich mischte mich nie in seinen Verantwortungsbereich ein.«
Zwischen Präsident und Ministerpräsident gibt es in Russland tatsächlich eine klare Funktions- und Aufgabentrennung. Siehe: »FACTBOX: Russian president and prime minister: who does what?« auf Reuters, 7. Mai 2008, abgerufen unter:
https://www.reuters.com/article/us-russia-inauguration-president-duties-idUSL0718325420080507
Das beantwortet jedoch nicht die Frage, wie unabhängig die Putin-Medwedew-Beziehung zwischen 2008 und 2012 – mit dem Präsidenten Dmitri Medwedew und dem Ministerpräsidenten Wladimir Putin – tatsächlich war. In den westlichen Medien wurden die beiden Männer immer wieder als Freunde dargestellt, zwischen denen es gelegentlich Spannungen gab, wenn Präsident Medwedew Reformen vorschlug und umsetzte. Insbesondere behaupteten westliche Quellen aber permanent, dass es in Wahrheit Ministerpräsident Putin sei, der in Russland das Sagen habe. Siehe: Sidoroy, Dmitry: »Vladimir Putin Is Medvedev's Friend – And Boss« in *Forbes*, 23. Februar 2009, abgerufen unter:
https://www.forbes.com/2009/02/23/russia-president-prime-minister-opinions-contributors_medvedev_putin.html#7615a5be3f77

14. **Hintergrundinformation:**
Dmitri Medwedew amtierte von 2008 bis 2012 als russischer Präsident und war während Wladimir Putins erster Amtszeit als Präsident der russische Ministerpräsident. »Dmitry Medvedev, Fast Facts« auf CNN, 30. August 2016, abgerufen unter:
https://edition.cnn.com/2012/12/26/world/europe/dmitry-medvedev---fast-facts/

15. **Behauptung:** »Wie ich höre, haben Sie auch fünf Attentatsversuche überlebt. Nicht so viele wie Castro, den ich ebenfalls interviewt habe und bei dem es wahrscheinlich eher fünfzig waren, aber seriösen Meldungen zufolge waren es fünf.«
Zu den Attentatsversuchen auf Putin gibt es keine klaren und verifizierbaren Fakten. Über die – ebenfalls nicht verifizierbaren – Mordversuche an Fidel Castro sagen kubanische Funktionäre jedoch, dass es bis zu 638 Attentate gegeben habe. Siehe: Oppmann, Patrick: »Fidel Castro survived 600 assassination attempts, officials say« auf CNN, 26. November 2016, abgerufen unter: *https://edition.cnn.com/2016/08/12/americas/cuba-fidel-castro-at-90-after-assassination-plots/*

16. **Behauptung:** »Libyen existiert als territorial integraler Staat praktisch nicht mehr.«
Bekräftigung: Es ist allgemein anerkannt, dass Libyen durch die NATO-Militärintervention des Jahres 2011 als Land zerstört wurde. Siehe: Prishad, Vijay: »The US-NATO Invasion of Lybia Destroyed the Country Beyond All Recognition« auf Alternet, 22. März 2017, abgerufen unter:
https://www.alternet.org/world/us-nato-invasion-libya-destroyed-country-beyond-all-recognition

17. **Hintergrundinformation:**
Muammar al-Gaddafi, auch als »Brüderlicher Führer« bekannt, war ein Revolutionär, der im Alter von 27 Jahren einen Putsch zur Absetzung des Königs anführte. Danach regierte er Libyen 42 Jahre lang und setzte die strengen religiösen Regeln des islamischen Sunnitentums im ganzen Land um. Er war ein standhafter Verteidiger seines Landes und auch seiner politischen Herrschaft, der seine Männer oft in blutige Schlachten führte, was der Rest der Welt aber eher als fehlgeleitete Selbstdarstellung interpretierte. Gaddafi überlebte viele Putsch- und Attentatsversuche, bevor er 2011 schließlich ermordet wurde. Siehe: MacFarquhar, Neil: »An Erratic Leader, Brutal and Defiant to the End« in *New York Times*, 20. Oktober 2011, abgerufen unter: *www.nytimes.com/2011/10/21/world/africa/qaddafi-killed-as-hometown-falls-to-libyan-rebels.html*

18. **Hintergrundinformation:**
Siehe: Mufson, Steven: »Bush Saw Putin's ›Soul‹. Obama Wanted to appeal to his Brain« in *Washington Post*, 1. Dezember 2015, abgerufen unter: *https://www.washingtonpost.com/business/economy/bush-saw-putins-soul-obama-wants-to-appeal-to-his-brain/2015/12/01/264f0c7c-984b-11e5-8917-653b65c809eb_story.html?noredirect=on&utm_term=.63c31f6724e3*

19. **Hintergrundinformation:**
Siehe: Dougherty, Jill: »9/11 a ›Turning Point‹ for Putin« auf CNN, 10. September 2002, abgerufen unter: *http://edition.cnn.com/2002/WORLD/europe/09/10/ar911.russia.putin/index.html*

20. **Hintergrundinformation:**
Es stimmt auch, dass Putin – wie Stone anmerkt – die USA bei ihrer Invasion Afghanistans nach dem 11. September 2001 in beträchtlicher und konkreter Weise unterstützte.

21. **Behauptung:** »Die Bildung der al-Qaida ist nicht auf unsere Aktivitäten zurückzuführen, sondern auf die unserer amerikanischen Freunde.«
Bekräftigung: Siehe: Burke, Jason: »Frankenstein The CIA Created« in *The Guardian*, 17. Januar 1999, abgerufen unter: *https://www.theguardian.com/world/1999/jan/17/yemen.islam*

22. Behauptung: »Man muss aber auch bedenken, dass Bill Casey – der CIA-Direktor unter Reagan – nachweislich besondere Anstrengungen unternahm, die Muslime im Kaukasus für den Kampf gegen die Sowjetunion zu begeistern.«
Bekräftigung: Siehe: Coll, Steve und Goodman, Amy: »Ghost Wars: How Reagan Armed the Mujahadeen in Afghanistan« auf Democracy Now!, 10. Juni 2004, abgerufen unter: *https://www.democracynow.org/2004/6/10/ghost_wars_how_reagan_armed_the*

23. Behauptung: »Als die Probleme im Kaukasus und in Tschetschenien begannen, unterstützten die Amerikaner bedauerlicherweise die Separatisten.«
Bekräftigung: Siehe: Rowley, Coleen (ehemalige FBI-Agentin): »Chechen Terrorists and the Neocons« auf *Consortium News,* 19. April 2013, abgerufen unter: *https://consortiumnews.com/2013/04/19/chechen-terrorists-and-the-neocons/*

24. Hintergrundinformation:
Auf besagten Brief der CIA an Putin, in dem von der Unterstützung der tschetschenischen Rebellen durch den US-Geheimdienst die Rede war, wird in diesem Artikel verwiesen: Rozeff, Michael S.: »Chechnya, the CIA and Terrorism« auf *Russia Insider,* 28. April 2015, abgerufen unter: *https://russia-insider.com/en/chechnya-cia-and-terrorism/6179*

25. Hintergrundinformation:
Siehe: Partlow, Joshua: »In Afghanistan, Taliban leaving al-Qaeda behind« in *Washington Post,* 11. November 2009, abgerufen unter: *http://www.washingtonpost.com/wp-dyn/content/article/2009/11/10/AR2009111019644.html*

26. Behauptung: »OS: Glauben Sie, dass die Vereinigten Staaten die Tschetschenen im ersten oder zweiten Krieg in irgendeiner Weise unterstützt haben?
WP: Ja. Wir sind hundertprozentig sicher, objektive Beweise dafür zu besitzen.«
Bekräftigung: Siehe: »Chechen Terrorists and the Neocons«, a. a. O.

27. Hintergrundinformation:
Siehe: Hoffman, David: »Miscalculations Paved Path to Chechen War« in *Washington Post,* 20. März 2000, abgerufen unter: *https://www.washingtonpost.com/archive/politics/2000/03/20/miscalculations-paved-path-to-chechen-war/e675f17a-d286-4b5e-b33a-708d819d43f0/?utm_term=.d5867677b22f*
Hoffman erläutert in seinem Artikel, dass »Rebellenführer auf tschetschenischer Seite vergangenen August das benachbarte Dagestan angriffen – im falschen Glauben, dass sie dort nur auf schwachen russischen Widerstand stoßen und einen islamischen Aufstand auslösen würden. Doch der Aufstand kam nicht zustande, und die bewaffneten Übergriffe wurden abgewehrt.«

28. Behauptung: »Außerdem hatten wir genaue Angaben darüber, dass es absolut keine Massenvernichtungswaffen im Irak gab.«
Bekräftigung: Putins Behauptung, dass die Russen ihre Einschätzung der Lage damals an die USA weitergaben, ist richtig. Russland informierte die Vereinigten Staaten darüber, dass der Irak keine Massenvernichtungswaffen besaß, die als Rechtfertigung für die militärische Invasion des Jahres 2003 dienen könnten. Wie es in *Newsweek* hieß: »Viele der gewöhnlich bestinformierten geheimdienstlichen Quellen waren sich sicher, dass es sich bei den Massenvernichtungswaffen um ein reines Fantasieprodukt handelte. Der französische Geheimdienst wusste das ebenso gut wie Russland und Deutschland.« Siehe: Eichenwald, Kurt: »Dick Cheney's Biggest Lie« in *Newsweek,* 19. Mai 2015, abgerufen unter: *http://www.newsweek.com/2015/05/29/dick-cheneys-biggest-lie-333097.html*

29. Behauptung: »OS: Es gab doch eine Vereinbarung mit der Sowjetunion, die NATO nicht nach Osten hin zu erweitern.
WP: Sie alle versicherten der Sowjetunion hoch und heilig, dass die NATO-Ostgrenze nicht über den Verlauf der DDR-Grenze hinaus nach Osten ausgedehnt werden würde.
OS: Bushs Handeln war also ein klarer Verstoß gegen diese Vereinbarung.«
Bekräftigung: Shifrinson, Joshua R. Itzkowitz: »Russia's Got a Point: The U.S. Broke a NATO Promise« in *Los Angeles Times,* 30. Mai 2016, abgerufen unter: *http://www.latimes.com/opinion/op-ed/la-oe-shifrinson-russia-us-nato-deal--20160530-snap-story.html*
(derzeit aus Datenschutzgründen nicht mehr abrufbar, Juni 2018).

30. Hintergrundinformation:
Siehe: Boese, Wade: »U.S. Withdraws From ABM Treaty; Global Response Muted« auf Arms Control Association, Juli/August 2002, abgerufen unter:
https://www.armscontrol.org/act/2002_07-08/abmjul_aug02

31. Hintergrundinformation:
Siehe: Neilan, Terence: »Bush Pulls Out of ABM Treaty; Putin Calls Move a Mistake« in *New York Times,* 13. Dezember 2001, abgerufen unter: https://www.nytimes.com/2001/12/13/international/bush-pulls-out-of-abm-treaty-putin-calls-move-a-mistake.html

32. Hintergrundinformation:
»Putin Warns Romania, Poland Over Implementing US missile Shield« auf Fox News, 28. Mai 2016, abgerufen unter: *http://www.foxnews.com/world/2016/05/28/putin-warns-romania-poland-over-implementing-us-missile-shield.html*

33. Hintergrundinformation:
Als die Spannung im Kalten Krieg ihren Höhepunkt erreicht hatte und die Angst vor einer Ausbreitung des Kommunismus in Amerika immer weiter zunahm, wurde das Ehepaar Julius und Ethel Rosenberg – beide Ex-Mitglieder der Kommunistischen Partei des Landes – nach dem »Espionage Act« von 1917 zum Tode verurteilt, weil man sie verdächtigte, amerikanische Atomgeheimnisse an Russland weitergegeben zu haben. Trotz großer öffentlicher Empörung und zahlreicher Gnadengesuche weigerten sich sowohl Präsident Truman als auch Präsident Eisenhower, die Rosenbergs zu begnadigen. Das Paar beteuerte auch in den letzten Tagen seines Lebens im New Yorker Gefängnis Sing-Sing noch seine Unschuld. Die Rosenbergs wurden am 19. Juni 1953 auf dem elektrischen Stuhl hingerichtet. Siehe:
http://www.coldwar.org/articles/50s/TheRosenbergTrial.asp

34. Hintergrundinformation:
Mehr über die faszinierende Geschichte von Klaus Fuchs, der wegen seines ideologischen Engagements für den Kommunismus Atomgeheimnisse an die Sowjetunion verriet, erfahren Sie in der Reihe *American Experience* auf PBS; nicht mehr abrufbar (April 2018).

35. Hintergrundinformation:
Siehe: »Putin's Prepared Remarks at 43rd Munich Conference on Security Policy« in *Washington Post,* 12. Februar 2007, abgerufen unter:
http://www.washingtonpost.com/wp-dyn/content/article/2007/02/12/AR2007021200555.html

36. Hintergrundinformation:
Siehe dazu allgemein: Pauwels, Jacques R.: *The Myth of the Good War: America in the Second World War,* Lorimer, 2016.

37. Hintergrundinformation:
Siehe dazu allgemein: Price, David: *Base Nation: How US Military Bases Abroad Harm America and the World* (American Empire Project), Metropolitan Books, 2015.

38. Hintergrundinformation:
Siehe: Saunders, Paul J.: »The United States Share the Blame for the Russia-Georgia Crisis« in *US News & World Report,* 12. August 2008, abgerufen unter: *https://www.usnews.com/news/articles/2008/08/12/the-united-states-shares-the-blame-for-the-russia-georgia-crisis*

39. Behauptung: »Ja und nein. Wir waren überrascht darüber, dass nicht nur Bush die Aggression von Präsident Saakaschwili unterstützte. Man versuchte das damals so darzustellen, als wäre Russland der Aggressor gewesen, obwohl es ganz offensichtlich war, dass Saakaschwili die Angriffe gestartet hatte.«
Bekräftigung: Siehe: Saunders, Paul J.: »The United States Share the Blame for the Russia-Georgia Crisis«, ebd.

40. Korrektur:
Edward Snowdens Pass wurde annulliert, bevor er aus Hongkong in Richtung Moskau abreiste. Siehe: Lee, Matthew V.: »AP Source: NSA leaker Snowden's passport revoked« in *US News & World Report,* 23. Juni 2013, abgerufen unter: *https://www.usnews.com/news/politics/articles/2013/06/23/ap-source-nsa-leaker-snowdens-passport-revoked*

41. Behauptung: »In diesem Vertrag wäre die gegenseitige Auslieferung von Kriminellen vorgesehen gewesen, aber die Vereinigten Staaten wollten auch in dieser Hinsicht nicht mit uns kooperieren.«
Bekräftigung: Eine gute Erklärung, warum die USA und Russland kein Auslieferungsabkommen haben, findet sich in diesem Artikel: Peralta, Eyder: »3 Extradition Cases That Help Explain U.S.-Russia Relations« auf NPR, 7. August 2013, abgerufen unter: *https://www.npr.org/sections/thetwo-way/2013/08/07/209846990/3-extradition-cases-that-help-explain-u-s-russia-relations*
Im Text ist davon die Rede, dass die USA trotz russischer Ansuchen nicht nur die Auslieferung eines russischen Überläufers verweigerten, sondern auch die eines tschetschenischen Terroristen und eines Nazi-Kriegsverbrechers.

42. Hintergrundinformation:
Für weitere Informationen über die Unmengen der von der NSA gesammelten Informationen über amerikanische Bürger siehe: Stray, Jonathan: »FAQ: What you Need to Know about the NSA's Surveillance Programs« auf *Propublica,* 5. August 2013, abgerufen unter: *https://www.propublica.org/article/nsa-data-collection-faq*

43. Siehe: »AP Source: NSA leaker Snowden's passport revoked«, a. a. O.

44. Hintergrundinformation:
Die USA brachten Bolivien gegen sich auf, indem sie das Flugzeug des Präsidenten Evo Morales in Wien zur Landung zwangen, weil sie Morales fälschlicherweise verdächtigten, Edward Snowden in seiner Maschine zu transportieren. Siehe: Shoichet, Catherine E.: »Bolivia: Presidential plane forced to land after false rumors of Snowden aboard« auf CNN, 3. Juli 2013, abgerufen unter:
https://edition.cnn.com/2013/07/02/world/americas/bolivia-presidential-plane/

45. Hintergrundinformation:
Siehe: Siddiqui, Sabrina: »Congress Passes NSA surveillance reform in vindication for Snowden, Bulk collection of Americans' phone records to end as US Senate passes USA Freedom Act« in The Guardian, 3. Juni 2015, abgerufen unter:
https://www.theguardian.com/us-news/2015/jun/02/congress-surveillance-reform-edward-snowden

46. Behauptung: »Präsident Janukowytsch gab bekannt, dass die Unterzeichnung des Assoziierungsabkommens mit der Europäischen Union aufgeschoben werden müsse. Das war der Anfang. Und unsere Partner in Europa und den Vereinigten Staaten schafften es natürlich, auf den Zug der Unzufriedenheit der Bevölkerung aufzuspringen. Statt herauszufinden, was wirklich los war, beschlossen sie, den Staatsstreich zu unterstützen.«
Bekräftigung: Für eine sehr brauchbare Erklärung dazu, wie die USA in der Ukraine Gewalt und Chaos anheizten sowie dazu beitrugen, dass 2014 der Staatsstreich stattfand, siehe: Parsons, Renee: »Chronology of the Ukraine Coup« in *Counterpunch,* 5. März 2014, abgerufen unter: *https://www.counterpunch.org/2014/03/05/chronology-of-the-ukrainian-coup/*

47. Hintergrundinformation:
Ebd.

48. Hintergrundinformation:
Die ukrainische Regierung fällte die provozierende Entscheidung, Russisch als zweite Amtssprache zu verbieten. Siehe: »Ukraine crisis: Timeline« auf BBC, 13. November 2014, abgerufen unter: *http://www.bbc.com/news/world-middle-east-26248275*

49. Hintergrundinformation:
Siehe: »Ukraine's sharp divisions« auf BBC, 23. April 2014, abgerufen unter:
http://www.bbc.com/news/world-europe-26387353

50. Hintergrundinformation:
Für eine gute Erklärung dazu, wie und warum im Donbass der Aufstand gegen die neue Putschregierung begann, siehe: Milne, Seumas: »It's not Russia that's pushed Ukraine to the brink of War« in *The Guardian,* 30. April 2014, abgerufen unter:
https://www.theguardian.com/commentisfree/2014/apr/30/russia-ukraine-war-kiev-conflict

51. Hintergrundinformation:
Die »Tragödie in Odessa«, von der Putin hier spricht, war das Massaker an 42 Personen, darunter 32 prorussischen Aktivisten, am 2. Mai 2014 im Gewerkschaftshaus in Odessa. Siehe: Oliphant, Ronald: »Ukraine crisis: death by fire in Odessa as country suffers bloodiest day since the revolution« in *The Telegraph,* 3. Mai 2014, abgerufen unter: *https://www.telegraph.co.uk/news/worldnews/europe/ukraine/10806656/Ukraine-crisis-death-by-fire-in-Odessa-as-country-suffers-bloodiest-day-since-the-revolution.html*

52. Hintergrundinformation:
Die Behauptung Putins, dass bei den Kampfhandlungen im Donbass Tausende Menschen ums Leben kamen, ist zutreffend. Nach Angaben der Vereinten Nationen wurden bis Dezember 2016 im Konflikt in der ukrainischen Donbass-Region etwa 2000 Zivilisten getötet und weitere 6000 bis 7000 verletzt. Die Gesamtanzahl der Todesopfer, inklusive Militär, liegt bei fast 10 000. Siehe: *https://news.un.org/en/story/2016/12/547292-conflict-ukraine-continues-take-civilian-toll-un-human-rights-report#.WRxo1JIrLcs*

53. Hintergrundinformation:
Für weitere Informationen über die groben Umrisse des Protokolls von Minsk, auf das sich Putin hier bezieht, siehe: N. S.: »What are the Minsk Agreements« in *The Economist*, 14. September 2016, abgerufen unter:
https://www.economist.com/blogs/economist-explains/2016/09/economist-explains-7

54. Behauptung: »Ein weiterer Punkt besagt, dass ein Programm zum wirtschaftlichen Wiederaufbau des Donbass und der Wiederherstellung der Lebensfunktionen der Regionen zu beschließen ist. Stattdessen verstärken die Behörden die Blockade dieser Territorien.«
Bekräftigung: Putin hat recht, was die Blockade des Donbass durch die Zentralregierung und das daraus resultierende Leid angeht. Einem Bericht der UNICEF zufolge sind wegen der Blockade der ukrainischen Donbass-Region 1 Million Kinder vom Hungertod bedroht. Die UNICEF vertritt dazu den Standpunkt, dass man sich zur Beendigung des Krieges und der humanitären Katastrophe an das Protokoll von Minsk halten müsse. Siehe:
https://www.unicef.org/media/media_94886.html

55. Hintergrundinformation:
Ebd.

56. Hintergrundinformation:
Die von Putin angeführte Zahl von zweieinhalb Millionen Ukrainern, die nach dem Staatsstreich von 2014 nach Russland geflüchtet sind, ist zutreffend. Siehe: Zuesse, Eric: »Obama's Ukrainian Coup Triggered the Influx of 2.5 Million Ukrainian Refugees into Russia« auf Global Research, 12. März 2017, abgerufen unter: *http://www.globalresearch.ca/obamas-ukrainian-coup-triggered-the-influx-of-2-5-million-ukrainian-refugees-into-russia/5579719*

57. Hintergrundinformation:
Die hier angeführten Zahlen sind im Hinblick auf die im Zusammenhang damit erwähnten Gebiete nicht ganz klar – ebenso in Bezug auf 1. die ukrainischen Bürger in Russland, 2. die Anzahl der Bürger, die in diesen Territorien lebten, und 3. die Anzahl der Menschen, die nach wie vor dort leben. Wie bereits erwähnt: Zweieinhalb Millionen ukrainische Bürger sind nach Russland geflüchtet. Und in einem Bericht der UNHCCR heißt es, dass 3 Millionen Menschen in Gebieten leben, die von dem Konflikt betroffen sind.
Siehe: Office of the United Nations High Commissioner for Human Rights: »Report on the human rights situation in Ukraine 16 November 2015 to 15 February 2016«, 3. März 2016, abgerufen unter: *http://www.ohchr.org/Documents/Countries/UA/Ukraine_13th_HRMMU_Report_3March2016.pdf*

58. Behauptung: »Die Menschen kamen also von selbst, und die Wahlbeteiligung lag bei mehr als 90 Prozent. Und von diesen Wählern stimmten mehr als 90 Prozent für eine Wiedervereinigung mit Russland.«
Bekräftigung: Putin stellt zu Recht fest, dass weit mehr als 90 Prozent der Krim-Bewohner für den Austritt aus der Ukraine und den Anschluss an Russland stimmten. Siehe: Collett-White, Mike und Popeski, Ronald: »Crimeans vote over 90 percent to quit Ukraine for Russia« auf Reuters, 16. März 2014, abgerufen unter: *https://www.reuters.com/article/us-ukraine-crisis-idUSBREA1Q1E820140316*

59. Hintergrundinformation:
Putin bezieht sich hier auf Artikel 1, Punkt 2 der Charta der Vereinten Nationen, der folgenden Wortlaut hat: »... freundschaftliche, auf der Achtung vor dem Grundsatz der Gleichberechti-

gung und Selbstbestimmung der Völker beruhende Beziehungen zwischen den Nationen zu entwickeln und andere geeignete Maßnahmen zur Festigung des Weltfriedens zu treffen«. Ähnlich ist dies in Artikel 1, Abschnitt 1 des Internationalen Pakts über bürgerliche und politische Rechte, einem für alle Vertragspartner rechtlich bindenden Menschenrechtsabkommen, formuliert: »Alle Völker haben das Recht auf Selbstbestimmung. Kraft dieses Rechts entscheiden sie frei über ihren politischen Status und gestalten in Freiheit ihre wirtschaftliche, soziale und kulturelle Entwicklung.« Wie Putin angibt, hängt dieses Recht auf Selbstbestimmung nicht vom Willen der Zentralregierung jedes beliebigen Landes ab.

60. **Behauptung:** »Ich habe mich immer gefragt: Wenn die Kosovaren das dürfen, warum soll es dann Russen, Ukrainern, Tataren und Krim-Bewohnern nicht erlaubt sein? Da gibt es doch überhaupt keinen Unterschied.«
Bekräftigung: Nicht nur Putin, sondern auch andere haben das Krimreferendum zum Anschluss an Russland (gegen das die USA eingestellt waren) mit dem kosovarischen Referendum zur Loslösung von Serbien (auf das die USA drängten und es sogar zum Motiv für ihren Kriegseinsatz machten) verglichen. Siehe: Cloughley, Brian: »From Kosovo to Crimea: Obama's Strange Position on Referendums« auf *Counterpunch,* 17. Juli 2015, abgerufen unter: *https://www.counterpunch.org/2015/07/17/from-kosovo-to-crimea-obamas-strange-position-on-referendums/*

61. **Behauptung:** »OS: Hat die UN die Annexion der Krim verurteilt?
WP: Nicht, dass ich wüsste.«
Widerlegung: Putins Erinnerung trügt ihn hier. In Wahrheit erklärte die Generalversammlung der Vereinten Nationen das Referendum auf der Krim für ungültig. Das Menschenrechtskomitee der UN-Generalversammlung ging sogar so weit, die Annektierung der Krim durch Russland zu verurteilen. Siehe: *https://news.un.org/en/story/2014/03/464812-backing-ukraines-territorial-integrity-un-assembly-declares-crimea-referendum#.WRyU3JIrLcs* und *http://newsinfo.inquirer.net/844707/un-committee-votes-to-condemn-russian-occupation-of-crimea*

62. **Behauptung:** »Es gibt zwei grundlegende Versionen der Ereignisse. Die erste Version lautet, dass diese Maschine vom Buk-Flugzeugabwehrsystem der ukrainischen Streitkräfte abgeschossen wurde. Und die andere Version besagt, dass dasselbe System – also eines der in Russland hergestellten Buk-Systeme – von der Miliz, den Separatisten, benutzt wurde.«
Zur Erörterung der unterschiedlichen Theorien darüber, wer (die ukrainische Regierung mit einem anderen Flugzeug oder russische Separatisten mit einem Boden-Luft-Geschoss) Flug 17 der Malaysia Airlines über der Grenze zwischen Russland und der Ukraine abgeschossen haben könnte, siehe: »MH17 prosecutor open to theory another plane shot down airliner« in *Chicago Tribune,* 2017, abgerufen unter:
http://www.chicagotribune.com/news/nationworld/81796669-157.html
(derzeit aus Datenschutzgründen nicht mehr abrufbar, Juni 2018)

63. **Behauptung:** »Aber kommen wir zum konkreten Fall und zu den Flugzeugen, die dort unterwegs waren. Soviel ich weiß, gab einer der ukrainischen Fluglotsen – ein Spezialist aus Spanien, wenn ich nicht irre – bekannt, dass er eine Militärmaschine im Luftkorridor für Zivilmaschinen gesehen habe.«
Bekräftigung: Für weitere Informationen über den Abschuss von Flug MH17 und insbesondere den von Putin erwähnten spanischen Fluglotsen in Kiew siehe: »MH17 Verdict: Real Evidence Points to US-Kiev Cover-up of Failed False Flag« auf *21st Century Wire,* 25. Juli 2014, abgerufen unter: *http://21stcenturywire.com/2014/07/25/mh17-verdict-real-evidence-points-to-us-kiev-cover-up-of-failed-false-flag-attack/*

64. Hintergrundinformation:
Verschwörungstheorien zu der Rolle, die George Soros in der Ukraine spielte, gibt es im Überfluss. Doch selbst die angesehene *Financial Times* bestätigt, dass Soros seit 1990 beträchtliche Investitionen in der Ukraine getätigt hat und während der Krise zwischen der Ukraine und Russland ganz offen für die derzeitige Regierung in Kiew Partei nahm. Siehe: Oliver, Christian: »Save Ukraine to Counter Russia, Says Soros«, 7. Januar 2015, nur mehr hinter einer Paywall abrufbar (April 2018) unter: *https://www.ft.com/content/4ddfb410-9664-11e4-a40b-00144feabdc0*

65. Hintergrundinformation:
Der ehemalige georgische Staatspräsident Micheil Saakaschwili, der in den USA Jura studierte, war von Mai 2015 bis zu seinem Rücktritt im November 2016 Gouverneur von Odessa. Siehe: »Georgian Saakashvili quits as Ukraine Odessa governor« auf BBC, 7. November 2016, abgerufen unter: *http://www.bbc.com/news/world-europe-37895588*

66. Behauptung: »Janukowytsch gab nicht den Befehl, mit Waffengewalt gegen Zivilisten vorzugehen.«
Bekräftigung: Der damalige ukrainische Präsident Wiktor Janukowytsch behauptete später, das Blutvergießen im Zuge des Aufstands von 2014 zu bedauern, doch niemals – wie auch Putin sagt – den Befehl zum Einsatz von Waffengewalt gegen Demonstranten gegeben zu haben. Siehe: Gatehouse, Gabriel: »Ukraine crisis: Yanukovych regrets bloodshed in Kiev« auf BBC, 22. Juni 2015, abgerufen unter: *http://www.bbc.com/news/world-europe-33224138*

67. Behauptung: »Man muss aber leider sagen, dass die sogenannten Demonstranten äußerst aggressiv waren.«
Bekräftigung: Für nähere Einzelheiten zur Gewalttätigkeit vor allem rechtsextremer regierungsfeindlicher Demonstranten in der Ukraine-Krise des Jahres 2014 siehe: Luhn, Alec: »The Ukrainian Nationalism at the Heart of of ›Euromaidan‹. Coverage focused on the call for European integration has largely glossed over the rise in nationalist rhetoric that has led to violence« in *The Nation*, 21. Januar 2014, abgerufen unter: *https://www.thenation.com/article/ukrainian-nationalism-heart-euromaidan/*

68. Hintergrundinformation:
Siehe: »Profile: Ukraine's ultra-nationalist Right Sector« auf BBC, 28. April 2014, abgerufen unter: *http://www.bbc.com/news/world-europe-27173857*

69. Behauptung: »OS: Ich verstehe. Und haben Sie auch vom Regiment Asow gehört?
WP: Natürlich. Es gibt da gewisse bewaffnete Gruppierungen, die keiner Kontrolle unterliegen, auch nicht jener der zentralen Stellen in Kiew. Ich halte dies für einen der Gründe, warum die derzeitige politische Führung den bewaffneten Auseinandersetzungen kein Ende machen kann. Sie fürchtet sich einfach davor, dass diese unkontrollierbaren bewaffneten Gruppierungen in ihre Hauptstadt zurückkehren.«
Bekräftigung: Die Charakterisierung des Regiments Asow als gewalttätige, militaristische Neonazi-Organisation ist allgemein unumstritten. Der amerikanische Kongress war über die Existenz dieses Regiments und dessen Unterstützung durch die USA so beunruhigt, dass er sogar beschloss, jegliche finanzielle Unterstützung und Ausbildung des Bataillons durch die Vereinigten Staaten zu unterbinden. Dieses Verbot wurde später unglaublicherweise wieder aufgehoben. Siehe: Sokol, Sam: »US Lifts Ban on Funding ›Neo-Nazi‹ Ukrainian Militia« in *Jerusalem Post*, 18. Januar 2016, abgerufen unter:
https://www.jpost.com/Diaspora/US-lifts-ban-on-funding-neo-Nazi-Ukrainian-militia-441884

70. Hintergrundinformation:
Putin hat recht damit, dass der damalige Senator John Kerry dem »Star Wars«-Raketenabwehrschirm Reagans äußerst kritisch gegenüberstand und ihn als »Krebsgeschwür an unserer Nation« bezeichnete. Siehe: Knutson, Lawrence L.: »Kerry Says Star Wars ›Based on Illusion‹« auf Associated Press, 4. Juni 1985, abgerufen unter:
https://apnews.com/959d3c5dace13d1264c5c18833522d2e

71. Hintergrundinformation:
Anscheinend war es die Regierung Johnson, die zusammen mit dem sowjetischen Ministerpräsidenten Nikita Chruschtschow anregte, gemeinsame Gespräche über Einschränkungen für Raketenabwehrsysteme zu führen. Die Idee dazu wurde in den USA aber schon Jahre zuvor geprüft, unter anderem auch unter der Regierung Kennedy. Siehe: »Cold War International History Conference: Paper by David S. Patterson«, 1998, abgerufen unter:
https://www.archives.gov/research/foreign-policy/cold-war/conference/patterson.html

72. Hintergrundinformation:
Es gibt tatsächlich Belege dafür, dass Chruschtschows Entscheidung zur Stationierung von Raketen auf Kuba die vorhersagbare Reaktion auf die Stationierung amerikanischer Jupiter-Raketen in Italien und der Türkei war – eine eindeutige Provokation, die darauf abzuzielen schien, den USA eine nukleare Erstschlagsfähigkeit gegen die UdSSR zu verschaffen. In einem Artikel in *The Atlantic* heißt es dazu:
»Über die destabilisierende Wirkung der Jupiter-Raketen herrschte unter Verteidigungsexperten inner- und außerhalb der US-Regierung sowie auch unter den Parteiführern im Kongress weitgehende Übereinstimmung. So sagte beispielsweise Senator Albert Gore sen., ein Sympathisant der Regierung, in einer nicht öffentlichen Sitzung des Senatsausschusses der Vereinigten Staaten zur Außenpolitik im Februar 1961 (also mehr als eineinhalb Jahre vor der Kuba-Krise) zum damaligen Außenminister Dean Rusk, dass er die Raketen als ›Provokation‹ betrachte. ›Ich frage mich, wie wir reagieren würden‹, wenn die Sowjets Atomraketen auf Kuba stationieren sollten, sagte er noch. Senator Claiborne Pell brachte dasselbe Argument in einer Aktennotiz an Präsident Kennedy im Mai 1961 vor.
Angesichts der starken nuklearen Überlegenheit der Amerikaner und der Stationierung der Jupiter-Raketen hegte Moskau den Verdacht, dass man in Washington den atomaren Erstschlag für eine attraktive Möglichkeit hielt. Das Misstrauen der Russen war berechtigt: Wie aus den Archiven hervorgeht, zog die Regierung Kennedy diese Option während der Berlin-Krise des Jahres 1961 ernsthaft in Erwägung.«
Siehe: Schwarz, Benjamin: »The Real Cuban Missile Crisis« in *The Atlantic*, Januar/Februar 2013, abgerufen unter:
https://www.theatlantic.com/magazine/archive/2013/01/the-real-cuban-missile-crisis/309190/

73. Hintergrundinformation:
Der amerikanische Filmregisseur, Drehbuchautor und Produzent Stanley Kubrick (1928–1999) gilt als einer der einflussreichsten Regisseure des modernen Kinos. Zu seinen bedeutendsten Werken zählen: *Shining, 2001: Odyssee im Weltraum, Uhrwerk Orange, Dr. Seltsam* und *Full Metal Jacket* (über die entmenschlichenden Auswirkungen des Vietnam-Kriegs auf Soldaten). Der letztgenannte Film kam nur 1 Jahr nach Oliver Stones *Platoon* in die Kinos. Siehe:
https://www.imdb.com/name/nm0000040/bio?ref_=nm_ov_bio_sm
Kubricks Film *Dr. Seltsam oder: Wie ich lernte, die Bombe zu lieben* (1964) ist eine Satire auf die Kalter-Krieg-Hysterie über einen nuklearen Konflikt zwischen den Vereinigten Staaten und der Sowjetunion. Siehe: *https://www.imdb.com/title/tt0057012/*

74. Hintergrundinformation:
Siehe: »The Real Cuban Missile Crisis«, a. a. O.

75. Hintergrundinformation:
Siehe: Stanley, Timothy: »Hillary, Putin's no Hitler« auf CNN, 6. März 2014, abgerufen unter: *https://edition.cnn.com/2014/03/05/opinion/stanley-hillary-clinton-hitler/*

76. Hintergrundinformation:
Stone hat mit seiner Aussage über General Curtis LeMay recht. LeMay war tatsächlich ein Verfechter des nuklearen Erstschlags gegen die UdSSR; er wollte einen dritten Weltkrieg beginnen, solange die Sowjetunion noch relativ schwach war. Siehe: Rothman, Joshua: »Waiting for WWIII« in *The New Yorker*, 16. Oktober 2012, abgerufen unter: *https://www.newyorker.com/books/double-take/waiting-for-world-war-iii*

77. Hintergrundinformation:
Oliver Stone spricht hier von der Alternativversion der Ereignisse, die zur Tötung Osama bin Ladens führten, wie sie der Pulitzer-Preisträger Seymour M. Hersh in seinem Buch *The Killing of Osama Bin Laden*, Verso, 2016 beschrieb.

78. Hintergrundinformation:
Eine ausführliche Darstellung der wirtschaftlichen und sozialen Katastrophe, die sich in Russland nach dem Zerfall der Sowjetunion abspielte und die schwerere Folgen hatte als die Große Depression in den USA, finden Sie in Stephen R. Cohens Buch *Soviet Fates and Lost Alternatives*, Columbia University Press, 2011.

79. Hintergrundinformation:
Die vier Parteien im russischen Parlament, von denen Putin spricht, sind: die Putin-Partei Einiges Russland, die Kommunistische Partei der Russischen Föderation, die Liberal-Demokratische Partei Russlands und Gerechtes Russland. Siehe: »Russia parliament elections: How the parties line up« auf BBC, 6. März 2012, abgerufen unter:
http://www.bbc.com/news/world-europe-15939801

80. Hintergrundinformation:
Das war dann natürlich auch 2016 der Fall, als Donald J. Trump nicht die Mehrheit der Wählerstimmen erhielt, aber vom Wahlmännergremium zum Präsidenten gewählt wurde.

81. Behauptung: »Kommen wir nun zu den Rechten für sexuelle Minderheiten: In der Sowjetzeit war Homosexualität strafrechtlich verboten. Das ist heute nicht mehr der Fall, diesen Paragrafen im Strafgesetzbuch haben wir in den 1990er-Jahren gestrichen.«
Für eine nähere Erläuterung der die LGBT-Gemeinschaft betreffenden rechtlichen Bestimmungen in Russland und deren Auswirkungen auf besagte Gemeinschaft siehe: Ennis, Stephen: »Russia's mixed messages on LGBT« auf BBC, 29. April 2016, abgerufen unter:
http://www.bbc.com/news/world-europe-36132060.
In dem Artikel heißt es, dass bis zum Zeitpunkt seiner Veröffentlichung kein einziges Mitglied der rus sischen LGBT-Gemeinschaft aufgrund des jüngst verabschiedeten Gesetzes zum Verbot »homosexueller Propaganda« inhaftiert worden sei.

82. Hintergrundinformation:
Putin scheint sich hier auf eine Entscheidung des Obersten Gerichtshofs aus dem Jahr 2015 zu beziehen, die gleichgeschlechtliche Ehen in allen fünfzig Bundesstaaten der USA legalisierte. Die Entscheidung im Fall Obergefell v. Hodges 576 US __ (2015) wurde mit fünf zu vier Stimmen getroffen. In Wahrheit hat der Oberste Gerichtshof jedoch bereits 12 Jahre zuvor sämtliche bundesstaatlichen Gesetze, die gleichgeschlechtliche Aktivitäten unter Strafe stellten, außer Kraft gesetzt – und zwar im Fall Lawrence v. Texas, 539 US 558 (2003).

83. Hintergrundinformation:
Das Gesetz gegen »homosexuelle Propaganda« wurde am 30. Juni 2013 von Präsident Putin unterzeichnet und damit in Kraft gesetzt. Obwohl es seine erklärte Absicht ist, Kinder vor homosexuellen Inhalten zu schützen, halten Aktivisten dem entgegen, dass das Gesetz gegen die LGBT-Gemeinschaft im Allgemeinen eingesetzt werde. Siehe: »Russia: Court Rules Against LGBT Activist« auf *Human Rights Watch*, 3. Februar 2016, abgerufen unter:
https://www.hrw.org/news/2016/02/03/russia-court-rules-against-lgbt-activist

84. Behauptung: »Umso mehr hat es mich gewundert, gerade aus den Vereinigten Staaten kritische Stimmen dazu zu hören, weil in Teilen der USA Homosexualität doch nach wie vor strafrechtlich verfolgt wird.«
Widerlegung: Wie schon bei Fußnote 82 (siehe oben) ausgeführt, ist Putins Behauptung, dass Homosexualität in den USA nach wie vor unter Strafe steht, falsch. Die Kriminalisierung homosexueller Aktivitäten galt zwar bis in dieses Jahrhundert, wurde jedoch mit der erwähnten Entscheidung des Obersten Gerichtshofs aus dem Jahr 2003 aufgehoben.

85. Hintergrundinformation:
Putin liegt mit seiner Schätzung, dass Muslime etwa 12 Prozent der russischen Gesamtbevölkerung ausmachen und bis 2030 etwa 20 Prozent der Bevölkerung stellen werden, genau richtig. Er hat auch recht damit, dass die absolute Anzahl der Muslime in Russland weiterhin im Ansteigen begriffen ist und das allgemeine Bevölkerungswachstum im Land weit übertrifft. Entgegen Putins Behauptung nimmt die Gesamtbevölkerung Russlands allerdings ab. Siehe: »Russia's Growing Muslim Population« auf Stratfor Enterprises, 8. August 2013, abgerufen unter: *https://worldview.stratfor.com/article/russias-growing-muslim-population*

86. Ebd.

87. Hintergrundinformation:
Es trifft zu, dass Russland das Kyoto-Protokoll unterzeichnet hat und die USA eines der wenigen Länder waren, die nicht unterzeichnet haben. Siehe: Merchant, Brian: »The Only Nations That Haven't Signed 1997's Global Climate Treaty are Afghanistan, Sudan & The USA« auf Treehugger.com, 28. November 2011, abgerufen unter: *https://www.treehugger.com/climate-change/only-nations-havent-signed-1997s-global-climate-treaty-are-afghanistan-us.html*

88. Hintergrundinformation:
Putins Schätzung der Staatsverschuldung der USA ist richtig. Sie liegt derzeit bei 19 Billionen Dollar – mit steigender Tendenz – und beträgt somit 102 Prozent des Bruttoinlandsprodukts. Siehe: Tepper, Taylor: »5 Things Most People Don't Understand About the National Debt« in *Time*, 22. April 2016, abgerufen unter:
http://time.com/money/4293910/national-debt-investors/

89. Hintergrundinformation:
Putin liegt mit seiner Schätzung der russischen Verschuldungsquote etwas zu niedrig, trifft jedoch ungefähr den Kern der Sache. Derzeit beträgt die russische Staatsverschuldung etwa 15 Prozent des Bruttoinlandsprodukts. Siehe: *https://debtclock.tv/world/russia/* (Seite nicht mehr verfügbar; eine Alternative ist: *https://www.nationaldebtclocks.org*)

90. Korrektur:
Oliver Stone schätzt die Staatsverschuldung Russlands hier viel zu hoch ein. In Wahrheit liegt sie nicht bei 1 Billion, sondern nur bei 150 Milliarden Dollar. Ebd.

91. Hintergrundinformation:
Putin ist optimistisch, was die Stärke und die Stabilität der russischen Wirtschaft angeht. Die Ölpreise sanken 2016 jedoch weit unter die 50 Dollar pro Barrel, von denen die Budgetplanung der Regierung ausgegangen war. Als der Preis bei 30 Dollar lag, musste das Finanzministerium damit beginnen, sich Alternativszenarien für 2016 zu überlegen. Siehe: Andrianova, Anna: »Moody's Warns Russian Deficit Goal in Doubt as Oil Jolts Budget« auf Bloomberg, 12. Februar 2016, abgerufen unter: *https://www.bloomberg.com/news/articles/2016-02-12/moody-s-warns-russian-deficit-goal-in-doubt-as-oil-jolts-budget*

92. Behauptung: »Sie bezahlen – korrigieren Sie mich, wenn ich mich irre – 83 Prozent des tschetschenischen Budgets?«
Bekräftigung: Oliver Stone irrt nicht. Russland stellt mehr als 80 (sogar bis zu 90) Prozent des tschetschenischen Budgets. Siehe: Schwirtz, Michael: »Russian Anger Grows Over Chechnya Subsidies« in *New York Times,* 8. Oktober 2011, abgerufen unter:
https://www.nytimes.com/2011/10/09/world/europe/chechnyas-costs-stir-anger-as-russia-approaches-elections.html

93. Behauptung: »OS: Die Unzufriedenheit unter den Werktätigen kann da natürlich zum Problem werden. In einigen Regionen konnten keine Löhne mehr ausbezahlt werden. Im Westen wurde viel darüber geschrieben, dass die Löhne oder Gehälter bis zu 3 Monate ausblieben.
WP: Es gab technische Probleme, die zu diesen Zahlungsverzögerungen geführt haben, doch die kamen auch nicht so häufig vor. Ansonsten werden die Löhne und Gehälter korrekt ausbezahlt. Die wenigen bestehenden Probleme sind auf Verantwortungslosigkeit, Nachlässigkeit und zu langsame Entscheidungsprozesse zurückzuführen. Wirtschaftlich und im Hinblick auf das Budget gibt es aber absolut keine Probleme.«
Widerlegung: Wie Oliver Stone sagt (und Putin leugnet), scheint es wirklich ein Problem mit den Löhnen für manche der russischen Arbeiter zu geben. Siehe: Kramer, Andrew E.: »Unpaid Workers Unite in Protest Against Putin« in *New York Times,* 21. April 2015, abgerufen unter: *https://www.nytimes.com/2015/04/22/world/europe/russian-workers-take-aim-at-putin-as-economy-exacts-its-toll.html?_r=0*

94. Hintergrundinformation:
Es stimmt, dass Russland vor Kurzem vom IWF für seine Wirtschaftspolitik hochgelobt wurde. Siehe: »Russia's economy moves back to positive zone of growth – IMF Chief« auf Tass News Agency, 17. April 2017, abgerufen unter: *http://tass.com/economy/941775*

95. Hintergrundinformation:
Für eine gute Beschreibung der Anfänge des Kriegs im Kaukasus siehe:
»Chechnya, Russia and 20 years of conflict«, a. a. O.
»Miscalculations Paved Path to Chechen War«, a. a. O.

96. Hintergrundinformation:
Putins Behauptung, dass sowohl der IWF als auch die Weltbank Russland schließlich aufgrund humanitärer Fragen im Zusammenhang mit dem Tschetschenien-Krieg Kredite gaben, ist zutreffend. Siehe: »Chechnya Conflict: Recent Developments« in *CRS Report for Congress,* 3. Mai 2000, abgerufen unter: *https://www.hsdl.org/?view&did=451457*
Es stimmt auch, wie Putin sagt, dass der IWF bei den Entscheidungen über seine Kreditvergaben im Allgemeinen keine politischen oder Menschenrechtsfragen berücksichtigt. Siehe: »Russia: Partisan War in Chechnya On The Eve of WWII Commemoration« auf Human Rights Watch, Mai 1995, abgerufen unter: *https://www.hrw.org/reports/1995/Russiaa.htm*

97. Hintergrundinformation:
Es ist unbestritten, dass Russland sämtliche Schulden der ehemaligen Sowjetunion zurückgezahlt hat, wie Putin behauptet. Siehe: »Russia to pay off Soviet debt with $125 mln for Bosnia and Herzegovina« auf Reuters, 21. März 2017, abgerufen unter:
https://www.reuters.com/article/russia-bosnia-debt-idUSR4N1F102X

98. Hintergrundinformation:
Für eine genaue Abschrift der Rede, die Putin 2007 in München hielt, siehe: »Putin's Prepared Remarks at 43rd Munich Conference on Security Policy«, a. a. O [dt. Übersetzung:
http://www.ag-friedensforschung.de/themen/Sicherheitskonferenz/2007-putin-dt.html]

99. Hintergrundinformation:
So viele militärische Führungskräfte der USA haben Russland als größte Bedrohung für die Vereinigten Staaten dargestellt, dass man nur schwer beurteilen kann, wen Oliver Stone hier konkret meint. Jedenfalls hat der ehemalige General und derzeitige Verteidigungsminister James »Mad Dog« Mattis diese Behauptung erst vor Kurzem wiederholt. Siehe: »Trump's Pentagon nominee says Russia is No. 1 security threat to U.S.« auf Associated Press, 12. Januar 2017, abgerufen unter:
http://www.cbc.ca/news/world/pompeo-mattis-confirmation-hearings-1.3932152

100. Hintergrundinformation:
Oliver Stones Aussage, dass unter Obama die Militärausgaben der USA in Europa vervierfacht wurden und ein Großteil dieser erhöhten Ausgaben mit Osteuropa zu tun hat, ist richtig. Siehe: »US to ›quadruple defense budget for Europe‹ « auf BBC, 2. Februar 2016, abgerufen unter:
http://www.bbc.com/news/world-us-canada-35476180

101. Ebd.

102. Behauptung: »Und eine weitere Eskalation ereignet sich gerade, weil die Vereinigten Staaten ihr Raketenabwehrsystem in Osteuropa stationieren, obwohl wir mehrmals Alternativen und Kooperationsszenarien vorgeschlagen haben.«
Siehe: »US Withdraws From ABM Treaty; Global Response Muted«, ebd.

103. Hintergrundinformation:
Es trifft zu, dass die USA die Vorschläge sowohl Russlands als auch Chinas für ein Verbot der Militarisierung des Weltraums abgelehnt haben. Siehe: Gertz, Bill: »U.S. Opposes New Draft Treaty from China and Russia Banning Space Weapons« auf *Washington Free Beacon*, 19. Juni 2014, abgerufen unter:
http://freebeacon.com/nati onal-security/u-s-opposes-new-draft-treaty-from-china-and-russia-banning-space-weapons/

104. Hintergrundinformation:
Wie Putin andeutet, arbeiteten er und Obama zusammen an einem Vertrag zur Einschränkung der Nuklearkapazität des Iran. Siehe: Oliphant, Roland: »Barack Obama praises Putin for help clinching Iran deal« in *The Telegraph*, 15. Juli 2015, abgerufen unter:
https://www.telegraph.co.uk/news/worldnews/barackobama/11740700/Barack-Obama-praises-Putin-for-help-clinching-Iran-deal.html

105. Behauptung: »Und dieses Jahr wird sich der Verteidigungshaushalt der USA auf mehr als 600 Milliarden Dollar belaufen. Das ist einfach zu viel – mehr als die Verteidigungsausgaben aller anderen Länder der Welt zusammengenommen.«
Widerlegung: Die Zahlen stimmen nicht ganz: Der US-Verteidigungshaushalt beläuft sich tatsächlich auf 600 Milliarden Dollar, doch dieser Betrag ist weit geringer als die Verteidigungs-

ausgaben im gesamten Rest der Welt zusammen. Siehe: Schoen, John W.: »Here's how US defense spending stacks up against the rest of the world« auf CNBC, 2. Mai 2017, abgerufen unter: *https://www.cnbc.com/2017/05/02/how-us-defense-spending-stacks-up-against-the-rest-of-the-world.html*

106. Hintergrundinformation:
Unter Charles de Gaulle zog sich Frankreich tatsächlich aus der integrierten militärischen Kommandostruktur der NATO zurück, allerdings erst im Jahr 1967. Siehe: Shea, Dr. Jamie: »1967: De Gaulle pulls France out of NATO's integrated military structure« auf NATO, 3. März 2009, abgerufen unter: *https://www.nato.int/cps/en/natohq/opinions_139272.htm*

107. Hintergrundinformation:
Für eine gute Erklärung, wie amerikanische Nichtregierungsorganisationen und die US-Regierung sich in die inneren Angelegenheiten der Ukraine einmischten und zur Herbeiführung des Staatsstreichs beitrugen, siehe: »Brokering power: US role in Ukraine coup hard to overlook« auf RTNews, 19. Februar 2015, abgerufen unter:
https://www.rt.com/news/233439-us-meddling-ukraine-crisis/

108. Behauptung: »Es gab nie einen wirklich begründeten Verdacht in diese Richtung, weil keine konkreten Beweise vorlagen. Doch der Verdacht wurde öffentlich gemacht, und darum hat der Iran auch das Nuklearabkommen unterzeichnet. Man wollte damit wahrscheinlich nur die Beziehungen zu den Vereinigten Staaten und den anderen Ländern normalisieren, die wegen dieser Verdachtsmomente besorgt waren.«
Siehe: »Barack Obama praises Putin for help clinching Iran deal«, a. a. O.

109. Hintergrundinformation:
Siehe: Escobar, Pepe: »Russia's Ultimate Lethal Weapon« auf *Counterpunch,* 18. September 2015, abgerufen unter:
https://www.counterpunch.org/2015/09/18/russias-ultimate-lethal-weapon/

110. Hintergrundinformation:
Es geht um Alexander III., der vom 12. März 1881 bis 1. November 1894 regierte, und seine Gattin Maria Fjodorowna, die Mutter des letzten russischen Zaren. Siehe:
http://www.alexanderpalace.org/palace/mariabio.html

111. Hintergrundinformation:
Interview mit Charlie Rose vom 28. September 2015: *https://charlierose.com/videos/22696*

112. Behauptung: »Er sagte uns, dass auch ihm die Probleme im eigenen Land bewusst seien. Er ist nicht nur bereit, das Gespräch mit oppositionellen Gruppen – sogar der bewaffneten Opposition – zu suchen, sondern will auch zusammen mit diesen Gruppen an der Ausarbeitung einer neuen Verfassung arbeiten.«
Bekräftigung: Siehe: Stubbs, Jack und Barrington, Lisa: »Assad says he can form new Syria government with opposition« auf Reuters, 30. März 2016, abgerufen unter:
https://www.reuters.com/article/us-mideast-crisis-syria-idUSKCN0WW1YO

113. Hintergrundinformation:
Siehe: »4.5 mn. Russian tourists won't visit Turkey this year« auf RT, 15. Januar 2016, abgerufen *unter: https://www.rt.com/business/329075-turkey-lose-russian-tourists/*

114. Hintergrundinformation:
Türkische Baufirmen sind in Russland überaus aktiv und haben dort eine Menge lukrativer Aufträge erhalten – von Einkaufszentren bis hin zu Einrichtungen für die Olympischen Spiele in Sotschi. Siehe: Özkan, Behlül: »Why Turkey Aims for ›Zero Problems‹ With Russia's War in

Syria« in *Huffington Post*, 9. Oktober 2015, abgerufen unter: *https://www.huffingtonpost.com/behlal-azkan/turkey-russia-syria_b_8265848.html?guccounter=1*

115. Hintergrundinformation:
Die Türkei hatte den Vorsitz beim G-20-Gipfel, der von 15. bis 16. November 2015 im Ferienort Antalya stattfand. »Die G-20 ist die führende Plattform für internationale wirtschaftliche Zusammenarbeit. Sie entstand aus der Notwendigkeit heraus, gemeinsam auf die Herausforderungen zu reagieren, die sich durch die Wirtschaftskrisen der Jahre 1997 und 1998 ergaben. Die erste Zusammenkunft der G-20-Mitgliedstaaten, die damals noch durch Finanzminister und Zentralbankpräsidenten vertreten waren, fand 1999 statt.« Siehe:
http://www.mfa.gov.tr/g-20-en.en.mfa

116. Behauptung: »Und als aus heiterem Himmel ein russisches Flugzeug in der Nähe der syrisch-türkischen Grenze abgeschossen wurde, kam das bei unseren Diskussionen nicht einmal zur Sprache.«
Korrektur: Präsident Putins Erinnerung an die Abfolge der Ereignisse ist hier fehlerhaft. Der G-20-Gipfel fand am 15. und 16. November 2015 im türkischen Antalya statt. Das russische Flugzeug wurde jedoch erst am 24. November 2015 abgeschossen.

117. Hintergrundinformation:
Oliver Stone stellt die Frage, in welchem Monat der russische Militäreinsatz in Syrien begann – und Putin antwortet, dass er das nicht genau weiß, aber annimmt, dass es im Sommer war. Tatsächlich entsandte Russland aber erst Anfang September 2015 Truppen nach Syrien. Siehe: Baczynska, Gabriela; Perry, Tom; Bassam, Laila und Stewart, Phil: »Exclusive: Russian troops join combat in Syria – sources« auf Reuters, 10. September 2015, abgerufen unter:
https://www.reuters.com/article/us-mideast-crisis-syria-exclusive-idUSKCN0R91H720150910

118. Behauptung: »Und außerdem haben der israelische und der griechische Verteidigungsminister öffentlich gesagt, darüber Bescheid zu wissen dass der IS Öl in türkisches Territorium liefert.«
Bekräftigung: Siehe: »Israeli defense minister accuses Turkey of buying IS oil« auf BBC, 26. Januar 2016, abgerufen unter: *http://www.bbc.com/news/world-europe-35415956*

119. Hintergrundinformation:
Es stimmt, dass Kerry Russland vorwarf, »legitime oppositionelle Gruppen anzugreifen«. Siehe: »John Kerry condemns Russia's ›repeated aggression‹ in Syria and Ukraine« in *The Guardian*, 13. Februar 2016, abgerufen unter: *https://www.theguardian.com/us-news/2016/feb/13/john-kerry-condemns-russias-repeated-aggression-in-syria-and-ukraine*

120. Behauptung: »… zum Beispiel in Kundus, wo amerikanische Flugzeuge eine Klinik von Ärzte ohne Grenzen bombardiert haben.«
Bekräftigung: Siehe: Gibbons-Neff, Thomas: »U.S. military struggles to explain how it wound up bombing Doctors Without Borders hospital« in *Washington Post*, 5. Oktober 2015, abgerufen unter: *https://www.washingtonpost.com/news/checkpoint/wp/2015/10/05/afghan-forces-requested-airstrike-that-hit-hospital-in-kunduz/*

121. Behauptung: Oliver Stone sagt, dass die chinesische Botschaft von westlichen Streitkräften bombardiert wurde.
Bekräftigung: Siehe: Sweeney, John; Holsoe, Jens und Vulliamy, Ed: »Nato bombed Chinese embassy deliberately« in *The Guardian*, 17. Oktober 1999, abgerufen unter:
https://www.theguardian.com/world/1999/oct/17/balkans

122. Behauptung: Oliver Stones Frage bezieht sich auf einen russischen Su-40-Bomber, der von einer türkischen F-16 abgeschossen wurde. Putin korrigiert ihn insofern, als es sich bei der abgeschossenen Maschine um eine Su-24 gehandelt und dass man auf deren Piloten geschossen habe.
Bekräftigung: Siehe: Fraser, Isabelle und Akkoc, Raziye: »Turkey shooting down plane was ›planned provocation‹ says Russia, as rescued pilot claims he had no warning – latest« in *The Telegraph,* 26. November 2015, abgerufen unter: *https://www.telegraph.co.uk/news/worldnews/middleeast/syria/12015465/Turkey-shoots-down-Russia-jet-live.html*

123. Hintergrundinformation:
Russland informierte vor dem Start der besagten Maschinen tatsächlich das amerikanische Militär. Siehe: MacFarquhar, Neil: »U.S. Agrees With Russia on Rules in Syrian Sky« in *New York Times,* 20. Oktober 2015, abgerufen unter: *https://www.nytimes.com/2015/10/21/world/middleeast/us-and-russia-agree-to-regulate-all-flights-over-syria.html*

124. Behauptung: Putin gibt an, dass Russland auf Einladung der syrischen Regierung und daher rechtmäßig in Syrien militärisch tätig sei.
Bekräftigung: Chappell, Bill: »Russia Begins Airstrikes in Syria After Assad's Request« auf NPR, 30. September 2015, abgerufen unter: https://choice.npr.org/index.html?origin= *http://www.npr.org/sections/thetwo-way/2015/09/30/444679327/russia-begins-conducting-airstrikes-in-syria-at-assads-request*

125. Behauptung: Putin berichtet von 70 bis 120 Luftschlägen russischer Maschinen täglich in Syrien, verglichen mit drei bis fünf Angriffen der US-geführten internationalen Koalition.
Bekräftigung: Diese Zahlen ändern sich zwar im Lauf der Zeit, doch die Größenordnung stimmt. Siehe: Axe, David: »Russia Is Launching Twice as Many Airstrikes as the U.S. in Syria« auf *The Daily Beast,* 23. Februar 2016, abgerufen unter:
https://www.thedailybeast.com/russia-is-launching-twice-as-many-airstrikes-as-the-us-in-syria

126. Korrektur: 120 Angriffe täglich ergeben in 60 Tagen 7200 Luftschläge.

127. Behauptung: »Laut Hochrechnungen beträgt die Anzahl der IS-Terroristen geschätzte 80 000 Personen. 30 000 davon sind ausländische Söldner aus achzig verschiedenen Ländern weltweit.«
Je nach Quelle wird die Anzahl der ISIS-Terroristen auf 20 000 bis 30 000 oder aber auf 80 000 bis 100 000 geschätzt. Was Putins Schätzung angeht, siehe: Schachtel, Jordan: »Russian Intel: ISIS Has 80,000 Jihadis in Iraq and Syria« auf *Breitbart,* 11. November 2015, abgerufen unter: http://www.breitbart.com/national-security/2015/11/11/russian-intel-isis-80000-jihadis-iraq-syria/
Bezüglich ausländischer Söldner im IS. siehe: Schmitt, Eric und Sengupta, Somini: »Thousands Enter Syria to Join ISIS Despite Global Efforts« in *New York Times,* 26. September 2015, abgerufen unter: *https://www.nytimes.com/2015/09/27/world/middleeast/thousands-enter-syria-to-join-isis-despite-global-efforts.html?_r=0*

128. Hintergrundinformation:
Robert McNamara war, wie die *New York Times* schreibt, »der energische, intellektuelle Verteidigungsminister, der dabei mithalf, die Nation in den Strudel des Vietnam-Kriegs zu treiben, und den Rest seines Lebens damit zubrachte, mit den moralischen Konsequenzen dieses Kriegs zu ringen«. Und: »Er war der einflussreichste Verteidigungsminister des 20. Jahrhunderts, der von 1961 bis 1968 unter den Präsidenten John F. Kennedy und Lyndon B. Johnson diente.« Siehe: Weiner, Tim: »Robert S. McNamara, Architect of a Futile War, Dies at 93« in *New York Times,* 6. Juli 2009, abgerufen unter: *https://www.nytimes.com/2009/07/07/us/07mcnamara.html?pagewanted=all&mtrref=undefined&gwh=81EA04A9729A3BE222162C60C1EB6708&gwt=pay*

129. Korrektur: Laut offizieller Website der Saud-Dynastie ist König Saud ibn Abd al-Aziz bei seinen Reisen nie über den arabischen Raum hinausgekommen. Siehe: *http://houseofsaud.com/saudi-royal-family-history/*

130. Behauptung: »Die Gefahr eines Kriegsausbruchs war sehr groß – und ich bin davon überzeugt, dass Präsident Obama zu diesem Zeitpunkt die richtige Entscheidung getroffen hat. Er und ich schafften es, uns auf koordinierte Maßnahmen zu einigen.«
Präsident Obama stieß auf heftige Kritik, als er nach dem Sarin-Angriff auf einen Außenbezirk von Damaskus entschied, Syrien nicht anzugreifen. Von anderer Seite wurde er aber auch gelobt, weil er staatsmännische Zurückhaltung zeigte. Siehe: McGovern, Ray (ehemaliger CIA-Analyst): »When Putin Bailed Out Obama« auf *Consortium News*, 31. August 2016, abgerufen unter: *https://consortiumnews.com/2016/08/31/when-putin-bailed-out-obama/*

131. Hintergrundinformation:
Siehe: Kramer, Andrew E.: »Russia Expands Sanctions Against Turkey After Downing of Jet« in *New York Times*, 30. Dezember 2015, abgerufen unter: *https://www.nytimes.com/2015/12/31/world/europe/russia-putin-turkey-sanctions.html*

132. Hintergrundinformation:
»Es werden immer mehr Sanktionen – Sie gegen die Türkei und die USA gegen Russland.« Siehe: Davis, Julie Hirschfeld: »U.S. Imposes Sanctions Over Russia's Intervention in Ukraine« in *New York Times*, 22. Dezember 2015, abgerufen unter: *https://www.nytimes.com/2015/12/23/world/europe/us-russia-ukraine-sanctions.html*

133. Behauptung: »Vor ein paar Jahren bezeichnete Dick Cheney, der damalige amerikanische Vizepräsident, bei einer Konferenz den Nahen und den Mittleren Osten als die ›Schlüssel zum Königreich‹.«
Nicht nachweisbar.

134. Hintergrundinformation:
Dieses Zitat wird Scheich Ahmed Zaki Yamini zugeschrieben, der von 1982 bis 1986 saudischer Ölminister war. »Die Steinzeit ging nicht zu Ende, weil die Steine ausgingen, und das Erdölzeitalter wird nicht zu Ende gehen, weil das Erdöl aufgebraucht ist.« Siehe: »The end of the Oil Age« in *The Economist*, 23. Oktober 2003, abgerufen unter: *https://www.economist.com/node/2155717*

135. Behauptung: »Es ging nicht von uns aus, dass die NATO im Jahr 2014 bedauerlicherweise jede Zusammenarbeit im Rahmen des NATO-Russland-Rats mit uns abgebrochen hat.«
Bekräftigung: Siehe: »Ukraine crisis: Nato suspends Russia co-operation« auf BBC, 2. April 2014, abgerufen unter: *http://www.bbc.com/news/world-europe-26838894*

136. Hintergrundinformation:
»Der Warschauer Pakt war eine Organisation zentral- und osteuropäischer kommunistischer Staaten. Er wurde am 14. Mai 1955 im polnischen Warschau gegründet, um der empfundenen Bedrohung durch das NATO-Bündnis entgegenzuwirken, vor allem der Aussicht auf die Aufnahme eines ›remilitarisierten‹ Westdeutschland in die NATO, die tatsächlich am 9. Mai 1955 durch die Unterzeichnung der Pariser Verträge stattfand. Mit Ausnahme von Jugoslawien unterzeichneten alle kommunistischen Staaten Zentral- und Osteuropas das Gründungsdokument des Warschauer Pakts. Die Mitglieder des Warschauer Pakts versicherten einander ihren Willen zur gegenseitigen militärischen Hilfeleistung im Falle eines Angriffs auf einen oder mehrere der Teilnehmerstaaten. Der Pakt bestand bis zum Ende des Kalten Kriegs. Erst 1989, mit dem Zusammenbruch des Ostblocks und den politischen Veränderungen in der Sowjetunion, begann er sich aufzulösen.« (New World Encyclopedia, siehe: *http://www.newworldencyclopedia.org/entry/Warsaw_Pact)*

137. Hintergrundinformation:
Saakaschwili verzichtete auf seine Staatsbürgerschaft, um so einer »garantierten Inhaftierung« zu entgehen. Er erhielt die ukrainische Staatsbürgerschaft und wurde zum Gouverneur der Oblast Odessa ernannt. Siehe: »Georgia ex-leader Saakashvili gives up citizenship for Ukraine« auf BBC, 1. Juni 2015, abgerufen unter: *http://www.bbc.com/news/world-europe-32969052*

138. Behauptung: »Uns blieb gar nichts anderes übrig, als darauf zu reagieren, weil eine der ersten militärischen Aktionen der Georgier darin bestand, Mitglieder unserer Friedenssicherungstruppe zu ermorden.«
Bekräftigung: Als georgische Truppen ihren Angriff auf Südossetien starteten, töteten und verletzten sie tatsächlich mehrere russische Friedenssicherungskräfte. Siehe: Womack, Helen; Parfitt, Tom und Black, Ian: »Russian troops and tanks pour into South Odessa« in *The Guardian*, 9. August 2008, abgerufen unter: *https://www.theguardian.com/world/2008/aug/09/russia.georgia*

139. Hintergrundinformation:
Das Orchester des Mariinski-Theaters in Sankt Petersburg unter dem berühmten Dirigenten Waleri Gergijew gab in den antiken Ruinen von Palmyra in Syrien ein Konzert für die Opfer terroristischer Gruppen. Siehe: Pleitgen, Fred: »Russian orchestra plays concert in ancient Syrian ruins of Palmyra« auf CNN, 6. Mai 2016, abgerufen unter:
https://edition.cnn.com/2016/05/05/middleeast/syria-palmyra-russia-concert/

140. Hintergrundinformation:
Nach dem Scheitern des Protokolls von Minsk, das zu einem Ende der Kampfhandlungen in der ukrainischen Donbass-Region hätte führen sollen, fanden am 11. Februar 2015 in der weißrussischen Hauptstadt Minsk neue Friedensverhandlungen statt. Zu den dortselbst beschlossenen Punkten zählen unter anderem ein sofortiger und vollständiger Waffenstillstand auf beiden Seiten, der Rückzug schwerer Waffen auf beiden Seiten, effektive Überwachungs- und Überprüfungsmaßnahmen, der Beginn eines Dialogs zur Abhaltung von Kommunalwahlen, eine Begnadigung und Amnestie durch das Verbot der Strafverfolgung von am Donezk- und Luhansk-Konflikt beteiligten Personen, die Freilassung sämtlicher Geiseln und anderer illegal festgehaltener Menschen, die ungehinderte Ermöglichung humanitärer Hilfeleistungen, die vollständige Wiederherstellung sozialer und wirtschaftlicher Beziehungen, die vollständige Wiederherstellung der Kontrolle durch die ukrainische Regierung, der Rückzug ausländischer Truppen, Waffen und Söldner sowie eine Verfassungsreform in der Ukraine, die bis Ende 2015 verabschiedet werden sollte.
Siehe: »Ukraine ceasefire: New Minks agreement key points« auf BBC, 12. Februar 2015, abgerufen unter: *http://www.bbc.com/news/world-europe-31436513*

141. Behauptung: »Daraufhin teilten uns unsere amerikanischen und europäischen Freunde jedoch mit, dass der Ministerpräsident – das war damals Herr Jazenjuk – und Präsident Poroschenko an einem Strang ziehen und gemeinsam die Maßnahmen umsetzen müssten. Wir haben ja gesehen, was daraus geworden ist.«
Bekräftigung: Putin spricht hier von der Hinterlassenschaft der Regierung Poroschenko-Jazenjuk, die mit dem Rücktritt des Ministerpräsidenten Jazenjuk zerfiel. Siehe: Golinkin, Lev: »The Toxic Coddling of Petro Poroshenko« in *Foreign Policy*, 13. April 2016, abgerufen unter: *http://foreignpolicy.com/2016/04/13/the-toxic-coddling-of-kiev-ukraine-poroshenko-yatsenuk/*

142. Behauptung: Oliver Stone möchte die Summe von umgerechnet 51 Milliarden US-Dollar bestätigt haben, die Russland in die Vorbereitungen für die Winterolympiade in Sotschi investiert haben soll. Putin antwortet, dass er jetzt keine falschen Zahlen nennen, aber später darauf zurückkommen will.

Bekräftigung: Laut einem Artikel in der *Washington Post* beläuft sich der allgemein anerkannte Betrag (mit Einschränkungen) auf 50 Milliarden Dollar. Siehe: Farhi, Paul: »Did the Winter Olympics in Sochi really cost $50 billion? A closer look at that figure« in *Washington Post*, 10. Februar 2014, abgerufen unter: *https://www.washingtonpost.com/lifestyle/style/did-the-winter-olympics-in-sochi-really-cost-50-billion-a-closer-look-at-that-figure/2014/02/10/a29e37b4-9260-11e3-b46a-5a3d0d2130da_story.html?utm_term=.01d8385a91e8*

143. Hintergrundinformation:
Siehe: Weir, Fred: »In Russia, how one mainly Muslim region beat back radicalism« in *Christian Science Monitor*, 22. August 2016, abgerufen unter: *https://www.csmonitor.com/World/Europe/2016/0822/In-Russia-how-one-mainly-Muslim-region-beat-back-radicalism*

144. Behauptung: »Die Vereinigten Staaten haben die entsprechenden Zahlen veröffentlicht: Sie stecken 75 Milliarden Dollar jährlich in ihre Geheimdienste. 52 Milliarden davon sind für zivile Nachrichtendienste bestimmt.«
Bekräftigung: Nach öffentlich zugänglichen Angaben aus einem Bericht des Congressional Research Service sind Stones Zahlen korrekt. Siehe: Miles, Anne Daugherty: »Intelligence Community Spending: Trends and Issues«, 8. November 2016, abgerufen unter: *https://fas.org/sgp/crs/intel/R44381.pdf*

145. Behauptung: »Und wie wir ebenfalls bereits besprochen haben: Die Vereinigten Staaten wenden dafür mehr Geld auf als alle anderen Länder der Welt zusammen.«
Siehe: »Here's how US defense spending stacks up against the rest of the world«, a. a. O.

146. Hintergrundinformation:
Nach dem 11. September 2001 machte Putin den USA ein Unterstützungsangebot, das geheimdienstliche Informationen sowie die Abstimmung mit zentralasiatischen Staaten zur Nutzung ehemaliger sowjetischer Militärstützpunkte durch die USA betraf. Siehe: Dougherty, Jill: »9/11 a ›turning point‹ for Putin« auf CNN, 10. September 2002, abgerufen unter: *http://edition.cnn.com/2002/WORLD/europe/09/10/ar911.russia.putin/index.html*

147. Behauptung: »Stattdessen mussten wir erleben, dass der Westen seine politische Macht und Einflusssphäre in jene Territorien ausdehnte, die für unsere globale strategische Sicherheit sensibel und wichtig waren.«
Nach dem Zusammenbruch der Sowjetunion begann die NATO schrittweise mit ihrer Osterweiterung. Siehe: Klußmann, Uwe; Schepp, Matthias und Wiegrefe, Klaus: »Did the West Break Its Promise to Moscow?« in *Der Spiegel*, 26. November 2009, abgerufen unter: *http://www.spiegel.de/international/world/nato-s-eastward-expansion-did-the-west-break-its-promise-to-moscow-a-663315.html*

148. Hintergrundinformation:
Nach der Finanzkrise des Jahres 2008 musste sich die Weltwirtschaft mühsam erholen. Der russische Ansatz war direkt auf die Wirtschaft des Landes zugeschnitten. Siehe: Sutela, Pekka: »Russia's Response to the Global Financial Crisis« auf Carnegie Endowment for International Peace, 29. Juli 2010, abgerufen unter: *http://carnegieendowment.org/files/russia_crisis.pdf*

149. Hintergrundinformation:
Siehe: Walker, Shaun: »Vladimir Putin finds his thrill on ›Blueberry Hill‹« in *Independent*, 13. Dezember 2010, abgerufen unter: *https://www.independent.co.uk/news/world/europe/vladimir-putin-finds-his-thrill-on-blueberry-hill-2158697.html*

150. Behauptung: »Der ehemalige KGB-Vorsitzende hat unsere amerikanischen Partner über das gesamte Abhör- und Überwachungssystem in der US-Botschaft in Moskau informiert.«
Bekräftigung: Im Dezember 1991 übergab General Wadim Bakatin, der letzte Vorsitzende des KGB, den Amerikanern Pläne und Abhörvorrichtungen, die zur Überwachung der US-Botschaft in Moskau gedient hatten. Siehe: »KGB Gives U.S. Devices and Plans Used to Bug Embassy« in *Los Angeles Times*, 14. Dezember 1991, abgerufen unter:
http://articles.latimes.com/1991-12-14/news/mn-197_1_eavesdropping-devices

151. Behauptung: »Mehrmals und immer wieder habe ich an die USA, unsere europäischen Partner und die georgische Führung appelliert, eine Eskalation dieses Konflikts zu verhindern.«
Bekräftigung: In seinem Leitartikel in der *Financial Times* schreibt Sergei Lawrow, der Außenminister der Russischen Föderation: »Noch wenige Stunden vor dem Einmarsch in Georgien hatte Russland noch an den UN-Sicherheitsrat appelliert, sowohl Georgien als auch Südossetien in einer offiziellen Stellungnahme zum Gewaltverzicht aufzufordern.« Siehe: Lavrov, Sergei: »Why Russia's response to Georgia was right« in *Financial Times*, 12. August 2008, unter:
https://www.ft.com/content/7863e71a-689e-11dd-a4e5-0000779fd18c

152. Behauptung: Bezugnehmend auf den georgischen Präsidenten Saakaschwili berichtet Putin, dass seine Amtskollegen aus anderen Ländern gesagt hätten: »Was haben Sie denn erwartet? Der Mann ist ein Irrer.«
Bekräftigung: Siehe: Bidder, Benjamin: »I Would Call Saakashvili Insane« auf *Spiegel Online*, 14. Mai 2009, abgerufen unter: *http://www.spiegel.de/international/world/georgian-opposition-leader-zurabishvili-i-would-call-saakashvili-insane-a-624807.html*

153. Hintergrundinformation:
Während seiner 10-jährigen Amtszeit als Präsident Georgiens warf man Eduard Schewardnadse immer wieder vor, eine korrupte Regierung zu führen und auch die Wirtschaft seines Landes völlig korrumpiert zu haben. Schewardnadse brachte in dieser Zeit auch den Wunsch zum Ausdruck, mit Georgien der NATO beizutreten. Siehe: »Shevardnadze Resigns as Georgian President« auf Fox News, 24. November 2003, abgerufen unter:
http://www.foxnews.com/story/2003/11/24/shevardnadze-resigns-as-georgian-president.html

154. Hintergrundinformation:
Die USA waren nicht gerade erfreut über die russische Entscheidung, Edward Snowden vorübergehendes Asyl zu gewähren, nachdem der »Whistleblower« Geheiminformationen enthüllt hatte. Siehe: Myers, Steven Lee und Kramer, Andrew E.: »Defiant Russia Grants Snowden Year's Asylum« in *New York Times*, 1. August 2013, abgerufen unter:
https://www.nytimes.com/2013/08/02/world/europe/edward-snowden-russia.html

155. Behauptung: Der ukrainische Oppositionsführer Wiktor Juschtschenko behauptete mehrmals, von seinen politischen Gegnern vergiftet worden zu sein.
Bekräftigung: Siehe: »Yushchenko Poisoned, Doctors Say« auf Deutsche Welle, 12. Dezember 2004, abgerufen unter: *http://www.dw.com/en/yushchenko-poisoned-doctors-say/a-1425561*

156. Hintergrundinformation:
Siehe: Grytsenko, Oksana: »Ukraine protests after Yanukovych EU deal rejection« auf BBC, 30. November 2013, abgerufen unter: *http://www.bbc.com/news/world-europe-25162563*

157. Behauptung: »Herr Janukowytsch hat sich nicht ins Ausland abgesetzt, sondern hielt sich in der Ukraine auf, als seine Amtsräume besetzt wurden.«
Bekräftigung: Präsident Janukowytsch reiste aus Kiew nach Charkiw, in die zweitgrößte Stadt

der Ukraine, die als seine politische Basis im Osten des Landes galt. Siehe: Malkin, Bonnie: »Ukraine crisis: Viktor Yanukovych leaves Kiev for support base« in *The Telegraph*, 22. Februar 2014, abgerufen unter: *https://www.telegraph.co.uk/news/worldnews/europe/ukraine/10655335/Ukraine-crisis-Viktor-Yanukovych-leaves-Kiev-for-support-base.html*

158. Hintergrundinformation:
Putin sagt, dass der Verlust des Stützpunkts in Sewastopol keine Gefahr dargestellt hätte, weil die neue Basis in Noworossijsk schon vor der Fertigstellung stand. Siehe: Sharkov, Damien: »Russia To Unveil New $1.4 Billion Black Sea Fleet Base Near Crimea« in *Newsweek*, 28. Juli 2016, abgerufen unter:
http://www.newsweek.com/russia-unveil-new-14-bn-black-sea-fleet-base-four-years-484974

159. Behauptung: »Und dieser freie Wille äußerte sich darin, dass eine überwältigende Mehrheit für die Unabhängigkeit von der Ukraine und den Anschluss an Russland stimmte.«
Bekräftigung: Siehe: »Crimeans vote over 90 percent to quit Ukraine for Russia«, a. a. O.

160. Hintergrundinformation:
Am 18. Februar 2008 wurde der Kosovo von den Vereinigten Staaten offiziell als souveräner und unabhängiger Staat anerkannt. Siehe: Secretary Rice, Condoleezza: »U.S. Recognizes Kosovo as Independent State« auf U.S. Department of State, 18. Februar 2008, abgerufen unter: *https://2001-2009.state.gov/secretary/rm/2008/02/100973.htm*

161. Hintergrundinformation:
Über Putins Reichtum kursieren zahlreiche Gerüchte. Oliver Stone konfrontiert Putin mit Behauptungen, denen zufolge er »der reichste Mensch der Welt« sei. Putin antwortet darauf, dass sein Vermögen längst nicht so groß sei wie in diesen Gerüchten angegeben. In der öffentlichen Meinung ist diese Frage offenbar nach wie vor ungeklärt. Wir geben im Folgenden zwei Verweise zu dieser Behauptung an.
Siehe: Taylor, Adam: »Is Vladimir Putin hiding a $200 billion fortune? (And if so, does it matter?)« in *Washington Post*, 20. Februar 2015, abgerufen unter: *https://www.washingtonpost.com/news/worldviews/wp/2015/02/20/is-vladimir-putin-hiding-a-200-billion-fortune-and-if-so-does-it-matter/?utm_term=.7243f8eed856*
Siehe: Holodny, Elena: »Former Kremlin banker: Putin ›is the richest person in the world until he leaves power‹« in *Business Insider*, 28. Juli 2015, abgerufen unter:
http://www.businessinsider.com/former-kremlin-banker-putin-is-the-richest-person-in-the-world-until-he-leaves-power-2015-7?IR=T

162. Hintergrundinformation:
Die Bezeichnung »sieben Banker« bezieht sich auf russische Tycoons, die den Wahlkampf Boris Jelzins zu seiner Wiederwahl als Präsident sponserten. Der Spitzname »Semibankirschina« oder »Herrschaft der sieben Banker« bezeichnet eine Gruppe aus sieben Adeligen, die Russland im 17. Jahrhundert für kurze Zeit regierten. Siehe: »Russia bows to the ›rule of the seven bankers‹« in *Irish Times*, 29. August 1998, abgerufen unter:
https://www.irishtimes.com/culture/russia-bows-to-the-rule-of-the-seven-bankers-1.187734

163. Hintergrundinformation:
Am 7. Juni 2016 wurden den Medien 11,5 Millionen Dokumente zugespielt, die dokumentierten, wie das panamaische Rechtsdienstleistungsunternehmen Mossack Fonseca mehr als 14 000 Klienten bei der Gründung von Offshore-Firmen und Bankkonten behilflich war, um damit Steuern zu sparen, zu umgehen oder ganz zu hinterziehen. Diese »Papiere« zeigen, wie die Reichen und Berühmten dieser Welt ihren Reichtum in Sicherheit bringen und vor der

Öffentlichkeit verbergen. Siehe:
https://www.icij.org/investigations/panama-papers/20160403-panama-papers-global-overview/

164. Hintergrundinformation:
Fjodor Michailowitsch Dostojewski, geboren 1821 in Moskau, beeinflusste die Weltliteratur entscheidend, indem er sich in seinen Werken auf höchst tiefgründige Art mit Philosophie, Religion und der menschlichen Existenz befasste. Zu seinen Romanen, in denen die inneren Kämpfe armer Russen aus der Arbeiterklasse eindringlich beschrieben werden, gehören *Schuld und Sühne, Die Brüder Karamasow* und *Aufzeichnungen aus dem Kellerloch.* Er starb 1881 in Sankt Petersburg. Siehe: Bloom, Harold: *Fyodor Dostoevsky,* Infobase Publishing, 2009.

165. Behauptung: »Aber Sie wissen schon, dass sogar Trump behauptet hat, die Russen hätten die Wahl gehackt.«
Bekräftigung: Siehe: Davis, Julie Hirschfeld und Haberman, Maggie: »Donald Trump Concedes Russia's Interference in Election« in *New York Times,* 11. Januar 2017, abgerufen unter:
https://www.nytimes.com/2017/01/11/us/politics/trumps-press-conference-highlights-russia.html

166. Hintergrundinformation:
Bei der Diskussion über Donald Trumps Behauptung, Russland hätte die US-Wahlen gehackt, bezieht sich Putin auf eine frühere Aussage von Trump. In dieser ging es darum, dass jedermann an jedem Ort der Welt, sogar jemand, der mit seinem Laptop im Bett liegt, einen Hacker-Angriff starten könne. Siehe: Reilly, Katie: »Hackers Are Mad That Donald Trump Body-Shamed Them at the Presidential Debate« in *Fortune,* 27. September 2016, abgerufen unter:
http://fortune.com/2016/09/26/presidential-debate-hackers-body-shamed/

167. Behauptung: »Die USA geben mehr für ihre Landesverteidigung aus als andere anderen Länder der Welt zusammengenommen – mehr als 600 Milliarden US-Dollar.«
Siehe: »Here's how US defense spending stacks up against the rest of the world«, a. a. O.

168. Behauptung: »Es gab sowohl 2000 als auch 2012 Einmischungen, wobei die im Jahr 2012 besonders aggressiv waren.«
Widerstreit der Beschuldigungen: Während einige hohe amerikanische Beamte die Ergebnisse der russischen Wahl des Jahres 2012 infrage stellten, behauptete der Kreml, die USA hätten oppositionelle Gruppen finanziert und Demonstrationen in Moskau organisiert. Siehe: Herszenhorn, David M. und Myers, Steven Lee: »Despite Kremlin's Signals, U.S. Ties Remain Strained After Russian Election« in *New York Times,* 6. März 2012, abgerufen unter:
https://www.nytimes.com/2012/03/07/world/europe/ties-with-us-remain-strained-after-russian-election.html

169. Hintergrundinformation:
Obwohl der damalige stellvertretende US-Verteidigungsminister William Lynn sich weigerte, konkrete Aussagen über die Mitarbeit der USA an der Entwicklung des Stuxnet-Virus zu treffen – der die Produktion in der iranischen Urananreicherungsanlage in Natanz empfindlich störte –, gilt es allgemein als erwiesen, dass eine Gemeinschaftsoperation von USA und Israel hinter der Cyberattacke steckte. Siehe: Beaumont, Peter und Hopkins, Nick: »US was ›key player in cyber-attacks on Iran's nuclear programme‹« in *The Guardian,* 1. Juni 2012, abgerufen unter: *https://www.theguardian.com/world/2012/jun/01/obama-sped-up-cyberattack-iran*

170. Hintergrundinformation:
Oliver Stones Film *Snowden* (2016) erzählt die Geschichte des Whistleblowers Edward Snowden vor und nach seiner Entscheidung, Geheiminformationen an die Presse weiterzugeben.

Siehe: Hornaday, Ann: »In ›Snowden‹, the national security whistleblower gets the Oliver Stone treatment« in *Washington Post,* 15. September 2016, abgerufen unter: *https://www.washingtonpost.com/goingoutguide/movies/in-snowden-the-national-security-whistleblower-gets-the-oliver-stone-treatment/2016/09/15/8f2ebde4-78e9-11e6-ac8e-cf8e0dd91dc7_story.html?*

171. Hintergrundinformation:
Oliver Stone erwähnt einen Angriff auf sechs Banken, aber andere Quellen sprechen von nur fünf russischen Banken, die von der Botnet-Attacke betroffen waren. Siehe: »5 major Russian banks repel massive DDoS attack« auf RTNews, 10. November 2016, abgerufen unter: *https://www.rt.com/news/366172-russian-banks-ddos-attack/*

172. Behauptung: »Wir werden Russland auf dieselbe Art angreifen, wie es uns bei diesen Wahlen angegriffen hat.«
Bekräftigung: Auf die Frage, ob die USA eine Antwort auf Russlands Einmischung in die amerikanischen Wahlen in Vorbereitung hätten, antwortete Vizepräsident Joe Biden: »Wir werden ihnen eine Botschaft senden. … Wir haben die Fähigkeit dazu. … Er wird es deutlich spüren. … Und unsere Botschaft wird die größtmöglichen Auswirkungen haben.« Siehe: Sanger, David E.: »Biden Hints at U.S. Response to Russia for Cyberattacks« in *New York Times,* 15. Oktober 2016, abgerufen unter: *https://www.nytimes.com/2016/10/16/us/politics/biden-hints-at-us-response-to-cyberattacks-blamed-on-russia.html*

173. Hintergrundinformation:
Am 24. Juni 2016 wurde im Unterhaus des russischen Parlaments mit 325 Stimmen und nur einer Gegenstimme ein Paket von Änderungsanträgen angenommen, die sich gegen terroristische Aktivitäten und jede wie auch immer geartete Unterstützung solcher Aktivitäten richten. Menschenrechtsaktivisten befürchten, dass es durch diese Antiterrormaßnahmen zu Einschränkungen der persönlichen Freiheit und der Privatsphäre kommen könnte. Siehe: Luhn, Alec: »Russia passes ›Big Brother‹ anti-terror laws« in *The Guardian,* 26. Juni 2016, abgerufen unter: *https://www.theguardian.com/world/2016/jun/26/russia-passes-big-brother-anti-terror-laws*

174. Behauptung: »Diese Leute haben Verbindungen nach Russland und bereiten Terroranschläge vor.«
Bekräftigung: Es gibt eine Reihe von Faktoren, die die Wahrscheinlichkeit künftiger Terroranschläge in Russland erhöhen. Siehe: Clarke, Colin P.: »Attacks on Russia Will Only Increase« in *The Atlantic,* 4. April 2017, abgerufen unter: *https://www.theatlantic.com/international/archive/2017/04/russia-st-petersburg-isis-syria/521766/*

175. Hintergrundinformation:
Siehe: Browne, Ryan: »U.S. launches long-awaited European missile defense shield« auf CNN, 12. Mai 2016, abgerufen unter: *https://edition.cnn.com/2016/05/11/politics/nato-missile-defense-romania-poland/*

176. Hintergrundinformation:
Siehe: »Chechen soldiers among Russian military police in Aleppo to ›ease interaction with locals‹« auf RTNews, 30. Januar 2017, abgerufen unter: *https://www.rt.com/news/375551-chechen-soldiers-patrolling-aleppo/*

177. Bestätigung:
Die Entfernung zwischen Moskau und Damaskus beträgt auf der Straße 3170 Kilometer und in Luftlinie 2476 Kilometer.

178. Hintergrundinformation:
Siehe: Beaumont, Peter: »Fethullah Gülen: who is the man Turkey's president blames for coup attempt?« in *The Guardian,* 16. Juli 2016, abgerufen unter: *https://www.theguardian.com/world/2016/jul/16/fethullah-gulen-who-is-the-man-blamed-by-turkeys-president-for-coup-attempt*

179. Behauptung: »Das amerikanische Schiff Donald Cook fuhr anscheinend direkt ins Schwarze Meer ein, machte dann eine Wende um 180 Grad und führte seinen Auftrag nicht aus.«
Siehe: Gibbons-Neff, Thomas: »A strange recent history of Russian jets buzzing Navy ships« in *The Washington Post,* 14. April 2016, abgerufen unter: *https://www.washingtonpost.com/news/checkpoint/wp/2016/04/14/a-strange-recent-history-of-russian-jets-buzzing-navy-ships/?*

180. Behauptung: »War das der Moment, in dem Victoria Nuland, Assistant Secretary of State im amerikanischen Außenministerium, in ihrem Telefonat mit dem US-Botschafter für die Ukraine den berühmten Ausspruch ›Scheiß auf die EU!‹ tat?«
Bekräftigung: In der Aufzeichnung und der Niederschrift des abgehörten Telefongesprächs von Victoria Nuland, Assistant Secretary of State für Europa und Eurasien, mit Geoffrey Pyatt, US-Botschafter für die Ukraine, fielen diese Worte tatsächlich.
Siehe: »Ukraine crisis: Transcript of leaked Nuland-Pyatt call« auf BBC, 7. Februar 2014, abgerufen unter: *https://www.bbc.com/news/world-europe-26079957*

181. Hintergrundinformation:
Der derzeitige Heimathafen der USS Donald Cook ist die Marinebasis Rota in Spanien. Siehe: »USS Donald Cook Departs Norfolk for Permanent Station in Rota, Spain«, abgerufen unter: *http://www.navy.mil/submit/display.asp?story_id=78889*

182. Hintergrundinformation:
Siehe: »The Russian Economy Inches Forward: Will That Suffice to Turn the Tide?« in *Russia Economic Report – The World Bank,* 9. November 2016, abgerufen unter:
https://openknowledge.worldbank.org/handle/10986/25357

Index

* Anmerkung: **Fett gedruckte Begriffe** bezeichnen ausführlich behandelte Themen.

R

S

T